HATIER CONCOURS
CONCOURS DE PROFESSEUR DES ÉCOLES

FRANÇAIS
Tome 2
ÉPREUVE ÉCRITE D'ADMISSIBILITÉ

DIRECTEURS DE COLLECTION
Micheline Cellier
Roland Charnay
Michel Mante

AUTEURS

Véronique Boiron
Maitre de conférences en Sciences du langage
ESPE d'Aquitaine – Université de Bordeaux

Micheline Cellier
Maitre de conférences honoraire en Langue et Littérature françaises
Faculté d'éducation – Université de Montpellier / ESPE Languedoc-Roussillon
(Coordination de l'ouvrage)

Philippe Dorange
Agrégé de lettres

Bernadette Kervyn
Maitre de conférences en Sciences du langage
ESPE d'Aquitaine – Université de Bordeaux

Jean-Christophe Pellat
Professeur des universités en Linguistique française
Strasbourg

SOMMAIRE

L'épreuve de français et la partie 3 de cette épreuve

Présentation et méthodologie de l'épreuve et de la partie 3

1. Cadrage règlementaire de l'épreuve 5
2. Définition de l'épreuve de français par l'arrêté du 19 avril 2013 6
3. Enjeux de l'épreuve 6
4. Les documents 8
5. Conseils méthodologiques généraux pour aborder l'analyse de supports d'enseignement 15
6. Exemple de sujet corrigé 16

Connaissances didactiques et pédagogiques de référence

1. Enseignement et apprentissage 23
2. Objectifs et compétences 28
3. La notion de savoir 31
4. Situation, dispositif et situation-problème 34
5. Séquence didactique, tâche et activité 36
6. L'institutionnalisation 39
7. L'évaluation 41
8. L'erreur 46
9. Progression, programmation et progressivité 48
10. Différenciation et remédiation 49
11. Étayage et gestes professionnels 51
12. Conscientisation et conceptualisation 54
13. Pédagogie et didactique 57
14. Langue, langage, discours et pratiques langagières 60

Édition : Raphaële Patout - Élodie Ther
Maquette : Sophie Duclos
Mise en page : IDT

© Hatier — Paris, 2018   ISBN : 978-2-401-04596-5

Sous réserve des exceptions légales, toute représentation ou reproduction intégrale ou partielle, faite, par quelque procédé que ce soit, sans le consentement de l'auteur ou de ses ayants droit, est illicite et constitue une contrefaçon sanctionnée par le Code de la Propriété Intellectuelle. Le CFC est le seul habilité à délivrer des autorisations de reproduction par reprographie, sous réserve en cas d'utilisation aux fins de vente, de location, de publicité ou de promotion de l'accord de l'auteur ou des ayants droit.

15	Communication et interaction	62
16	Normes et variations	65
17	Les troubles spécifiques du langage oral et écrit	70

Domaines de l'enseignement du français

1	Apprendre à parler à l'école maternelle	77
Au concours : analyse d'une fiche de préparation et d'un verbatim		86
2	Développer la conscience phonologique dès l'école maternelle	94
Au concours : analyse d'extraits de séquence		100
3	Les activités d'écriture à l'école maternelle	109
Au concours : analyse de productions d'élèves		114
4	La littérature à l'école maternelle	121
Au concours : analyse d'un verbatim		128
5	La lecture et l'apprentissage du code au cycle 2	136
Au concours : analyse d'extraits d'un manuel		148
6	La compréhension en lecture aux cycles 2 et 3	157
Au concours : analyse d'un extrait de manuel ; analyse de productions d'élèves		170
7	L'enseignement et l'apprentissage de l'écriture à l'école élémentaire	183
Au concours : analyse d'extraits de manuels ; analyse de productions d'un élève		195
8	L'oral à l'école élémentaire	213
Au concours : analyse d'une séquence pédagogique		219
9	L'orthographe à l'école élémentaire	227
Au concours : analyse d'une séquence et d'un verbatim		235
10	La grammaire aux cycles 2 et 3	243
Au concours : analyse de deux manuels ; analyse d'une fiche de préparation		251
11	La littérature au cycle 3	266
Au concours : analyse d'une fiche de préparation		274
12	Le vocabulaire à l'école élémentaire	285
Au concours : analyse d'un manuel		292
13	La poésie à l'école	299
Au concours : analyse d'un manuel		311

PRÉFACE

Cet ouvrage en deux tomes est destiné aux candidat(e)s qui préparent l'épreuve de français du CRPE fixée par l'arrêté du 19 avril 2013. Il se réfère aux nouveaux programmes de 2015 pour les cycles 1 à 3.

Il propose une préparation complète des trois parties de l'épreuve. Les parties 1 et 2 sont traitées dans le tome 1, la partie 3 dans le tome 2.

- Pour **la partie 1 « Réponse à une question portant sur plusieurs textes »**, toute la variété de choix de sujets est envisagée : analyse d'un texte ou de plusieurs, analyse d'un corpus exclusivement littéraire ou mixte avec des textes documentaires et littéraires. L'analyse est comparée à deux autres exercices (la synthèse et le commentaire) (Tome 1).
- **La partie 2 « portant sur la connaissance de la langue »** – grammaire, orthographe, lexique et système phonologique – apporte aux candidat(e)s les connaissances requises à travers **55 fiches notionnelles détaillées** (Tome 1).
- **La partie 3 « analyse d'un dossier composé d'un ou plusieurs supports d'enseignement du français »** présente 17 fiches notionnelles utiles pour analyser des documents pédagogiques et didactiques et aborde, en 13 chapitres, les différents domaines de l'enseignement du français à l'école (Tome 2).

Parce que **les connaissances** ne sont pas suffisantes si elles ne sont pas **concrètement mises en œuvre**, les deux tomes de cet ouvrage donnent une place très importante :

— à la **méthodologie** « pas à pas » des parties 1, 2 et 3 de l'épreuve, illustrée par plusieurs **exemples de sujets corrigés**, dont la plupart renvoient aux sujets donnés au CRPE de **2014 à 2017** (Tomes 1 et 2) ;
— à **l'entrainement** avec un **grand nombre d'exercices** de différents types – questions spécifiques, QCM, analyses d'erreurs – en connaissance de la langue (Tome 1) et **16 sujets d'entrainement corrigés et commentés** correspondant aux différents domaines de l'enseignement du français (Tome 2).

Bref, cet ouvrage, particulièrement attentif aux besoins des candidat(e)s au CRPE, leur propose une aide complète, adaptée et très efficace.

Les auteurs

Présentation et méthodologie de l'épreuve

Cette partie propose la méthodologie de la question 3 de l'épreuve de français.

1 Cadrage règlementaire de l'épreuve

Les modalités qui définissent le concours de recrutement de professeurs des écoles, à partir de la session 2014 sont fixées par l'arrêté du 19 avril 2013, publié au *Journal officiel* du 27 avril 2013. Il peut être consulté à l'adresse électronique suivante :
http://www.legifrance.gouv.fr/affichTexte.do?cidTexte=JORFTEXT000027361520

Le site suivant http://www.education.gouv.fr/cid73415/epreuves-concours-externe-recrutement-professeurs-des-ecoles.html
donne accès, par des liens spécifiques, à tous les renseignements nécessaires :
– **les sujets des épreuves écrites des sessions 2014 et 2015,** dans les trois groupements académiques, soit 6 sujets auxquels vont s'ajouter ceux de 2016 ;
– **les rapports de certains jurys** qui commentent les sujets de ces sessions ;
– une *note de commentaire relative aux épreuves d'admissibilité* datée du 7 octobre 2014 (qui reprend une *Présentation de l'épreuve* parue en 2013) permettant d'apporter des éléments complémentaires à l'arrêté sur cette épreuve d'admissibilité :
http://cache.media.education.gouv.fr/file/sujets_0%282014%29/59/3/nc_crpe_260593.pdf
– les **deux sujets zéro** qui accompagnaient cette *Présentation de l'épreuve* en 2013 et qui permettaient de mieux cerner les contours de l'épreuve, avant que ne commence la première session.

Grâce à l'ensemble de ces textes auxquels nous ferons référence dans la suite et après un fonctionnement de deux ans, l'épreuve de français est bien délimitée et bien connue.

Le cadre de référence de l'épreuve est celui des programmes de l'école primaire de 2015, tels qu'ils ont été définis :
– pour l'école maternelle par le BO spécial n° 2 du 26 mars 2015
http://www.education.gouv.fr/pid25535/bulletin_officiel.html?cid_bo=86940

– pour l'école élémentaire par le BO spécial du 26 novembre 2015, avec la nouvelle répartition des cycles : cycle des apprentissages fondamentaux (cycle 2, du CP au CE2) et cycle de consolidation (cycle 3, du CM1 à la 6e).
http://www.education.gouv.fr/cid95812/au-bo-special-du-26-novembre-2015-programmes-d-enseignement-de-l-ecole-elementaire-et-du-college.html

Mais, en ce qui concerne la deuxième partie de l'épreuve, l'arrêté ajoute que « le niveau attendu correspond à celui exigé par la maitrise des programmes du collège ». Il serait donc bon de consulter également les programmes du cycle des approfondissements (cycle 4, de la 5e à la 3e).

Enfin, le même arrêté précise que « certaines questions portent sur le programme et le contexte de l'école primaire, des éléments du *Socle commun de connaissances, de compétences et de culture* et des contextes de l'école maternelle et élémentaire ». Il est donc nécessaire de se référer également au *Socle commun* : http://www.education.gouv.fr/cid2770/le-socle-commun-de-connaissances-et-de-competences.html

2 Définition de l'épreuve par l'arrêté du 19 avril 2013

La troisième partie de l'épreuve d'admissibilité du CRPE est une **question à treize points à orientation professionnelle**.

Cette troisième partie consiste à « [analyser] un dossier composé d'un ou plusieurs supports d'enseignement du français, choisis dans le cadre des programmes de l'école primaire qu'ils soient destinés aux élèves ou aux enseignants (manuels scolaires, documents à caractère pédagogique), et de productions d'élèves de tous types, permettant d'apprécier la capacité du candidat à maitriser les notions présentes dans les situations d'enseignement. » Elle s'inscrit dans une dimension clairement professionnelle car « [elle] est directement en relation avec la pratique de classe pour l'enseignement du français à partir de supports couramment utilisés dans ce cadre. »

C'est aussi l'épreuve qui peut rapporter le plus de points : 13, alors que la première et la deuxième parties de l'épreuve sont respectivement créditées de 11 points. Mais de bons résultats ne sont envisageables qu'à la condition de se préparer très sérieusement.

3 Enjeux de l'épreuve

3.1 Évaluer le niveau de la réflexion didactique et pédagogique du ou de la candidat(e)

L'enjeu de cette épreuve est précisé dans *La note de commentaire relative aux épreuves d'admissibilité* : « Il ne s'agit pas ici de concevoir un enseignement, ce qui devrait être l'objet notamment de la formation professionnelle qui suit le concours, mais de chercher à apprécier l'adéquation de supports et de démarches pédagogiques utilisés dans la classe aux notions visées, d'identifier leurs caractéristiques et leurs limites. »

Il s'agit donc de pouvoir évaluer chez le ou la candidat(e) la qualité de sa réflexion didactique et pédagogique ainsi que sa connaissance des programmes officiels. Comme le précise le descriptif des épreuves du concours : « certaines questions portent sur le programme et le contexte de l'école primaire et nécessitent une connaissance approfondie des cycles d'enseignement de l'école primaire, des éléments du *Socle commun de connaissances, de compétences et de culture* et des contextes de l'école maternelle et de l'école élémentaire. »

Une **lecture en profondeur des textes officiels (programmes et *Socle commun*)** ainsi qu'une bonne connaissance des ressources pédagogiques sont donc nécessaires. Ces « ressources pour faire la classe » portent sur les différents domaines de l'enseignement du français et sont mises à la disposition des enseignants sur le site Eduscol[1] sous forme de fichiers téléchargeables[2]. Ces documents ressources

---

1. eduscol.education.fr/pid26178/ressources-pour-le-premier-degre.html.

2. Pour la maternelle, à partir du lien http://eduscol.education.fr/pid33040/programme-ressources-et-evaluation.html

Pour les autres cycles, à partir du lien http://eduscol.education.fr/pid34138/ressources-accompagnement-cycles-4.html

pour l'enseignement, tels qu'ils sont conçus, sont des instruments de formation pour les enseignants et prennent appui sur les savoirs savants concernant les différents domaines d'apprentissage. Ils apportent également des suggestions parfois très précises sur la mise en œuvre de séquences ou de séances dans les classes.

Il ne s'agit aucunement de citer les programmes de mémoire mais il faut néanmoins en avoir une connaissance précise. Il faut notamment avoir repéré les objectifs prioritaires de chaque cycle. La connaissance des textes officiels doit être complétée par une **information didactique et pédagogique** sans laquelle les aptitudes à « apprécier l'adéquation de supports et de démarches pédagogiques à certaines notions visées », et à « identifier leurs caractéristiques et leurs limites » ne peuvent se construire. Même si la note de commentaire des épreuves d'admissibilité rappelle qu'on n'attend pas des candidat(e)s qu'ils « conçoivent un enseignement », il faut cependant reconnaître que la réflexion n'est possible que si elle est adossée à des repères. Les réponses ne sont jamais automatiques ou toutes faites et ce qui est attendu du ou de la candidat(e), c'est une opération de mise en relation des observations qu'il peut faire sur les documents avec des références d'ordre didactique. Ce qui s'apparente à un développement du type « réponse à une question de cours » est naturellement fort peu apprécié.

3.2 Évaluer la qualité d'écriture et de maitrise de la langue française

La présentation officielle de l'épreuve est très claire sur la question de la qualité d'écriture et de maitrise de la langue française des candidat(e)s qui « constitue un critère essentiel pour le recrutement d'enseignants ». D'ailleurs, le texte de l'arrêté précise qu'une partie des points (5 sur 40) est dédiée dans le barème à la correction et à la qualité de la langue écrite, c'est-à-dire maitrise de l'orthographe, correction syntaxique, précision lexicale, contrôle du registre de langue, aisance et fluidité, etc., « qui doit être évaluée sur l'ensemble de l'épreuve ». La rédaction de l'analyse de documents d'enseignement a, en effet, beaucoup d'importance et une bonne analyse peut perdre l'essentiel de sa valeur si la qualité de l'écriture est défaillante. Les candidat(e)s doivent donc montrer qu'ils utilisent correctement la langue écrite et respecter certains choix d'écriture.

- **Adopter une énonciation prudente**

Même s'il est naturel de prendre position dans l'analyse d'un document, il faut cependant se garder des jugements péremptoires. Dans l'ensemble de l'épreuve, il est conseillé d'adopter une énonciation nuancée. L'implication personnelle, avec l'utilisation du « je », est à utiliser avec pondération, voire à proscrire : si ce genre d'engagement est généralement bien apprécié pour les propositions d'activités, il peut être du plus mauvais effet dans le cas d'affirmations discutables ou de jugements erronés concernant une proposition d'enseignement ou une production d'élève.

- **Organiser sa réponse et adopter une présentation claire et efficace**

Les questions[3], de natures différentes, nécessitent des développements qui peuvent être de **longueurs très variables**. Aucune norme de longueur n'est définie *a priori* mais le barème indique l'importance des questions les unes par rapport aux autres et détermine, d'une certaine façon, le volume respectif des réponses.

[3]. Si vous ne gardez pas l'ordre initial des questions, indiquez très clairement le numéro de celle que vous traitez.

Dans le cas de questions exigeant un développement important et complexe, il importe que la **progression** du propos soit clairement signalée, notamment grâce à la présence de **parties** bien distinctes et de paragraphes, formellement signalés (respect des alinéas). Il est possible de mettre en évidence les différentes parties et sous-parties par des intertitres qui permettent au correcteur de saisir aisément la démarche et les étapes de l'analyse. Dans ces réponses longuement développées, il peut être nécessaire qu'apparaissent des conclusions partielles pour mettre en évidence les remarques essentielles (uniquement si vous avez le temps de le faire). Dans certains cas, une conclusion générale présente l'avantage de rassembler des remarques parfois dissociées et de les mettre en perspective en les hiérarchisant.

La manière dont est formulée la question induit souvent une organisation, une **présentation** de la réponse. Il est possible, dans certains cas, d'avoir à présenter des listes avec des retours systématiques à la ligne (listes d'exemples, de critères, etc.), des listes hiérarchisées, des tableaux (particulièrement efficaces lorsqu'il s'agit de comparer plusieurs documents, à condition de ne pas se dispenser des commentaires nécessaires dont l'absence serait pénalisée), des schémas mettant en évidence les phases d'une démarche...

Les **exemples** donnés doivent être précis, facilement identifiables : retour à la ligne, usage des guillemets ou des tirets, numérotation si nécessaire, etc. Dans une analyse de corpus, ne vous contentez pas de mettre seulement le numéro du tour de parole, notez quelques éléments de la phrase permettant de retrouver le passage. Il faut, en effet, éviter au correcteur d'avoir à faire un va-et-vient incessant entre la copie et les documents.

4 Les documents

4.1 Diversité des documents (ou des dossiers)

Les supports, textes et documents, peuvent être extrêmement variés :
— extraits de manuels de langue ou de littérature ;
— travaux écrits d'élèves ;
— corpus oraux transcrivant un moment de classe ;
— fiche de préparation d'un enseignant ;
— analyse d'épreuves d'évaluation ;
— extraits de programmes, d'essais théoriques, etc.

Voici les sujets donnés lors des quatre dernières sessions qui font bien apparaitre la diversité des supports, des classes et des domaines d'analyse.

- 2014 – Gr. 1 : CM2 – Questions à partir d'un extrait du manuel *Facettes*, 2011 – **Lecture compréhension** sur un extrait de l'album, *Zappe la guerre*.
- 2014 – Gr. 2 : GS – Questions à partir de 5 productions d'enfants, sur des **écritures inventées**.
- 2014 – Gr. 3 : CE1 – Questions à partir d'un compte rendu d'une séquence **d'orthographe** en 3 séances.
- 2015 – Gr. 1 : CM2 – Questions à partir d'une dictée d'élève extraite d'un exercice sur **l'orthographe**, donné dans le livret d'évaluation nationale de 2011.
- 2015 – Gr. 2 : CM1 – Questions à partir ① d'un atelier de **lecture compréhension** : questionnaire pour les élèves en 5 exercices, ② de la nouvelle « Le martien » de B. Friot.
- 2015 – Gr. 3 : MS – **Le rappel de récit** - Questions à partir d'un résumé de l'album *Roule galette* assorti de 3 retranscriptions d'entretiens avec des enfants.

- 2016 – Gr. 1 : PS – Questions sur le **langage oral** à partir de 3 documents : ① retranscription d'une séance de langage en PS ② un extrait de l'album *Petit ours brun* ③ un extrait des documents ressources pour la maternelle de 2015.
- 2016 – Gr. 2 : CM1 – Questions sur la **lecture compréhension** à partir ① d'une fiche de préparation d'un enseignant ② un questionnaire proposé aux élèves à partir d'un extrait de l'album *Un bleu si bleu*.
- 2016 – Gr. 3 : CM2 – Questions à propos d'une séance de **lecture/langage/écriture** sur le thème du bonheur : ① fiche de travail pour les élèves à remplir avant et après un débat ② transcription des échanges dans la classe.

- 2017 – Gr. 1 : CE1 – Questions sur la **grammaire** à partir de deux documents : ① fiche de préparation d'une séance sur la phrase affirmative et négative ② texte de support écrit sur une affiche par l'enseignante.
- 2017 – Gr. 2 : Cycle 3 – Séance de **littérature** autour du thème « Héros, héroïnes et personnages » – Le Cyclope. Questions à partir de quatre documents : ① Corpus de textes extraits d'une banque de ressources numériques en ligne ② reproduction de quatre pages d'un album sur Ulysse ③ ④ reproduction de deux fiches de travail d'élèves.
- 2017 – Gr. 3 : GS-CP – Séance de **productions d'écrits** à partir de deux documents ① écrits produits par 4 enfants en fonction d'une image inductrice ② ressources extraites du site Eduscol sur « graphisme et écriture à l'école maternelle ».

4.2 Conseils spécifiques d'analyse selon les types de documents

Malgré leur diversité, les documents à analyser peuvent être regroupés en deux ensembles : propositions d'activité et productions d'élèves. Parmi ces dernières, nous distinguerons l'analyse de transcriptions d'échanges oraux qui présente certaines spécificités.

- **Analyser une proposition d'activité**[4]

Si les manuels sont normalement destinés aux élèves et les fiches de préparation ou les guides du maitre aux enseignants eux-mêmes, ces différents types de documents constituent des propositions d'enseignement et se trouvent très fortement articulés. Très souvent d'ailleurs, l'un présuppose l'autre et, en dépit de leur grande diversité et de leurs caractéristiques propres, ils fonctionnent sur des schémas communs.

Leur analyse présente donc *a priori* bien des similitudes et les questions posées sont récurrentes sur :
– les **objectifs** visés ou les **compétences** travaillées dans cette séance (ou séquence). (ex : 2014 – Gr 1, n° 1 : « Quel(s) objectif(s) pourriez-vous donner à la séance de lecture faite à partir de ce support ? Quelles compétences seront développées ? ») Ces questions sont généralement assorties d'une demande de référence aux programmes (« La leçon proposée vous semble-t-elle en adéquation avec les programmes ? ») ;
– la **démarche**[1]. Il faut alors analyser de près la phase de recherche et l'institutionnalisation ;

[4]. Voir fiches 2, « Objectifs et compétences », p. 28 et 5, « Séquence didactique, tâche et activité, p. 36 ».

---

[1]. Un manuel de langue est généralement organisé en plusieurs rubriques : une phase de recherche plus ou moins longue avec différents inducteurs (texte, questions, observations de dessins ou photos, petite activité, jeu) ; une phase d'institutionnalisation ; une phase d'exercices (comprenant ou pas une ouverture sur la production d'écrit).

— la **manière dont est traité(e) une notion** ou un aspect du contenu. Là encore, il faut particulièrement s'attacher à analyser la phase de recherche et l'institutionnalisation ;

— les **activités** proposées aux élèves. S'il y a déjà une question concernant la démarche, il est inutile d'étudier une seconde fois la phase de recherche ; dans le cas contraire, il faut évidemment l'analyser ainsi que la phase d'exercices ;

— les **exercices**. Il faut vérifier leur nombre, leur progressivité, leur typologie, leur cohérence avec ce qui précède, s'ils sont prolongés par une production d'écrit, etc.

— les **intérêts et limites** de la séquence proposée (ex : 2014 – Gr. 3, dernière question) ;

— les **pistes de mise en œuvre ou les prolongements** pour améliorer la séance ou la séquence (ex : 2016 – Gr. 2, n° 3 : « En prenant appui sur l'extrait, quelles autres modalités d'exploitation du texte pourriez-vous envisager ? » et n° 4 : « Le travail interdisciplinaire proposé vous parait-il pertinent ? Quels prolongements proposeriez-vous ? ». Voir aussi 2016 – Gr. 1, n° 6). Il importe de mettre ces propositions en accord avec l'analyse ; il s'agit de pallier les défauts observés, de penser à la différenciation (généralement négligée), à l'ouverture sur l'écrit (parfois oublié), aux situations de recherche (souvent trop succinctes), aux manipulations (souvent trop peu nombreuses ou trop rapides), etc.

L'analyse consiste essentiellement à se demander si l'activité proposée peut permettre d'atteindre l'objectif visé et si elle est en cohérence avec le modèle d'apprentissage/enseignement choisi.

La réponse à ces interrogations vous oblige à un double décentrement ; d'une part, du côté de l'enseignant ou du concepteur de l'activité pour en comprendre les intentions, d'autre part, du côté de l'élève, pour vous demander quels sont les moyens dont il dispose pour résoudre la ou les tâche(s) proposée(s).

Il s'agit en fin de compte d'apprécier la cohérence interne de ces documents et de repérer éventuellement les écarts entre les intentions affichées et les mises en œuvre proposées. L'analyse à produire doit être attentive aux détails, aux micro-incohérences. Il est fréquent, par exemple, que la démarche d'ensemble d'une progression de séance ou de séquence paraisse, dans ses grandes lignes, cohérente avec l'objectif annoncé et conforme aux programmes mais que les activités ou les exercices prévus, à l'intérieur de chacune des phases de la progression, ne correspondent pas exactement aux intentions affichées ou ne permettent pas d'atteindre les sous-objectifs visés. Il faut donc vérifier en premier lieu que le contenu des rubriques affichées est conforme à son affichage : par exemple, ce qui est parfois présenté comme un objectif peut ne pas en être un[5].

L'analyse tiendra compte de l'adéquation entre tous les éléments constitutifs du manuel ou de la préparation à analyser :

— un déroulement ou des supports prévus peuvent ne pas correspondre à l'objectif annoncé[6] ;

— une « leçon », une « synthèse » ou des exercices peuvent être en décalage par rapport à l'observation demandée, ou être en décalage les uns par rapport aux autres[7].

Si cette adéquation est prise en défaut, ces documents doivent être critiqués mais il faut éviter toute affirmation brutale et dépourvue de nuance. Même si la conclusion d'une analyse est négative, elle doit s'interdire le ton polémique, les remarques sommaires et agressives, les termes dévalorisants.

5. Voir corrigé du sujet zéro-1, question 1, sur le site Hatier http://www.editions-hatier.fr.

6. Voir corrigé, chapitre 13, « La poésie à l'école », p. 314.

7. Voir corrigé du sujet 2, chapitre 10, « La grammaire en CE et CM », p. 262.

→ Chapitres comportant un sujet d'analyse de manuels : 2, 5, 6, 7, 10, 11, 12, 13.

→ Chapitres comportant un sujet d'analyse d'une séquence proposée par un enseignant ou un manuel : 8, 10, 11.

- **Analyser une production d'élève**[8]

Analyser une production d'élève peut supposer, comme dans l'analyse des manuels et les fiches de préparation de séquences, une compréhension des objectifs ou des compétences en jeu (ex : 2016 – Gr. 1 au sujet de la transcription d'une séance de langage, n° 1 : « Quelles sont les compétences visées ? » ; n° 2 : « Quels objectifs d'apprentissage l'enseignante poursuit-elle ? »). L'interprétation des erreurs et des réussites des élèves ou encore l'analyse des obstacles qu'ils peuvent rencontrer font aussi partie des compétences majeures de l'enseignant. Ce type de questions relève pleinement de l'analyse didactique que l'on peut exiger d'un(e) candidat(e) à ce concours. Il ne faut évidemment pas la confondre avec un commentaire vaguement psychologique sur le manque d'attention ou l'étourderie des élèves. Selon les cycles, les domaines d'activités et les disciplines, ces questions exigent généralement de s'appuyer sur des connaissances en didactique du français.

Ces productions peuvent être des productions écrites (rédactions de textes), des productions orales (transcriptions de « moments » oraux), des réponses à des exercices dans les différents domaines du français (grammaire, orthographe, vocabulaire), des écrits de travail...

Généralement une analyse de production d'élèves consiste à évaluer les réussites et les erreurs de cette production (ex : 2015 – Gr. 1, n° 1 : « Relevez et classez les erreurs contenues dans le texte de cet élève. ») ; mais certaines questions peuvent orienter l'analyse vers des objectifs spécifiques : analyse des obstacles, compréhension de l'origine de certaines difficultés[9], constat d'un niveau de développement, comparaison de différents états de développement[10] (ex : 2014 – Gr. 2 sur les écritures inventées en maternelle, n° 1 : « Quelles représentations sur l'écrit et l'acte d'écriture d'une part, quelles compétences scripturales d'autre part ces productions révèlent-elles ? »), recherche de propositions de remédiation (*Idem*, n° 3 : « Quelles différenciations mettriez-vous en œuvre, au sein de la classe, pour ces cinq élèves en fonction de leurs besoins ? ») ou, exclusivement, analyse d'erreurs.

Le regard porté sur les productions d'élèves et sur les erreurs a considérablement changé depuis quelques dizaines d'années et la façon d'analyser les erreurs est très révélatrice du niveau de vos connaissances en didactique et de la conception de l'apprentissage. On n'attend pas de votre part un point de vue normatif ou puriste mais celui d'un futur enseignant qui connait, pour chaque niveau, la probabilité et le rôle des erreurs dans les apprentissages. Analyser une production d'élève ne consiste donc pas à constater simplement des « manques » dus à l'ignorance de l'élève ou à son manque d'attention ni encore moins à se livrer à une évaluation en termes de jugement de valeur sur la production ou sur l'élève lui-même. Les remarques du type : « cette production est désespérément faible ; cet élève n'a rien compris ; il ne sait même pas que, etc. » sont à exclure absolument.

On vous demandera surtout de faire des hypothèses, adossées à des savoirs savants, sur l'origine des erreurs : connaissances sur le fonctionnement de la langue et des textes, sur la genèse de leur appropriation, sur les processus d'apprentissage, etc.

---

8. Voir fiches 7, « L'évaluation », p. 41, et 8, « L'erreur », p. 46.

9. Voir corrigé du sujet 2, chapitre 6, « La compréhension en lecture aux cycles 2 et 3 », p. 176.

10. Voir corrigé, chapitre 3, « Les activités d'écriture à l'école maternelle », p. 116.

➔ **Chapitres comportant un sujet d'analyse de productions d'élèves : 3, 6, 7, 8.**

● **Analyser une transcription d'échange oral**

Parmi toutes les productions d'élèves, une doit être travaillée en particulier : il s'agit de la production orale d'un élève ou d'un échange entre plusieurs interlocuteurs. On parle dans ce cas d'une « (re)transcription ». Une transcription est un moyen de rendre compte d'un échange oral à l'aide d'un document écrit. Pour passer d'un code (l'oral) à un autre code (l'écrit), la transcription nécessite des conventions pour distinguer les interlocuteurs, marquer les pauses et éventuellement les intonations, signaler quelquefois les chevauchements de parole, etc. Les conventions de transcription peuvent être différentes mais le codage est en principe donné, comme dans le document ci-dessous, dans le libellé du sujet.

Toute production orale a lieu dans le cadre d'une séance pédagogique (séance de langage en maternelle, débat, échanges à propos d'exercices ou de situations-problèmes…). À ce titre, peuvent se poser les mêmes questions sur les objectifs et les compétences que dans les autres supports (ex: 2016 – Gr. 1 au sujet de la transcription d'une séance de langage, n° 1 : « Quelles sont les compétences visées » ; n° 2 : « Quels objectifs d'apprentissage l'enseignante poursuit-elle ? »). Mais aussi d'autres questions plus spécifiques.

Nous allons les évoquer à partir d'un exemple – le corpus donné dans le sujet zéro-2 – dont le corrigé se trouve sur le site Hatier[11].

11. http://www.editions-hatier.fr.

Exemple : Situation d'enseignement et transcription de la séance

Cette séance de langage a été réalisée en moyenne section, avec une demi-classe, suite à une plantation de bulbes de fleurs devant l'école. Une employée municipale, Océane, avait apporté des bulbes de fleurs et montré aux enfants comment préparer le terrain et planter les bulbes. Les photos prises ce jour-là ont été affichées au tableau avant la séance.

Conventions de la transcription : les prises de parole sont numérotées ; les locuteurs sont désignés par leurs prénoms pour les élèves, par l'initiale « M » pour la maîtresse de la classe ; les points de suspension indiquent une légère pause dans le flux verbal.

1.	M	J'ai mis des photos au tableau. On va un peu parler de ce qui est au tableau et de ce qu'on avait fait la dernière fois, lundi
2.	Gwen	Fleur
3.	M	Fleur. Laura ?
4.	Laura	Elle avait creusé.
5.	M	Elle avait creusé… Yani ?
6.	Yani	Elle… elle avait bêché
7.	M	Marie ?
8.	Marie	… Elle avait retourné la terre.
9.	M	Bien… Lisa ?
10.	Lisa	Elle avait… ratiné la terre.
11.	M	… Ratiné la terre ? Lucas ?
12.	Lucas	Creusé.
13.	M	Creusé, ratiné, on dit ?… Enyss ?
14.	Enyss	Bêché la terre.
15.	M	Bêché la terre. Mais le mot ratiner…, c'était comment le mot ?

16.	El	Avec un râteau.
17.	M	Avec un râteau, on…
18.	Enyss	Ratisse.
19.	M	Bien, redis.
20.	Enyss	Ratisse
21.	M	Enyss, c'est bien, on ra- tisse. Alors ? On lève la main. Je veux bien vous interroger mais on lève la main. Gwen ?
22.	Dounia	… verculations …verculations
23.	M	Des ?
24.	Dounia	Des verculations
25.	M	Des verculations ? Je comprends pas.
26.	Dounia	Des verpiations.
27.	M	Des verpiations ? Je sais pas ce que ça veut dire.
28.	Dounia	Parce qu'i y avait de l'eau dans les fleurs.
29.	M	T'as mis de l'eau dans les fleurs ?
30.	Dounia	Avec le… du sable.
31.	M	du sable, à toi. Et… Yacine…, qu'est-ce qu'on a fait lundi ?
32.	Yacine	J'ai keusé la terre.
33.	M	T'as creusé la terre…
34.	Yacine	Oui…
35.	M	Oui et puis… Va t'assoir… Yani. Tu sais pas… Quelqu'un d'autre ? Oui, Lucas ? … Il n'y a plus personne qui veut dire quelque chose ? Oui, Romain ?
36.	Romain	On a planté des fleurs.
37.	M	On a planté des fleurs. Alors, comment c'était ? Enyss ?
38.	Enyss	C'était des roses, de toutes les couleurs.

La première précaution, élémentaire, consiste à prendre connaissance du contexte de production et des conventions de la transcription. En effet, les **spécificités de la situation de communication** influencent grandement la forme des échanges.

– Le **nombre d'interlocuteurs**. Le rappel de récit d'un élève gérant seul son propos (discours monogéré) et une situation d'interlocution duelle entre un maitre et un élève dans laquelle les deux partenaires coopèrent, présentent de notables différences. Celles-ci sont plus grandes encore quand il s'agit d'une situation orale collective, comme celle de l'exemple proposé ci-dessus, dans lequel le discours se construit à plusieurs (discours polygéré) grâce à la participation active des différents interlocuteurs qui adaptent leurs propos en fonction des réactions de chacun.

– Le **contexte**. Outre les spécificités de la situation scolaire dans laquelle l'échange oral a eu lieu, celui-ci est également déterminé par des éléments de contexte, à chaque fois singuliers. Par exemple, dans le document ci-dessus : le fait que la plantation de bulbes de fleurs devant l'école soit due à une employée municipale, nommée Océane, qui a apporté les bulbes et qui a montré aux enfants comment préparer le terrain et planter les bulbes ; le fait que les photos soient affichées sur le tableau de la classe.

Ces éléments de contexte pèsent sur les échanges, souvent de manière tout à fait allusive, à l'aide, notamment, de déictiques (*elle* pour Océane), et il faut absolument les connaitre pour pouvoir interpréter convenablement les propos.

D'autres précautions consistent à prendre en compte les **spécificités liées à la nature orale de l'échange** qui ne peut être évalué selon les normes de l'écrit. En effet, plusieurs phénomènes sont à considérer comme des caractéristiques propres de l'oral.

— La notion de phrase est souvent bouleversée dans la réalité d'un échange oral et ne coïncide pas avec les tours de parole. Ceux-ci peuvent être constitués d'un seul mot : *Fleur* (2), de groupes de mots : *bêché la terre* (14), d'enchaînements parfois plus longs qui peuvent coïncider avec la notion grammaticale de phrase : *c'était des roses de toutes les couleurs* (38) mais qui comportent souvent des ruptures de construction : *oui et puis... va t'assoir... Yani. Tu sais pas...* (35).

— Le plus souvent, ces tours de parole ne peuvent être détachés de l'échange sans paraître incomplets. L'enchaînement habituel de questions et de réponses fait que de nombreux tours de parole, ceux des élèves la plupart du temps, se présentent simplement comme des « éléments » de réponses.

— La succession des tours de parole n'est pas toujours parfaitement continue ; certains d'entre eux semblent être en décalage ou rompre une intervention, d'autres paraissent répondre à distance. Ces décalages qui seraient très apparents dans l'ordre de l'écrit ne sont pas ressentis comme tels dans le contexte de l'échange oral.

— Les répétitions ou reformulations d'un locuteur à l'autre sont très nombreuses, par exemple celles de *creuser* (5, 12, 13, 32, 33) ou de *ratisse*.

— Les hésitations sont également très présentes, sous forme de répétitions ou de pauses marquées par des points de suspension : *elle avait... ratiné la terre* (10).

— Les phénomènes d'élision sont fréquents : élision de phonèmes : « *parce qu'i y avait* » (28) ; omission de mots comme la simplification de la négation par la suppression de son premier terme : *je comprends pas* (25)...

Les questions sur une transcription d'échange oral portent habituellement sur :

— la nature et la qualité de la communication instaurée : repérage du ou des réseau(x) de communication instauré(s) (Qui parle ? À qui ? Y a-t-il des phénomènes de leadership ? Comment s'opèrent les enchaînements avec leurs éventuels décalages ? etc.) ;

— l'intérêt didactique et pédagogique de cet échange : il s'agit de vérifier s'il y a co-construction de savoirs et comment celle-ci s'opère ;

— les traits d'oralité : repérage de ces phénomènes : omissions, élisions, contractions phonétiques, tournures syntaxiques, répétitions, hésitations, vocabulaire moins précis... (Voir 2016 – Gr. 3, n° 4 : « Relevez trois ou quatre traits d'oralité dans les paroles de l'enseignante ou des élèves, pendant ces échanges ».) ;

— les interventions de l'enseignante : il s'agit souvent d'observer la nature et le fonctionnement de l'étayage (*Idem*, n° 3 : « Analysez les différents rôles de l'enseignante. » Et 2015 – Gr. 3, n° 3 :« Quelles sont les fonctions de la parole magistrale lors des trois entretiens ? »).

— l'intérêt didactique et pédagogique de cet échange (ex : 2015 – Gr. 3, n° 4 : « Vous analyserez les trois récits en soulignant les réussites et les difficultés éventuelles de chacun des trois élèves ») : il s'agit de vérifier s'il y a co-construction des savoirs dans le cadre des échanges langagiers. Il faut donc comprendre les enjeux de ces énoncés dans la situation d'apprentissage : qu'apprennent les enfants en échangeant ? Quels sont les indices de ces apprentissages dans les énoncés ? Quels sont les obstacles et les réussites ? Dans ce document, par exemple, il convenait notamment de repérer les moments de passage du lexique quotidien au lexique spécialisé, passage de *faire* ou *creuser* à *ratisser*, *bêcher*, etc.

➔ **Chapitres présentant un sujet d'analyse de verbatim : 1,4,9.**

5. Conseils méthodologiques généraux pour aborder l'analyse de supports d'enseignement

On peut distinguer les étapes suivantes.

- **Étape 1** **Découvrir le dossier**

Il faut **identifier rapidement le thème du dossier**. La première lecture du dossier est nécessairement très rapide mais la mise en relation des questions et le repérage des types de textes et documents, qui le constituent, doivent permettre d'en appréhender la logique d'ensemble et d'identifier précisément les enjeux des questions.

Par exemple, pour le sujet zéro-1, cette lecture en diagonale peut donner les renseignements suivants : analyse de préparation d'enseignant ; séance de lecture littéraire ; fiche de préparation dont il faudra faire une analyse *critique* ; texte d'auteur : puisque la question de son choix est posée, il faudra le mettre en relation avec les objectifs de la fiche de préparation et en faire l'analyse d'un point de vue littéraire.

- **Étape 2** **Interpréter les questions**

Il faut se rappeler que chaque terme utilisé a été scrupuleusement pesé par les concepteurs de sujet. Ces questions présupposent que vous êtes capable d'identifier les savoirs didactiques requis et de vous en servir de façon adaptée. Il faut donc pouvoir repérer l'intérêt particulier de telle question sur tel support (pour ne pas plaquer de réponses toutes faites). Il convient donc d'éviter les confusions ou les approximations pour ce qui touche aux notions clés de la didactique[12].

12. Voir les fiches « Connaissances didactiques et pédagogiques de référence », p. 23.

- **Étape 3** **Lire les documents**

Les supports, textes et documents, peuvent être extrêmement variés et l'information qu'ils recèlent n'est pas toujours à « traiter » de la même manière. Certaines questions peuvent d'ailleurs être ciblées sur des parties précises, elles peuvent ne concerner par exemple qu'un document et pas tel autre, ou qu'une partie de document et pas telle autre ou demander des exemples spécifiques (ex : 2016 – Gr. 3, n° 1 : « Quelles compétences sont mobilisées dans cette activité ? Justifiez votre réponse par des références précises à la situation de classe et au dialogue »). Mais, puisque c'est bien une analyse *critique* qui est attendue, c'est bien souvent dans la confrontation des documents, quand il y en a plusieurs, que les réponses vont pouvoir se construire.

- **Étape 4** **Rédiger**

Pour les aspects formels : adopter une énonciation nuancée et plutôt impersonnelle ; utiliser un lexique approprié : vocabulaire technique adapté mais clair (pas de jargon), choix de termes mesurés dans l'analyse critique, tonalité prudente ; conserver une expression et un niveau de langue corrects ; pour chaque réponse, faire apparaitre de façon formelle un plan lisible : titres, numéros, retours à la ligne, paragraphes ; vérifier l'orthographe et la syntaxe à l'aide d'une relecture finale.

- Ce qu'il faut éviter de faire

– **Décrire sans analyser**. L'enjeu de l'épreuve est de se montrer capable de faire une analyse critique fondée sur des arguments tirés des connaissances en didactique. La description des documents est souvent une étape nécessaire mais elle doit être suivie d'une analyse.

— **Ne pas hiérarchiser le propos**. Les analyses didactiques couvrent un large champ d'observations. Le risque est de multiplier les remarques sans opérer de distinction suffisante entre l'essentiel et l'accessoire. Pour éviter cet écueil, appuyez-vous sur un plan explicite et évitez le « délayage ». N'hésitez pas à introduire des titres, des sous-titres, à numéroter les différentes parties.

— **Plaquer des développements pré-construits**. Le concours cherche non seulement à vérifier que vous avez des connaissances (il est évident qu'il faut en avoir) mais aussi comment vous les utilisez. Les développements de contenus tout faits se repèrent immédiatement car ils s'ajustent très mal aux questions posées et ils sont pénalisés. Cependant, il est très utile d'avoir en tête des trames toutes prêtes, des plans ou des scénarios disponibles avec des rubriques déjà pré-définies.

6 Exemple de sujet corrigé

> À partir de l'extrait de manuel présenté, vous chercherez dans votre analyse à répondre aux questions suivantes :
>
> ❶ Quel est l'objectif général de l'atelier de la double page de lecture présentée ? *(2 points)*
> ❷ Quelles sont les compétences visées ? *(3 points)*
> ❸ Faites une analyse critique du dispositif en mettant en évidence son intérêt et ses limites. *(5 points)*
> ❹ Proposez une piste de mise en œuvre pour la partie « J'identifie les personnages, leurs actions et leurs sentiments ». *(3 points)*

DOCUMENT

L'Île aux mots, CM1, Nathan, 2009

Atelier de lecture

POUR BIEN LIRE

Construire une pirogue

Robinson, naufragé, vit depuis des années sur son île déserte. Depuis peu, il a un compagnon, Vendredi, un Indien qu'il a sauvé.

L'Indien eut l'idée de fabriquer pour Robinson et lui une pirogue, semblable à celles de son pays. Il commença à creuser à la hache le tronc d'un pin très droit et de grande envergure. Travail lent et patient qui ne ressemblait pas à la hâte fiévreuse dans laquelle Robinson avait
5 construit *L'Évasion*[1]. D'ailleurs, encore vexé par son échec, Robinson ne se mélait de rien et se contentait de regarder travailler son compagnon. Vendredi avait commencé à faire du feu sous l'arbre pour le tronc qu'il voulait creuser, procédé qui avait l'avantage de hâter considérablement le travail, mais qui risquait, s'il s'arbre prenait feu, de tout compromettre.
10 Finalement il y renonça et se servit même d'un simple canif pour parachever le travail.
Lorsqu'elle fut terminée, la pirogue était assez légère pour que Vendredi puisse l'élever à bout de bras au-dessus de sa tête, et c'est ainsi, les épaules couvertes comme par un capuchon de bois qu'il descendit
15 vers la plage, entouré par les gambades de Tenn, et suivi de loin par un Robinson de mauvaise humeur. Mais lorsque le petit bateau commença à danser sur les vagues, Robinson fut bien obligé de renoncer à sa jalousie, et, prenant place derrière Vendredi, il saisit une des deux pagaies simples que l'Indien avaient taillées dans des branches d'araucaria[2]. Puis ils firent
20 pour la première fois le tour de l'île par mer, accompagnés de loin par Tenn qui galopait en aboyant le long du rivage.

Michel Tournier, *Vendredi ou la vie sauvage*, coll. « Folio junior » © Gallimard.

1. *L'Évasion* : le premier bateau construit par Robinson pour quitter l'île déserte.
2. **araucaria** : espèce d'arbre qui pousse en Amérique du Sud et en Océanie.

Je comprends les phrases complexes

1 Pour chaque phrase, repère l'ordre des actions puis décompose la phrase en quatre phrases courtes. Utilise des mots pour indiquer l'ordre des actions.

1. Vendredi avait commencé à faire du feu sous la partie du tronc qu'il voulait creuser, procédé qui avait l'avantage de hâter considérablement le travail, mais qui risquait, si l'arbre prenait feu, de tout compromettre. (l. 7 à 9)

2. Mais lorsque le petit bateau commença à danser sur les vagues, Robinson fut bien obligé de renoncer à sa jalousie, et, prenant place derrière Vendredi, il saisit une des deux pagaies simples que l'Indien avaient taillées dans des branches d'araucaria. (l. 16 à 19)

2 Décompose de même toutes les phrases longues du texte qui te semblent difficiles à comprendre.

Dans un récit, les phrases longues et complexes sont parfois difficiles à comprendre. Pour s'aider, on peut les décomposer en plusieurs phrases courtes et utiliser des mots pour mieux repérer l'ordre des actions : *alors, ensuite, donc*…

J'identifie les personnages, leurs actions et leurs sentiments

3 Qui sont les deux personnages principaux ? Qui est Tenn ? Comment le sais-tu ?
4 Vendredi construit la pirogue : quelles sont les étapes de cette construction ?
5 Robinson se contente de regarder Vendredi : pour quelle raison ?

Je comprends les mots difficiles

6 Cherche ces mots et ces expressions dans le texte.
pirogue (l. 1) – envergure (l. 3) – hâte fiévreuse (l. 4) – hâter (l. 8) – compromettre (l. 9) – renoncer (l. 10 et 17)
a. Fais une hypothèse sur le sens de ces mots en t'aidant du contexte, puis vérifie dans un dictionnaire.
b. Dans le dictionnaire, relève d'autres exemples où ils sont employés avec le même sens.
c. À ton tour, invente des phrases pour employer ces mots et ces expressions.

On comprend bien un mot lorsqu'on l'a rencontré dans de nombreux contextes. Pour bien comprendre et retenir le sens d'un mot que l'on ne connait pas, on peut inventer des phrases pour l'employer.

PROPOSITION DE CORRIGÉ

> **Aide méthodologique**
>
> Le document à analyser est court : une double page d'un manuel scolaire. Les questions sont tout à fait classiques et apparaissent dans un ordre logique et progressif.
>
> Cet extrait permet une analyse minutieuse mais, en l'absence de documents apportant un éclairage didactique sur le travail proposé (guide du maître, préface ou document didactique sur le travail de compréhension en lecture), le travail de reconstruction des intentions des auteurs du manuel est sans doute rendu plus délicat. Cependant, c'est en se mettant à la place de l'élève, en se demandant quels sont les moyens dont il dispose pour répondre aux objectifs visés, que vous trouverez l'essentiel de ses éléments d'analyse.

1. Quel est l'objectif général de la double page de ce manuel ?

Cette double page présente un texte littéraire, un extrait de *Vendredi ou la vie sauvage* de Michel Tournier et une série de questions ou de consignes portant sur la compréhension de ce texte, complétées par deux micro-synthèses de type métacognitif sur les stratégies mises en œuvre. *[Brève description du support comprenant quelques éléments d'analyse.]*

La nature du texte, le travail sur la compréhension et la mise en évidence sous la forme de synthèses des procédures mises en œuvre montrent que cet atelier de lecture tente de répondre à un objectif général de développement des stratégies de compréhension d'un texte littéraire que l'on cherche à rendre conscientes et transférables. On comprend pourquoi le titre est « Atelier de lecture », outre le fait que cette dénomination peut correspondre à d'anciens programmes. *[Réponse argumentée.]*

2. Quelles sont les compétences visées ?

Les compétences, liées à la compréhension des textes, peuvent se répartir ici selon deux plans : l'un relatif aux compétences procédurales – mettre en œuvre des stratégies de lecture pertinentes pour comprendre un texte ; l'autre, constitué de compétences de métacognition – conscientiser les procédures pertinentes et les mémoriser afin de les transférer ultérieurement à une situation de lecture équivalente. *[Annonce de plan. Explicitations de termes spécifiques annoncées par les tirets.]*

Les compétences procédurales visées dans cet atelier sont liées à la mise en œuvre de compétences d'ordre linguistique et textuel. Elles reposent sur une conception de la compréhension comme traduction ou reformulation mentale de l'énoncé par le lecteur. *[Reprise des termes du plan annoncé. Mise en évidence des différentes parties par les soulignements et les retours à la ligne.]*

Les compétences linguistiques concernent :
– la syntaxe : les exercices consistent à décomposer des phrases complexes en phrases simples plus accessibles au lecteur ;
– le lexique : il s'agit de trouver le sens d'un mot ou d'une expression grâce au contexte. *[Liste signalée par des tirets à la ligne.]*

Les compétences textuelles concernent la capacité à lire un texte littéraire de type narratif en identifiant les personnages, leurs actions et leurs sentiments en mesurant les effets du texte.

Les compétences métacognitives, présentes dans les deux micro-synthèses qui suivent le travail sur les phrases complexes puis sur le lexique, cherchent à rendre l'élève conscient de ce qu'il a appris par le truchement d'un énoncé explicite. Cette étape est censée permettre à l'élève de réguler sa stratégie de compréhension et de la rendre transférable à d'autres textes.

3. Faites une analyse critique du dispositif en mettant en évidence son intérêt et ses limites.

Intérêt

L'intérêt du dispositif réside d'abord dans sa nature même puisqu'il s'agit d'un travail qui aborde explicitement la compréhension en essayant de rendre l'élève conscient de ses apprentissages. On peut penser que d'autres genres textuels seront abordés au cours d'ateliers de ce type.

> Le plan suit l'ordre de la question : « intérêt » puis « limites ».

- **Le texte**

C'est un véritable texte littéraire suffisamment complexe tant sur le plan linguistique que sur le plan narratif. Le texte n'est pas lui-même l'objet de la séance et le fait qu'il s'agisse d'un extrait ne constitue aucunement un inconvénient. C'est même un point positif car cette décontextualisation oblige le lecteur à faire beaucoup d'inférences pour construire le sens. Cette difficulté est voulue ; elle permet de poser une situation-problème de lecture intéressante et cohérente avec l'objectif poursuivi.

> Les différents éléments du support sont analysés un à un dans des parties différentes.

- **Compétences procédurales**

Toutes les procédures de travail mettant les élèves dans la situation de reformuler le texte dans leur propre langue sont positives : « lire, c'est toujours un peu traduire », selon la formule utilisée par Roland Goigoux. Ainsi, le fait de reformuler les phrases complexes en phrases simples permet à l'élève de mieux se servir d'informations ponctuelles. De même, le fait de traduire le lexique recherché, comme « *envergure* » ou « *hâte fiévreuse* », en lexique courant est également un point positif parce qu'il permet à l'élève de se familiariser avec des mots nouveaux.

L'utilisation du dictionnaire pour vérifier la validité des hypothèses produites sur le sens des mots et pour relever d'autres exemples d'emplois identiques semble également très positive car elle permet d'approfondir et de consolider une acquisition lexicale nouvelle ou récente.

> La citation (« *Lire, c'est toujours un peu traduire* », S. Cèbe, R. Goigoux, *Lector et Lectrix*, p. 17) est rapidement référencée. L'auteur cité est un didacticien connu dans le champ de la compréhension en lecture.

- **Compétences textuelles**

Attirer l'attention des élèves sur des informations précises concernant les personnages (question 3), leurs sentiments (question 5) et la progression de l'action (question 4) permet de travailler sur quelques-uns des aspects fondamentaux d'un texte narratif.

> Mise en paragraphe rigoureuse.

La demande de justification et d'explicitation de la réponse à l'aide d'une question comme : « *Comment le sais-tu ?* » permet de repérer les informations dans le texte (emplois des verbes « *gambader* », « *galoper* » et « *aboyer* ») et oblige à une relecture sélective qui assure leur mise en relation.

> Citation clairement identifiable.

La question 4 permet de prendre des repères, de percevoir des étapes, dans une description d'actions un peu longue.

La question 5 concerne les motivations d'un des personnages. C'est une question plus complexe car elle renvoie à une information relativement implicite ; la réponse demande une interprétation de l'attitude du personnage et elle ne peut s'obtenir qu'en mettant plusieurs informations du texte en relation :
– Robinson a déjà essayé de construire un bateau mais il a échoué (l. 4-6, note 1) ;
– il en conçoit un sentiment de jalousie auquel il finit par renoncer (l. 16-17).

> Situation précise des passages évoqués.

Finalement, le choix du texte, les thèmes et la forme des questions, paraissent adaptés et pertinents par rapport à l'objectif de compréhension de cet atelier de lecture.

- **Compétences métacognitives**

Elles visent à rendre l'élève conscient des procédures utilisées et sont explicitement travaillées dans des mini-synthèses qui sont signalées par un logo spécifique.

Ces mini-synthèses sont des constats *a posteriori* de l'activité réalisée. On y explicite la stratégie utilisée dans l'activité précédente, par exemple : « on peut décomposer les phrases longues et complexes en plusieurs phrases courtes » et on essaye de les généraliser pour les rendre disponibles ou mobilisables dans des situations équivalentes comme le montre l'emploi du déterminant indéfini : « dans *un* récit... » et du pronom personnel *on*.

Cette mise au point est censée permettre la mémorisation et le transfert de cette stratégie dans d'autres situations, pour d'autres textes. On peut penser qu'elle va amener l'élève à réguler ses stratégies et à devenir autonome.

> Respect du plan annoncé : « intérêt » puis limites.

Limites

- **Limites inhérentes à l'objet « manuel »**

Les limites paraissent inhérentes à l'objet manuel lui-même. En effet, le principe d'un atelier est de travailler à partir des difficultés réelles de l'élève ou du groupe d'élèves et présuppose un étayage fort de la part du maitre. Or un manuel ne peut jamais s'adresser qu'à un élève abstrait et se trouve dans la nécessité de sélectionner *a priori* les difficultés à travailler. Le scénario de la leçon est forcément prévu et écrit selon un ordre imposé et relativement figé. Aussi, les zones d'ombre réelles que les élèves peuvent rencontrer en lisant le texte risquent-elles de demeurer cachées.

D'autre part, les mini-synthèses métacognitives déjà entièrement rédigées gomment ou édulcorent un travail plus authentique d'appropriation qui résulterait d'une élaboration « originale » par les élèves eux-mêmes.

- **Limites du travail sur la phrase**

Le travail proposé sur la phrase complexe peut, d'une part, s'avérer très difficile car il cumule plusieurs difficultés : passage de la phrase complexe à la phrase simple, repérage de l'ordre chronologique des actions, compréhension de l'antériorité d'un fait passé par rapport à un autre à l'aide du plus-que-parfait, normalement abordé au CM2 ; il débouche, d'autre part, sur une consigne enjoignant l'élève à faire un travail en autonomie (question 2) qui demeure tout à fait aléatoire sans un fort accompagnement (étayage) pédagogique.

- **Risques d'interférences contreproductives entre illustration et texte**

L'illustration qui accompagne le texte rend sans doute la double page plus attractive mais peut nuire à l'objectif de compréhension visé en donnant des indices visuels de compréhension (le cadre de l'action, la représentation des deux personnages et de leurs attitudes respectives) qui parasitent le travail de compréhension sur le texte.

> Ajout d'intertitres permettant de bien distinguer les différents niveaux de l'analyse.

4. Proposez une piste de mise en œuvre pour la partie « J'identifie les personnages, leurs actions et leurs sentiments ».

Lecture du texte

Pour une mise en œuvre satisfaisante de la compréhension concernant « l'identification des personnages, de leurs actions et de leurs sentiments », il faut d'abord envisager la manière dont le texte va être lu.

En supposant que l'atelier s'adresse à un groupe assez homogène, il semble qu'une lecture silencieuse individuelle soit le meilleur mode de découverte du texte. Cette lecture pourrait se faire en prenant des notes pour répondre, par exemple, à une question comme « quels problèmes te pose ce texte ? » dont l'intérêt est d'amener à la surface des choses non comprises mais aussi des éléments compris mais qui précisément posent problème. La finalité de cette prise de notes, annoncée aux élèves, est de servir de support pour un échange oral ultérieur destiné à expliciter ce qu'on a compris du texte. Cette modalité de travail pourrait être habituelle et reconduite dans les différents ateliers de lecture.

Présence de parties, signalées par des intertitres, correspondant aux différentes étapes de la mise en œuvre proposée.

Échange oral

Après le temps de lecture viendrait donc celui de l'échange oral. Il devrait permettre aux élèves, éventuellement à l'aide de leur prise de notes et avec l'étayage du maitre, de dire ce qu'ils ont compris du texte. Le questionnement du manuel pourrait servir de fil conducteur et les questions 3, 4 et 5 seraient effectivement posées.

Cet échange pourrait s'organiser selon deux axes, ce sur quoi les élèves sont d'accord et ce sur quoi il y a doute ou désaccord. En cas de désaccord, le maitre demanderait un retour au texte et pourrait éventuellement poser des questions permettant d'élucider les zones d'ombre éventuelles.

Cet échange serait suivi d'un autre écrit réactif avec pour consigne : « Après cet échange, qu'as-tu compris de ce texte ? » qui devrait permettre de stabiliser la compréhension du texte.

Apprentissage de la métacognition

Il pourrait ensuite par un étayage adapté, traitant une à une les difficutés rencontrées, amener d'abord les élèves à repérer dans le texte les passages permettant de répondre aux questions (questions 3 et 4). Il conduirait ensuite les élèves, en s'appuyant sur les réponses produites à une question plus complexe (question 5), à comprendre que cette réponse se construit à la fois à partir d'éléments du texte (l. 4-6, 16, note 1) et d'une interprétation de la part du lecteur sur l'attitude de Robinson. Le travail métacognitif consiste à prendre conscience que le lecteur doit mettre ces différentes informations en lien.

CONNAISSANCES DIDACTIQUES ET PÉDAGOGIQUES DE RÉFÉRENCE

FICHE 1 — Enseignement et apprentissage

En didactique, les notions d'*enseignement* et d'*apprentissage* sont incontournables et fortement liées, ce qui amène certains auteurs à parler du processus d'**enseignement-apprentissage**. Néanmoins, il est indispensable de bien percevoir la spécificité de ces deux pôles, car leur emboitement n'a rien d'automatique et leur relation n'est pas systématiquement de l'ordre du « cause à effet », ne serait-ce que parce que le temps de l'enseignement ne correspond pas toujours à celui de l'apprentissage et qu'un élève peut ne pas comprendre une notion ou l'objectif visé par l'enseignant.

> Cette proximité et cette distinction entre l'enseignement et l'apprentissage renvoient à la définition même de la didactique et du triangle didactique. « Conçue comme une "discipline d'articulation", la didactique du français a pour objet théorique de penser l'articulation de trois problématiques : l'élaboration didactique (le "pôle *savoirs*"), l'appropriation didactique (le "pôle *élèves*") et l'intervention didactique (le "pôle *enseignant*") » : si « chaque pôle se constitue dans la relation qu'il établit aux autres », « chacune des problématiques doit être pour une part travaillée de façon autonome »[1].

[1]. J.-F. Halté, *La didactique du français*, PUF, « Que sais-je ? », 1992, p. 19-20.

1 L'enseignement

1.1 Les premières approches

Contrairement à une idée qui a longtemps prévalu, l'enseignement est loin de se résumer à une transmission d'informations. De fait, comme le rappellent Marcel Crahay et Marion Dutrévis[2], cette conception pose problème dans la mesure où elle fait l'impasse sur la psychologie de l'enfant, sur l'activité d'apprentissage de l'élève et sur la variabilité des objets de savoir et des situations d'enseignement. Elle omet, par exemple, que l'élève apprend en faisant et en reconstruisant la signification des actions, bien plus qu'en écoutant, que tout apprentissage transforme les contenus enseignés ou encore que l'apprentissage du contenu visé dépend de ce que l'élève a déjà acquis à l'école ou en dehors de l'école.

[2]. M. Crahay et M. Dutrévis (dir.), *Psychologie des apprentissages scolaires*, De Boeck, 2010.

Aussi aujourd'hui, en didactique, l'enseignement est-il davantage défini comme « l'ensemble des activités déployées par les maitres, directement ou indirectement, afin qu'au travers de *situations formelles* [et *semi-formelles*][3] (dédiées à *l'apprentissage,* mises en place explicitement à cette fin), des élèves effectuent des tâches qui leur permettent de s'emparer de *contenus spécifiques*[4] ». On voit alors que l'enseignement a pour finalité de **provoquer les apprentissages**, chez les élèves, des contenus d'enseignement et/ou des compétences visées par les textes officiels. Plus largement, si l'école se donne aussi pour mission de contribuer au développement du sujet, elle y participe par le biais d'apprentissages intentionnels.

3. En maternelle, les situations sont souvent semi-formelles. Voir *infra* 2. 2.

4. *Dictionnaire des concepts fondamentaux des didactiques,* De Boeck, 2007.

1. 2 L'organisation

Pour multiplier les chances de faire aboutir ces apprentissages, l'enseignement doit être organisé, programmé et évalué. Il en résulte des contraintes à différents niveaux : rythme scolaire (durée d'une séance, d'une journée de classe…), nombre d'élèves par classe, contenus à programmer, découpage en séquences, elles-mêmes réparties en séances[5], en tâches ou activités, inscription de ces séquences dans une programmation et une progression[6] en période, en année et en cycle.

L'organisation passe aussi par l'usage de différents supports (tableau, documents, cahiers, manuels, bulletin…).

5. Voir à ce sujet la fiche 5 « Séquence didactique, tâche et activité », p. 36.

6. Pour plus d'informations, voir fiche 9 « Progression, programmation et progressivité », p. 4

1. 3 La délimitation

Il n'est pas simple de délimiter l'activité d'enseignement. Tout d'abord, deux acceptions chronologiques différentes se côtoient :

– soit on conçoit l'enseignement comme l'activité de l'enseignant dès qu'il est **en situation de cours** avec les élèves, en privilégiant alors la situation d'interaction avec les élèves et le savoir réellement enseigné ;

– soit on y intègre le **travail en amont** (préparation du savoir à enseigner, choix de démarches, de méthodes, préparation du matériel, etc.) et **en aval** (corrections, retour réflexif sur l'activité, annotation de la préparation, etc.), qui permet et influence grandement la phase d'enseignement avec les élèves.

On peut ensuite délimiter l'enseignement *via* les compétences professionnelles nécessaires à l'activité d'enseignement, ce qui aboutit à une acception différente et bien plus large, davantage située du côté du métier d'enseignant que du côté du processus d'enseignement. Selon Philippe Perrenoud[7], ces compétences professionnelles sont au nombre de dix :

– organiser et animer des situations d'apprentissage ;

– gérer la progression des apprentissages ;

– concevoir et faire évoluer des dispositifs de différenciation ;

– impliquer les élèves dans leurs apprentissages et leur travail ;

– travailler en équipe ;

– participer à la gestion de l'école ;

– informer et impliquer les parents ;

7. P. Perrenoud, *Dix nouvelles compétences pour enseigner,* ESF éditeur, 1999.

– se servir des technologies nouvelles ;

– affronter les devoirs et les dilemmes éthiques de la profession ;

– gérer sa propre formation continue.

À ces dix compétences, nous ajouterions volontiers l'évaluation de la pratique professionnelle car ce point est essentiel pour faire évoluer cette pratique.

Enfin, toujours dans une acception large et centrée sur l'enseignant, on peut encore délimiter l'enseignement *via* l'activité des acteurs enseignants. Cette activité peut être considérée comme « le résultat d'un compromis entre des rationalités multiples : les objectifs didactiques et pédagogiques[8] des enseignants, leurs propres buts subjectifs, ainsi que les contraintes et les ressources de leur milieu de travail[9] ».

1. 4 Types ou démarches

Sans oublier le principe de liberté pédagogique, qui doit néanmoins s'exercer dans le respect des textes officiels, on distingue généralement différents types ou démarches d'enseignement : inductive, déductive, active, progressive, individualisée, appropriative, par situation-problème, par situation complexe, par projet, par objectif-obstacle… À cela s'ajoute le fait qu'un enseignement peut être centré sur l'apprentissage et les progrès des apprenants ou centré sur les performances, les notes, la comparaison entre élèves.

Les débats sur les démarches ou méthodes d'enseignement posent tous l'importante et complexe question de leur efficacité : quelles sont celles qui permettent le mieux la construction des compétences visées ? Si les réponses sont loin d'être évidentes et se doivent de ne pas tomber dans les opinions toutes faites, c'est notamment dû au nombre de paramètres qui influent sur l'apprentissage ainsi qu'à la pertinence variable de ces démarches ou méthodes selon les contenus spécifiques et les niveaux envisagés (lecture au CP, langage d'évocation en maternelle, reconnaissance du verbe au CE1…). Néanmoins, des travaux menés en pédagogie et en didactique tendent à montrer que certaines orientations du travail favoriseraient l'efficacité d'un enseignement : la révision fréquente ou l'utilisation des savoirs dans des apprentissages ultérieurs, la répétition des activités ou des tâches ou encore des opérations impliquées dans les tâches[10], le guidage des élèves[11], la prise en compte de leurs représentations[12], la recherche de leur autonomie, l'aide à la compréhension et le contrôle de celle-ci, l'explicitation des objectifs, des objets enseignés et des manières d'opérer (« Comment tu as fait pour lire le mot *lutin* ? »). Les programmes de 2015 insistent sur ces modalités d'enseignement, notamment au niveau du cycle 2 où, pour faire progresser les élèves, sont mises en avant « la répétition, la régularité voire la ritualisation d'activités langagières d'une part, la clarification des objets d'apprentissage et des enjeux cognitifs des tâches afin qu'ils [les élèves] se représentent ce qui est attendu d'eux d'autre part[13] ». Le programme de 2015 pour la maternelle va dans le même sens : il précise que l'enseignant organise des retours réguliers sur les découvertes et acquisitions antérieures pour s'assurer de leur stabilisation, et ceci dans tous les domaines » et qu'il « aide les enfants à prendre conscience qu'apprendre à l'école, c'est remobiliser en permanence les acquis antérieurs pour aller plus loin[14] ».

---

8. Voir la fiche 13 « Pédagogie et didactique », p. 57.

9. R. Goigoux, « Un modèle d'analyse de l'activité des enseignants », dans *Éducation didactique*, vol. 1, n°3, 2007.

10. Par exemple, l'attention à la finale des mots souvent susceptible de variations en français.

11. Voir la fiche 11 « Étayage et gestes professionnels », p. 51.

12. Pour l'importance de la prise en compte des représentations, voir le chapitre « L'orthographe à l'école élémentaire », p. 227.

13. *B.O.* n° 11 du 26 novembre 2015, p. 11.

14. *B.O.* n° 2 du 26 mars 2015, p. 3.

2 L'apprentissage

2.1 Les premières approches

> Le terme *apprentissage* désigne, d'une part, l'activité intellectuelle qui aboutit à l'acquisition, par un sujet, d'informations, de capacités, d'attitudes, non due à sa maturation, à son développement inné. En cela, on considère qu'il s'agit d'une activité guidée, plus que naturelle. Dans cette acception, il s'agit alors d'un processus complexe, dépendant de facteurs cognitifs, sociaux, affectifs, psychologiques, par lequel une connaissance ou une compétence nouvelle s'acquiert. Le terme *apprentissage* peut, d'autre part, renvoyer au résultat de ce processus, à la connaissance que le sujet a apprise.

2.2 Les apprentissages scolaires

Si la sphère scolaire joue un rôle prépondérant dans la mise en œuvre des apprentissages, elle n'en prend en charge qu'une part (tout comme d'ailleurs elle ne couvre pas l'ensemble des enseignements). On distingue ainsi les **apprentissages formels ou semi-formels**, c'est-à-dire organisés, contraints et programmés (par l'école, l'université, etc.) dans des situations intentionnelles d'enseignement, des apprentissages informels. Ces derniers sont non prescrits, non programmés et non contraints par une institution, et se produisent au travers d'actions régulières réalisées dans le cadre de la famille principalement (par exemple, l'apprentissage de la propreté).

Selon Marcel Crahay et Marion Dutrévis, de nombreux apprentissages scolaires sont particulièrement complexes car ils présentent des natures différentes (apprentissages moteurs, procéduraux, conceptuels, métacognitifs et représentationnels) et sont le plus souvent interdépendants. Ainsi, pour ces auteurs, « la maitrise des compétences scolaires, enseignées à l'école primaire et au début du secondaire, exige au moins l'articulation de connaissances procédurales, conceptuelles et métacognitives (sans oublier certains savoir-faire moteurs) » auxquelles s'ajoutent les représentations et la motivation[15].

Ajoutons que, dans le cadre scolaire, les apprentissages sont presque toujours évalués[16]. Il s'agit notamment de **vérifier le passage d'un état de connaissances initial à un état final**, pour mesurer s'il y a eu apprentissage. Si cette évaluation est indispensable, elle est aussi délicate et complexe. Est-on par exemple en mesure de juger qu'un apprentissage est réalisé lorsqu'il est évalué immédiatement après une séquence d'enseignement-apprentissage ? À quelle distance doit-on le mesurer ? De plus, un élève peut répondre correctement à un type de question ou à un exercice sans pour autant avoir acquis le savoir ou le savoir-faire visé.

2.3 Les différentes conceptions de l'apprentissage

Vu la complexité du phénomène, il n'existe pas de réponse univoque pour expliquer comment le sujet apprend, notamment en contexte scolaire. Sans toutes les mentionner, voici trois approches du processus d'apprentissage qui ont influencé – et influencent encore –, chacune à leur manière, l'organisation et la programmation des apprentissages scolaires :

---

15. M. Crahay et M. Dutrévis (dir.), *Psychologie des apprentissages scolaires*, De Boeck, 2010, p. 12.

16. Pour une vision plus complète des rôles et des formes de l'évaluation, voir la fiche « L'évaluation » p. 41.

– sous l'angle du **behaviorisme**, apprendre, c'est modifier son comportement en donnant une nouvelle réponse à un stimulus, entre autres, grâce au renforcement du comportement attendu par l'enseignant[17] ;

– dans la perspective **constructiviste** (notamment piagétienne), l'apprentissage est le résultat d'une activité cognitive par laquelle l'apprenant transforme ses représentations entre autres en intégrant de nouvelles informations et en accommodant ses cadres de pensée existants après s'être heurté à des contradictions ;

– selon le **socioconstructivisme** (principalement représenté par Lev Vygotski et Jerome Bruner), l'apprentissage est un processus à la fois social et individuel qui permet le développement du sujet. Selon cette théorie, le sujet (élève) apprend, avec l'aide d'un adulte ou d'un pair plus outillé, ce qu'il est proche de savoir faire seul. Le rôle de l'environnement et des interactions de tutelle avec un médiateur qui incite notamment à réfléchir/à conceptualiser[18] est essentiel.

2.4 Les formes et les stratégies d'apprentissage

Il existe différentes formes ou modalités d'apprentissage. Sans toutes les nommer, on peut citer l'apprentissage progressif, autorégulé, formel ou informel, implicite ou explicite, en surface ou en profondeur[19], etc.

On peut aussi pointer, de manière complémentaire et parfois convergente, diverses stratégies d'apprentissage, plus ou moins efficaces selon le contenu, la situation d'apprentissage et le profil de l'apprenant : l'apprentissage par essais et erreurs ou tâtonnements, par cœur, par répétition (ou rappel à l'identique), par reformulation en ses propres mots, par mise en relation et réorganisation des idées, par émission d'hypothèses, par réélaboration, par la pratique, par conceptualisation ou conscientisation.

Concernant l'usage de ces stratégies en situation scolaire, certains travaux en psychologie de l'apprentissage[20] soulignent combien il est important qu'elles permettent, par exemple pour l'acquisition des compétences orthographiques, de développer tant l'automatisation des savoirs ou savoir-faire que leur conceptualisation et compréhension. La première ayant l'avantage de mobiliser peu de ressources attentionnelles et d'augmenter la vitesse de réalisation de la tâche, la seconde permettant de résoudre les questions plus complexes. Ainsi, un élève ayant automatisé l'écriture orthographique des mots fréquents pourra, en rédaction, focaliser son attention sur d'autres paramètres constitutifs de l'écriture. Et le fait d'avoir compris le principe des chaines d'accord va lui permettre d'ajouter un *s* à « heure » dans « *le réveil sonnait toutes les heure ».

Ces travaux montrent également que la mise en œuvre de ces stratégies peut varier selon les tâches et dépend fortement de la capacité de mémoire de travail des apprenants. Ainsi, concernant l'acquisition de compétences scripturales, mettre en relation les exigences ou contraintes de la situation d'écriture avec les idées convoquées et leur mise en texte demande une grande capacité de mémoire de travail que n'ont pas les élèves de 7-8 ans. Ils auront dès lors besoin d'un fort étayage du maitre pour y parvenir. Globalement, ces travaux insistent sur le fait que plus les apprentissages (scolaires) à réaliser sont complexes, plus l'étayage du tuteur (l'enseignant) est indispensable. Ils montrent aussi combien la dimension motivationnelle et affective (gout ou dégout pour telle activité d'écriture) influe sur l'activité d'apprentissage.

---

[17]. Il s'agit par exemple de valoriser l'élève qui lève le doigt pour demander la parole ou celui qui utilise le dictionnaire de la classe pour vérifier l'orthographe d'un mot, en leur attribuant une bonne note pour cette action.

[18]. Sur ce point, voir la fiche 12 « Conscientisation et conceptualisation », p. 54.

[19]. L'apprentissage en surface renvoie principalement à une rétention de faits, sans résolution de problème et réélaboration nette. L'apprentissage en profondeur s'appuie sur la reconstruction ou une réélaboration des significations et permet une mémorisation durable.

[20]. Voir ici encore l'ouvrage de synthèse dirigé par M. Crahay et M. Dutrévis ainsi que celui dirigé par A. Blaye et P. Lemaire, *Psychologie du développement de l'enfant*, De Boeck, 2007.

FICHE 2 — Objectifs et compétences

1 La notion d'objectif

La notion d'*objectif pédagogique* apparait en France à partir des années 1970, au sein de la recherche pédagogique d'abord, puis dans l'enseignement professionnel et technique. Elle est issue de la pédagogie par objectifs élaborée aux États-Unis, dans un contexte de production industrielle tayloriste. Il s'agit d'adapter l'individu aux besoins et aux valeurs de la société de production et de convertir en objectifs ces besoins et valeurs. En pédagogie, cette option se traduit par le choix d'une organisation de l'éducation qui se veut scientifique et rationnelle.

L'apport de Robert Franck Mager[1], en 1962, à la définition des objectifs pédagogiques est déterminant. Selon ce pédagogue américain, la formulation des objectifs d'un cours doit respecter trois critères :

– décrire le comportement observable de l'élève attestant l'apprentissage (manifestation externe d'une activité interne) ;

– décrire les conditions de réalisation du comportement attendu ;

– préciser la performance minimale à atteindre.

Il s'agit en fait de définir des objectifs pédagogiques en termes de comportements observables de l'élève et de résultats attendus, afin d'évaluer ensuite le degré d'atteinte des objectifs pour ajuster en conséquence les stratégies d'enseignement. Cette théorie rejoint les thèses behavioristes fondées sur les comportements observables et mesurables ainsi que sur le présupposé que l'enseignement peut arriver à bout de tout apprentissage à condition de mettre en œuvre les techniques adaptées.

Cette nouvelle approche de l'apprentissage a été accueillie favorablement comme le moyen de marquer une rupture salutaire avec le flou des pratiques pédagogiques antérieures souvent jugées élitistes car toujours fondées sur l'implicite. Néanmoins, la pédagogie par objectifs a été assez rapidement l'objet de controverses. On lui a reproché notamment de **provoquer une atomisation des apprentissages** en raison de la multitude des objectifs de type comportemental sur lesquels elle se fondait alors et d'ignorer la dimension personnelle et affective des apprentissages.

Si l'intérêt de la notion d'objectif pédagogique n'est plus aujourd'hui contesté, on s'efforce en revanche de l'adapter à ses contextes d'application et d'en renouveler la conceptualisation à partir de classifications diverses :

– selon le niveau d'activité intellectuelle (connaissance, compréhension, analyse...) ;

– selon le type d'apprentissage (méthode, stratégie cognitive, attitudes, gestes) ;

– selon une catégorisation des opérations cognitives et affectives[2] (savoirs, savoir-faire, savoir-être).

Par exemple, dès les années 1980, Jean-Louis Martinand, chercheur en didactique des sciences, propose de redéfinir les objectifs non plus à partir des comportements

---

[1]. R. Mager, *Comment définir des objectifs pédagogiques*, Bordas, 1977 (2ᵉ éd. Dunod, 2005

[2]. F. Raynal, A. Rieunier, *Pédagogie, dictionnaire des concepts clés*, ESF, 2007, p. 358 « taxinomie » : classification hiérarchisée des objectifs pédagogiques, article de Hainault, p. 105 et Krathwohl, p. 198.

observables, trop nombreux selon lui, mais à partir des obstacles rencontrés par les élèves dans la construction des savoirs. Il ne s'agit pas de revenir à la pédagogie des contenus mais de réorganiser l'enseignement autour de « situations-problèmes »[3] susceptibles d'aider l'élève à effectuer le « saut cognitif » qu'implique l'apprentissage. Cette approche fondée sur la psychologie de l'apprentissage se centre sur la **construction des concepts** (des connaissances et des procédures de réalisation de la tâche[4]) par les élèves.

Quoi qu'il en soit, la question des objectifs est essentielle pour comprendre les situations d'apprentissage et d'enseignement car ces objectifs en indiquent le but et la finalité. Ainsi, les programmes de 2015 donnent-ils en ouverture de la partie relative au cycle 3 « des objectifs d'apprentissage[5] » pour les cinq domaines et reprennent-ils, pour le « français » ceux qui lui sont spécifiques, par exemple pour la rubrique « lecture et compréhension de l'écrit » : identifier les personnages d'une fiction ; comprendre l'enchaînement chronologique et causal des évènements ; repérer l'ancrage spatio-temporel d'un récit[6], etc[7].

Lorsque plusieurs objectifs sont conjointement en jeu dans une progression, il importe de bien les hiérarchiser et de distinguer ceux qui sont généraux de ceux qui sont plus spécifiques. L'objectif général correspond à l'objectif de fin d'année ou de cycle, il est donné par le programme, par exemple « identifier les personnages d'une fiction ». L'objectif spécifique est celui d'une séance, par exemple « repérer les chaines anaphoriques relatives aux personnages ».

À partir de la rentrée 2016, le nouveau *Socle commun de connaissances, de compétences et de culture* s'articule autour de cinq domaines qui donnent une vision d'ensemble des objectifs des programmes de l'école primaire et du collège.

2 La notion de compétence

Les programmes de 2015 et le nouveau *Socle commun* définissent également des **compétences** à acquérir.

- Il importe de distinguer **objectifs** et **compétences** parce que ces deux notions réfèrent à une réalité partagée entre l'enseignant et l'apprenant. L'objectif pédagogique renvoie à « tout ce qu'un individu doit apprendre[8] », la compétence à « l'ensemble des comportements potentiels (affectifs, cognitifs et psychologiques) qui permettent à un individu d'exercer efficacement une activité considérée généralement comme complexe[9] ».

L'objectif traduit l'intention pédagogique de l'enseignant (ou du concepteur de matériel pédagogique : auteur, éditeur...) à l'égard de l'apprenant, la compétence renvoie au savoir ou savoir-faire que l'apprenant doit intégrer. En fait, ces deux termes correspondent au point de vue adopté : le choix de l'objectif est du ressort de l'enseignant et se libelle de son point de vue ; le terme de compétence s'applique à l'élève (en termes de « être capable de »).

- La notion de compétence est liée à celle de **connaissance**, suivant le nouveau *Socle commun* qui en donne la définition suivante : « Une compétence est l'aptitude à mobiliser ses ressources (connaissances, capacités, attitudes) pour accomplir une tâche ou faire face à une situation complexe ou inédite. Compétences et connaissances ne sont ainsi pas en opposition. Leur acquisition suppose de prendre en compte dans

---

3. Voir la fiche 4 « Situation, dispositif et situation-problème », p. 34.

4. Pour plus d'informations sur ce point, voir la fiche 12 « Conscientisation et conceptualisation », p. 54.

5. *B.O.* du 26 novembre 2015, p. 94.

6. *Ibid.*, p. 114.

7. *Ibid.*

8. F. Raynal, A. Rieunier, *Pédagogie, dictionnaire des concepts clés*, ESF, 2007.

9. *Ibid.*

le processus d'apprentissage les vécus et les représentations des élèves, pour les mettre en perspective, enrichir et faire évoluer leur expérience du monde[10]. »

La compétence acquise implique l'autonomie de la maitrise. Or, pour l'écolier du primaire, cette compétence est souvent hésitante et se construit progressivement par la réitération des mises en situation. Dans tous les cas, *in fine*, elle devrait être opérationnelle : Christian Darvogne et Didier Noyé rappellent que le révélateur de la compétence, « c'est le résultat obtenu dans le travail : c'est au mur terminé que l'on voit la compétence du maçon[11] ». La notion de compétence s'est donc nettement dégagée de son origine behavioriste quelque peu applicationniste, théorisée par B. S. Bloom, dans les années 1960 aux États-Unis, pour renvoyer à des activités mentales complexes.

Penser les apprentissages en termes de compétences plutôt qu'en termes d'objectifs amène l'enseignant à concevoir des situations d'apprentissage centrées sur les opérations cognitives de l'apprenant. P. Meirieu[12] en définit ainsi les grandes lignes : « chercher à faire acquérir une compétence à un sujet, c'est organiser, pour lui, une situation d'apprentissage. C'est donc :

1. identifier une tâche mobilisatrice qui va "mettre le sujet en route" ;
2. repérer l'obstacle dont le franchissement permettra d'effectuer un progrès décisif ;
3. prévoir l'ensemble des ressources et des contraintes qui permettront au sujet de surmonter lui-même l'obstacle ;
4. accompagner l'activité de l'apprenant en mettant en place des procédures de réflexion sur son activité (ce qu'on nomme la métacognition) ;
5. avoir en ligne de mire, tout au long de la démarche, l'objectif en termes de compétence réinvestissable par le sujet, à sa propre initiative, dans des situations du même type. »

La construction de la compétence, parce qu'elle est fondée en partie sur la métacognition, c'est-à-dire sur l'appropriation consciente par l'élève des connaissances et des procédures de réalisation de la tâche dans une situation donnée, rend possible le transfert[13] des savoirs déclaratifs et procéduraux dans les situations où ils sont transférables. La compétence reste circonstancielle mais c'est le niveau d'expertise qu'elle requiert et sans lequel elle n'est pas possible qui garantit le transfert dans d'autres situations. L'élève qui sait qu'il sait et qui sait comment s'y prendre pour réaliser ce qu'il a à faire accède ainsi à l'autonomie. Il peut réutiliser ce qu'il a appris dans d'autres situations scolaires mais aussi dans des situations extra scolaires.

● La notion de compétence est aussi liée à la question de l'évaluation. Un livret personnel de compétences a été mis en place, à partir de 2008, à l'école primaire et à partir de 2009 au collège avec une double fonction : « outil institutionnel attestant la maitrise des sept compétences du *Socle commun* », et « outil pédagogique au service du suivi personnalisé des élèves[14] ». Ce livret était relativement lourd ; pour prendre un exemple, le livret national évaluait sur une vingtaine de pages 98 compétences auxquelles s'ajoutaient des attestations de maitrise de connaissances et de compétences à trois paliers (fin de CE1, fin de CM2, fin de 3e). Il pouvait également avoir comme inconvénient d'atomiser les savoirs en une multitude de comportements censés être observables.

---

10. *Nouveau Socle commun*, B.O. du 17 au 23 avril 2015, p. 2-3.

11. *Documents méthodologiques pour l'élaboration de diplômes*, CPC, MEN, n° 93/1.

12. Article accessible à partir du lien http://www.meirieu.com/ARTICLES/SUR LES COMPETENCES.pdf.

13. P. Perrenoud, *Construire des compétences dès l'école*, ESF, Paris, 2004.

14. Circulaire du 18 octobre 2010.

Il disparait à la rentrée 2016 et, à la faveur du nouveau *Socle commun*, il est remplacé par un livret scolaire simplifié[15] dans lequel l'évaluation du niveau dans les matières se fait, non plus en termes de compétences, mais d'objectifs d'apprentissage.

Ce qui n'empêche pas les programmes de 2015 relatifs aux cycles 2 et 3 de définir, dans chaque domaine, des compétences à faire acquérir. Par exemple, pour le sous-domaine « Lire », les compétences sont précisées dans une liste : Identifier les mots de manière de plus en plus aisée. Comprendre un texte. Pratiquer différentes formes de lecture…

Il faut remarquer que le programme 2015 pour la maternelle n'emploie pas du tout le terme « compétence » et le remplace par une formulation plus générale : « **Ce qui est attendu** des enfants en fin d'école maternelle » mais il liste ce qui pourrait être considéré comme des compétences, par exemple pour le sous-domaine de l'oral : « Communiquer avec les adultes et les autres enfants en se faisant comprendre. »

[15]. Voir la fiche 8 « L'évaluation » qui détaille ce livret, p. 41.

FICHE 3 — La notion de savoir

1 Des acceptions différentes

Dans les champs de l'épistémologie[1], de l'apprentissage et de l'éducation, la notion de savoir est utilisée avec des acceptions différentes.

> Dans une première acception, le terme « savoir » désigne des **connaissances objectivées et** relativement ou provisoirement[2] **stabilisées**. Issues d'un processus de généralisation et d'abstraction, ces connaissances sont détachées du point de vue individuel et présentent une structure commune extérieure aux individus, validées par un contrôle social (par l'expérience ou par la recherche). Ainsi, « [l]e savoir […] relève d'une communauté qui a décidé de statuer sur une connaissance pour l'ériger en savoir »[3]. Ces connaissances objectivées sont aussi caractérisées par leur nature discursive : elles sont verbalisables et communicables.

Dans la discipline français répondent à cette définition du savoir les savoirs grammaticaux portant par exemple sur les types de phrases et sur les classes de mots ou encore les règles d'orthographe (« le verbe s'accorde en personne et en nombre avec le sujet »).

> Dans le domaine de l'apprentissage et plus globalement de la cognition[4], une deuxième acception attribue au contraire au terme « savoir » une **valeur individuelle** : les savoirs correspondent aux connaissances que chaque sujet met en œuvre pour construire du sens, pour comprendre le monde et agir sur lui.

Quand un élève évoque le « s » comme seule marque du pluriel pour le nom et propose d'écrire « des hibous », on est bien face à la connaissance d'un individu, connaissance qui sera considérée comme non-conforme par rapport au savoir objectivé.

[1]. Le champ de l'épistémologie désigne les travaux sur les théories de la connaissance.

[2]. Provisoirement car ces savoirs peuvent évoluer au cours de l'histoire.

[3]. M. Develay, *Donner du sens à l'école*, ESF, 1996, p. 41.

[4]. La cognition étudie « le fonctionnement de la capacité de l'homme à extraire, sélectionner, traiter et interpréter les informations (conscientes et inconscientes) issues de l'interaction entre ses activités mentales internes et son environnement afin de produire des réponses adaptées » (in http://www.grenoblecognition.fr/index.php/le-pole-la-cognition).

En didactique, ces deux acceptions différentes du terme « savoir » sont complémentaires et gagnent à être pensées de façon articulée. Le savoir est un objet socioculturel, mouvant historiquement, qui va circuler, se diffuser, se reconstruire voire s'enrichir par l'appropriation singulière que vont en faire les acteurs. En classe, l'intervention de l'enseignant consiste à favoriser l'appropriation du savoir par les élèves.

2 Les types de savoir

Outre ces différences d'acception, les débats et les points de vue portent aussi sur l'existence et la classification de savoirs de natures différentes. Selon la classification et le découpage adoptés, le sens attribué au terme « savoir » varie.

Dans le champ de la didactique du français, une **première distinction** concerne les **savoirs théoriques** et les **savoirs procéduraux**. Les savoirs théoriques, également appelés savoirs déclaratifs, et représentés notamment par les savoirs scientifiques, se distinguent des savoirs procéduraux ou stratégiques « qui formalisent les règles pour la mise en œuvre de l'action »[5]. À l'école, ces savoirs procéduraux sont essentiels car ils renvoient aux stratégies d'enseignement et d'apprentissage, aux savoirs sur les manières d'opérer des enseignants et des élèves. Quand, pour comprendre un récit, le maitre cherche à apprendre aux élèves à recourir à la construction d'images mentales et qu'il fait, de cette manière d'opérer, une connaissance du type « comment je peux m'y prendre pour », il vise la construction d'un savoir procédural.

Une **deuxième distinction** met en avant une classification en **savoir, savoir-faire, savoir-être (ou attitude).** Dans ce découpage que chapeaute le terme « savoir », le savoir est parfois rapproché du terme de connaissances déclaratives évoquées ci-avant (« savoir que... », savoir que l'adverbe est invariable, savoir que les verbes en -er appartiennent au premier groupe), l'adjectif *déclaratif* marquant la proximité de ce savoir avec le langage. Pour ce qui est du savoir-faire, il est apparenté, d'une part, aux connaissances procédurales ou stratégiques dont il a aussi été question ci-avant (« savoir comment... », savoir comment reconnaitre un verbe, savoir comment attacher le *v* et le *e* en cursive) et, d'autre part, de façon plus large, aux habiletés, aux pratiques (savoir écrire en cursive, prendre la parole face au groupe, reconnaitre le verbe dans une phrase, faire un rappel de récit, copier sans erreur...). Dans ces deux composantes, le savoir-faire relie les savoirs à des actions car il vise la réalisation d'actions. Le savoir-être, pour sa part, renvoie le plus souvent à des variables « internes », c'est-à-dire, pour Françoise Raynal et Alain Rieunier[6], aux attitudes, aux valeurs, aux sentiments, aux émotions, aux motivations. Il désigne par exemple le gout pour la lecture ou l'implication dans une tâche d'écriture.

Même si on peut penser que les éléments qui composent le savoir-être influent sur l'enseignement et sur l'apprentissage, il est à noter que cette catégorie est parfois difficilement programmable et évaluable. C'est sans doute pourquoi cette catégorie n'apparait plus explicitement dans les programmes de 2015 ni dans le nouveau *Socle commun*.

Dans les faits, face à une performance ou à la mise en œuvre d'une compétence, il est parfois bien compliqué de distinguer le(s) type(s) de savoir(s) entrant en jeu, ceux-ci pouvant être imbriqués et difficilement dissociables. En effet, nombre

[5]. *Dictionnaire de l'éducation et de la formation*, Retz, 2005, p. 898-899.

[6]. *Pédagogie, dictionnaire des concepts-clés. Apprentissage, formation, psychologie cognitive*, ESF, 2010.

d'actions humaines nécessitent des connaissances déclaratives. Ainsi quand un élève réalise correctement une chaine d'accords à l'écrit (par exemple, « les singes dormaient au fond de leur cage »), il témoigne d'un savoir-faire orthographique, et ce savoir orthographier s'est sans doute construit en relation avec des savoirs déclaratifs (par exemple : savoir que le verbe s'accorde avec le sujet).

Néanmoins, pour réfléchir sur les processus d'enseignement et d'apprentissage, gardons à l'esprit qu'un élève peut fort bien connaitre une règle de grammaire, être capable de la réciter (connaissance déclarative, de l'ordre du discours) sans parvenir à l'appliquer quand il écrit (savoir-faire, de l'ordre de l'action).

Plus globalement, dans le cadre scolaire comme dans les programmes de 2015, qui lient savoirs (ou connaissances) et compétences, il est utile de garder à l'esprit que **toute compétence mobilise des savoirs qui peuvent être de natures variées**. « Les compétences "mobilisent, intègrent, orchestrent" les ressources que sont les savoirs, les savoir-faire et les attitudes. »[7]

On notera toutefois que les programmes de 2015 utilisent davantage le terme de « connaissances » pour désigner ces différents savoirs liés aux compétences. Ce qui est attendu en fin de cycle est ainsi décliné sous la forme de tableaux dont la première entrée se nomme « Connaissances et compétences associées ».

7. P. Perrenoud, *Dix nouvelles compétences pour enseigner*, ESF, 1999, p. 17.

3 Le rapport au savoir

À l'école, penser les savoirs demande aussi de s'interroger sur le **rapport des élèves à ces savoirs scolaires**. Cette question du rapport au savoir est étroitement liée à celle de l'échec scolaire et des inégalités. Bernard Charlot, Elisabeth Bautier et Jean-Yves Rochex[8] montrent ainsi que l'école et les savoirs n'ont pas le même sens pour un enfant de catégorie socioprofessionnelle favorisée ou défavorisée. Cette relation complexe que chaque individu construit avec « l'école, ses savoirs et ses pratiques »[9] est liée à des positions sociales, familiales et personnelles, c'est-à-dire qu'elle résulte pour beaucoup de l'expérience. En ce sens, plus que pour chercher des manques chez l'élève, la notion de *rapport au savoir* est utile pour interroger le fonctionnement de l'école qui peut infléchir ou renforcer certains rapports au savoir. Par exemple, « [l]es incitations au travail qui hypertrophient l'importance de la note ou jouent sur la menace du futur professionnel renforcent l'unique valeur d'échange des apprentissages. La survalorisation des notes et du résultat peut enfermer certains élèves dans une conception utilitaire du travail scolaire, le flou en matière de consigne ou d'enjeu des séquences, la succession des exercices et des rituels, le recours quasi exclusif à l'écoute et à la mémoire confortent les élèves dans une posture attentiste et assoient leur dépendance »[10]. Dans le champ de la didactique du français, Christine Barré-De Miniac a largement contribué à explorer la notion de rapport à l'écriture. Au travers de cette notion, elle a montré combien il est essentiel de s'intéresser au sujet scripteur, au contexte de production au sens large, pour questionner l'enseignement et l'apprentissage de la pratique scripturale.

8. *Écoles et savoir dans les banlieues... et ailleurs*, Armand Colin, 2006.

9. *Dictionnaire des concepts fondamentaux des didactiques*, 2007, p. 192.

10. J. Bernardin, « Le "rapport au savoir" nouveau handicap ? », *Échec à l'échec*, n° 160, mars 2003.

Situation, dispositif et situation-problème

Il est difficile de saisir les contours exacts de la notion de *situation* qui peut être, pour Yves Reuter, « une notion heuristique facilitant le fonctionnement de la pensée [...] convoquée sans être définie : elle est de ces notions qui permettent de penser et de travailler sans pour autant, puisqu'elles ne sont pas fermement définies, contraindre la pensée de l'auteur[1]. »

La didactique du français reste, en effet, floue sur les deux termes « situation » et « dispositif », investis, comme le signale Y. Reuter, d'acceptions diverses suivant les théories d'ancrage ou les didactiques qui leur accordent une importance très inégale. La didactique du français a privilégié la notion de *dispositif* et de *séquence* à celle de *situation* alors que cette dernière est centrale dans la didactique des mathématiques[2]. Dans beaucoup d'ouvrages, on trouve un emploi quasi synonymique des expressions « dispositif didactique » et « situation didactique ».

1 Situation et dispositif

Le terme « dispositif » se prête à toutes sortes d'actualisations (dispositif de formation, de différenciation, d'écriture...), de même que le terme « situation » (situation de langage, d'évaluation, de jeu, d'apprentissage, de communication, d'institutionnalisation...) mais, en didactique du français, les deux peuvent être superposés.

Le **dispositif** peut désigner, d'une manière générale, « l'organisation, finalisée par des objectifs, d'un ensemble de moyens[3] ». Ces moyens peuvent être :

– **financiers** ;
– **matériels** : fiches, stylos, peintures, objets... utilisation de tel espace de la classe, par exemple ;
– **pédagogiques** : alternance des modes de regroupement, rotation des ateliers, nature des supports ou des outils utilisés par les élèves (oral, écrit, schématisation, manipulation...), rôle joué par les manuels, TICE, référentiels, consignes utilisées...
– **humains** : présence de l'ATSEM, par exemple ;
– mais aussi **didactiques** et bien désignés comme tels, par exemple les « trois dispositifs didactiques » mis en place par Mireille Brigaudiot pour les apprentissages de l'écrit à l'école maternelle[4].

Les dispositifs ont des objectifs déterminés ; ils aménagent l'activité et le milieu où vont évoluer les élèves. Ils sont prévus en amont de la séance ou de la séquence et sont contrôlés par l'enseignant.

La **situation didactique** peut être conçue de manière plus large, comme y invite la définition de Guy Brousseau : « [dans] une situation didactique, un actant, un professeur par exemple, organise un dispositif qui manifeste son intention de modifier ou de faire naitre les connaissances d'un autre actant, un élève par exemple, et lui permet de s'exprimer en actions[5] ».

---

[1]. Y. Reuter et al., *Dictionnaire des concepts fondamentaux des didactiques*, De Boeck, 2007, p. 206.

[2]. *Ibid.*

[3]. F. Danvers, *700 mots-clefs pour l'éducation*, Presses universitaires de Lille, 1994.

[4]. M. Brigaudiot, *Apprentissages progressifs de l'écrit à l'école maternelle*, Hachette, 2000, p. 44-49. Dans le dispositif didactique les élèves sont spectateurs (actifs) de l'enseignante qui explicite devant eux l'usage qu'elle fait de l'écrit ; le deuxième correspond à une « activité conjointe où l'adulte et les élèves coopèrent à la même tâche » ; dans le dernier, un élève résout tout seul un problème ponctuel, situé dans la zone des apprentissages en cours et susceptible d'être réussi.

[5]. G. Brousseau, *Glossaire de quelques concepts de la théorie des situations didactiques en mathématiques*, 2003, p. 2, http://daepagesperso-orange.fr/guy-brousseau/textes/Glossaire_Brousseau.pdf.

4 Situation, dispositif et situation-problème

Émergeant dans le temps et l'espace de la classe, dans un milieu mobilisé par le maitre pour que des élèves s'approprient le savoir, la situation concerne ces derniers et l'enseignant, car s'y déroulent les processus d'enseignement et d'apprentissage, avec toutes les interactions entre les trois pôles du triangle didactique. Elle se fonde sur un objet à enseigner, avec une logique de progression.

Dans ces sens-là, il peut y avoir plusieurs dispositifs dans une même situation didactique.

Les programmes de 2015 pour les cycles 2 et 3 emploient souvent le terme « situation ». Dans « les attendus de fin de cycle », en face de la colonne « Connaissances et compétences associées », se trouve celle intitulée « Exemples de situations, d'activités et de ressources pour les élèves ».

Ce mot peut aussi référer à une posture demandée à l'élève, mis « en situation » d'écoute, d'observation, de récitation, de lecture, d'écriture, de découverte guidée. Les programmes insistent beaucoup sur la diversité des situations qui « ne traduit que rarement de réelles difficultés » mais qui « révèle plutôt des écarts de maturité ou de rythme d'apprentissage qui peuvent évoluer vite[6] ».

Le programme de 2015 pour la maternelle reprend la même idée dans la rubrique relative aux « modalités spécifiques d'apprentissage » : « L'enseignant met en place dans sa classe des situations d'apprentissage variées : jeu, résolution de problèmes, entrainement, etc. et les choisit selon les besoins du groupe classe et ceux de chaque enfant » et ajoute un autre paramètre : la préférence à donner aux situations en prise directe avec le vécu des enfants.

Le terme « dispositif » est peu utilisé ; il l'est davantage dans le champ des sciences et des arts que dans celui du français, sauf pour un exemple, le « dispositif de l'écriture collaborative[7] ».

2 Situation-problème

Philippe Meirieu[8] formalise la situation-problème en 1987, en se fondant sur le mouvement de « l'éducation nouvelle » des années 1930, sur les travaux de Jean Piaget autour de l'obstacle et sur la didactique des mathématiques centrée sur les problèmes ouverts.

Au cœur de la situation-problème, se trouve une question, une « vraie énigme » à résoudre, qui suscite l'investissement des élèves. Ceux-ci n'ont pas, au départ, tous les moyens nécessaires pour surmonter l'obstacle. Pour le faire, ils doivent activer leurs connaissances antérieures et leurs représentations, la situation les obligeant, précisément, à les remettre en cause, à les réorganiser ou à en élaborer d'autres. Le dépassement de l'obstacle représente donc un palier dans le développement cognitif du sujet mais la résolution doit rester faisable : l'activité doit travailler dans la zone proximale de développement. Le maitre les aide, sans faire le travail à leur place et sans étayer à l'excès ; il tient le **rôle de guide et de médiateur**[9].

Cette situation repose sur des moments de travail personnel, des négociations collectives (suscitant des conflits socio-cognitifs), des phases de synthèse, des dispositifs d'évaluation et de métacognition[10].

---

6. *Ibidem*, p. 23.

7. *Ibidem*, p. 11, cycle 2.

8. Voir P. Meirieu, *Apprendre oui... mais comment*, avec en annexe, *Le guide méthodologique pour l'élaboration d'une situation-problème*, ESF, 2009 et G. de Vecchi et N. Carmona Magnaldi, *Faire vivre de véritables situations-problèmes*, Hachette, 2002.

9. Voir la fiche 11 « Étayage et gestes professionnels », p. 51.

10. Voir la fiche 12 « Conscientisation et conceptualisation », p. 54.

Cette conception large de la **situation-problème définie comme une tâche complexe**, s'installant dans la durée, se trouve parfois réduite dans les classes à un moment identifiable en début de séquence : la phase de recherche est souvent bâtie autour d'une petite situation problématique pendant laquelle les élèves sont mis en mesure de découvrir des éléments à exploiter ultérieurement dans la leçon, une « accroche » ludique et intéressante, un dispositif pour lancer le cours et qui ne peut, de fait, générer un renversement pédagogique important et une manière de repenser les situations d'enseignement.

Par ailleurs, la situation-problème, dans sa version large, a été davantage mobilisée par les disciplines scientifiques que littéraires. Mais la notion de *problème*, sur un mode plus souple, est présente dans beaucoup d'activités de français, dans la résolution de problèmes orthographiques par exemple, ou à la maternelle. Les expressions employées dépendent alors des didacticiens : ainsi, Mireille Brigaudiot utilise-t-elle celles de « tâche-problème » qui renvoie à une activité langagière complexe de compréhension et de traitement de l'écrit qui requiert de nombreux processus cognitifs ou de « jeu-problème » qui n'en mobilise que quelques-uns[11].

11. M. Brigaudiot, *op. cit.*, p. 50-52.

Le programme de 2015 pour la maternelle, même s'il n'utilise pas l'expression « situation-problème », en fait une des quatre modalités spécifiques d'apprentissage. Les enfants peuvent apprendre en jouant, en s'exerçant, en se remémorant et en mémorisant mais aussi en « réfléchissant et en résolvant des problèmes ». Les situations décrites renvoient clairement à ce type de situation : « Pour provoquer la réflexion des enfants, l'enseignant les met face à des problèmes à leur portée. Quels que soient le domaine d'apprentissage et le moment de vie de classe, il cible des situations, pose des questions ouvertes pour lesquelles les enfants n'ont pas alors de réponse directement disponible. Mentalement, ils recoupent des situations, ils font appel à leurs connaissances, ils font l'inventaire de possibles, ils sélectionnent. Ils tâtonnent et font des essais de réponse. L'enseignant est attentif aux cheminements qui se manifestent par le langage ou en action ; il valorise les essais et suscite des discussions. Ces activités cognitives de haut niveau sont fondamentales pour donner aux enfants l'envie d'apprendre et les rendre autonomes intellectuellement[12]. »

12. *B.O.* du 26 mars 2015, p. 2.

FICHE 5 — Séquence didactique, tâche et activité

1 La séquence didactique

La séquence didactique ne peut s'appréhender comme une entité indépendante. Le travail que l'on y effectue s'inscrit, en effet, pour chaque domaine d'apprentissage, dans une perspective plus vaste, celle de la progression des enseignements prévue dans une programmation pour l'année ou le cycle.

La progression disciplinaire envisagée par l'enseignant est constituée d'une succession de séquences articulées entre elles. Dans ce cadre, chaque séquence a pour fonction de faire découvrir aux élèves, en prenant appui sur les acquis des séquences antérieures, un nouvel objet d'enseignement pour en faire un nouvel objet de connaissance qui puisse s'agréger de façon cohérente aux acquis et les enrichir tout en préparant les acquisitions ultérieures.

L'objectif général de la séquence est atteint par étapes successives articulées entre elles selon une progressivité des apprentissages qui tient compte des éventuelles difficultés des élèves à construire le contenu visé. Ces phases correspondent la plupart du temps à des séances d'enseignement mais les notions de phases et de séances ne se superposent pas obligatoirement : il peut arriver qu'une phase nécessite plusieurs séances ou au contraire que plusieurs phases se succèdent dans une même séance. La séquence d'enseignement demeure ainsi un système dynamique dont les variables sont nombreuses : objet réellement enseigné, contexte pédagogique, spécificités et besoins de la classe, dispositif choisi, orientation pédagogique de l'enseignant, situation de la séquence dans la progression...

Elle se déroule selon une progression d'étapes reliées entre elles, qui, par exemple, peuvent s'organiser de la façon suivante :

1. Phase de présentation de l'objectif général d'apprentissage, mise en contexte de la tâche. Cette phase comporte un rappel des acquis antérieurs dont la mobilisation est indispensable à la construction des nouveaux savoirs ; le maître présente situation et consignes afin que les élèves intègrent les données de la tâche et se représentent le travail à accomplir.

2. Phase de réalisation par les élèves de la tâche assignée. En application des consignes, les élèves effectuent la tâche assignée, en vue d'acquérir une connaissance. Cette étape peut correspondre à une seule séance ou à plusieurs séances successives possédant chacune un objectif spécifique.

3. Phase de structuration des savoirs et d'institutionnalisation. Cette phase est indispensable aux apprentissages. La mutualisation et la confrontation des réalisations des élèves entrainent une verbalisation de l'activité et une première formalisation des acquis. Elles servent à fixer un état des savoirs construits et des procédures mises en œuvre pour y parvenir. Le maitre peut, au moment de l'institutionnalisation, proposer un apport didactique.

4. Phase d'entrainement, de consolidation, de mise en mémoire.

5. Phase d'évaluation. Elle porte sur les objectifs visés et permet de réguler la progression.

Les étapes 1 à 4, ou parfois 1 à 5, peuvent se retrouver dans une seule et même séance.

6. Phase de transfert des connaissances. L'enseignant doit s'assurer que les élèves peuvent mobiliser les nouvelles compétences dans un temps différé et une situation différente.

2 La séance

Les termes « séance » et « séquence » sont quelquefois confondus. Il est admis aujourd'hui que **la séquence didactique est composée d'un ensemble de séances liées entre elles par un même objectif**. Chaque séance, correspondant à un créneau horaire dans l'emploi du temps, met en œuvre un ou des objectif(s) spécifique(s) qui permet(tent) d'atteindre l'objectif général fixé pour la séquence. La séance est constituée de phases et respecte une progressivité : elle s'ouvre, par exemple, par une phase de rappel des acquis et de présentation de la tâche, se poursuit par une phase de réalisation de la tâche par les élèves et se clôt par une phase de structuration et de bilan d'étape (ce qui est fait et ce qui reste à faire pour atteindre l'objectif de séquence).

3 Tâche et activité

Les notions de tâche et d'activité sont étroitement liées et, dans une première approche, leur distinction est aisée : « la tâche indique ce qui est à faire, l'activité, ce qui *se fait*[1] ». La tâche correspond au travail prescrit tandis que l'activité désigne ce que fait le travail réel.

Cependant, l'activité ne se réduit pas à ce qui se voit (les actions physiques de l'élève) car elle concerne tout ce qu'il met en œuvre pour accomplir la tâche : ses représentations, son activité cognitive, ses interactions avec le maitre ou les autres élèves… D'autre part, la tâche ne « s'ancre [pas toujours] dans les routines de classe et la culture commune »[2], c'est-à-dire qu'elle ne définit pas toujours très explicitement la ou les activité(s). En effet, dans une pédagogie de type constructiviste selon laquelle il faut que l'élève soit placé dans une « situation d'apprentissage », ce qu'il faut mettre en œuvre est précisément « ce qui ne peut être dit *a priori* par l'enseignant [parce que] c'est justement l'objet de l'apprentissage que de le construire[3] ».

Élisabeth Nonnon[4] propose donc de distinguer deux niveaux de tâches selon le type d'activités ou de situations :

– les **tâches de premier niveau** pour des activités d'exécution lorsque la consigne les définit explicitement (par exemple, une consigne d'exercice simple en grammaire après la situation de découverte et la leçon : *souligne les terminaisons des verbes à l'imparfait*) ;

– les **tâches de second niveau** induites par un dispositif de travail complexe (choix du thème, des documents, de la ou des consigne(s), etc.).

La tâche ne se réduit pas à la planification effective du travail par l'enseignant ; elle intègre aussi les ajustements réalisés dans l'interaction avec les élèves. Il s'agit d'un des éléments constitutifs de la dynamique de l'enseignement-apprentissage, comme le soulignent Bernard Schneuwly, Joachim Dolz et Christophe Ronveaux[5] : « Le déclencheur d'une activité est généralement une consigne orale ou écrite, l'introduction d'un nouveau support matériel (texte, questionnaire, transparents, notes au tableau noir) ou la mise en place d'un nouveau dispositif (l'exercice, la lecture à voix haute d'un texte). »

Il peut y avoir changement d'activité quand il y a changement de tâche, changement de modalité ou de perspective par rapport à l'objet enseigné, changement d'objet enseigné, modification de l'approche du lien entre deux objets enseignés. Dans ce second cas, l'activité de l'élève apparait comme un ensemble cohérent et suivi de tâches (activité de lecture composée d'une tâche 1 de lecture du titre par un élève, d'une tâche 2 de lecture du chapitre par l'enseignant, d'une tâche 3 d'observation de l'illustration en lien avec le texte…).

Dans une pédagogie constructiviste, lorsque l'élève participe à la tâche, il apprend en faisant, selon Jean Piaget, c'est-à-dire en partant de situations concrètes de manipulations d'objets, d'expériences à partir desquelles il va exercer une action (une

1. J. Leplat et J.-M. Hoc, « Tâche activité dans l'analyse psychologique des situations », *Cahier de psychologie cognitive*, 1983, cités dans l'article « Tâche », *Dictionnaire des concepts fondamentaux des didactiques*, De Boeck, 2007.

2. É. Nonnon, « L'apprentissage des conduites de questionnement : situations et tâches langagières », *Repères n° 17, L'oral pour apprendre*, 19..

3. *Op. cit.*

4. *Op. cit.*

5. B. Schneuwly, J. Dolz, C. Ronveaux, « Le synopsis : un outil pour analyser objets enseignés », in M.-J. Perrin Glorian et Y. Reuter, *Les Méthodes de recherches en didactique*, Presses universitaires du Septentrion, 2006, p. 175-190.

activité concrète) qui va le conduire progressivement et avec l'étayage du maitre et/ou de ses pairs vers une activité mentale et réflexive d'analyse de son action, de plus en plus élaborée. Cette activité mentale consiste à construire des représentations à partir des informations perçues et à traiter mentalement ces représentations.

Quel que soit le niveau de tâche, les écarts entre tâche assignée par le maitre ou le manuel et perception de la tâche remodelée par l'élève qui la réalise sont fréquents et entrainent des distorsions, des écarts, entre ce qui serait à faire (la tâche) et l'activité réelle de l'élève, tant sur le plan de la réalisation de cette activité que sur le plan des opérations cognitives et des apprentissages liés. Par exemple une tâche de lecture-compréhension de texte peut, en raison des difficultés de décodage rencontrées par l'élève, se réduire à un déchiffrage sans mise en œuvre de l'activité de compréhension.

Certaines modalités de travail contribuent à réduire l'écart entre tâche et activité : le travail de groupe – lorsqu'il consiste à résoudre un problème ou répondre à un questionnement à plusieurs, notamment – par le conflit cognitif qu'il induit, surtout s'il est régulé par l'étayage de l'enseignant, amène les élèves à interagir, à confronter et à mutualiser leurs représentations, leurs productions, leurs conceptualisations provisoires de l'objet de savoir.

FICHE 6 — L'institutionnalisation

1 Qu'est-ce que l'institutionnalisation ?

Commençons par un exemple : pour résoudre un problème rencontré en dictée négociée (par exemple, l'accord entre le verbe et son sujet dans **ils se promènes*), les élèves vont observer un petit corpus préparé par l'enseignant (*un poisson nage/des poissons nagent/ils nagent/le chat se repose/les chats se reposent/ils se reposent*) qui devrait leur permettre de retrouver le fonctionnement de cette norme orthographique. À la suite de cette phase de recherche, la régularité constatée par les élèves est institutionnalisée en règle d'accord.

> D'un point de vue lexical, le mot *institutionnalisation* renvoie à celui d'instituteur, celui qui institue, et rejoint ainsi la représentation commune que l'on se fait de l'acte d'enseigner. Cependant, c'est la théorisation de la notion par les didacticiens des mathématiques qui permet d'en mesurer toute la portée. Ceux-ci la mettent en effet en relation avec un autre concept de la didactique des mathématiques, celui de *dévolution* qui désigne « l'ensemble des actions de l'enseignant visant à rendre l'élève responsable de la résolution d'un problème ou d'une question en suspens[1] ». L'institutionnalisation apparait donc comme un geste professionnel complémentaire et réciproque de celui de dévolution : dans la dévolution, l'enseignant guide la situation d'enseignement et d'apprentissage pour permettre aux élèves de chercher, de problématiser, de proposer des résolutions, tandis que, dans l'institutionnalisation, il réinvestit son rôle habituel pour reconnaitre les apprentissages réalisés par les élèves et leur assigner leur nouveau statut de savoir ou de savoir-faire reconnus.

[1]. D. Lahanier-Reuter, article « Dévolution », *Dictionnaire des concepts fondamentaux des didactiques*, De Boeck, 2007, p. 65.

Ce savoir ou savoir-faire en construction dans la séquence d'enseignement, qui était jusque-là associé à la tâche à réaliser, est ainsi dégagé de la situation, décontextualisé et légitimé par l'enseignant qui indique explicitement son nouveau statut cognitif : on en garde une « trace » à laquelle la mémoire pourra se référer pour qu'on puisse s'en servir dans de nouvelles situations d'entrainement, de réinvestissement ou d'approfondissement... Pour l'apprentissage de l'élève, l'institutionnalisation s'accompagne d'une opération de distanciation par rapport à la tâche.

Même si l'intention de l'enseignant n'est pas automatiquement suivie d'effet pour l'élève (il peut lui donner un autre sens), l'institutionnalisation participe de façon importante à la construction de l'objet de savoir qu'elle désigne et dont elle pointe les particularités.

2 Les fonctions de l'institutionnalisation

L'institutionnalisation constitue donc une phase essentielle du processus d'enseignement dont elle rythme, d'une certaine manière, la progression. En effet, l'institutionnalisation d'un savoir correspond nécessairement à une phase charnière et entraine *ipso facto* le passage à autre chose, à de l'entrainement ou à un autre objet de savoir à s'approprier.

Comme phénomène complexe, l'institutionnalisation possède plusieurs fonctions[2] :
– « valider les nouveaux savoirs acquis » : l'enseignant est le garant de la validité culturelle et sociale de ces acquisitions ;
– « préparer les usages futurs de ces savoirs » : activités d'entrainement/automatisation et éventuellement d'approfondissement ;
– « faire avancer le temps didactique » : par exemple, marquer le passage de la phase de recherche à celle d'entrainement ou d'approfondissement ;
– « gérer l'incertitude (élève/enseignant) » : accord (évidemment relatif) sur le travail accompli, sur ce qui est désormais considéré comme acquis ;
– « constituer une culture commune au sein de la classe ».

2. Celles-ci sont listées par A. Forget dans « Importer le concept d'institutionnalisation en classe de français : peut-on créer les conditions d'une migration heureuse ? », in *Analyse des situations didactiques : perspectives comparatistes*, Les Dossiers des Sciences de l'Éducation, n° 20, 2008.

3 Les formes de l'institutionnalisation

Selon les domaines constitutifs de la discipline français (lecture, écriture, littérature, étude de la langue...) et selon les niveaux d'enseignement (de la petite section à la 6e), l'institutionnalisation peut prendre des **formes très variées**. Elle varie aussi en fonction de la conception que s'en fait l'enseignant qui peut la considérer simplement comme un temps fort de désignation de l'objet de savoir, d'une façon relativement indépendante du processus d'apprentissage (simple prescription), ou comme un processus l'accompagnant étroitement, laissant alors aux élèves une part plus importante pour son élaboration.

S'il y a toujours un ou plusieurs temps d'institutionnalisation lors de la mise en œuvre d'une séquence d'enseignement, ceux-ci ne sont pas systématiquement formalisés sur les documents de préparation de la classe (fiche de préparation pour l'enseignant). Dans certains cas, les connaissances visées se prêtent assez facilement à une prévision formelle de l'institutionnalisation, comme dans l'étude de la langue au cycle 3 par exemple, et ils peuvent figurer sur des documents prévisionnels. Dans d'autres, comme la prise de parole et l'acquisition du langage en situation en petite section, elle est trop dépendante de la nature des interactions et des « évènements » de l'apprentissage pour faire l'objet d'une formulation précise.

FICHE 7 — L'évaluation

« Évaluation : ENSEIGN. Mesure à l'aide de critères déterminés des acquis d'un élève, de la valeur d'un enseignement, etc. » (© Larousse).

1 Une préoccupation de l'école

Le terme *évaluation* apparait dans les programmes de 1985 – il remplace l'expression *appréciation scolaire* – mais les grandes opérations nationales concernant l'observation et l'analyse des performances des élèves ont commencé au début des années 1980 (tests passés fin du CP en 1979, 6e en 1980, CE2 en 1981…).

Elle reste un élément fondamental du système scolaire : « L'évaluation doit permettre de mesurer le degré d'acquisition des connaissances et des compétences, ainsi que la progression de l'élève[1]. »

En 1990, est créée la Direction de l'Évaluation et de la Prospective (DEP)[2] qui a pour missions de faire des analyses statistiques à des fins de régulation du système scolaire et d'anticiper l'évolution de ce dernier pour l'améliorer. Le bilan des acquis des élèves renvoie aussi à l'efficacité des pratiques d'enseignement, le tout donnant à voir celle du service éducatif public. La même année, les livrets d'évaluation sont rendus obligatoires à l'école primaire (décret du 6 septembre 1990), tout comme le livret personnel de compétences en 2008. Ce dernier, qui attestait de l'acquisition des connaissances et compétences du *Socle commun* de l'école primaire à la fin de la scolarité, disparait à la rentrée 2016 et est remplacé par un système plus simple, non piloté par l'évaluation des compétences. À la fin de chaque trimestre, les enseignants remplissent un **bulletin périodique** ; au recto, le niveau des élèves par domaine d'enseignement avec quatre degrés (objectifs non atteints, partiellement atteints, atteints, dépassés) ; au verso, les appréciations générales et les projets menés. Ce modèle, national, est appliqué du CP à la 3e.

À la fin de chaque cycle (CE2, 6e, 3e), **une fiche dresse le bilan global** sur les champs d'apprentissage du (nouveau) *Socle commun*, grâce à une échelle de quatre indicateurs : maitrise insuffisante, fragile, satisfaisante, très bonne. À la fin de la scolarité obligatoire, les parents auront une vision d'ensemble de l'évolution de leur enfant, avec le dossier contenant une trentaine de bulletins[3].

Le programme de l'école maternelle prend aussi en considération la question de l'évaluation[4] et tient compte des spécificités de ce cycle. À partir de la rentrée

---

6 L'institutionnalisation

1. Rapport annexé à la loi de refondation de l'École de la République.

2. La désignation a changé : aujourd'hui, il s'agit de la DEPP (Direction de l'Évaluation, de la Prospective et de la Performance). Il faut noter que les premiers travaux portant sur les performances cognitives des élèves sont bien antérieurs : ils datent des années 1950 et 1960.

3. http://www.education.gouv.fr/cid93640/evaluation-des-eleves-du-cp-a-la-3e.-un-livret-scolaire-plus-simple-un-brevet-plus-complet.html

4. Voir en particulier la note d'accompagnement « Suivi et évaluation des apprentissages des élèves à l'école maternelle » qui se trouve sur le site Eduscol.

CONNAISSANCES DIDACTIQUES ET PÉDAGOGIQUES DE RÉFÉRENCE

2016, deux nouveaux outils assurent le suivi des apprentissages et des progrès des jeunes élèves :

1. Un carnet de suivi des apprentissages, communiqué aux parents *a minima* deux fois par an, est renseigné tout au long du cycle ; il peut être tout à la fois un carnet d'observation sur un temps suffisamment long, un carnet de traces avec une interprétation synthétique de l'enseignant et un outil de communication entre les enseignants et les parents[5]. La tenue de ce carnet est obligatoire mais la forme est laissée à la libre appréciation des enseignants.

2. Une synthèse[6] des acquis en fin d'école maternelle qui est renseignée tout au long du cycle par l'équipe pédagogique, sur la base d'apprentissages effectués en situation ordinaire. Elle mentionne les acquis de l'enfant et les besoins dont il faudra tenir compte. Elle est transmise à l'équipe du cycle 2.

En tout cas, l'évaluation en maternelle se doit d'être **bienveillante** et **positive**.

L'évaluation est donc partie intégrante et obligatoire de l'action pédagogique, ce que déclare officiellement le Ministère : « La conférence nationale sur l'évaluation des élèves a fait de la formation de la communauté éducative à l'évaluation sa première recommandation. Le jury recommande que les résultats les plus significatifs de la recherche soient systématiquement présentés aux enseignants au cours de leur formation initiale et tout au long de leur carrière[7]. »

L'évaluation est donc partie intégrante et obligatoire de l'action pédagogique.

[5]. En voir la description précise à partir du lien suivant : http://eduscol.education.fr/cid97131/suivi-et-evaluation-a-l-ecole-maternelle.html#lien1 Des exemples concrets sont donnés également sur le site Eduscol.

[6]. Des modèles nationaux sont fournis sur le site Eduscol.

[7]. Voir site Eduscol.

2 Les fonctions de l'évaluation dans le système scolaire

Les fonctions de l'évaluation sont diverses. Elles peuvent être de trois ordres.

2.1 La fonction institutionnelle

Elle revient à :
– certifier un niveau en vue de l'obtention d'un diplôme ;
– vérifier les acquis et comparer les performances des élèves au niveau international (PISA) ou national (mais les évaluations en CE1 et CM2 ont été suspendues en 2013) ;
– respecter la demande de la hiérarchie, l'évaluation étant corrélée à l'enseignement.

2.2 La fonction sociale

Elle consiste à informer les parents du niveau et de la progression de leur enfant, dans une classe d'âge, pour les associer à l'itinéraire d'apprentissage ; les documents d'évaluation produits servent d'instruments de liaison entre les enseignants et les parents. Les bilans globaux de fin de cycle, établis pour les cycles 2 et 3 suivent l'élève en cas de changement d'école et jusqu'au terme de leur scolarité au collège…

2.3 La fonction pédagogique et didactique

Le maitre peut :
– vérifier les connaissances des élèves et mesurer leur niveau ;
– déceler dans leurs résultats les difficultés d'apprentissage et prendre des décisions concernant la remédiation et les aides à mettre en place ;

… aider les élèves à se situer dans le processus d'apprentissage pour concevoir les progrès accomplis ou à accomplir ;
– vérifier la validité de ses propres choix pédagogiques et didactiques, les orienter en fonction des performances des élèves et les réguler en conséquence.

3 Les différentes formes d'évaluation

Il y a plusieurs types d'évaluation[8], dont certaines peuvent se combiner entre elles.

3.1 L'évaluation diagnostique

Placée en tout début de séquence d'apprentissage, elle permet de déterminer les connaissances des élèves, analyser leurs besoins, leurs représentations et les éléments à mettre en place pour les faire progresser ou leur faire opérer un déplacement cognitif.

3.2 L'évaluation sommative

Placée, au contraire, à la fin d'une séquence d'apprentissage, il s'agit de faire le bilan des acquis et de voir si les objectifs sont atteints, au cours d'un « contrôle » ou d'un « devoir » dont le côté un peu exceptionnel et solennel peut générer du stress chez l'élève. L'erreur est sanctionnée. Cette évaluation peut avoir une visée certificative, avec ou sans délivrance d'un diplôme. Elle peut être l'objet d'une notation chiffrée, censée situer les performances des individus les uns par rapport aux autres.

3.3 L'évaluation critériée

Elle se focalise sur un point très ciblé et déterminé. Par exemple, si l'objectif général est de savoir orthographier, un critère (abstrait) pourrait être la maitrise de l'accord en nombre dans le groupe nominal. On se fixe alors sur des observables, des indicateurs (concrets) comme le placement du s ou du x aux mots adéquats, le nombre de mots bien accordés dans une chaine d'accords longue, etc. L'évaluation s'effectue par rapport au critère qui correspond à l'objectif à atteindre.

3.4 L'évaluation formative[9]

Elle s'inscrit dans le cadre des pédagogies dites nouvelles et actives[10] et dans une approche socio-constructiviste. Elle a plusieurs caractéristiques :
– Elle a lieu tout au long de la séquence même, contrairement à l'évaluation diagnostique et sommative située au début et à la fin.
– Elle est continue et s'appuie sur des éléments divers : exercices, entretiens avec les élèves, prise en considération des questions posées, portfolio réunissant les écrits produits pendant la séquence, etc.
– Elle est intégrée à l'acte d'enseignement et à l'apprentissage dont elle accompagne la progression, au lieu de la sanctionner.

8. Voir L. Talbot, *L'évaluation formative – Comment évaluer pour remédier aux difficultés d'apprentissage*, Armand Colin, 2009, p. 86-102.

9. Proposée par M. Scriven (1967), elle est étendue aux élèves et étudiants en 1971 par B. S. Bloom. Voir éventuellement les travaux de L. Allal, D. Bain et P. Perrenoud portant sur *L'évaluation formative et la didactique du français* (Delachaux & Niestlé, 1993).

10. Notamment la pédagogie par objectifs : les connaissances et compétences à acquérir sont déclinées en termes d'objectifs généraux et opérationnels. Construite autour de l'activité de l'élève, elle favorise un apprentissage individualisé et fournit une base rationnelle pour l'évaluation formative.

– Elle est liée à l'idée d'erreur formative et positive[11], normale dans tout acte d'apprentissage et qui doit être considérée comme une source d'informations sur des difficultés à traiter.
– Elle s'appuie sur des critères identifiés clairement par l'élève qui peut procéder à des auto-régulations sur ses propres apprentissages, ce qui accroit sa motivation.

Dans cette dynamique, l'enseignant procède par régulations, remédiations ; il met en œuvre une pédagogie différenciée pour aider l'élève à surmonter les difficultés et adapte son enseignement en conséquence. On comprend pourquoi l'on parle parfois d'évaluation-régulation.

[11] Voir la fiche 8 « L'erreur », p. 46.

3.5 L'évaluation formatrice[12]

Elle est encore davantage centrée sur l'élève et vise à rendre celui-ci responsable de son apprentissage. Elle l'aide à se construire une représentation claire du but à atteindre en dégageant les étapes nécessaires à l'avancement de son travail (les critères de réalisation) et les caractéristiques du produit attendu (les critères de réussite). Elle vise à développer l'auto-régulation et l'auto-évaluation ; elle aide à promouvoir chez l'élève la démarche métacognitive (verbalisation des méthodes, analyse des erreurs).

[12] D'après les travaux de G. Nunziati et J.-J. Bonniol, d'Aix-en-Provence, dans les années 1990.

> Toutes ces évaluations ne sont pas à mettre sur le même plan. Les deux premières sont des activités ponctuelles, combinables avec celles qui suivent ; l'évaluation critériée porte sur l'empan de ce qui est évalué ; les deux dernières sont à mettre en rapport avec le type d'enseignement dispensé car elles sont davantage privilégiées par les pédagogies dites actives. Mais la forme de l'évaluation conditionnant la façon d'apprendre de l'élève, son choix n'est pas anodin.

4 Les pratiques d'évaluation

Elles sont diverses. D'une part, on ne peut évaluer de la même façon les différents objets (les savoirs, les savoir-faire et les savoir-être) ni des médias aussi divers que l'écrit et l'oral ; d'autre part, elles sont sujettes parfois à débat.

4.1 La note

La docimologie[13] (étude des notes) qui s'est développée dans les années 1960 a montré toutes les faiblesses de la notation ; celle-ci évolue en fonction des évaluateurs et se trouve parasitée par plusieurs paramètres : les effets de source (ce qu'on connait déjà du niveau de l'élève évalué), les effets d'ancrage (influence du devoir précédent meilleur ou pire), les effets d'ordre (les premières copies ou les premiers cahiers ne sont pas corrigés comme les derniers), auxquels il faut ajouter des intentions pédagogiques (encourager tel élève, vouloir donner un avertissement à tel autre...). Même dans sa fonction certificative, elle peut être remise en cause car il y a de grands écarts de notation d'un correcteur à l'autre ; c'est pourquoi les concours importants recourent à la double notation, à l'harmonisation des moyennes avec prise en compte des écarts-types.

[13] Le terme *docimologie* a été répandu par H. Pieron, *Examens et docimologie*, PUF, 1963. Beaucoup de chercheurs ont travaillé sur ce point, C. Hadji, notamment (1997).

Dépendantes de la subjectivité de l'évaluateur pris dans une communication sociale avec l'évalué, les notes sont loin d'être les reflets des connaissances et compétences réelles des élèves, ni des mesures fidèles ; elles perdurent, cependant, dans beaucoup de classes – surtout au cycle 3. Mais dans les années 1970-1980, elles ont été massivement remplacées par une échelle à plusieurs niveaux (A, B, C ou Très bien, Bien, Assez bien) et plus récemment par les mentions : Acquis, En voie d'acquisition, Non acquis.

Le sujet reste vif : quand certains militent pour la disparition des notes, d'autres y restent attachés et les considèrent comme des repères importants à conserver ou à rétablir.

Le Ministère, à l'occasion des nouveaux programmes de 2015 pour les cycles 2 et 3, précise sa position : « Les notes ne sont supprimées ni en primaire, ni au collège. La liberté est laissée aux équipes enseignantes. Ainsi, le tiers d'enseignants utilisant encore les notes en primaire pourront poursuivre les exercices notés ; les "collèges sans notes" pourront par ailleurs poursuivre leur expérience[14]. »

4.2 Les grilles d'évaluation

Ces outils d'évaluation issus des recherches des années 1980 et constitués de critères de réussite et de réalisation ont permis de valoriser les réussites des élèves et de clarifier les demandes. Ces grilles ont généré des conduites d'auto-évaluation, d'évaluation mutuelle (entre élèves) ou de co-évaluation (par le maitre et l'élève) qui ont profondément changé les pratiques.

Par exemple, la rédaction d'un texte peut être conçue comme une capacité complexe incluant des compétences à regrouper dans des modules relativement indépendants que l'on peut appréhender et mieux évaluer. Le groupe EVA[15] a proposé des grilles critériées permettant d'agir à tous les niveaux de la rédaction (depuis le niveau textuel jusqu'à la correction orthographique) qui ont fait florès dans les classes dans les années 1990. Mais un certain excès dans leur mise en œuvre (la formulation des critères, leur nombre, l'usage qui était fait de ces grilles, leur exportation...) et le déplacement de la réflexion vers « le sujet écrivant » ont fait reculer cette évaluation critériée, dans sa forme la plus stricte. Cependant, la présence des critères et l'explicitation des points sur lesquels porte l'évaluation sont désormais installées dans les pratiques.

4.3 Des aides

Des annotations dans les marges, le renvoi explicite aux outils, des pratiques de révision du travail... viennent pondérer la première appréciation. On voit bien la différence entre une dictée évaluée de façon sommative (avec décompte négatif à partir des erreurs), des dictées « négociées » entre deux ou trois élèves (évaluation collective), ou appréciées après révision des erreurs signalées par le maitre dans un premier temps, ou encore notées avec des barèmes tenant compte des réussites, etc.

Quel que soit le mode d'évaluation, on n'évalue que les performances locales, contextualisées d'un élève, parfois en deçà de ce qu'il aurait pu produire un autre jour et parfois bien éloignées de sa compétence réelle.

L'évaluation, qui navigue entre sanction, accompagnement, guidage et désir de formation, est un élément important du positionnement professionnel. Le but est de mieux évaluer pour mieux enseigner, favoriser la réussite des élèves sans entamer le plaisir d'apprendre.

---

[14]. http://www.education.gouv.fr/cid93640/evaluation-des-eleves-du-cp-a-la-3e.-un-livret-scolaire-plus-simple-un-brevet-plus-complet.html

[15]. Groupe EVA, *Évaluer les écrits*, Hachette, 1991 ; *De l'évaluation à la réécriture*, Hachette, 1996.

FICHE 8 — L'erreur

Dans le cadre de référence scolaire et didactique, l'erreur est liée :

– au processus d'apprentissage dont elle est un des passages quasiment obligés, récurrents et quotidiens ;

– à l'évaluation ; en France, on sanctionne généralement l'erreur au lieu de valoriser la réussite.

Le terme *erreur* doit être préféré à celui de *faute* car ce dernier, appartenant au registre moral, stigmatise ; le mot *dysfonctionnement* est intéressant car il réfère à son antonyme, le *fonctionnement* mais il est, lui aussi, connoté négativement.

1 La nature de l'erreur

L'erreur est difficile à définir car elle est variable selon les disciplines et les tâches : elle peut être bien délimitée et donc facilement repérable, en orthographe par exemple (l'encre rouge peut alors la désigner ; on peut la comptabiliser), ou plus diffuse quand elle porte sur une opération intellectuelle.

Elle a toutes sortes de causes possibles : une mauvaise compréhension des consignes, la complexité de la notion ou de l'opération, un problème dans la démarche, une surcharge cognitive, une représentation erronée, une méconnaissance d'une opération mathématique ou du fonctionnement de la langue, la faiblesse d'un sens… Mais c'est bien cette cause qu'il faut trouver pour lever l'obstacle sous-jacent. Si celui-ci porte sur un détail, l'erreur sera rectifiée rapidement et durablement ; s'il est complexe, la résolution sera plus lourde. La diversité des erreurs est telle qu'il est difficile d'en dresser une typologie, à moins de rester dans un domaine très précis (la typologie des erreurs d'orthographe, par exemple).

2 Le statut de l'erreur

L'erreur a été longtemps considérée comme un **échec de l'apprentissage** dû à un défaut de maitrise, imputable à l'élève et remettant en cause d'une certaine manière l'enseignement prodigué. Ainsi comprise, elle génère des conduites de répétitions magistrales et la reprise de la notion ou de la démarche. Elle est traquée et suscite du stress chez l'élève.

Dans une perspective constructiviste, l'erreur est considérée comme **normale dans le cheminement de l'apprentissage** ; elle est le signe du degré de conceptualisation de l'élève, la manifestation de la représentation qu'il se fait d'une notion et elle constitue un obstacle intéressant à repérer. Le franchissement de l'obstacle ou la modification de la représentation deviennent alors un des objectifs de l'enseignement et l'erreur est une étape à dépasser pour restructurer la connaissance sur des bases autres. Gaston Bachelard disait : « On connait contre une connaissance antérieure, en détruisant les connaissances mal faites, en surmontant ce qui, dans l'esprit même, fait obstacle[1] » – en français cependant, l'élève est amené parfois à ne pas détruire mais à compléter, nuancer, relativiser ou enrichir une connaissance.

Par exemple, un élève qui écrit *la familles car « il y a beaucoup de personnes » se réfère au sens au lieu de se fixer sur le code ; il ne fait pas, dans ce cas, la bonne hypothèse sur le fonctionnement de la langue et il faut travailler sur la représentation qu'il en a. En revanche, un autre qui ajoute un t à *abrit parce qu'il met ce mot en relation avec abriter table sur la cohérence de la langue ; son hypothèse, fondée sur la régularité, doit être encouragée même si elle est rectifiée. Il s'agit d'une erreur positive.

[1]. G. Bachelard, *La formation de l'esprit scientifique*, Librairie philosophique Vrin, 1938, chapitre 1.

3 Un outil pour l'enseignant

Dans ces conditions, l'erreur, riche d'enseignement, n'est pas évacuée mais au contraire soumise à la réflexion pour en déceler le fondement et le traitement possible car si l'obstacle qui est à la base de l'erreur (dans le cas de *la familles, la représentation qu'a l'élève du nombre, par exemple) n'est pas levé, la même erreur se reproduira.

Elle a donc une valeur heuristique pour l'enseignant. Il doit l'écouter (alors qu'elle contrarie parfois son projet didactique), la faire identifier et verbaliser par l'élève (pour la faire advenir à sa conscience et la préciser), la soumettre éventuellement à la discussion générale (en la comparant à d'autres réalisations ou propositions), repérer sa cause, la traiter et la suivre en surveillant son évolution.

L'élève, lui, doit repérer l'endroit où se situe le problème, déterminer sa nature et découvrir (avec ou sans l'aide du maitre) une solution.

C'est pourquoi l'élaboration collective des grilles typologiques d'erreurs est recommandée par le(s) nouveau(x) programme(s) du cycle 3[2]. Les élèves vont ainsi, aidés par leurs pairs et l'enseignant dans un premier temps, identifier les erreurs et construire des stratégies de révision et de correction qui les amènent progressivement à une gestion plus autonome de leurs erreurs ; comme celle-ci est limitée, elle doit être accompagnée mais son développement est nécessaire, même si elle génère du stress.

[2]. *B.O.* du 26 novembre 2015, p. 114.

Dans certains domaines, l'absence totale d'erreur est visée : par exemple, un des objectifs du cycle 2 est bien « copier ou de transcrire sans erreur » un texte à partir « de supports variés (livre, tableau, affiche...)[3] ». Mais la plupart des connaissances, à l'école, sont simplement en cours d'acquisition et il est difficile d'exiger la maitrise dans des domaines complexes. Les programmes de 2015 en tiennent compte pour la production d'écrit en cycle 3, par exemple, qui demande un faisceau de compétences qui ont commencé à être construites dès le cycle 2 ; les élèves acquièrent, au fil des années, une autonomie accrue mais « à ce stade de la scolarité, on valorise la construction d'un rapport à la norme écrite, plus que le résultat obtenu qui peut tolérer une marge d'erreur en rapport avec l'âge des élèves[4] ».

[3]. *Ibid.*, cycle 2, p. 20.

[4]. *Ibid.*, cycle 3, p. 112.

L'erreur entre dans la dynamique des apprentissages car l'enseignant construit aussi des situations fondées sur la résolution de problèmes qui supposent des hésitations et des errements qui font émerger les difficultés et les points de résistance à surmonter. Cette démarche est entérinée clairement par les nouveaux programmes de 2015 qui préconisent des recherches par tâtonnements, essais-erreurs, y compris pour la construction des compétences langagières. Par exemple, pour le cycle 2, « développer la maitrise de l'oral suppose d'accepter essais et erreurs dans le cadre d'une approche organisée[5] ».

« Faire des erreurs[6] » fait partie des droits de l'enfant de maternelle et l'évaluation positive[7] qui est préconisée au cycle 1 donne à l'erreur un autre statut et aux apprentissages tout leur sens.

5. *Ibid.*, cycle 2, p. 13.

6. *Ibid.*, cycle 2, p. 4.

7. Voir la fiche 7 « L'évaluation », p. 41.

Progression, programmation et progressivité

Les notions de *progression, programmation et progressivité* sont fortement articulées entre elles. Toutes trois cherchent à rendre compte de la nécessité d'une sélection des contenus à enseigner et leur distribution linéaire dans le temps.

Entre progression et programmation, les distinctions peuvent être ténues et les emplois de ces mots sont souvent confondus.

1 La progression

La notion de progression est inhérente à tout système d'enseignement. La nécessité de penser et de fabriquer des progressions incombe normalement à l'enseignant (et à l'équipe pédagogique) qui, pour chaque domaine ou discipline, doit mettre dans un ordre cohérent les notions et les savoir-faire à enseigner, prévoir les enchainements de l'un(e) à l'autre en évitant les répétitions inutiles ou les « trous ».

> Les progressions sont conçues pour des périodes de durées variables, souvent longues, et doivent *in fine* s'articuler sur l'année (progression annuelle) et au-delà sur le cycle (progression de cycle). Elles prévoient une **succession des séquences** ainsi que des **temps de synthèse** permettant de faire le bilan des acquis.

L'enseignant ne décide pas seul de son enseignement et ses décisions sont subordonnées à des programmes, nationaux dans le cas de la France, qui ont une fonction règlementaire et constituent la référence de ce que tous les élèves doivent savoir au terme de leur cursus. Ces programmes sélectionnent les contenus à enseigner et esquissent leur progression dans le cursus. Par exemple, les programmes de 2015 pour le cycle 3 indiquent que « la progression dans la lecture des œuvres littéraires dépend essentiellement de textes et des œuvres données à lire aux élèves : langue plus élaborée et plus riche, part plus important de l'implicite, éloignement de l'univers de référence des élèves, formes littéraires nouvelles[1] ». Ce qui revient, du reste, à conférer une dimension de progressivité à la progression.

1. *B.O.* du 26 novembre 2015, p. 113.

2 La programmation

> La programmation fait partie de la prévision organisationnelle de l'enseignant qui doit à la fois articuler entre elles les séquences retenues dans la progression en fonction du calendrier scolaire (les périodes) et préserver une certaine souplesse pour tenir compte du niveau et des réactions des élèves et du travail réellement effectué dans la classe.

La qualité d'une programmation repose sur la progression adoptée, en adéquation avec les programmes, sur la cohérence des apprentissages et des méthodes mis en œuvre. La programmation peut être celle d'une classe ou celle d'un cycle. Par exemple, pour le domaine « Culture littéraire et artistique », en cycle 3, les programmes de 2015 fournissent « des indications de corpus » qui « permettent de ménager dans la programmation annuelle des professeurs un équilibre entre les genres et les formes littéraires ».

3 La progressivité

> La notion de progressivité s'inscrit résolument dans une approche socio-constructiviste des apprentissages. D'abord utilisée pour les apprentissages complexes du langage écrit chez les élèves de maternelle et du cycle 2, la notion de progressivité s'intéresse prioritairement à l'apprenant et à son apprentissage : prise en compte de son rapport au savoir, de ses représentations, des obstacles qu'il peut rencontrer, de son rythme d'apprentissage...

Elle renvoie aux nécessaires évolutions entre les trois années de chaque cycle. Les programmes de 2015 donnent des « **repères de progressivité** » pour tous les cycles et tous les domaines du français, en précisant parfois les facteurs à prendre en compte, par exemple, pour les activités langagières, tout au long du cycle 3 : les éléments de la situation (familiarité du contexte, nature et présence des interlocuteurs), la complexité des discours produits, les modalités pédagogiques (étayage plus ou moins important[2]).

Ces repères de progressivité qui tiennent compte des attentes réalistes en fonction de chaque classe, renvoient parfois à des étapes dans l'acquisition, comme pour le langage en cycle 1, avec l'exigence progressive d'oraux de plus en plus élaborés au cours des trois années.

2. *B.O.* du 26 novembre 2015, p. 108.

FICHE 10 — Différenciation et remédiation

1 Qu'est-ce que la différenciation ?

Le mot et le concept de *différenciation* ne sont utilisés dans la pédagogie que depuis les années 1970-1980 mais c'est aujourd'hui une notion pleinement reconnue par l'institution et par les enseignants eux-mêmes comme un des aspects essentiels de la compétence pédagogique.

> Rompant avec une pédagogie frontale et unique pour tous, la différenciation consiste à reconnaitre la diversité[1] des élèves et à prendre en compte la réalité individuelle de chacun pour lui permettre d'apprendre et de réussir au mieux de ses possibilités. Elle vise le développement des mêmes compétences par des voies différentes.

Elle concerne tous les moments d'une situation pédagogique, depuis l'organisation de la classe et la programmation des séquences jusqu'à leur évaluation, en incluant tous les aspects de leur mise en œuvre. Elle prend donc des formes extrêmement variées et sollicite la compétence professionnelle de l'enseignant de multiples façons.

Les paramètres sur lesquels l'enseignant peut jouer sont très nombreux. Certains dépassent d'ailleurs le cadre de la classe et touchent à l'organisation de l'école dans son ensemble, par exemple lorsque les enseignants s'appuient sur les cycles pour décloisonner certains apprentissages ou lorsque des projets impliquant plusieurs classes sont mis en œuvre. La plupart de ces paramètres doivent s'anticiper au moment de la conception des séances ou des séquences. Les choix s'appuient sur une analyse précise de la tâche qui va être proposée aux élèves et sur une connaissance des possibilités et des difficultés de chaque élève ou groupe d'élèves. L'enseignant peut par exemple jouer sur :
– le choix et l'utilisation des outils ;
– les modalités de groupement des élèves ; par exemple, les programmes de 2015 indiquent qu'au CE1 et au CE2, la différenciation en lecture (code et compréhension) peut être assurée par des ateliers (p. 23) ;
– la tâche ou les aspects de la tâche, par exemple en cycle 2 : « À l'issue de la scolarité de l'école maternelle, la diversité des compétences langagières à l'oral reste forte. Certains élèves ont encore besoin d'entrainement, alors que d'autres sont à l'aise dans la plupart des situations : la différenciation est indispensable. » (p. 19) ;
– l'institutionnalisation ou les formes de l'institutionnalisation ;
– l'étayage plus ou moins important.

2 Différenciation, individualisation, remédiation

Un temps opposées comme pratiquement incompatibles, les notions de *différenciation* et d'*individualisation* sont maintenant envisagées comme complémentaires et la différenciation est quelquefois étendue au cas d'un seul élève.

Dans le souci d'assurer la réussite de **tous** les élèves, pour soutenir leur capacité d'apprendre et de progresser et appliquer le principe d'inclusion, au cœur de la loi de refondation de l'école de juillet 2013, la personnalisation des parcours dans le cadre du *Socle* est devenue une des priorités du ministère de l'Éducation : tous les enfants doivent bénéficier d'un accompagnement pédagogique en rapport avec leurs besoins spécifiques.

Plusieurs dispositifs d'aide sont donc proposés, sans toutefois que **ceux-ci se substituent aux actions de différenciation déjà prévues dans la classe et dans l'école** :
– les activités pédagogiques complémentaires (APC) qui ont été instaurées dans le cadre de la réforme de l'organisation du temps scolaire, en 2013[2]. Il s'agit d'une aide pédagogique qui s'adresse potentiellement à tous les élèves, à partir de besoins repérés en classe, sur

---

[1] « Parce qu'ils n'ont pas le même niveau de développement, les mêmes acquis préalables, le même rapport au savoir, les mêmes intérêts, les mêmes moyens et façons d'apprendre » : P. Perrenoud, *Dix nouvelles compétences pour enseigner*, ESF, 2008, p. 57.

[2] Circulaire du 4 février 2013. Ce dispositif remplace celui de l'aide personnalisée, imposé par les programmes de 2008.

trente-six heures annuelles, soit en principe une heure par semaine. Ces activités qui font partie des obligations de service des professeurs mais ne sont pas obligatoires pour les élèves s'ajoutent aux vingt-quatre heures d'enseignement hebdomadaires avec lesquelles elles sont en cohérence et en continuité. Elles permettent de prévenir les difficultés, compléter, stabiliser ou enrichir des acquis, donner du sens aux apprentissages[3], avec des modalités de composition des groupes et des activités très variées.

– les **stages de remise à niveau** organisés pendant les vacances scolaires pour des groupes restreints d'élèves à la fin du cycle 2 et au cours moyen, sur trois heures quotidiennes pendant cinq jours ; ils ciblent particulièrement les apprentissages en français et en mathématiques ; des outils d'évaluation sont utilisés au début et à la fin du stage, pour apprécier les progrès réalisés[4] ;

– le **programme de réussite éducative** ou PPRE[5], défini comme un ensemble coordonné d'actions pour des élèves en grande difficulté dans l'acquisition des compétences du Socle commun (surtout en français, mathématiques et langues vivantes). De courte durée (six à huit semaines maximum), il nécessite un engagement écrit entre l'élève, sa famille et l'équipe pédagogique et éducative. « Il implique des pratiques pédagogiques diversifiées et différenciées, d'une durée ajustable, suivant une progression accordée à celle de l'élève. L'essentiel de ces actions est conduit au sein de la classe[6]. »

À noter également que :

– les élèves qui ont des difficultés persistantes peuvent être pris en charge par des enseignants spécialisés et des psychologues scolaires, dans le cadre du RASED ou de structures extérieures comme les CMP ou CMPP[7] ;

– les élèves allophones nouvellement arrivés en France bénéficient de dispositifs particuliers permettant de favoriser leur insertion et leur scolarisation ;

– les élèves affectés par un trouble de l'apprentissage[8] ou en situation de handicap peuvent être soutenus par des aides spécifiques ; le Ministère soutient une politique d'aide à la production de ressources numériques adaptées.

Ces aides individualisées reposent sur une évaluation précise des difficultés rencontrées et proposent des accompagnements et des remédiations qui doivent permettre à l'élève d'acquérir les apprentissages en cours dans la classe. Leur intérêt évident est de proposer à l'élève concerné des formes et des activités normalement mieux adaptées à son profil et différentes de celles qui ont conduit à l'échec. Mais l'enseignant continue à traiter les difficultés « ordinaires », dans le cadre d'une aide « ordinaire », ce qui renvoie à la notion de différenciation pédagogique.

FICHE 11 — Étayage et gestes professionnels

La notion d'*étayage* a principalement été développée par le psychologue américain Jerome Bruner qui a décrit comment « les adultes organisent le monde pour les enfants[1] » et mobilisent des aides pour qu'ils parviennent à réaliser des actions, à développer des savoir-faire et des savoirs.

---

10 Différenciation et remédiation

3. Voir le lien http://cache.media.eduscol.education.fr/file/ecole/30/0/APC_-_Reperes_oct_2013_VD_279300.pdf

4. Voir le site http://eduscol.education.fr/cid49814/aide-personnalisee-stages-remise-niveau.html

5. Voir « Les programmes personnalisés de réussite éducative », site Eduscol.

6. Décret n° 2014-1377 du 18 novembre 2014. *J.O.* du 20 novembre 2014.
Décret n° 2014-1377 du 18 novembre 2014. *J.O.* du 20 novembre 2014.

7. RASED : réseau d'aides spécialisées aux élèves en difficulté. CMP : centre médico-psychologique. CMPP : centre médico-psycho-pédagogique.

8. Voir la fiche « Les troubles spécifiques du langage écrit et oral », p. 70.

1. Concernant la notion d'étayage et l'interaction de tutelle, lire l'article « Le rôle de l'interaction de tutelle dans la résolution de problème », in J. Bruner, *Le Développement de l'enfant, Savoir faire savoir dire*, PUF, 1983, p. 260-280.

Préalablement, le psychologue russe Lev Vygotski[2] avait montré que le développement interne du sujet est en grande partie d'origine externe (culture, apports sociaux…) et avait analysé comment l'enfant parvient à faire, en étant aidé par un adulte ou un pair qui a l'expertise requise, ce qu'il ne peut pas encore réaliser seul. En s'appuyant sur ces travaux, Jerome Bruner a étudié la nature de ce processus de tutelle qu'un adulte ou un spécialiste peut mettre en œuvre pour aider quelqu'un qui est plus jeune ou moins expert que lui.

[2]. L. Vygotski (1934), *Pensée et Langage*, éditions La Dispute, 1997.

1 Les procédures d'étayage

Même si dès les premiers jours de sa vie, l'enfant peut apprendre un certain nombre de choses seul, sans aucun étayage d'aucune sorte, même s'il parvient, encouragé par des adultes, à résoudre seul certains des problèmes auxquels il est confronté, c'est l'interaction de tutelle ou étayage qui lui permet de résoudre la plupart des situations plus ou moins complexes qu'il va rencontrer, qu'elles soient liées, par exemple, à son développement physique (se nourrir, marcher, monter les marches d'un escalier…), ou liées à son développement langagier (raconter, expliquer…).

L'analyse des procédures d'étayage que Jerome Bruner a réalisée à partir d'une situation de manipulation d'objets matériels (des enfants âgés de 3 à 5 ans devaient réaliser une pyramide de six étages avec des briques de bois), a montré que les réussites varient selon l'âge des enfants et les formes d'étayage que les adultes leur apportent. Ainsi, dans la tâche à réaliser, montrer est la relation d'étayage qui se révèle la plus efficace avec les enfants âgés de trois ans environ, alors qu'il est plus performant d'expliquer avec les enfants âgés de 5 ans environ.

Bruner a ainsi analysé en **six fonctions** l'étayage de l'adulte.

– L'**enrôlement** consiste à engager l'intérêt de l'enfant envers les exigences imposées par la tâche. Par exemple, le maitre amène l'élève à renoncer à jouer librement avec des pions pour entrer dans la tâche de comptage qu'il lui demande.

– La **réduction des degrés de liberté** consiste, pour le tuteur, à simplifier la réalisation de la tâche en limitant le nombre d'actions à réaliser pour parvenir au but. L'enfant doit alors poursuivre l'objectif initial et rester dans le cadre de la tâche prescrite. À titre d'exemple, en classe, pour aider les élèves à réaliser la lecture intégrale d'un récit long, le maitre peut alterner les phases de lecture individuelle, collective, magistrale des différents chapitres.

– Le **maintien de l'orientation** consiste à solliciter l'enfant à poursuivre l'objectif initial alors qu'il a réalisé avec succès une des étapes de la réalisation complète de la tâche. Par exemple, lorsque l'élève parvient à effectuer la copie d'une phrase, le maitre maintient l'attention de cet élève sur la tâche en lui rappelant qu'il doit mémoriser l'orthographe des mots qui composent la phrase.

– La **signalisation des caractéristiques dominantes** aide à mettre en évidence pour l'enfant les différents aspects de la tâche à réaliser. Il s'agit par exemple pour le maitre de faire prendre conscience à l'élève qu'en procédant à la réécriture de mots que le maitre a préalablement corrigés, il apprend aussi à les mémoriser.

– Le **contrôle de la frustration** consiste, au cours de la résolution de la tâche, à contrôler la prise de risques, à limiter le découragement, l'ennui, la crainte… Cette fonction d'étayage rend compte du rôle que joue la relation maitre-élèves dans la situation d'enseignement et le processus d'apprentissage. Lorsque l'élève commet une erreur, il s'agit pour le maitre de veiller à la manière de la gérer sans jugement, sans sanction afin que l'élève puisse s'engager à nouveau dans une tâche semblable ou similaire.

– La **démonstration (ou présentation de modèles de solutions)** ne se limite pas à exécuter la tâche devant l'enfant : l'adulte peut proposer de commencer la tâche en infléchissant la manière de la réaliser afin que l'enfant s'approprie cette « stylisation » (Jerome Bruner). Par exemple, le maitre propose aux élèves différentes manières de présenter à leurs pairs un livre lu et pas « seulement » un modèle de présentation à reproduire de manière identique.

2 L'école et l'étayage

Les enseignants sont considérés comme des tuteurs qui cherchent à enseigner à leurs élèves des compétences. Ces compétences requièrent, de la part des élèves, des niveaux de savoir-faire qui, au début de la séquence d'apprentissage, les dépassent encore. Néanmoins, pour que l'enseignement soit efficace, il faut : d'une part, que les formes d'étayage aient fait l'objet d'une réflexion et soient appropriées à l'objet à apprendre ; d'autre part, que cet enseignement se situe dans la « zone prochaine de développement[3] »de l'enfant.

Autrement dit, l'enseignement est proche du niveau de **développement de l'enfant** (ce qu'il est capable d'accomplir par ses propres capacités) et, dans le même temps, proche de son **niveau de développement potentiel** (ce que l'enfant va pouvoir réaliser grâce à l'étayage d'un adulte ou d'un pair plus expert). Un étayage trop insistant, inadapté, trop précoce ou trop tardif peut se transformer en contre-étayage et produire chez l'élève des effets opposés à ceux attendus.

Chacune des fonctions de l'étayage, telles que Jerome Bruner les a analysées, recouvre un sens différent selon les tâches (explicitation / narration…), les conditions de l'expérience (manipulation / observation…), les situations (découverte d'une technique / entrainement-automatisation…), les modalités (étayage individualisé / collectif…), mais aussi les compétences que le maitre prête à chacun de ses élèves[4]. Ainsi, pour que les élèves apprennent à comprendre un texte, l'étayage consistera à apporter des aides directement fournies par le maitre (il lit lui-même le texte pour soulager les élèves de la tâche de déchiffrage), à enseigner différentes stratégies (reformulation, relecture, explicitation, mise en œuvre de débats interprétatifs…), mais également à apporter des aides plus techniques (proposer des tableaux récapitulatifs, des mots repères…).

3 Les gestes professionnels

Depuis une dizaine d'années, les gestes professionnels des enseignants font l'objet d'études qui incluent l'analyse des différentes formes d'étayage magistral.

La notion de *geste professionnel*[5], notamment élaborée par Dominique Bucheton[6] concerne l'analyse de l'agir enseignant dont elle précise un certain nombre de caractéristiques.

3. Notion développée par L. Vygotski et aussi nommée « zone proximale de développement ».

4. Des études montrent que quand les élèves rencontrent de grandes difficultés dans la réalisation de tâches scolaires, les maitres ne parviennent plus à gérer les trop grandes disparités. Le plus souvent, ils proposent alors à ces élèves des tâches de manipulation ou de réalisation parcellaire de sous-tâches qui ne les incitent plus à planifier, anticiper, généraliser…

5. Cette notion n'est pas reconnue comme telle par un certain nombre de didacticiens qui lui reprochent de recouvrir trop de paramètres (valeurs, corporéité…) et de convoquer des cadres théoriques très différents (ergonomie, ethnologie, psychologie du travail…).

6. D. Bucheton (dir.), *L'Agir enseignant : des gestes professionnels ajustés,* éditions Octarès, 2009.

Le repérage, la description et l'analyse des gestes professionnels rendent compte des ajustements permanents que les enseignants assurent, et ce, quel que soit l'âge de leurs élèves. Selon Roland Goigoux, « la qualité de cet ajustement didactique est l'un des fondements de l'expertise professionnelle des enseignants » et constitue « une opérationnalisation incessante de la zone proximale du développement des élèves, sans qu'il soit possible cependant de la définir *a priori* et de manière générale[7] ».

Parler en termes de geste permet de rendre compte « d'une logique de développement [professionnel] des acteurs procédant par appropriation de manières de faire, de formes d'agir repérables par observation[8] ». Autrement dit, les maitres – et plus particulièrement les maitres débutants – repèrent et s'approprient un certain nombre des gestes professionnels mis en œuvre par leurs pairs.

Néanmoins, s'approprier les gestes professionnels de maitres plus expérimentés requiert de comprendre les différentes logiques qui les sous-tendent : par exemple le rapport aux savoirs enseignés (valeurs, expériences, identité professionnelle, rapport à la prescription...) qu'un maitre expérimenté a pu progressivement construire et sait mobiliser dans son activité professionnelle.

L'analyse des gestes professionnels tente de rendre compte de la complexité de cette activité enseignante : ils « révèlent un enchâssement de préoccupations multiples[9] ». Ces gestes font l'objet d'analyses très fines qui permettent de rendre compte des ajustements assurés en permanence selon les différents moments de la journée (les manières de débuter les cours en collège : places et postures physiques de l'enseignant, entrée des élèves un à un ou par deux ; spécificités des interactions maitre-élèves en début de leçon...), en fonction des disciplines (théâtralisation d'une lecture de conte ; repérage d'éléments de savoirs dans un documentaire historique...) ou encore en fonction de la tâche (gestes de transition entre les différentes tâches à réaliser...).

L'étude des gestes professionnels montre également comment les maitres mobilisent ou non des supports pour enseigner ou pour soutenir l'apprentissage des élèves (geste de monstration d'un répertoire de mots au cours du déchiffrage d'une phrase en cours préparatoire ; geste langagier qui incite les élèves à utiliser un sommaire...), ou encore comment les maitres diversifient les dispositifs didactiques (recherche individuelle ou par groupes de définitions dans différents dictionnaires...).

[7] R. Goigoux, « Lector in didactica », in *Apprentissage, développement et significations*, J.-P. Bernié (dir.), Presses universitaires de Bordeaux, 2001, p. 129-153.

[8] Sur ce sujet, voir l'article de D. Broussal et D. Bucheton, « Interagir en début de cours : enjeux didactique et discursifs », *Éducation et Didactique*, vol. 2 n° 3, p. 59-76.

[9] In D. Bucheton, *op. cit.*, p. 55.

FICHE 12 — Conscientisation et conceptualisation

En didactique se pose la question du rôle et de l'importance à accorder aux processus de conscientisation et de conceptualisation dans l'enseignement et dans l'apprentissage des compétences fixées par les textes officiels. Si l'on resserre le point de vue sur la didactique du français, la question concerne plus précisément le **développement des compétences métalinguistiques** ainsi que des **compétences métacognitives**.

12 Conscientisation conceptualisation

Les disciplines scientifiques qui ont le plus étudié ces compétences ou dimensions « méta » sont sans nul doute la psychologie et la psycholinguistique. C'est donc en prenant appui sur des travaux de ces disciplines contributives pour la didactique du français que nous aborderons la question.

1 La conscientisation et la compétence « méta »

> De façon générale, le terme « conscientisation » désigne le processus de prise de conscience par le sujet d'un fait, d'un fonctionnement, d'une opinion, d'une émotion, etc. Il s'agit d'une activité réflexive qui est à l'œuvre dans les compétences « méta », soit en français les compétences avant tout métalinguistiques et métacognitives, c'est-à-dire les compétences de réflexion sur la langue et l'activité langagière, et celles sur les opérations mentales (mémorisation, attention…).

Comme le note Jean-Émile Gombert concernant l'activité métalinguistique, « une chose est de traiter le langage de façon adéquate en compréhension et en production, autre chose est de pouvoir adopter une attitude réflexive sur les objets langagiers et leurs manipulations. C'est cette dernière capacité qui est désignée sous le vocable "métalinguistique"[1] ».

Les compétences se déclinent d'une part, en **méta-connaissances** ou connaissances déclaratives sur des processus cognitifs, sur des fonctionnements de la langue et du langage ; d'autre part, en **connaissances procédurales**, en usages de ces méta-connaissances pour réguler l'activité cognitive ou verbale.

Ainsi, quand un enseignant, pour apprendre à lire et à écrire à ses élèves de cycle 2, les amène à prendre conscience des unités phonologiques de la chaine orale, il peut chercher à leur faire acquérir des connaissances déclaratives (les mots sont composés de syllabes, les syllabes de sons) et/ou des capacités de régulation de leur activité de découpage syllabique par l'application de ces connaissances. De même, quand, dans une leçon d'étude de la langue, l'enseignant travaille avec ses élèves sur l'accord au sein du groupe nominal, il peut chercher à construire des connaissances métalinguistiques sur le fonctionnement des accords par l'explicitation de la règle (l'adjectif s'accorde en genre et en nombre avec le nom auquel il se rapporte), et/ou il peut viser la mise en œuvre de cette connaissance pour réaliser les accords entre le nom et l'adjectif.

De nombreux auteurs[2] invitent à **considérer la conscientisation comme un processus allant de l'activité non consciente à l'activité consciente**, en passant par de multiples gradations ou niveaux de force. Ainsi pour un auteur comme Jean-Émile Gombert, avant d'entrer progressivement dans une « phase d'acquisition de la maitrise métalinguistique » où les activités sont effectuées consciemment par le sujet, celui-ci passe par une « acquisition de la maitrise épilinguistique » caractérisée par la référence à un contexte prototypique et par le fait que cette maitrise n'est pas contrôlée consciemment par le sujet. On voit en cela que, pour cet auteur, notamment, l'apprentissage du langage et de la langue, avant d'être conscient, est d'abord en grande partie inconscient et automatique.

1. J.-É. Gombert, *Le Développement métalinguistique*, PUF, 1990.

2. Par exemple C. Fabre-Cols dans son ouvrage *Les Brouillons d'écoliers ou l'entrée dans l'écriture*, Ceditel/L'Atelier du Texte, 1990.

2 La conceptualisation

La conceptualisation est très proche de la conscientisation dans le sens où il s'agit aussi d'un processus de prise de conscience. Si ces termes sont parfois utilisés l'un pour l'autre, on peut toutefois préciser que le terme de conceptualisation renvoie plus précisément à la construction ou à l'émergence de notions ou de concepts. Et si cette construction demande l'adoption d'une posture réflexive, elle participe aussi à son développement.

Concernant ces notions ou concepts, certains auteurs ont mis en évidence qu'ils pouvaient être de natures différentes. Ainsi Lev Vygotski propose de distinguer les concepts quotidiens des concepts scientifiques :

– Les **concepts quotidiens** renvoient à des représentations et/ou à des constructions de signification liées à l'expérience quotidienne, à la vie de tous les jours. Par exemple, pour un jeune enfant, la catégorie ou la notion de *chien* renvoie au chien de son voisin.

– Les **concepts scientifiques** sont, pour leur part, plus abstraits, plus décontextualisés ou détachés des cas particuliers. La catégorie ou la notion de *chien* va cette fois renvoyer aux caractéristiques de la famille des canidés et englober les caniches, les bergers allemands, les bichons, les boxers, etc.

Comme pour la conscientisation, il s'agit bien d'un processus qui passe par une prise de distance mais aussi par une abstraction et une généralisation dans la construction des significations. Et dans le cadre de l'école élémentaire, comme le rappellent les programmes de 2015, il est important d'articuler concret et abstrait, et de favoriser les allers-retours entre familiarisation pratique et élaboration conceptuelle[3].

3. *Bulletin officiel spécial* n° 11 du 2 novembre 2015, p. 5.

3 L'importance de ces processus

Tout d'abord, on peut relever qu'il y a visiblement consensus sur le rôle prépondérant que jouent les capacités métacognitives et métalinguistiques dans l'acquisition des compétences scolaires et dans la réalisation de tâches complexes, notamment parce que **la conscience est un outil d'apprentissage et de développement très puissant**. De fait, le développement métalinguistique et métacognitif est notamment primordial dans l'accès à l'écrit qui requiert globalement un plus haut niveau d'abstraction et d'élaboration que l'oral. Au cycle 1, on met ainsi en avant l'importance du développement de la conscience phonologique, puis au cycle 2, celui de la conscience alphabétique ainsi qu'orthographique. Le développement « méta » est aussi incontournable dans l'étude de la langue et dans l'étude de la littérature (par exemple des genres littéraires) comme plus largement dans l'autorégulation par l'élève de sa propre activité. On comprend dès lors pourquoi les programmes de 2015 comme le nouveau Socle commun insistent sur la place à accorder à ce processus de conscientisation.

Il y a également accord sur le fait que cette dimension « méta » – et plus encore la conceptualisation – sont importantes mais qu'elles ne permettent pas la mise en œuvre de tous les apprentissages programmés par l'école et la discipline français ou que cette dimension n'est pas nécessaire à la mise en œuvre de tous les apprentissages. C'est particulièrement visible à l'école maternelle où des apprentissages langagiers ne nécessitent pas de conceptualisation même si, à cet âge, les explicitations de la part de l'enseignant pour faire évoluer les représentations, pour faire comprendre comment telle ou telle chose fonctionne sont essentielles. En outre, quand l'école vise l'automatisation du geste graphique, du décodage, du sens de l'écriture, de l'encodage de mots fréquents ou d'accord entre les mots, elle sollicite d'autres stratégies, notamment la répétition et la fréquence de l'activité. Ce qui n'empêche pas d'ailleurs le fait que cette automatisation ou cette activité régulée fasse suite à un travail de prise de conscience pour aboutir à ce que J.-Y. Gombert nomme du « conscientisé automatisé ».

4 La mise en œuvre de ces processus

La verbalisation participe grandement au développement métalinguistique et métacognitif, notamment par la prise de distance à l'égard de l'expérience immédiate que permet le langage et que l'école cherche à développer. Par la verbalisation, l'enseignant peut expliciter et donner à voir une stratégie, un mode de fonctionnement. Il peut alors favoriser le passage d'un apprentissage implicite à un apprentissage explicite.

Par la verbalisation toujours, il peut aussi aider l'élève à s'extraire de la situation ou de l'action pour **passer de l'accomplissement de la tâche ou d'une réussite en actes à la conceptualisation d'un savoir ou savoir-faire**. Il s'agit alors de déplacer l'attention de l'élève pour construire des connaissances déclaratives ou procédurales. Dans ce mouvement, « [l]es connaissances préalables à l'enseignement, acquises de façon implicite, sont utilisées comme fondements des apprentissages explicites. Elles sont au cœur des situations de prises de conscience, où l'élève se met à comprendre ce qu'il savait faire sans y réfléchir et où il utilise ses connaissances intuitives comme ressources pour contrôler et évaluer sa propre action (par exemple juger si une forme verbale est correcte [...][4] ». On voit en cela, à la suite de Jerome Bruner[5], que la prise de conscience s'effectue d'abord dans les interactions avec les autres, par un mouvement de régulation d'abord externe et s'intériorisant peu à peu.

Ajoutons que si la pratique de l'écrit convoque des compétences « méta », elle favorise aussi la mise en place des capacités métalinguistiques intervenant dans l'écrit. Autrement dit, l'**écriture a un rôle d'outil cognitif**.

Enfin, on peut signaler l'importance du choix de la situation et du dispositif didactique pour le développement des compétences « méta » : enseigner par situation-problème, par exemple, va solliciter et développer davantage les compétences « méta » des élèves que d'autres situations ou dispositifs didactiques valorisant plus l'effectuation de la tâche.

4. *Bulletin officiel spécial* n° 11 du 26 novembre 2015, p. 5.
5. J. Bruner, *Le Développement de l'enfant, Savoir faire savoir dire*, op. cit.

FICHE 13 — Pédagogie et didactique

La pédagogie et la didactique sont deux disciplines, ou deux approches, indispensables pour penser les enseignements et en gérer la mise en œuvre mais, selon la sphère d'utilisation et le point de vue adopté – recherche, formation, cadre institutionnel – , les significations prêtées à ces deux termes ainsi que la conception de leurs relations peuvent varier sensiblement.

1 La didactique

> La didactique[1] essaye de rendre compte d'un système de relations complexes entre trois pôles d'intérêt (contenu disciplinaire, enseignant, apprenant) qu'on représente à l'aide du triangle didactique :

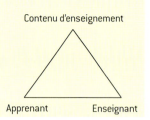

1. Il s'agit de l'acception générique du terme.

Ces différents pôles sont solidaires et même si chacun peut être exploré de manière relativement autonome, il ne peut cependant se penser sans les autres car « chaque pôle se constitue dans la relation qu'il établit aux autres[2] ».

2. J.-F. Halté, *La didactique du français*, PUF, « Que sais-je ? », 1992.

Ainsi, selon le pôle privilégié, la didactique produit aussi bien des **travaux axés sur les savoirs à enseigner** (ouvrages plutôt prescriptifs qui se focalisent sur ce qu'il faut enseigner) ou sur le **rôle du maitre** (les pratiques effectives en lecture, par exemple, où l'accent est mis sur l'enseignant et l'enseignement effectif des compétences visées) ou sur l'**apprentissage par les élèves du savoir ou savoir-faire visé** (les compétences et les difficultés de l'élève, l'état de ses représentations ou de ses connaissances...).

Dans le *Dictionnaire des concepts fondamentaux des didactiques*[3], Yves Reuter définit les didactiques comme « des disciplines de recherche qui analysent des contenus (savoirs, savoir-faire...) en tant qu'ils sont objets d'enseignement et d'apprentissages référés/référables à des matières scolaires ».

3. Y. Reuter (dir.) *Dictionnaire des concepts fondamentaux des didactiques*, De Boeck, 2007.

Elles ont donc un rôle spécifique de recherche et d'analyse qui les distingue des espaces de prescription (les textes officiels, les programmes...), de recommandation (les circuits de formation, l'inspection...) et de pratique dans les classes, même s'il existe bien sûr des chevauchements ou des tensions entre ces espaces. Autrement dit, elles ne se réduisent pas à la production ou à la recommandation de modèles pour l'enseignant ou pour l'élève, même si elles peuvent fournir des pistes d'action pour le terrain scolaire. Elles ont en ce sens une **visée à la fois épistémologique** (elles s'intéressent aux savoirs et à la manière dont ils se constituent) **et praxéologique** (elles analysent les actions et les pratiques).

Les didactiques se sont constituées comme disciplines de recherche dans les années 1970-1980 en s'interrogeant sur les contenus des disciplines scolaires enseignés ou à enseigner et sur les moyens de leur transmission.

Il existe pratiquement autant de didactiques que de disciplines scolaires (mathématiques, sciences, technologie, français, etc.) avec lesquelles elles entretiennent des liens très étroits. Ainsi, l'objet d'étude de la didactique du français[4] est-il l'enseignement et l'apprentissage de ce qui relève de la matière « français » et son terrain d'expérience est la classe de français.

4. Il existe une didactique du français langue maternelle et une didactique du français langue étrangère. Celle dont nous parlons ici est la didactique du français langue maternelle qui comporte elle-même une didactique de la littérature, une didactique de la lecture, une didactique de l'écriture...

La didactique du français s'intéresse donc aux contenus et aux pratiques scolaires de l'enseignement de la langue et de la littérature qu'elle analyse, afin d'en améliorer l'intelligibilité :
– mieux connaitre le développement des sujets-élèves au travers de l'apprentissage des compétences visées ;
– développer des connaissances scientifiques et praxéologiques.

Dans le cadre de la formation, elle vise à enrichir et à élargir l'éventail des « moyens » disponibles pour enseigner.

La particularité de la discipline « français » – son cloisonnement en sous-disciplines : lecture, écriture, littérature orale, étude de la langue, elle-même éclatée en grammaire, orthographe, lexique – la complexité et la diversité de ses contenus tels qu'ils ont été définis par la société et les institutions confèrent à la didactique un très vaste champ d'étude qui la met en lien avec d'autres disciplines savantes : sciences du langage, linguistique, littérature…

Les didactiques ont créé et échangé entre elles nombre de concepts aujourd'hui incontournables pour enseigner : objectif d'apprentissage, activité, transposition didactique, institutionnalisation, etc. très utilisés en didactique du français et qui sont présentés dans cette partie de l'ouvrage.

La conception d'une séquence d'enseignement ne saurait donc aujourd'hui s'imaginer en dehors d'un cadre défini par la didactique du français pour :

– l'analyse des contenus[5] (savoirs, savoir-faire…) à laquelle s'articulent notamment le repérage des obstacles et la définition des objectifs ;

– la prise en compte de ce qu'on sait des conditions de son enseignement / apprentissage (enjeux, difficulté, moyens et outils…).

2 La pédagogie

Le terme « pédagogie » est beaucoup plus ancien que celui de « didactique » (en tant que substantif) mais c'est aussi un terme très général dont la multiplicité d'usages peut nuire à la précision du sens.

> Comme la didactique, la pédagogie s'intéresse à l'enseignement et l'apprentissage mais alors que la didactique met l'accent sur l'importance centrale des savoirs sous leur forme scolaire, la pédagogie se focalise sur « les dimensions générales ou transversales des situations […] qui sont liées aux relations entre enseignant et apprenants et entre les apprenants eux-mêmes, aux formes de pouvoir et de communication dans la classe ou les groupes d'apprenants, au choix des modes de travail et des dispositifs, au choix des moyens, des méthodes et des techniques d'enseignement et d'évaluation, etc. »[6].

Pour l'enseignant, les deux approches se côtoient et s'interpénètrent :

– D'une part, la conception d'une séquence ou d'une séance sur un savoir ou un savoir-faire à enseigner (par exemple, réaliser les accords au sein du groupe nominal) intègre évidemment des considérations d'ordre pédagogique : modalité de groupement des élèves, constitution des groupes, niveau de directivité, type de pédagogie (directive, appropriative…), modalités d'échange, etc.

– D'autre part, la mise en œuvre et la gestion d'une séance génèrent des décisions pédagogiques en raison d'impératifs didactiques (interrompre un travail en cours pour mieux faire percevoir les contraintes d'une tâche ; interroger tel élève plutôt que tel autre pour mieux délimiter l'espace d'un problème, etc.).

---

[5]. « La notion de *contenus* est loin d'être simple. Elle peut en effet renvoyer à des savoirs ou à des savoir-faire mais aussi à des valeurs […], à des "rapports à" (aimer lire…), ou encore à des manières de penser, d'agir et de parler, propres aux différentes disciplines. » *Op. cit.*, article « Didactiques », p. 67.

[6]. *Ibid.*, article « Pédagogie », p. 163-167.

FICHE 14 — Langue, langage, discours et pratiques langagières

1 La langue

> Toute langue (le français, l'anglais, le japonais, l'espagnol, etc.) peut être considérée comme un **système de signes réglé par des conventions sociales**. Les langues sont régies par des règles communément désignées par les expressions de *règles de la langue* ou de *règles linguistiques*. Toutes les langues sont de fait régies par des organisations spécifiques, tant sur les plans phonétique que morphologique, lexical, syntaxique et textuel. C'est en s'appuyant sur ces règles que l'on peut juger si un énoncé est grammatical ou non : par exemple, « *je le pars » au lieu de « j'y pars » ou encore « *vous faisez » au lieu de « vous faites ».

Les unités (phonétiques, morphologiques, lexicales, syntaxiques et textuelles) qui composent la langue sont fixées et standardisées au moyen de dictionnaires, de grammaires, d'académies (l'Académie française) qui attestent de leur présence à un moment précis (**point de vue synchronique**) ou montrent leur évolution au fil des siècles (**point de vue diachronique**).

Bien que la langue soit avant tout définie comme un système partagé par les membres d'une communauté linguistique, étant donné sa standardisation, elle est restrictive et en décalage par rapport aux pratiques ou aux usages langagiers, bien plus variés. Ces derniers attestent de l'existence ou de la vivacité d'une langue et, dans le même temps, créent de nouvelles significations, de nouvelles manières de dire qui assurent le développement/déploiement potentiel de cette langue.

Dans le cas du français, la standardisation ainsi que la norme écrite littéraire sont prescriptives et très puissantes[1]. Son évolution, notamment par l'insertion d'anglicismes ou par la révision de son orthographe, est contrôlée, voire refrénée par les instances académiques ainsi que par l'institution scolaire, au détriment des multiples variations (langues régionales, dialectes, patois, registres de langue, tournures oralisantes…) : par exemple, « aller à vélo/en vélo » ; « aller au sport/faire du sport ».

2 Le langage

Le terme « langage » désigne la capacité humaine à pratiquer une ou des langue(s), à s'exprimer et à penser par la mise en œuvre de compétences en langue et en discours. Le langage se manifeste ainsi au travers de l'activité singulière de toute personne qui parle, écrit, lit, communique, rêve, réfléchit… dans une langue et dans une situation précise. On parle alors de l'**activité langagière du sujet** qui s'organise en langue et en discours.

---

[1]. Voir la fiche 16 « Normes et variations », p. 65

3 Le discours

Tout discours est nécessairement contextualisé. Il peut être considéré comme un **acte de parole incluant le contexte**, alors indispensable pour comprendre ce discours. Ainsi, comprendre le sens de l'énoncé[2] « je te parle » demande de prendre appui sur le contexte pour savoir qui est *je* et qui est *tu*, et s'il s'agit d'un rappel à l'ordre ou d'une simple assertion. Au travers de cet exemple, on voit que le discours correspond à un ensemble cohérent d'unités linguistiques employées dans un contexte particulier.

Outre le poids du contexte particulier, les discours varient et se régularisent en fonction des groupes sociaux et des modes d'organisation des hommes. On parle alors de **genre de discours** pour désigner les différents discours qui présentent de fortes régularités (par exemple, des discours correspondant au genre de la conférence ou au genre de l'exposé scolaire) ou de **type de discours** généraux (narratif, argumentatif, explicatif…).

4 Les pratiques langagières

Lorsque nous communiquons, réfléchissons ou créons en français, nous utilisons le langage et la langue française sans pour autant que nous fassions tous le même usage du langage et du français. Nos pratiques langagières sont en effet caractérisées par des **variations**[3] liées aux différents contextes, aux milieux sociaux, aux situations : « Les pratiques langagières sont construites dans les milieux sociaux dont l'individu se reconnaît membre et dans le contexte de l'interaction sociale où elles se déploient[4]. »

La notion de *pratiques langagières* permet de **caractériser les usages du langage liés au contexte scolaire**. Ces usages scolaires du langage se différencient d'usages ordinaires ou quotidiens du langage[5]. En effet, à l'école, il ne suffit pas de faire un exercice, de réaliser un schéma, de faire une roulade, encore faut-il mobiliser des manières d'en parler (justifier, expliquer, argumenter, comparer, hiérarchiser, expliciter, etc.). Ainsi, dès les débuts de leur scolarité, les élèves sont confrontés à ces pratiques langagières propres à l'école qui leur sont le plus souvent inconnues. Ils vont rencontrer des mots ou des expressions spécifiques *(tableau, ardoise, évaluation, fichier, rang, je veux voir tous les yeux posés sur moi, écrivez la consigne dans le cahier rouge,* etc.), des exigences linguistiques spécifiques (par exemple répondre par des phrases complètes) et des usages spécifiques du langage (parler ou écrire pour montrer qu'ils ont acquis un savoir ou pour réfléchir, parler, lire ou écrire sur la langue, etc.).

En résumé, on peut dire que les pratiques langagières actualisent diversement la langue et l'activité langagière des sujets, et que l'école, par la spécificité de ses pratiques et la diversité des disciplines, demande et permet aux élèves de s'approprier ses usages socioculturels.

---

14 Langue, langage, discours et pratiques langagières

2. Pour étudier un discours, on prend en considération un ou des énoncé(s). L'énoncé est le produit brut, non analysé d'un acte de parole. Ainsi, quand on analyse une transcription d'échange oral au sein d'une classe, on peut considérer que chaque prise de parole retranscrite correspond à un énoncé.

3. Voir la fiche 16 « Normes et variations », p. 65.

4. Y. Reuter, *Dictionnaire des concepts fondamentaux des didactiques*, De Boeck, 2007, p. 169.

5. Concernant les usages scolaires du langage, se reporter au sujet « Apprendre à parler à l'école maternelle », p. 77.

Communication et interaction

1 La théorie

1.1 Le schéma de la communication de Roman Jakobson

> L'introduction de la communication dans le champ de l'enseignement prend appui sur la théorie de la communication établie par le linguiste américain Roman Jakobson qui en a proposé, dans les années 1960, un schéma descriptif associant à chacun des six facteurs constitutifs de la communication humaine une fonction particulière du langage.
>
>   **Référent** (contexte)
>   Fonction référentielle
>
> **Émetteur** ⟶ **Message** ⟶ **Récepteur**
> Fonction expressive   Fonction poétique   Fonction impressive
>
>   **Contact**
>   Fonction phatique
>   **Code**
>   Fonction métalinguistique

— La **fonction référentielle**, centrée sur le référent, permet d'évoquer le contexte et la réalité extralinguistique qui le constitue.
— La **fonction expressive (ou émotive)**, centrée sur l'émetteur, manifeste l'attitude de celui-ci à l'égard du contenu de son message.
— La **fonction impressive (ou conative)**, centrée sur le récepteur, s'exerce lorsque l'émetteur cherche à agir sur le comportement du récepteur.
— La **fonction métalinguistique**, centrée sur le code, s'exerce lorsque la langue devient elle-même l'objet du discours (par exemple lorsqu'on explique le sens d'un mot).
— La **fonction phatique (ou de contact)** correspond au besoin de créer et de maintenir le contact entre les interlocuteurs (par exemple, l'interjection « allo » au téléphone).
— La **fonction poétique**, centrée sur le message, est à l'œuvre quand la forme du message « déborde » le contenu et devient elle-même objet de la communication, lorsque la « façon de dire » vaut pour elle-même.

1.2 Les limites de la notion

Cependant la théorie de la communication telle que Roman Jakobson l'a schématisée présente quelques limites :
— Elle repose sur une vision assez étroite de la langue comme un code transparent, homogène et parfaitement maitrisé par les interlocuteurs.
— Elle considère que les partenaires de l'échange (émetteur-récepteur) sont des êtres « idéaux », inaccessibles aux aléas humains susceptibles de « troubler » la communication : trou de mémoire, incompréhension, émotion, défaut de maitrise…

– Elle envisage la communication comme un simple échange alterné de messages parfaitement émis et parfaitement reçus.

1.3 De la notion de communication à la notion d'interaction

Complétant les fonctions dégagées par Roman Jakobson, la linguistique pragmatique considère que le langage est avant tout action et met en avant la notion d'**acte de langage**[1]. La plupart des énoncés ont ainsi une valeur performative (de l'anglais *to perform* : « réaliser ») car ils cherchent à transformer la réalité en influant sur l'interlocuteur, en l'amenant à faire ou à dire quelque chose. C'est ce que les linguistes nomment l'**intentionnalité des énoncés** (par exemple, l'intention de persuasion ou de séduction d'un énoncé).

[1]. J.-L. Austin, *Quand dire, c'est faire*, éditions du Seuil, 1970.

> La notion d'**interaction** qui s'intègre à la pragmatique permet de dépasser la vision de la communication comme un échange de messages successifs. L'interaction, définie comme l'influence réciproque que les partenaires de l'échange exercent les uns sur les autres, en donne un **modèle spiralaire** : chacun interagit sur l'autre, tout discours étant une construction collective. Elle considère le récepteur comme co-élaborateur du message : « Tout au long du déroulement d'un échange communicatif quelconque, les différents participants, que l'on désigne parfois comme des "interactants", exercent les uns sur les autres un réseau d'influences mutuelles : parler, c'est échanger, et c'est changer en échangeant[2]. »

[2]. C. Kerbrat-Orecchioni, *Les interactions verbales*, tome 1, Armand Colin, 1990, p. 17.

Cette notion entraine une nouvelle conception des échanges linguistiques en **réévaluant le rôle de « récepteur » comme agent actif** dont le nom même (récepteur) devient assez impropre, en reconsidérant la représentation du code non pas comme quelque chose de constitué d'avance mais de partiellement et constamment élaboré au cours de l'interaction. Par conséquent, le sens d'un énoncé est le fruit d'un travail de collaboration entre les énonciateurs.

D'autre part, le déroulement de l'interaction est conditionné par la situation sociale particulière où elle se place. Erving Goffman[3] distingue les interactions diffuses, sans objet (dans une rue, par exemple, entre les passants) et les interactions centrées, ayant une finalité précise, notamment dans un lieu institutionnel. À l'école, lieu institutionnel d'échanges, l'interaction répond à des règles particulières, en classe ou hors de la classe, qui définissent le rôle du maitre, des élèves, les types d'échanges, etc.

[3]. E. Goffman, *Façons de parler*, éditions de Minuit, 1987.

2 Les usages de l'école

Ces notions de communication et d'interaction sont polysémiques et très largement utilisées dans la société et à l'école dans divers champs disciplinaires avec des significations sensiblement différentes. Nous nous en tiendrons dans les lignes qui suivent aux usages habituellement appliqués au domaine du français.

2.1 La communication à l'école

La notion de communication, portée par la linguistique structurale, fait son entrée dans l'univers scolaire au début des années 1970 avec le plan de rénovation du français à l'école élémentaire[4] qui marque une étape importante dans la façon de

[4]. Ce plan est souvent appelé « plan Rouchette », du nom de l'inspecteur général rédacteur du rapport initial.

concevoir l'enseignement du français à l'école et qui a largement inspiré les instructions officielles de 1972. Depuis cette introduction, elle n'a jamais cessé de faire partie de la réflexion pédagogique en français. Le nouveau *Socle commun* considère même la communication dans un sens large. Le domaine 1 concerne « Les langages pour penser et communiquer» incluant la langue française, les langues vivantes étrangères et régionales, les langages mathématiques, scientifiques et informatiques, ainsi que les langages des arts et du corps, car « tous les enseignements concourent à développer les capacités à s'exprimer et communiquer[5] ».

Mais la notion de communication est aussi entendue dans un sens plus restreint et fait partie des objectifs visés dans les différents cycles. C'est une priorité pour le cycle 1 : « oser entrer en communication » est une compétence importante, liée au jeu, aux différents projets et activités proposés en classe qui favorisent le lien avec les autres enfants ; peu à peu, l'enfant « apprend les règles de la communication et de l'échange » qui lui permettent de « se construire comme personne singulière au sein d'un groupe ». Il est obligé de mobiliser les deux composantes du langage, l'oral – « Communiquer avec les adultes et avec les autres enfants par le langage, en se faisant comprendre » est le premier des attendus de fin de cycle – et l'écrit dont il comprend progressivement la valeur communicationnelle. À partir de la moyenne section, il découvre que l'on peut communiquer avec d'autres langues que la sienne[6].

La maitrise s'affirmit d'année en année et les élèves de cycle 3 « deviennent de plus en plus conscients des moyens qu'ils utilisent pour s'exprimer et communiquer et sont capables de réfléchir sur le choix et l'utilisation de ceux-ci »[7].

Ainsi, l'aptitude communicationnelle – tenir compte de l'autre, se poser comme sujet, etc. – est l'un des critères d'évaluation d'un oral réussi mais aussi un objectif d'apprentissage et un critère de production des textes (par exemple, apprendre à tenir compte du destinataire lors de la rédaction d'une lettre).

Enfin, nourri des apports successifs de la réflexion en didactique, l'enseignant organise et analyse des situations parfois sophistiquées de communication dans l'école et dans la classe : échanges interclasse ou intergroupe, débats interprétatifs, présentations de travaux. Il peut ainsi constituer des groupes, définir des rôles et évaluer la productivité des situations mises en place.

2.2 Les interactions à l'école

La notion d'interaction apparait une première fois dans les instructions officielles de 1995, dans un sens commun si l'on peut dire, pour évoquer les **liens devant exister entre les activités langagières** telles que parler, écouter, lire et écrire.

Elle apparait ensuite au sens d'**interaction linguistique** dans les programmes de 2002. Elle semble alors apporter des précisions sur la forme et les partenaires de l'échange : interactions maitre-élève(s) ou d'élève(s) à élève(s), par exemple. Elle déborde pourtant du cadre étroitement linguistique de l'échange et engage bien la problématique de l'apprentissage. Celui-ci, pour les théories actuelles comme l'interactionnisme social (ou le socioconstructivisme), ne peut en effet se réaliser sans interactions. Pour l'un des initiateurs de ces théories, Lev Vygotski, les apprentissages abstraits se construisent dans un mouvement qui va de l'extérieur vers l'intérieur du sujet, dans un double parcours dont le premier est social, médiatisé par les interactions et le second intériorisé.

5. *B.O.* du 26 novembre 2015, p. 11, cycle 2.

6. *B.O.* du 26 mars 2015, p. 7.

7. *B.O.* du 26 novembre 2015, p. 95.

À une conception simplement utilitaire du langage comme support ou moyen de l'apprentissage qui dissocie l'activité langagière et l'activité d'apprentissage, se substitue une approche plus intégrée du langage et du travail cognitif dans laquelle les deux activités sont étroitement liées. L'activité langagière, dans l'interaction, est alors constitutive de l'apprentissage : « Ce qui s'apprend en situation didactique est le résultat de la *co-construction* des savoirs dans *l'interlocution*[8]. »

La prise en compte et la gestion des interactions langagières dans la classe sont l'**un des critères d'appréciation du travail de l'enseignant**. Elles présupposent que celui-ci connaisse, et dans une certaine mesure partage, les conceptions pédagogiques qui les nécessitent, leurs fondements théoriques et leurs principes d'action : natures et rôles des interactions dans l'apprentissage, rôles de l'enseignant et des élèves, rôle des pairs dans la construction des savoirs, statut de l'erreur, etc. Ce qui invite quelquefois à remettre en cause certaines représentations de l'acte d'enseignement : « le maitre enseigne, l'élève apprend » ; « le maitre sait, l'élève écoute », etc.

La prise en compte des interactions dans l'apprentissage signifie qu'elles font pleinement partie de la conception des séquences et des séances, c'est-à-dire qu'elles y ont une place prévue : elles permettent, par exemple, de concevoir des situations-problèmes et des démarches de recherche qui seraient inabordables sans elles. Cela signifie qu'elles peuvent informer et infléchir le processus d'enseignement, par exemple en faisant apparaitre des obstacles imprévus ou en construisant l'institutionnalisation qui sera faite des savoirs.

La gestion des interactions demande un savoir-faire pédagogique certain : une capacité d'écoute et de reformulation, une compétence de « filage » qui permet, tout en intégrant les propos des élèves, de ne pas perdre de vue les enjeux d'apprentissage en cours, une capacité d'étayage qui guide les élèves dans la construction des savoirs...

Les programmes de 2015 insistent sur l'importance des interactions pour la maitrise du langage oral et l'acquisition des connaissances : « Comme au cycle 2, le professeur doit porter une attention soutenue à la qualité et à l'efficacité des interactions verbales et veiller à la participation de tous les élèves aux échanges, qu'il s'agisse de ceux qui ont lieu à l'occasion de différents apprentissages ou de séances consacrées à améliorer la capacité à dialoguer et interagir avec les autres (jeux de rôle, débats régulés, notamment[9]).

[8]. J.-F. Halté, « L'interaction et ses enjeux scolaires », in *Pratiques* n° 103-104, *Interactions et apprentissage*, novembre 1999.

[9]. *B.O.* du 26 novembre 2015, p. 100.

FICHE 16 — Normes et variations

1 Les variations

1.1 Les différentes sortes de variations

Le français est fragmenté en plusieurs variétés déterminées, entre autres choses, par les milieux sociaux, les histoires personnelles, les ancrages géographiques, le rapport à la société.

La variation est un concept majeur de la sociolinguistique ; les travaux de William Labov[1] s'opposent à ceux de Ferdinand de Saussure pour lequel la langue est homogène : William Labov considère, au contraire, que la variation, inhérente à la langue même, est socialement et culturellement déterminée.

Plusieurs variations sont possibles :
– la **variation historique**. La langue ne cesse d'évoluer, ne serait-ce que phonétiquement, depuis le latin jusqu'au français contemporain (par exemple, le mot latin *castellum* a donné *château*, *magister* est devenu *maitre*). Le sens évolue aussi : *formidable* signifiait encore au XIXe siècle « dangereux de nature et terrifiant d'aspect » ;
– la **variation géographique**. Les français parlés en France, en Afrique ou au Canada sont différents ; celui parlé à Paris n'est pas le même que celui employé à Marseille, notamment à cause de l'accent, de la prononciation du *e* muet, de l'ouverture de certaines voyelles ou du lexique employé. On parle de régiolectes. Mais les particularismes locaux tendent à se réduire, sous l'influence des médias et de la mobilité ;
– la **variation sociale**, en fonction de l'âge, du niveau d'étude, de la profession, de l'implantation (rural/urbain)… Elle peut être facteur de discrimination ou de valorisation[2] : certains écarts par rapport à l'emploi commun sont ainsi érigés en critères de distinction comme l'imparfait du subjonctif, certaines liaisons, l'interrogation par inversion complexe. Les sociolectes sont liés à la position sociale, les technolectes à la profession ou à une spécialisation. L'**argot** représente un usage socialement marqué du vocabulaire, « limité à un milieu particulier, surtout professionnel […], mais inconnu du grand public » (marque ARG. du *Petit Robert*). L'argot traditionnel des malfaiteurs, entre autres, a une fonction de cryptage ;
– la **variation individuelle**. Une personne a sa façon de parler, en fonction de son niveau socio-professionnel et culturel, son ancrage régional (accent particulier), ses caractéristiques physiologiques (timbre, hauteur, débit…). L'ensemble constitue une partie de son identité qui fait qu'on peut la reconnaitre en l'entendant. On parle d'idiolecte.
Toutes ces variations affectent les niveaux phonique, morphologique, syntaxique et lexical.

1.2 Les registres et les niveaux de langue

On peut observer également qu'une personne parle différemment suivant les circonstances. En fonction de la situation de communication, des interlocuteurs, du sujet qu'elle aborde, de l'objet du discours, des conditions de production et de réception, des effets qu'elle veut obtenir, de la qualité et l'ampleur des registres de langue dont elle dispose, elle n'utilise pas la même langue. Cette variation en fonction de l'usage et de la situation est dite situationnelle et se trouve associée à différents registres ou niveaux.

Les classifications des registres sont nombreuses, généralement à connotations morales. On peut faire la différence entre :
– le registre **soutenu** (qualifié aussi de tenu, soigné, recherché, élaboré, châtié, surveillé, cultivé…) qui use d'un lexique rare, très précis et d'une syntaxe très soignée : « J'eusse souhaité qu'il restât dans mon équipe » ;
– le registre **courant** (ou commun, usuel, neutre, non marqué…) qui emploie un lexique plus usuel, rejoignant ainsi la norme statistique : « À la fois savoureuse et diététique, la cuisine vietnamienne séduit les gastronomes » ;

---

1. W. Labov, université de Columbia, fondateur dans les années 1960 de la « linguistique variationniste ».

2. P. Bourdieu, *La Distinction*, éditions de Minuit, 1979.

– le registre **familier** (ou encore relâché, spontané, ordinaire, non surveillé...). L'essentiel est de communiquer et les normes ne sont pas toutes respectées : abréviations phoniques et lexicales, syntaxe différente : « Faut s'accrocher pour le comprendre, çui-là ! » ;

– le registre **vulgaire** ou grossier est à part ; il regroupe des mots, sens ou emplois choquants, le plus souvent liés à la sexualité et à la violence, « qu'on ne peut employer dans un discours soucieux de courtoisie, quelle que soit l'origine sociale » (définition de la marque VULGAIRE dans le *Petit Robert*) : « Le mec, il s'est pris une p... de mornifle. »

Mais ces classements sont incertains et peu harmonisés : ils diffèrent suivant les dictionnaires.

Les registres de langue sont souvent confondus avec la notion de niveau de langue. On peut, après W. Labov, tenter d'établir une différence entre les deux :

– Le **registre** est la manière d'utiliser la langue en fonction d'une situation de communication donnée (*cf.* ci-dessus).

– Le **niveau de langue** désigne l'ensemble des habitudes de langage d'une personne, habitudes qui sont déterminées plus ou moins par son appartenance sociale et son degré de culture et par l'image qu'elle veut donner d'elle-même. Ce niveau détermine sa capacité à faire face aux situations de communication.

Un locuteur qui a un bon niveau a plusieurs registres à sa disposition : il est en sécurité linguistique puisqu'il peut s'adapter à un certain nombre de situations. L'insécurité linguistique provient de la restriction des registres.

Au XVIIe siècle, les registres suivaient de plus ou moins près la division en couches sociales : les français cultivé, courant et populaire étaient parlés par des franges différentes de population. Cette corrélation avec la structure sociale se maintient encore aujourd'hui mais les différences de classe vont en s'atténuant car le marché du travail et l'éducation ont changé, la mobilité sociale est plus grande et surtout le français standard s'est développé grâce aux médias. C'est pourquoi on retrouve des traits normés dans des classes défavorisées et des traits familiers et argotiques (notamment lexicaux) à un niveau élevé du système social.

2 Les normes

Les variations sont situées par rapport à la norme. La notion de *norme* est très importante car la conscience de la langue française lui est étroitement liée. Le mot « norme » ne renvoie pas, en général, à ce qui est dit « normalement » mais à un bon usage « normatif », prescriptif.

2.1 La norme prescriptive : « Dire et ne pas dire »

Émergeant des différents parlers de la Renaissance, la langue française, sous sa forme « classique » s'est constituée au XVIIe siècle. Prise à un moment donné, la langue est un système stable et ressenti comme tel par les locuteurs ; elle ne cesse pourtant de se diversifier, comme en attestent les variations ci-dessus.

Mais ces pratiques langagières se heurtent à des résistances sociales fortes qui veulent voir la langue tendre au contraire vers la stabilité et l'unicité. En fait, son caractère social (le langage est une « institution sociale », disait Ferdinand de Saussure) la soumet à de multiples appréciations et jugements émanant d'individus, de groupes ou d'institutions qui jouent le rôle d'entreprises normatives et qui ont un double rôle :

– un **rôle positif, régulateur et hiérarchisant** ; pour que l'intercompréhension au sein d'une communauté puisse fonctionner, il faut observer en effet un certain nombre de règles la garantissant, ce qui correspond à un besoin social fort ;

– un rôle **négatif et bloquant** ; toute variété est, quelle que soit l'époque, considérée comme un signe de décadence et de négligence, dans des termes plus ou moins tranchés, mais sur le thème général bien connu : « la langue française est en péril » et sur un mode passionnel.

C'est le XVIIe siècle qui a joué un rôle essentiel pour l'établissement de la norme qu'on peut appeler prescriptive : Malherbe tenta d'épurer la langue en proscrivant les provincialismes, les mots techniques et « bas » ; Vaugelas[3] posa le principe très moderne d'*usage* – il disait vouloir enregistrer la langue, comme « simple tesmoin qui depose ce qu'il a veu et oüi » – mais il imposa en fait le concept de « bon usage », celui de la Cour puis celui de « bel usage », celui des meilleurs auteurs, ce qui présuppose un « mauvais usage » de la langue, celui qu'en fait le peuple. Ces restrictions, d'ordre politique, culturel, esthétique n'ont aucun fondement linguistique et pèsent sur la représentation de la langue depuis des siècles. La langue « cultivée » considérée comme un bien précieux continue, de nos jours, à être entourée de soins jaloux pour la préserver, par exemple, de l'invasion de l'anglais ou des pratiques linguistiques des banlieues ou des cités.

Pourtant, les normes qui règlent l'usage qu'en font les différents groupes sont plurielles. La perception de l'acceptabilité d'une forme est très variable, suivant les locuteurs.

Les producteurs de normes sont l'État, qui peut légiférer en matière de langue (comme pour les rectifications de l'orthographe parues au *Journal Officiel* en 1990 et la récente féminisation des noms de métiers qui a eu du mal à s'imposer), les institutions comme l'Académie française, des élites, les professionnels de la langue (grammairiens, lexicographes, concepteurs de manuels...) et les enseignants.

La norme est, en effet, véhiculée par l'école qui, historiquement, a lutté contre les diversités régionales et sociales pour uniformiser les usages linguistiques et par les médias qui utilisent un français standard.

2.2 La norme d'usage : « Que dit-on ? »

Bien différente est la norme d'usage. Le linguiste ne prescrit pas mais décrit ce qui se dit dans des conditions sociales (âge, sexe, lieu, classe...) données. Il ne fait qu'enregistrer ce qui se dit habituellement dans des conditions précises. Il ne porte aucun jugement de valeur, mais parle de ce qui est standard (statistiquement habituel) et non standard (statistiquement inhabituel). La langue ne possède pas une norme unique, mais une diversité de normes géographiques, sociales... qui gouvernent les usages des locuteurs.

[3]. *Remarques sur la langue françoise utiles à ceux qui veulent bien parler et bien escrire*, 1647.

3 Alors, quel français enseigner ?

Cette question est très pertinente car toutes sortes de variétés régionales, culturelles et sociales du français sont présentes dans une classe. Or, l'école a la mission de **donner un code commun à tous**, un français standard qui permette une communication aisée et correcte entre tous les locuteurs francophones : elle joue donc un rôle essentiel dans la constitution et la diffusion d'une langue homogène. Doit-elle faire des discriminations socio-linguistiques pour n'enseigner qu'un seul usage correct de la langue ?

Le purisme est exclu et la prise en compte des variations inévitable, à condition d'amener les élèves à la connaissance de ces variations et de ces écarts par rapport à la norme. La maitrise de la langue consiste non pas à parler, quelles que soient les circonstances, une « belle langue » mais à moduler les formulations en fonction de la situation, avec une connaissance des jugements socioculturels portés sur chacune d'entre elles.

On doit donc éviter une critique négative et stigmatisante de la langue de certains élèves et de leur famille. Cet usage doit être reconnu en tant que tel. Il faut simplement que les élèves comprennent en quoi il est pertinent ou non, par rapport à une situation de communication donnée et qu'il ne peut être, en aucun cas, leur unique mode d'expression.

Il en est de même pour les registres de langue ou pour le français oral ou écrit souvent opposés (le premier étant souvent considéré comme inférieur au second) alors qu'ils ont des champs d'action différents mais tout aussi importants et structurés[4]. Le choix porte sur l'efficacité et ne procède pas d'un jugement de valeur. Les grammaires les plus connues tiennent compte de ces éléments de variation[5]. La maitrise de la langue à l'école est donc celle des usages multiples de la langue, tant à l'oral qu'à l'écrit.

En fait, il faut **doter les élèves d'une large palette d'usages, en multipliant les situations de communication et les lectures de textes**. Les nombreuses références à l'écrit littéraire, les activités d'orthographe et de grammaire qui ordonnent et expliquent la langue permettent de construire un usage plus standard. Mais les différentes formes d'écrits (sociaux, fonctionnels) et d'oraux abordées ancrent l'idée que les situations de communication influent sur la langue utilisée. En fait, si la palette est variée, le « niveau de langue » sera performant et la sécurité linguistique davantage assurée ; les élèves comprendront ainsi comment fonctionne la langue.

L'enseignement du français comme langue étrangère ou seconde nécessite également une prise en considération du poids de la norme et des variations. « Le français comme langue véhiculaire contient autant de diversités que de locuteurs » et l'enseignant doit viser une communication orale et écrite pratiquée par l'ensemble de la population, tout en tenant compte du « foisonnement et la richesse des cultures francophones d'aujourd'hui[6] ».

4. C. Blanche Benveniste, *Le français parlé*, CNRS, 1997 ; F. Gadet, *Le français ordinaire*, Armand Colin, 1997.

5. *Cf.* M. Riegel, J.-C. Pellat, R. Rioul, *Grammaire méthodique du français*, PUF, 1994, p. XVI : « Un ouvrage consacré au français d'aujourd'hui... entre langue écrite et parlée ».

6. O. Bertrand, I. Schaffner, *Quel français enseigner ? La question de la norme dans l'enseignement/apprentissage*, éditions de l'École polytechnique, janvier 2010, p. 17.

Les troubles spécifiques du langage oral et écrit

Les troubles spécifiques du langage (TSL)[1] oral et écrit renvoient au domaine médical car ils relèvent de la définition CIM (Classification internationale des maladies) et mobilisent de nombreux professionnels de la santé – orthophonistes, psychomotriciens, ergothérapeutes… –, mais ils touchent également à la sphère scolaire[2] car les élèves atteints par ces troubles sont confrontés à l'échec et les enseignants se sentent souvent désarmés devant leurs difficultés.

Dans la famille « dys », il faut compter avec la **dyslexie** qui renvoie aux troubles de la lecture, la **dysorthographie** à ceux de l'orthographe, la **dysphasie** à certains troubles du langage oral, la **dyspraxie** à ceux du geste, la **dysgraphie** à ceux de l'écriture et au dessin, la **dyscalculie** à ceux du calcul.

Ces troubles apparaissent souvent de façon associée : par exemple, la dyslexie est toujours accompagnée de dysorthographie (on parle généralement de « dyslexie-dysorthographie ») ; la dysgraphie et la dyscalculie sont fortement reliées à la dyspraxie.

Les TSL sont dits « **développementaux** » parce qu'ils ne sont pas acquis. On oppose ainsi la « dyslexie développementale » à la « dyslexie acquise » suite à une lésion cérébrale, généralement à l'âge adulte. En fait, l'élément *dys-* est réservé aux troubles développementaux alors que le préfixe *a-* est réservé aux troubles acquis. On distingue les **dysphasies** (de naissance) et les **aphasies** (survenues plus tard, à cause d'un accident vasculaire cérébral, par exemple).

Ces **troubles** sont qualifiés de **spécifiques** car les critères utilisés pour le diagnostic leur sont propres et excluent obligatoirement des facteurs plus généraux : déficience mentale, déficit auditif ou visuel grave, pathologie neurologique, problème psychiatrique, privation affective, défaillance socioculturelle…

[1]. Ces troubles étaient appelés autrefois « pathologies du langage ».

[2]. C'est pourquoi le Ministère a publié des documents pour que les enseignants puissent accompagner ces élèves dans leur quotidien et leurs apprentissages. Voir en fin de fiche.

1 Les dyslexies

Le premier cas de dyslexie a été décrit en 1895. Depuis, les études se sont multipliées et ce déficit qui touche environ 5 % des élèves est inscrit dans la nomenclature française des « Déficiences, incapacités et handicaps ». La dyslexie affecte les enfants de tous les pays, quelle que soit la langue – même si les langues non « transparentes » comme le français et l'anglais aggravent le problème –, le milieu social et le système éducatif. Elle touche environ trois fois plus de garçons que de filles et il peut y avoir plusieurs dyslexiques dans la même famille.

1.1 Définition

On doit éviter l'amalgame entre les élèves en difficulté de lecture-écriture (environ 15 %) et les enfants dyslexiques. Les causes de l'illettrisme peuvent être liées à des retards mentaux, à l'absentéisme et à divers facteurs (sociaux, familiaux, pédagogiques), que l'on exclut pour poser le diagnostic de « dyslexie ». D'où la définition suivante : la dyslexie ou **trouble spécifique du langage écrit** se définit comme une difficulté **durable** et **plus ou moins sévère** de l'apprentissage de la **lecture** et de l'acquisition de son **automatisme**, chez des personnes d'intelligence normale, ne présentant aucun trouble sensoriel grave, aucun trouble psychologique ou socioculturel.

La classification des dyslexies se fait en fonction de l'altération du processus cognitif, suivant la voie touchée – voie directe / voie indirecte. On distingue :

– la **dyslexie phonologique** (60 à 65 % des cas). La voie phonologique étant atteinte, l'enfant accède mal au rapport phonie-graphie, d'où, en lecture, de nombreuses inversions, omissions ou confusions entre phonèmes et en orthographe, une mauvaise reconstitution des mots simples ; mais grâce à la voie directe, le stock lexical peut s'élaborer et des mots irréguliers peuvent être correctement écrits ;

– la **dyslexie de surface** (10 % des cas). La voie directe étant atteinte, le décodage devient le seul moyen de lire : il est donc essentiel. L'orthographe est phonétique avec de gros problèmes de segmentation. En lecture, l'enfant procède à des sauts de ligne, des ajouts ou omissions de mots ou de syllabes, à la confusion visuelle entre consonnes proches. Les ratures sont nombreuses, les jambages des *m* et *n* très irréguliers ;

– la **dyslexie-dysorthographie mixte** (25 à 30 % des cas). Elle correspond à une altération des deux voies : le déchiffrage et la compréhension sont très altérés. L'enfant ne peut acquérir l'orthographe d'usage puisque le lexique orthographique n'a pas pu se construire et la transcription graphie-phonie n'est pas assurée.

1. 2 Les causes et les manifestations de la dyslexie

L'origine de la dyslexie a été longtemps source de polémiques. Les progrès liés à l'imagerie cérébrale et les recherches en neurosciences ont fait avancer la question. D'après Franck Ramus, « l'origine **biologique**, à savoir **génétique** et **neurologique** du déficit phonologique fait maintenant l'objet d'un très large consensus au sein de la communauté scientifique[3] ». Les chercheurs ont démontré que le cerveau des personnes dyslexiques présente des particularités par rapport à celui des « normo-lecteurs » : une perte d'asymétrie de certaines zones, une configuration particulière du corps calleux qui relie les deux hémisphères cérébraux, la présence d'amas de cellules à certains endroits... Un examen particulier, l'IRM fonctionnelle, met en évidence une sur- ou sous-activation de certaines zones, pendant les activités de lecture. C'est un « cerveau singulier » pour reprendre l'expression du docteur Habib[4]. Autant dire qu'une personne nait et reste dyslexique, même si s'instaurent des compensations grâce à la rééducation.

Si pour quelques chercheurs, la dyslexie peut être multifactorielle (l'hypothèse d'un dysfonctionnement visuel et perceptif est parfois avancée), la plupart d'entre eux s'accordent autour de la thèse de la déficience phonologique.

D'une manière générale, l'enfant dyslexique ne sait pas correctement repérer et manipuler syllabes et phonèmes : par exemple, il ne distingue pas forcément le même son [u] dans *poule* et *mouton* ; il est en difficulté pour supprimer la première syllabe du mot *perroquet*, redoubler la dernière de *chapeau*, éliminer l'intrus dans la série *carton-kilo-gare*. Il a des problèmes pour repérer dans *car* trois phonèmes

[3]. F. Ramus, *Psychologie et éducation* n° 1, 2005, p. 81.

[4]. *Cf.* le livre du docteur M. Habib, *Le cerveau singulier*, Solal, 1997. Voir aussi sa communication « Le cerveau extra-ordinaire – la dyslexie en question » sur le site : http://www.coridys.asso.fr/pages/base_doc/txt_habib/entree.html.

différents (/k/,/a/,/r/) parce qu'ils sont prononcés en co-articulation et il différencie mal *car* de *gare*. Il confond les sons proches ([t]/[d], [k]/[g], [f]/[v], [ʃ]/[ʒ]) dont l'opposition ne repose que sur un seul trait pertinent : la vibration ou non des cordes vocales, ce qui renvoie à l'opposition sourde/sonore (voir tome I, fiche 39). Ces difficultés sont mises en évidence par les ateliers de phonologie, pratiqués à l'école maternelle, et peuvent alerter les enseignants.

1.3 Les troubles associés

Si la dyslexie est une donnée biologique, l'environnement et quelques facteurs extérieurs peuvent la minorer ou la majorer : capacités intellectuelles plus importantes que la normale ou non (les enfants dyslexiques sont souvent intellectuellement précoces), exigences scolaires, qualité et précocité de la prise en charge thérapeutique et de l'aide pédagogique, environnement familial... et surtout l'association à d'autres troubles, dans des dosages chaque fois originaux, qui expliquent la multiplicité des formes de dyslexies.

Peuvent être associés :
– des troubles du langage oral. La plupart des dyslexiques ont présenté, dans l'enfance, des troubles du langage oral plus ou moins marqués dont il peut rester quelques éléments ;
– des troubles de l'attention. Les enfants dyslexiques se laissent plus facilement distraire par des éléments extérieurs et non pertinents par rapport à la tâche (*attention sélective*) ou ne peuvent maintenir leur attention assez longtemps (*attention maintenue*). Il faut tenir compte de l'intensité des efforts qu'ils sont obligés de produire et donc de leur grande fatigabilité ;
– des troubles psychomoteurs relatifs à la mauvaise intégration du schéma corporel ;
– une dysgraphie corrélée fortement à la dyslexie mais pas toujours présente ;
– une dyscalculie souvent associée aux dyslexies sévères ;
– certains troubles de la mémoire, concernant la forme visuelle des mots et affectant surtout la mémoire de travail verbale à court terme.

Le trouble toujours associé à la dyslexie est la dysorthographie. Les difficultés sont très grandes avec, généralement, des problèmes de segmentation (*genagé* pour *j'ai nagé*), de fréquentes confusions entre les consonnes sourdes et les sonores (*tame* pour *dame, *chardé* pour *jardin* dans la production ci-dessous), des suppressions ou inversions de lettres ou de syllabes (*courge* pour *courage*), des erreurs sur les groupes consonantiques complexes (*november* pour *novembre*) et sur les digrammes, trigrammes, des confusions visuelles de lettres en lecture mais aussi en écriture (u/n, m/n, a/o et sur les lettres à boucles p/q, d/b). L'orthographe grammaticale est également très touchée, les accords et les désinences verbales ne sont pas assurés. Un enfant dyslexique est toujours dysorthographique mais un dysorthographique n'est pas toujours dyslexique. Les troubles de l'orthographe, plus ou moins sévères et assez diversifiés, peuvent apparaitre indépendamment de la dyslexie.

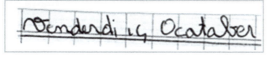

2 Les dysphasies

2.1 Définition

Identifié pour la première fois en 1853, ce trouble du langage oral touche environ 1 % des enfants en âge d'être scolarisés mais ce chiffre, généralement avancé, ne tient compte que des dysphasies graves.

En excluant les déficits auditifs, l'insuffisance intellectuelle, la carence affective ou éducative, les troubles envahissants du développement comme l'autisme... la dysphasie se définit par l'existence d'un déficit durable des performances verbales, significatif en regard des normes établies pour l'âge. Ce sont surtout les orthophonistes qui prennent en charge ce trouble.

Il est difficile, avant 6 ans, de faire la différence entre un retard simple (rattrapable en quelques années) et les dysphasies dont l'extrême diversité – qui va de la simple diminution de la fluidité à l'absence totale de langage – rend difficiles les classifications. Généralement[5], on les distingue par le versant atteint :
– les **dysphasies réceptives** affectent la réception et la compréhension des messages ;
– celles dites **expressives** touchent la production même du discours.

Dans ces dernières, on fait la différence entre la dysphasie phonologique qui atteste d'une difficulté de la « mise en sons » (élision, ajout, remplacement de sons et de syllabes) avec des productions imprévisibles (par exemple : « la courtureur... non la coutuvereu... la coucouvère... la coucouverture... la couverture ! ») et la dysphasie phono-syntaxique, plus fréquente, qui affecte non seulement la phonologie mais aussi la morpho-syntaxe : l'enfant oublie les petits mots, n'utilise pas le « je », ne conjugue pas les verbes, confond les marqueurs du féminin et du masculin (*le/la voiture*) modifie l'ordre des mots, ne possède pas un lexique suffisant et ne trouve parfois pas les mots désirés. Dans certaines formes de dysphasies, l'aspect pragmatique peut aussi être altéré : la personne emploie des formules toutes faites ou des mots sans rapport avec la situation ; il utilisera *lion* pour *chien* ou *menton* pour *cochon*. Il ne perçoit pas l'ironie, les plaisanteries et les métaphores.

Les dysphasies sont fortement corrélées aux dyslexies.

5. Voir une classification très détaillée et intéressante in Dr Mazeau, *Dysphasies, troubles mnésiques et syndrome frontal*, Masson, 1997. Voir aussi Dr C. Chevrie-Muller, J. Narbona, *Le langage de l'enfant – aspects normaux et pathologiques*, Masson, 2000, p. 268.

2.2 Les causes

Pour la plupart des chercheurs, les dysphasies, liées ou non à une lésion cérébrales, résultent d'un dysfonctionnement cérébral, plus spécifiquement des zones mises en jeu lors du traitement du langage : la partie antérieure de l'aire de Broca, par exemple, planifie le choix des éléments lexicaux et de la structure syntaxique ; quand elle est atteinte ou sous-activée, il y a des problèmes dans le langage articulé ; l'aire de Wernicke joue un rôle important dans la discrimination des phonèmes et l'attribution du sens.

La piste génétique est d'autant plus forte qu'il y a une fréquence très élevée dans les fratries (22 % de risques supplémentaires).

Il ne faut pas écarter des paramètres secondaires et d'ordre plus psychologique : il pourrait y avoir des « remaniements » des compétences données à la naissance en fonction des interactions avec l'entourage et du rapport au langage[6].

6. Voir Laurent Danon Boileau, *Les troubles du langage et de la communication chez l'enfant*, PUF, 2013.

3 Les dyspraxies

3.1 Définition

Le mot n'apparait que dans les années 1960. Les enfants dyspraxiques sont d'intelligence normale, ils ont une relative facilité dans le domaine du langage oral ; leur mémoire peut être excellente et leur capacité d'apprentissage efficace. Mais ils ont des difficultés importantes sur le plan moteur et sur celui de l'organisation spatiale. Plusieurs termes sont employés pour cerner ce trouble : maladresse, difficultés d'intégration sensorielle, problèmes de coordination motrice… le signe TAC (troubles de l'acquisition de la coordination) tendant à se généraliser.

Des gestes culturels demandant une motricité fine comme boutonner son manteau, lacer ses chaussures, enfiler des gants, écrire, dessiner, exigent un apprentissage réalisable par la plupart des enfants. Ce geste appris s'inscrit alors dans le cerveau en une sorte de « scénario » pré-établi qu'il suffit d'activer ensuite pour que toutes les composantes du geste à faire se réalisent, dans la coordination la plus harmonieuse et aboutie. Mais les enfants dyspraxiques, suite peut-être à des dysfonctionnements cérébraux, éprouvent des difficultés dans la réalisation de ces gestes moteurs et de ces mouvements : leur réalisation devient irrégulière, depuis la réussite pas forcément reproductible, à l'échec.

Il y a plusieurs sortes de dyspraxies :

– **idéatoire** qui concerne les gestes dans lesquels intervient un outil comme les ciseaux, crayons, tournevis ;

– **idéomotrice** qui renvoie à la difficulté à réaliser des gestes symboliques et des mimes (au revoir, salut militaire) ;

– **constructive**, la plus fréquente, qui concerne les activités d'assemblage comme dans les jeux avec des cubes, des Légo, des puzzles.

On pourrait ajouter la dyspraxie **visuo-spatiale** associée à des troubles oculo-moteurs, **orofaciale** qui perturbe des gestes simples comme siffler, souffler une bougie…

3.2 Les troubles associés

– La **dyscalculie spatiale** : les activités de dénombrement sont compliquées car l'enfant ne peut pas compter sur ses doigts, qu'il dissocie difficilement. En CE1-CE2, il est gêné par la pose et la résolution des quatre opérations : aligner les unités, dizaines et centaines en colonnes, commencer par celle de droite pour additionner… L'usage d'une calculette s'impose. Les troubles impactent également la géométrie qui exige une représentation spatiale et l'usage précis de certains outils comme le compas, la règle, l'équerre.

– La **dysgraphie** : le graphisme est affecté plus ou moins sévèrement, ce qui influe lourdement sur la réussite scolaire. C'est la composante « dessin » de la lettre qui pose problème : la lettre est dissociée en plusieurs éléments juxtaposés et maladroits, sans régularité. Les mêmes difficultés apparaissent avec les chiffres. La prise du crayon est très maladroite. Les tracés font bien apparaitre les tâtonnements et reprises diverses auxquels procède l'enfant, très conscient de l'insuffisance de ses tracés.

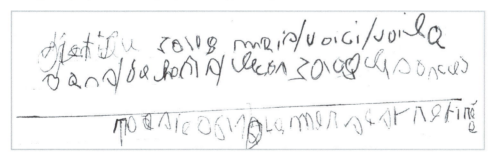

Les signaux d'alerte sont donc nets : dès la grande section, l'enfant n'arrive pas à écrire son prénom, a beaucoup de difficultés à utiliser l'écriture cursive, est incapable de faire des puzzles ou des jeux de construction ; ses dessins spontanés accusent un certain retard. L'écriture montre ensuite de sérieuses perturbations, comme en témoigne l'extrait de ce cahier de texte d'un enfant de CM2. L'usage de l'ordinateur est recommandé, le plus vite possible, avec un apprentissage pris en charge, la plupart du temps, par un ergothérapeute.

4 Le handicap à l'école

Depuis les années 2000, tous ces troubles sont pris en compte par le ministère de l'Éducation nationale et entrent dans le cadre de la **loi du 11 février 2005** pour l'égalité des droits et des chances, la participation et la citoyenneté des personnes handicapées, loi qui donne, notamment, la priorité à la scolarisation en milieu ordinaire.

Mais le principe de « l'école inclusive », au cœur de la loi de refondation de 2013, a suscité la mise en œuvre d'un certain nombre de dispositifs adaptés aux élèves avec des besoins spécifiques[7] :

– Les élèves affectés par un des troubles de l'apprentissage peuvent bénéficier d'un *plan d'accompagnement personnalisé*[8] (PAP), sur proposition du Conseil des maitres. Le constat des troubles est réalisé par une médecin de l'Éducation nationale qui donne un avis sur l'établissement de ce plan. Un document présente les aménagements et adaptations pédagogiques nécessaires ; il est réactualisé et enrichi au fil des années pour éviter les ruptures. Il est mis en œuvre par l'enseignant, au sein de la classe.

– Un *programme personnalisé de réussite éducative* (PPRE), pour les enfants maitrisant insuffisamment les compétences et connaissances du *Socle*, demandé par le directeur de l'école.

– Pour les enfants ayant des pathologies chroniques, des allergies et des intolérances alimentaires, un *projet d'accueil individualisé* (PAI), sollicité par le médecin scolaire ou le directeur de l'école.

– Pour les enfants en situation de handicap, les parents avec l'aide éventuelle de l'enseignant référent, peuvent saisir la MDPH[9] pour instaurer un *projet personnel de scolarisation* (PPS). Ce projet, joint au Geva-Sco[10], accroit le dialogue entre les familles, les équipes éducatives et les MDPH.

Les élèves « dys », suivant leurs besoins, peuvent bénéficier soit d'un PAP, soit d'un PPS.

Des personnes peuvent assister les élèves « dys » ou en situation de handicap en classe par des personnels recrutés à cet effet, des AESH[11]. Enfin, pour favoriser la continuité des parcours entre le premier et le second degré, les anciennes CLIS ont été redéfinies en Ulis école, Ulis collège, Ulis[12] lycée.

Les enseignants peuvent trouver une information détaillée pour accompagner les enfants handicapés sur le site EDUSCOL[13], « Ressources pour scolariser les élèves handicapés ». Le Ministère a publié également sur le site Eduscol plusieurs documents importants :

– *Scolariser les enfants présentant des troubles des apprentissages (TSA)*, englobant les troubles de l'attention, avec ou sans hyperactivité (TDAH) ; ce dossier donne des indications précises sur la scolarisation, le rôle joué par tous les acteurs de l'école dans le repérage, le dépistage et le diagnostic de ces troubles, et surtout des conseils concrets sur les aménagements pédagogiques à mettre concrètement en classe pour accompagner ces élèves dans leurs apprentissages (2012) ;

– *Scolariser les enfants présentant des troubles envahissants du développement (TED) et des troubles du spectre autistique* (2012) ;

– *Scolariser les enfants présentant des troubles des conduites et des comportements* (TCC) (2012) ;

– *Prévenir l'illettrisme : apprendre à lire avec un trouble du langage*, centré sur la dyslexie, avec les indicateurs pour le repérage, la coordination des aides, les adaptations pour faciliter les apprentissages dès la grande section et pour tous les niveaux suivants (2009).

[7] http://eduscol.education.fr/cid84599/l-ecole-inclusive.html

[8] http://eduscol.education.fr/cid86144/plan-d-accompagnement-personnalise.html

[9] Maison départementale des personnes handicapées.

[10] Guide d'évaluation des besoins de compensation en matière de scolarisation.

[11] AESH : accompagnants des élèves en situation de handicap.

[12] CLIS : Classe pour l'inclusion scolaire. ULIS : Unités localisées pour l'inclusion scolaire.

[13] http://eduscol.education.fr/pid25585/ressources-pour-scolariser-les-eleves-handicapes.html

DOMAINES DE L'ENSEIGNEMENT DU FRANÇAIS

CHAPITRE 1 — Apprendre à parler à l'école maternelle

CE QU'EN DIT LE PROGRAMME

- **Une compétence essentielle**

Depuis les orientations de 1986 (scolariser, socialiser, faire apprendre), le langage oral (parfois indiqué par le terme « l'oral ») est devenu une priorité des instructions et programmes officiels. C'est une des premières compétences à acquérir dans les trois cycles de l'école primaire car son acquisition et son développement, qui ne se réduisent pas aux usages familiaux, relèvent bien d'apprentissages progressifs qui doivent faire l'objet de programmations au sein de chacun des trois cycles de l'école primaire.

Dans le programme de 2015[1], le domaine « Mobiliser le langage dans toutes ses dimensions » constitue le premier des cinq domaines d'apprentissage de l'école maternelle. Dans ce programme officiel, le langage recouvre les deux composantes que sont « l'oral » et « l'écrit ». *L'oral* est décliné à travers quatre « objectifs visés et éléments de progressivité » : « Oser entrer en communication », « Comprendre et apprendre », « Échanger et réfléchir avec les autres » et « Commencer à réfléchir sur la langue et acquérir une conscience phonologique[2] ».

Le programme officiel d'enseignement de 2015 « réaffirme la place primordiale du langage à l'école maternelle comme condition essentielle de la réussite de toutes et de tous. La stimulation et la structuration du langage oral d'une part, l'entrée progressive dans la culture de l'écrit d'autre part, constituent des priorités de l'école maternelle et concernent l'ensemble des domaines ».

Ce programme considère le langage comme « un ensemble d'activités mises en œuvre par un individu lorsqu'il parle, écoute, réfléchit, essaie de comprendre et, progressivement, lit et écrit » et insiste sur le rôle de l'enseignant qui « accompagne chaque enfant dans ses premiers essais, reprenant ses productions orales pour lui apporter des mots ou des structures de phrase plus adaptés qui l'aident à progresser[3] ». Le programme précise que le maître ralentit son débit, articule bien, soigne la correction lexicale et syntaxique de ses énoncés et accompagne les progrès des enfants vers une parole de plus en plus organisée[4].

---

[1]. Voir le programme dans le *Bulletin officiel* spécial n° 2 du 26 mars 2015.

[2]. *Ibid.*, p. 5.

[3]. *Ibid.*

[4]. *Ibid.*

• **Des acceptions diversifiées et complémentaires**

Ces différentes entrées recouvrent des aspects très différents de l'apprentissage du langage à l'école. En effet, le langage oral est envisagé dans sa **dimension de communication** (« pouvoir dire, exprimer un avis ou un besoin, questionner, annoncer une nouvelle »), dans sa **dimension langagière et cognitive** qui recouvre :

– la compréhension : les élèves « "prennent" ce qui est à leur portée dans ce qu'ils entendent, d'abord dans des scènes renvoyant à des expériences personnelles précises, souvent chargées d'affectivité. Ils sont incités à s'intéresser progressivement à ce qu'ils ignoraient, grâce à l'apport de nouvelles notions, de nouveaux objets culturels et même de nouvelles manières d'apprendre[5] » ;

– la réception : « les moments de réception où les enfants travaillent mentalement sans parler sont des activités langagières à part entière que l'enseignant doit rechercher et encourager, parce qu'elles permettent de construire des outils cognitifs : reconnaître, rapprocher, catégoriser, contraster, se construire des images mentales à partir d'histoires fictives, relier des évènements entendus et/ou vus dans des narrations ou des explications, dans des moments d'apprentissages structurés, traiter des mots renvoyant à l'espace, au temps, etc.[6] » ;

– la production dont l'objectif est « de permettre à chacun de pouvoir dire, exprimer un avis ou un besoin, questionner, annoncer une nouvelle ». Après 3-4 ans, les enfants poursuivent leurs essais « et progressent sur le plan syntaxique et lexical. Ils produisent des énoncés plus complets, organisés entre eux avec cohérence, articulés à des prises de parole plus longues, et de plus en plus adaptés aux situations[7] » ;

– l'appropriation de la **dimension linguistique** à partir de 3-4 ans : les enfants « peuvent prendre du recul et avoir conscience des efforts à faire pour maitriser une langue et accomplir ces efforts intentionnellement. On peut alors centrer leur attention sur le vocabulaire, sur la syntaxe et sur les unités sonores de la langue française dont la reconnaissance sera indispensable pour apprendre à maitriser le fonctionnement de l'écriture du français[8] ». Les enfants peuvent « redire les mots d'une phrase écrite, d'un texte, repérer des régularités de la langue[9] »...

5. *Ibid.*, p. 6.

6. *Ibid.*

7. *Ibid.*, p. 5.

8. *Ibid.*, p. 9.
9. *Ibid.*

CE QU'IL FAUT SAVOIR POUR ENSEIGNER

1 Le langage oral

En arrivant à l'école maternelle, les enfants qui entrent en petite section sont généralement âgés de 3 ans. **Leur développement langagier est en cours** et leurs productions langagières sont très hétérogènes : certains enfants ne parviennent pas encore à se faire comprendre (langage peu articulé, parler « bébé »), un certain nombre d'enfants maitrisent des phrases de deux mots (par exemple, l'enfant dit « a pati ? » pour « papa est parti ? » ; « a pu » pour « il n'y a plus de biscuits »), n'utilisent pas encore le pronom « je » et se nomment par leur prénom (« Mathieu veut… »), alors que d'autres produisent des phrases structurées et tout à fait compréhensibles. Le langage des premiers est souvent accessible en référence à la situation présente et partagée avec l'interlocuteur. C'est le cas lorsque l'enfant montre une boite de biscuits et dit à l'adulte « veux ça » : on parle alors de **langage référentiel**. Les seconds sont, eux, souvent déjà capables de construire les premiers récits minimaux d'expériences qui n'ont pas été vécues par l'interlocuteur (« i m'a tapé Mathieu ») : on parle alors de **mises en récit**, de langage décontextualisé. Face à cette hétérogénéité des productions langagières, que le programme officiel de 2015 nomme des acquis langagiers, à l'entrée en maternelle, les maitres peuvent mettre en place des évaluations diagnostiques individuelles afin de proposer, dès les premières semaines d'école, des situations d'apprentissages langagiers, détaillées un peu plus loin.

2 Le langage de la maison/le langage de l'école : des ruptures nécessaires entre des usages spontanés et pragmatiques et des usages élaborés du langage

Quelles que soient les capacités, pour parler et pour se faire comprendre, des enfants âgés d'environ 3 ans qui débutent leur scolarité, le développement du langage est un enjeu fondamental des classes maternelles tout au long du cycle 1. En effet, l'enfant va continuer à y apprendre à parler et, durant les années de maternelle, les usages du langage et l'acquisition de nouvelles formes lexicales et syntaxiques feront l'objet d'activités scolaires très spécifiques qui assurent le développement du langage et le passage progressif du « langage référentiel » au « langage décontextualisé ». Ainsi, le maitre peut demander au tout jeune élève, à partir d'images ou de photographies, de reconnaitre et nommer des objets, des personnages de fiction, de décrire des lieux, de remettre dans un ordre chronologique des actions représentées sur des images, mais aussi de procéder à des tris (donner des critères pour mettre ensemble des objets selon la couleur, la forme, la fonction) et des catégories (donner des critères pour construire la catégorie du personnage de la sorcière dans les récits de fiction...).

De plus, l'entrée en maternelle marque des ruptures entre les usages familiaux et quotidiens du langage, et les usages scolaires du langage qui impliquent notamment l'emploi d'un vocabulaire spécifique aux différents apprentissages. Ainsi, en milieu familial, la communication entre des personnes qui se côtoient au quotidien et qui se connaissent bien ne nécessite pas un recours systématique au langage ou à un langage très élaboré : des regards, des gestes, des mimiques[10], des phrases inachevées suffisent souvent pour indiquer à un proche ou à quelqu'un de familier ce qu'on désire, ce qu'on apprécie ou ce qui déplait. Les parents sont souvent capables de comprendre et d'interpréter les premiers babillages de l'enfant et son protolangage, qui restent en très grande partie incompréhensibles à toute personne extérieure à la famille ou à l'entourage proche. Par ailleurs, dans la vie quotidienne, l'enfant n'est pas toujours sollicité pour raconter ce qu'il a fait, ce qu'il a vu, ce qui lui est arrivé, par exemple, lorsqu'il a passé un moment à jouer dans sa chambre ou lorsqu'il sort de l'école. De plus, le langage de la maison accompagne et prend souvent appui sur des actions connues et ou vécues par l'enfant, telles que se laver, jouer, se coucher, mettre la table, monter dans la voiture, etc., ce qui favorise l'usage des déictiques tels que *là, ici, ça, celui-là*.

10. Les gestes, les mimiques, les regards constituent le paraverbal.

L'entrée à l'école maternelle marque alors des ruptures importantes avec des pratiques de la vie quotidienne mais aussi avec des usages familiaux et quotidiens du langage dont l'enfant a acquis une maitrise qui lui permet, le plus souvent, de se faire comprendre de ses proches et de les comprendre.

2.1 Les interactions langagières

Une première rupture se situe dans le nombre d'interactions langagières que l'enfant va devoir gérer : dans la classe, il est l'interlocuteur potentiel d'une trentaine d'enfants qui ne se connaissent pas et de plusieurs adultes qu'il ne connait pas encore, comme les enseignants, les ATSEM[11], le directeur/la directrice, les différents intervenants extérieurs.

[11] Agent Territorial Spécialisé des Écoles Maternelles.

2.2 Les repères spatio-temporels

Une deuxième rupture se situe au niveau des repères spatio-temporels : l'enfant ne connait pas les différents lieux et espaces de la classe, que sont les coins-jeux, le coin-regroupement, le coin-peinture, la BCD, et de l'école, tels que la cantine, le dortoir, la cour de récréation, la salle de motricité, les toilettes. Il va lui falloir, avec l'aide de l'enseignant, apprendre à en connaitre les usages, à les reconnaitre et à les nommer pour faire comprendre à autrui (pairs, maitre et autres adultes) ce qu'il veut faire, ce qui s'y est passé, où il est allé, où il voudrait retourner. De même, le temps de l'école est un temps tout à fait différent du temps de la maison : il est rythmé et partagé selon les différents apprentissages et leurs dispositifs (collectif/individuel ; atelier dirigé/atelier autonome...).

2.3 Les objets de l'école

Une troisième rupture est liée aux objets de l'école et à leurs usages scolaires (pinceaux pour coller, brosses à dents pour peindre, craies pour tracer, écrire, colorier ou dessiner, bancs pour ramper, cerceaux pour s'assoir à l'intérieur ou à l'extérieur, etc.). Dans leurs usages scolaires, ces objets ne sont pas reconnus par les enfants de 3 ans et sont alors à appréhender grâce à la médiation du maitre qui aide, de manière très progressive, chaque élève à identifier et comparer les usages familiaux et scolaires de ces objets (par exemple, à la maison, le pinceau est utilisé pour peindre ; dans la rue, le banc est utilisé pour s'assoir ; à l'école la paille est utilisée pour peindre ; les ours en plastique sont utilisés pour apprendre à compter...).

2.4 Les pratiques scolaires

Une quatrième rupture est liée aux pratiques scolaires telles que chanter, dire des comptines, répéter des mots, une phrase, une consigne, répondre aux questions, attendre son tour de parole, dire son nom, dire que l'on est présent, écouter, reformuler et respecter des consignes, écouter la lecture d'un album sans regarder les images et sans se lever, etc. Ces pratiques sont, pour la plupart, totalement étrangères aux enfants qui entrent en toute petite section ou en petite section et doivent faire l'objet d'un enseignement tout au long du cycle 1 pour que chacun des élèves puisse apprendre à comprendre ce que le maître attend de lui et quels sont les apprentissages en jeu (jouer avec les perles en plastique/apprendre à compter à partir des perles en plastique...).

Ces ruptures entre les types d'interactions langagières, entre les repères spatio-temporels, entre les usages d'objets, les pratiques qui caractérisent le monde familial et le monde scolaire sont nécessaires à l'acquisition des apprentissages scolaires. Comme on le voit, à l'école, le langage ne saurait être réduit à la seule communication d'un message : dès le début de l'école maternelle, le langage est non seulement un objet d'apprentissage mais également un outil pour comprendre et apprendre.

2.5 Le passage des oraux spontanés à des oraux élaborés

Une cinquième rupture est le passage des oraux spontanés, pratiques, à des oraux élaborés voire scripturaux, dans le rapport second au langage qu'exige l'école[1] : il se révèle alors « indispensable que les jeunes enfants, pour devenir des élèves à l'aise, pour apprendre et comprendre à l'école, apprennent à pratiquer de manière efficace et avec plaisir les dimensions sociales et pragmatiques des échanges. Il est nécessaire également qu'ils accèdent à une autre forme d'oral, différente de celui qu'ils pratiquent spontanément[12] ».

Les enfants commencent à parler **en situation** pour accompagner leurs actes. Le langage produit est alors d'ordre factuel et le sens est largement dépendant de la situation vécue qui l'éclaire. Un message comme « Je veux celui-là » est compréhensible dès lors que le geste accompagne la parole et que le contexte explicite naturellement qui parle et quel est l'objet désigné. Évoquer, hors de cette situation de « connivence », cette scène vécue suppose une mise à distance et la mobilisation d'un langage très différent : c'est le langage **décontextualisé**[2]. Il relève d'un apprentissage explicite car il n'est pas utilisé par tous les élèves : l'enseignant doit alors permettre « à chacun d'aller progressivement au-delà de la simple prise de parole spontanée et non maîtrisée pour s'inscrire dans des conversations de plus en plus organisées et pour prendre la parole dans un grand groupe[13] ». Il met en place des situations permettant aux enfants de s'approprier peu à peu le langage décontextualisé. « Leurs progrès s'accompagnent d'un accroissement du vocabulaire et d'une organisation de plus en plus complexe des phrases[14]. » La compétence attendue en fin de cycle consiste à « s'exprimer dans un langage syntaxiquement correct et précis » et à « reformuler pour se faire mieux comprendre ».

Le langage décontextualisé doit nécessairement être précis et structuré pour être compris. En effet, « évoquer une scène suppose d'en donner les éléments spatio-temporels, de camper le décor, de préciser les protagonistes et leurs relations, les actions, voire de les commenter. Ce sont des variables qu'il faut clarifier pour ceux qui écoutent[15] ». Les enfants doivent ainsi « comprendre qu'il faut expliquer et réexpliquer pour qu'un interlocuteur comprenne, et l'école doit les guider dans cette découverte[16] ».

---

1. Bernard Lahire a montré que les usages scolaires du langage à l'oral sont marqués par les exigences du langage écrit. On parle alors de langage scriptural. Ces usages modifient le rapport au langage que l'école constitue en objet d'étude.
2. Ce langage élaboré, appelé langage ou oral scriptural, s'apparente au langage écrit en tant que forme produite hors du contexte immédiatement vécu, comme l'est l'écrit. Consulter dans Ressources pour la classe la fiche-repère n° 2 *L'oral scriptural*. http://eduscol.education.fr/cid91996/mobiliser-langage-dans-toutes-ses-dimensions.html

12. *Ressources maternelle*, « Mobiliser le langage dans toutes ses dimensions », Partie I, L'oral, Texte de cadrage, 1.3., http://cache.media.eduscol.education.fr/file/Langage/42/3/Ress_c1_langage_oral_cadrage_456423.pdf

13. Programme pour la maternelle, *B.O.* du 26 mars 2015, § 1.1. L'oral.

14. *Ibid.*

15. Ressources maternelle, Eduscol.

16 Programme 2015 pour la maternelle, p. 6.

3 Le langage pour apprendre et le langage à apprendre

Ainsi n'est-il pas suffisant pour le maitre que l'élève réussisse à sauter dans un cerceau ou ait correctement colorié sur une fiche ce qui se mange, encore faut-il que l'élève parvienne à dire comment il a fait pour sauter ou comment il sait différencier ce qui se mange de ce qui ne se mange pas. À l'école, lorsque les maitres sollicitent les discours de chacun des élèves sur les actions, les jeux, les activités qu'il a réalisés, ils sollicitent la mutualisation, la généralisation de ces savoirs et savoir-faire, et ce faisant, ils aident les enfants à devenir élèves en leur faisant prendre conscience des progrès réalisés, des apprentissages qu'ils ont effectués et de ceux qu'il leur reste à mener[17].

Il revient alors à l'école maternelle d'apprendre à chacun des élèves ce langage qu'ils n'ont, pour la plupart d'entre eux, pas encore rencontré, afin de permettre à tous de construire et de mettre en œuvre le langage de l'école. **Ce langage scolaire**, également appelé « langage pour apprendre » ou « langage des apprentissages », met en jeu **la compréhension des consignes, des tâches, des exercices**. Sa maitrise permet aux élèves de participer aux activités scolaires en en comprenant les objectifs. De manière progressive et avec l'aide du maitre, le langage de l'école devient pour l'élève un outil de développement de la pensée qui permet notamment de multiplier les expériences du monde et les rapports aux objets du monde, d'élaborer de nouvelles connaissances et de nouvelles représentations du monde.

Le **langage des apprentissages scolaires** se caractérise par :
— **la mise à distance des objets du monde et la décentration** par rapport à soi-même et par rapport à son environnement familier afin de parvenir à s'intéresser à des usages différents d'un objet déjà connu ou à des expériences jusque-là inconnues. En cycle 1, l'élève doit progressivement devenir capable de décrire un lieu (par exemple, la salle de motricité, une salle de spectacle) alors qu'il ne s'y trouve plus, et décrire un objet (par exemple, la première de couverture d'un livre, un montage). À titre d'exemple, la description de l'orange et sa décomposition en pulpe, pépins, peau, jus, introduisent un autre rapport au monde que sa simple consommation ordinaire ;
— **la généralisation des savoirs et des savoir-faire** : par exemple, l'élève doit être capable de généraliser à d'autres sortes de poissons et animaux marins, certains des savoirs qu'il a construits, avec le maitre et les pairs, sur le poisson rouge de la classe ;
— **la mise en réseaux des savoirs** : par exemple, pour mener à bien une lecture, l'élève doit être capable de reconnaitre et de mobiliser le stéréotype d'un personnage de fiction qu'il a déjà rencontré dans un autre récit de fiction ou dans un autre conte ;
— **l'élaboration de nouvelles représentations du monde** : par exemple, l'élève doit être capable de se représenter par le langage d'autres manières de penser le monde, des points de vue, des savoirs, des attitudes ou encore des actions déterminés par d'autres cultures que la sienne ;
— **la construction progressive de la dimension métalinguistique** : au sein des activités qui assurent le développement de la conscience phonologique, l'élève doit être capable de parler des unités de la langue en se détachant du sens des mots qui comportent ces unités : par exemple, dans « papa » on entend deux fois [a][18].

De plus, l'appropriation par les enfants nouvellement scolarisés du langage de l'école leur donne les outils langagiers et cognitifs pour comprendre les attentes

[17]. On dit souvent que l'enfant est alors acteur de ses apprentissages.

[18]. Ce type de tâche est complexe pour des élèves de maternelle et de début de cours préparatoire car il requiert de pouvoir mettre à distance la langue et le langage.

de l'institution scolaire, apprendre les savoirs scolaires et agir en tant qu'élèves en adoptant les différentes postures attendues, telles qu'écouter, expliciter, réfléchir, apprendre, questionner, justifier, émettre des hypothèses, argumenter, respecter le point de vue des autres et être capable de réviser son opinion, etc. (« oraux élaborés »).

Ainsi, la maitrise du langage des apprentissages contribue-t-elle au passage du milieu familial au milieu scolaire : progressivement, les enfants apprennent leur « métier d'élève » et s'approprient les différentes postures requises. L'enfant va opérer cette transformation en grande partie grâce à l'apprentissage des usages spécifiques du langage à l'école.

À l'école maternelle, l'acquisition de ces usages scolaires doit se faire concomitamment au développement du langage de l'enfant. En effet, entre 3 et 6 ans, l'enfant continue à apprendre à parler[19] et pour que cet apprentissage se réalise, le rôle des maitres est fondamental.

Pour assurer le développement du langage à apprendre, les maitres des classes maternelles mettent en œuvre des dispositifs et des activités qui assurent les échanges langagiers entre un petit nombre d'interlocuteurs en présence de l'enseignant ou favorisent les interactions langagières duelles entre le maitre et un seul élève. C'est d'ailleurs ce dernier mode d'échange qui est considéré comme le plus efficace, véritable clef de l'apprentissage et du développement langagier de l'élève.

Si ces ateliers ont pour objectif principal l'acquisition de structures syntaxiques, de termes lexicaux, les maitres peuvent aussi les mettre en place pour permettre à des élèves « petits parleurs[20] » d'oser prendre la parole devant un petit groupe de pairs. Les maitres se donnent alors pour objectif à plus long terme d'inciter ces élèves « petits parleurs » à prendre la parole devant l'ensemble du groupe-classe.

4 Les ateliers de langage au cycle 1

À l'école, le langage est mobilisé dans tous les lieux (classe, salle de motricité, cour de récréation, couloirs, dortoirs…) **et pour toutes les activités** (appel, consignes, ateliers dirigés ou autonomes, jeux, bilan d'activités, déplacements dans l'école, motricité, peinture…). Il n'est alors pas l'objet sur lequel le maitre invite les élèves à travailler mais le véhicule, le moyen de vivre et d'agir ensemble (se déplacer, jouer, découvrir, explorer…), de mener des activités communes ou collectives (écouter, répondre, chanter…). Néanmoins, en maternelle, ces moments d'échanges ne sont pas suffisants pour assurer le développement du langage de chacun des élèves.

En effet, plusieurs études[21] ont montré qu'au cours des moments d'échanges collectifs[22] seuls quelques élèves, nommés « grands parleurs », osent prendre la parole, développer leur propos ou encore répondre aux questions du maitre. Pour les enseignants, il s'avère alors difficile d'évaluer les habiletés langagières et de remédier aux difficultés rencontrées par certains élèves pour prendre la parole, s'exprimer, se faire comprendre, participer aux activités langagières collectives, qui sont les compétences exigées par le programme officiel.

---

19. Concernant la question du développement du langage chez l'enfant, on pourra consulter le livre d'A. Florin publié en 1999 : *Le développement du langage*, Dunod.

20. C'est principalement A. Florin, psychologue du développement de l'enfant, qui a défini trois types de comportement langagier dans les classes, et ce, quel que soit l'âge des élèves : petits, moyens et grands parleurs.

21. Notamment, les études de M. Brigaudiot et d'A. Florin.

22. En maternelle, les échanges collectifs se déroulent généralement dans un espace appelé coin-regroupement, aménagé (tableau, affichages, étiquettes des prénoms, calendriers, bande numérique…) pour les rituels (appel, date, menu, comptines, chants, phrase du jour, comptine numérique, lectures d'albums…).

4.1 Les ateliers de langage

Aussi, **la mise en place d'ateliers de langage est indispensable** au développement de nouvelles formes langagières et à la prise de parole progressive devant un groupe important d'interlocuteurs. En effet, si le dispositif de travail qu'est l'atelier dans les classes maternelles consiste le plus souvent à regrouper plusieurs élèves autour de la réalisation individuelle d'une même tâche sans la présence du maitre, au sein de l'atelier de langage, le maitre est nécessairement présent et se donne pour objectif les échanges langagiers entre les participants en nombre limité de l'atelier.

De nombreux travaux ont montré que l'organisation de ces ateliers de langage est fondamentale. Le nombre limité d'élèves et la présence de supports des activités langagières sont indispensables pour assurer le développement du langage de chaque élève. En effet, Jerome Bruner[23] a montré que l'attention conjointe, qui s'organise entre un adulte et un enfant à propos d'un objet[24], permet la communication entre l'adulte et l'enfant qui ne sait pas encore parler et/ou qui ne parvient pas encore à se faire comprendre. Cette analyse peut être généralisée aux élèves qui n'osent pas encore parler dans le contexte scolaire, car la prise de parole est facilitée par la présence d'objets, tels que des jeux, des jouets, des photos, des affiches, des albums, qui permettent de focaliser l'attention des élèves sur ces supports partagés. Ces objets donnent également au maitre l'occasion et le moyen d'enrôler les élèves dans des échanges portant sur une même thématique (par exemple, les quatre élèves qui participent à l'atelier de langage pourront échanger entre eux et avec le maitre sur l'alimentation ou le déplacement des escargots à partir de ceux qu'ils voient dans le terrarium posé devant eux...).

4.2 Des groupes de langage homogènes

Les chercheurs ont également montré qu'il est nécessaire, pour que les tout jeunes élèves continuent à apprendre à parler, que les maitres constituent des **groupes de langage relativement homogènes**. Ainsi, les maitres sont incités à mettre en place des ateliers de langage qui regroupent des élèves « petits parleurs » exclusivement ou encore des élèves « petits parleurs » avec des élèves « moyens parleurs », afin de ne pas reproduire les conditions d'échanges du groupe-classe qui défavorisent ou excluent les enfants qui n'osent pas prendre la parole ou qui ont besoin de davantage de temps pour parler. De fait, le plus souvent, seuls les élèves ayant déjà des facilités pour prendre la parole, s'exprimer et se faire comprendre, participent aux échanges sollicités par le maitre dans le cadre de ces échanges langagiers en groupe ou collectifs.

Si l'on sait que **l'apprentissage du langage se réalise dans les échanges que chaque enfant entretient avec les adultes**, il revient alors à l'école maternelle d'assurer le développement des habiletés langagières dans des interactions avec les maitres qui proposent des situations, des supports et des dispositifs diversifiés et qui s'assurent de manière régulière des progrès réalisés par chacun. En dehors du milieu familial, l'acquisition des habiletés langagières requises par l'école ne peut se faire « naturellement » : le seul « bain de langage » que peut constituer une classe n'est pas un milieu suffisant aux acquisitions langagières de chaque élève. L'appropriation de nouveaux usages langagiers, le développement de formes lexicales et syntaxiques se réalisent progressivement lorsque le maitre parle avec un nombre limité d'élèves concernant

23. J. Bruner (1987). *Comment les enfants apprennent à parler*, Retz.

24. Par exemple, l'enfant commence par regarder l'adulte de manière insistante pour capter son attention, puis pointe avec son doigt longuement la boite de biscuits qu'il ne peut atteindre, regarde ensuite à nouveau l'adulte afin de lui faire comprendre qu'il veut un biscuit.

les tâches (tracer, dessiner, nommer, décrire, raconter, catégoriser…) qu'il leur propose, des objets (jeux, livres, crayons, ardoises…) qu'il met à leur disposition et pour lesquels il aide ces élèves à en découvrir les usages, mais aussi lorsque l'enseignant construit avec ces élèves un dialogue à leur propos (découvrir ensemble un album ; comment jouer à tel jeu de société ; comment se servir de tel objet pour tracer, écrire, etc.). Enfin, le maitre, à travers les formes d'étayage qu'il propose, telles que le langage, le recours à des supports (photos par exemple), aide à la construction progressive du récit d'évènements vécus et partagés dans le cadre scolaire : faire le récit d'une sortie scolaire, d'une séance de motricité, d'un spectacle, d'un anniversaire fêté en classe, etc.

RESSOURCES À CONSULTER

- **Bibliographie**

— BAUTIER E. et équipe ESCOL, *Apprendre à l'école, apprendre l'école, des risques de construction d'inégalités dès la maternelle,* Lyon, éditions Chronique Sociale, 2006.

— BOIRON V., interview : *La maternelle : une école !* Revue *Blé 91* (article en accès libre sur Internet (*www.ac-versailles.fr/public/jcms/p1_157973/des-articles-dans-ble-91*), 2006.

— BOIRON V., « Développement du langage et de la pensée à l'école primaire : éléments de réflexion sur leurs interactions et leurs enjeux », in *Le langage : objet d'apprentissage, outil de pensée. Quels obstacles, quels leviers ?* Retz, 2011.

— BRIGAUDIOT M., *Langage et école maternelle*, Hatier, 2015.

— BRIGAUDIOT M., « Plaidoyer pour les enfants de petite section », *Cahiers pédagogiques,* n° 352, mars 1997, p. 33-35.

— FLORIN A., *Parler ensemble en maternelle,* Ellipses, 1995.

— FLORIN A., CRAMMER C., *Enseigner à l'école maternelle, de la recherche aux gestes professionnels,* Hatier, 2009.

— Ministère de l'éducation nationale, *Ressources Maternelle* « Le langage dans toutes ses dimensions », Site Eduscol, 2015. http://eduscol.education.fr/cid91996/mobiliser-langage-dans-toutes-ses-dimensions.html

AU CONCOURS

À partir des documents qui vous sont fournis, vous chercherez, dans une analyse critique, à répondre aux quatre questions suivantes :

❶ Analysez les intérêts de l'atelier de langage consacré à l'activité de catégorisation tel qu'il a été préparé par cette enseignante. *(3 points)*

Corrigé p. 90

❷ Analysez le dialogue maître-élèves retranscrit du point de vue du rôle de l'enseignante (questions, reformulations...) et du point de vue du contenu des prises de parole des élèves. *(5 points)*

Corrigé p. 91

❸ En tenant compte des prescriptions officielles, indiquez les critères selon lesquels l'enseignante a élaboré cet atelier de langage. *(3 points)*

Corrigé p. 92

❹ Montrez en quoi la nature des objets choisis et proposés par l'enseignante peut constituer une aide ou une entrave pour atteindre les objectifs fixés. *(2 points)*

Corrigé p. 93

Documents fournis :

– une fiche de préparation réalisée par une enseignante de moyenne section de maternelle (**document A**) ;
– un extrait des échanges, recueillis dans le cadre d'un atelier de langage, entre cette enseignante[25] et quatre de ses élèves (**document B**).

[25]. Nous remercions Mme Myriam Ricarrère de nous avoir confié une fiche de préparation et de nous avoir accueillis dans sa classe pour recueillir ce corpus.

DOCUMENTS

• **Document A : fiche de préparation réalisée par une enseignante de moyenne section de maternelle**

Mobiliser le langage dans toutes ses dimensions
Objectif général : amener les élèves à nommer avec exactitude des objets de la vie quotidienne et leur(s) catégorie(s)

	Objectifs	Conditions d'exécution (organisation de la classe et matériel)	Consignes Rôle du maître	Réponses attendues Obstacles éventuels	Durée
Situation 1	Amener les élèves à acquérir un vocabulaire actif.	Atelier dirigé Quatre élèves Dans une boite : quatre objets appartenant aux jeux de construction de quatre couleurs (orange, bleu, jaune, rouge), un poivron, une mandarine, une fraise, un épi de maïs, une tomate, un avion vert, un avion jaune, un camion de pompier rouge, une cuillère bleue	« Dans une boite, j'ai mis différentes choses de la classe. Vous allez me dire ce qu'il y a. » « Y a-t-il des objets que l'on peut mettre ensemble et pourquoi ? » J'apporte des informations sur les objets qui pourraient aider les élèves à trier ensuite. Les catégories que j'ai voulu faire apparaitre : les couleurs, ce qui se mange et ce qui ne se mange pas, les véhicules. Amener les élèves à : « La tomate est de couleur rouge, le camion de pompier est de couleur rouge, l'avion est un véhicule. »	Les catégories : les couleurs, ce qui se mange et ce qui ne se mange pas, les véhicules. Les catégories de véhicules : terme pas forcément connu par les élèves. Certains objets comme les véhicules ne sont pas monochromes : trier en fonction de la couleur que l'on voit le plus et sinon accepter de les mettre dans une autre catégorie si on dit : « Les roues de la voiture sont de couleur rouge. »	10 min

Situation 2	Amener les élèves à placer des objets dans des catégories.	Dans une boite à côté placer un quad rouge, un coquetier bleu, du raisin	« J'ai d'autres objets. Avec quels objets peut-on les mettre ? » Faire verbaliser les élèves : le raisin se met avec ce qui se mange. Amener les élèves à refaire les catégories pour placer les objets.	Refaire les catégories vues dans la situation précédente. Certains objets se trouvent dans deux catégories et accepter de pouvoir les placer dans deux catégories.	10 min

• **Document B**

Quatre élèves de moyenne section (trois garçons : Adil, Bacari, Iliès, et une fille : Dienyaba[26]) sont installés autour d'une table ronde avec l'enseignante (Mait pour maitresse).

L'enseignante sort au fur et à mesure des boites contenant en tout une vingtaine d'objets en plastique de couleur : verte (un avion, un poivron) ; bleue (une cuillère, un écrou, un coquetier) ; rouge (un avion, un camion, une fraise, une tomate, un quad) ; jaune (un épi de maïs, une voiture avec roues rouges, un citron, un morceau de jeu de construction type Duplo, un avion) ; orange (une clémentine, une orange) et noire (une grappe de raisin).

Les conventions de transcription sont les suivantes : / ou // ou /// indiquent des pauses plus ou moins longues ; les éléments indiqués en italique et entre parenthèses indiquent des éléments non verbaux (déplacements, gestes, regards, mimiques...).

1. Mait : alors dans ma boite // j'ai amené plein de choses ! On va essayer de regarder ce qu'il y a dans cette boite d'accord ?
2. Adil : l'avion
3. Iliès : *(en montrant l'avion et des fruits)* et si c'est un jouet ou un fruit c'est pas grave
4. Mait : *(en sortant l'avion de la boite)* et ça qu'est-ce que c'est ?
5. Bacari : c'est un jouet
6. Adil : c'est un jouet
7. Mait : c'est un jouet
8. Adil : et si on a perdu c'est pas grave
9. Bacari : *(en montrant l'avion)* c'est un ... c'est vert maitresse
10. Mait : c'est vert oui // la couleur de cet avion est verte / oui c'est un avion vert ! // qu'est-ce que tu peux dire encore ?
11. Bacari : c'est un jouet
12. Mait : c'est un jouet // et ça sert à jouer
13. Dienyaba : *(en prenant l'avion)* c'est vert
14. Mait : c'est vert
15. Iliès : *(en montrant le camion)* il a des roues
16. Adil : rouges !
17. Mait : oui il a des roues rouges tout à fait
18. Tous : *(en regardant la clémentine que la maitresse sort de la boite)* une orange
19. Dienyaba : une clémentine !
20. Mait : une clémentine // qu'est-ce qu'on peut dire sur la clémentine ?
21. Adil : orange
22. Bacari : c'est une mandarine
23. Mait : elle est de couleur orange
24. Iliès : *(en montrant l'orange)* c'est orange aussi
25. Mait : la clémentine la mandarine elles sont de couleur orange *(en regardant Bacari)* et toi qu'est-ce que tu veux dire ?
26. Bacari : *(en montrant l'avion, le camion, la clémentine, l'orange)* et ben on peut les mettre en même temps parce que c'est des jouets

26. Le français n'est pas la langue maternelle de Dienyaba.

27. Adil : c'est un faux
28. Mait : ensemble / on peut les mettre ensemble
29. Dienyaba : ça se mange
30. Mait : la mandarine ça se mange
31. Iliès : faut pas manger la peau
32. Mait : et Bacari il dit que c'est un faux donc c'est un jouet / que la clémentine c'est un jouet / que l'orange c'est un jouet et l'avion c'est un
33. Dienyaba : jouet
34. Mait : ce sont des jouets donc on peut les mettre ensemble / allez on continue ?
35. Iliès : *(en montrant la fraise que la maîtresse vient de sortir de la boite)* fraise
36. Mait : *(en regardant Adil qui semble « étonné »)* c'est une fraise Adil
37. Adil : elle est toute rouge
38. Mait : explique-moi ce que tu as fait Adil qu'est-ce que tu m'as dit ?
39. Adil : les roues elles sont rouges
40. Mait : les roues sont de couleur rouge et la fraise est de couleur
41. Iliès : rouge
42. Mait : rouge / alors on peut les mettre ensemble
43. Dienyaba : oui pasqu'elles ont la même couleur
44. Mait : oui elles ont la même couleur
45. Adil : non regarde
46. Mait : oui mais les roues sont rouges / les roues sont de couleur rouge / elle a raison alors on peut les mettre ensemble
47. Bacari : là ils sont rouges
48. Mait : les roues sont rouges / donc il a raison si on regarde que les roues il a raison parce que les roues sont rouges / *(en mettant côte à côte la voiture jaune avec des roues rouges et la fraise)* alors on peut les mettre ensemble
49. [...]
50. Mait : comment on pourrait faire avec le raisin ? Avec quoi on pourrait le mettre le raisin ? [...] moi je suis sûre qu'on peut trouver quelque chose // qu'est-ce qu'on peut dire sur le raisin ? Qu'est-ce que c'est le raisin ?
51. Adil : c'est pour manger
52. Mait : ah ! Qu'est-ce que tu dis Adil ? ça se mange
53. Iliès : oui mais y'a des pépins / y a des pépins
54. Mait : y a des petits pépins à l'intérieur
55. Adil : avec les autres qui se mangent
56. Mait : ah / vous avez entendu ce qu'il a dit ? / on pourrait le mettre avec TOUT ce qui se mange / alors qu'est-ce qu'on pourrait mettre avec le raisin ?
57. Dienyaba : *(en montrant le poivron)* celui-là
58. Mait : qu'est-ce qu'on pourrait mettre avec Dienyaba ? On peut mettre les avions avec ?
59. Tous : non !
60. Bacari : *(en rassemblant le raisin, le poivron, le citron...)* on peut le mettre avec ça !
61. Mait : avec quoi ?
62. Iliès : non c'est pas le même
63. Bacari : ça c'est pas le même
64. Dienyaba : avec ça
65. Mait : avec quoi ça ?
66. Iliès : avec le poivron
67. Mait : avec le poivron / mais Bacari explique pourquoi tu voulais les mettre ensemble
68. Bacari : pasque pasque on peut les manger
69. Mait : parce que ça se mange / donc on peut les mettre ensemble
70. [...]
71. Mait : alors moi dans ma tête je me souviens de ce qu'a dit Bacari tout à l'heure // tu te souviens ? Tu as dit l'avion c'est un

72. Bacari : véhicule
73. Mait : qu'est-ce que ça veut dire un véhicule ?
74. Bacari : ça roule
75. Adil : y a des roues
76. Mait : ça transporte des gens
77. Bacari : ça transporte des gens mais ça roule
78. Mait : ça peut rouler et ça peut voler
79. Iliès : oui ça peut voler dans les airs
80. Mait : donc tu m'as dit l'avion c'est un véhicule parce que ça transporte des gens
81. Dienyaba : oui ça vole comme les oiseaux et après c'est beau
82. Mait : ça vole ça roule
83. Dienyaba : ça roule dans le ciel
84. Mait : ça vole dans le ciel / et est-ce qu'il y a autre chose qui est un véhicule sur la table ?
85. Iliès : ça là
86. Mait : pourquoi tu mets ça avec ?
87. Adil : pasque c'est un véhicule
88. Mait : *(les élèves donnent les objets « véhicules » au fur et à mesure)* ce sont des véhicules / l'avion jaune c'est un véhicule
89. Dienyaba : véhicule
90. Mait : l'avion rouge c'est un véhicule / l'avion vert c'est un véhicule / et ça Dienyaba ?
91. Dienyaba : le camion de pompier
92. Mait : le camion de pompier c'est un véhicule
93. [...]
94. Bacari : c'est un quad c'est un quad et ça transforme les gens
95. Mait : écoute-moi Bacari / ça ne transforme pas / ça transporte / il y a des gens qui montent dedans / ça transporte / ça transporte les gens / ça les emmène à un autre endroit / alors qu'est-ce que c'est ça ?
96. Bacari : *(en montrant l'objet)* c'est un quad
97. Adil : c'est un quad
98. Bacari : il est rouge
99. Mait : c'est un quad et le quad c'est ?
100. Bacari et Adil : un véhicule
101. Mait : le quad c'est un véhicule et il est aussi de couleur rouge // alors on aurait pu le mettre aussi dans la famille des objets de couleur
102. Tous : rouge

CORRIGÉ — ANALYSE CRITIQUE

Aide méthodologique

La réalisation de ce sujet requiert de la part du ou de la candidat(e) des connaissances sur le développement de l'enfant âgé de 3 à 5 ans et un traitement des informations hétérogènes contenues dans les documents fournis. Ceux-ci constituent une aide pour le ou candidat(e) qui peut y puiser des éléments d'information susceptibles de l'aider dans son analyse.

Les documents fournis sont les suivants.
- Une fiche de préparation dont l'analyse requiert de :
  – repérer les différents éléments mobilisés pour mettre en œuvre l'atelier de langage (présence du maitre, nombre d'élèves, quantité et nature des objets matériels proposés…) ;
  – repérer les deux situations proposées ;
  – comprendre la progression pensée entre la première et la seconde situation qui composent l'atelier ;
  – saisir en quoi cet atelier peut participer au développement du langage de chacun des élèves concernés.

Le ou la candidat(e) devra donc opérer une lecture précise de la fiche de préparation afin d'organiser les nombreuses informations pédagogiques qu'elle comporte pour répondre à l'ensemble des questions qui lui sont posées.
- Un extrait d'échanges langagiers maitre-élèves et entre pairs devra lui aussi faire l'objet d'une lecture détaillée afin d'en saisir la progression et d'analyser comment les élèves s'emparent des objets proposés pour les nommer, les décrire, en proposer des critères de catégorisation.

❶ Analysez les intérêts de l'atelier de langage consacré à l'activité de catégorisation tel qu'il a été préparé par cette enseignante (3 points).  Énoncé p. 86

Aide méthodologique

Pour répondre à cette question, le ou la candidat(e) devra dégager les apprentissages en jeu dans l'atelier de langage tel qu'il a été conçu. Il faut donc s'appuyer sur les demandes faites aux élèves (les consignes), les éléments de progression au sein de la séance de langage (situations 1 et 2) mais aussi au sein de la séquence, comme l'indique le prolongement envisagé sur la fiche de préparation. Il est également nécessaire d'étudier la place et le rôle des objets choisis et, de manière plus implicite, les critères de choix qui ont été opérés par l'enseignante dans la conception de cette séance.

Lors de l'atelier de langage qu'elle met en œuvre, l'enseignante amène les quatre élèves qui y participent à procéder à plusieurs catégorisations :

– La première s'appuie sur les couleurs des objets et permet aux élèves de mettre ensemble des objets de taille et de fonctions différentes.

– La deuxième catégorisation reprend une partie des mêmes objets mais l'activité des élèves doit alors se concentrer sur la dimension « ce qui se mange » *versus* « ce qui ne se mange pas ».

– La troisième activité permet d'effectuer la catégorisation des véhicules.

– La dernière est la catégorie des jouets.

En une vingtaine de minutes, l'enseignante permet aux élèves d'opérer différents regroupements selon les différents critères attribués à un même objet (couleur, usages, fonction…). Ainsi, dans une même catégorie, les élèves peuvent assembler la fraise qui est rouge, qui se mange et qui est aussi un jouet, avec un avion qui est rouge et qui est un jouet, lui-même regroupé avec une voiture jaune qui est un véhicule et un jouet, etc. Les apprentissages visés dans la fiche de préparation (« acquérir un vocabulaire actif » et « placer les objets dans des catégories ») semblent alors atteints puisque les quatre élèves présents utilisent les mots « couleur », « véhicule »,

« jouet » ainsi que les différentes couleurs (jaune, vert, rouge…), les différents types de véhicules (avion, camion, voiture…) ainsi que les expressions « se mange/ne se mange pas » et « roule/vole/transporte ».

Grâce au dispositif et aux questions posées par l'enseignante, ces élèves de moyenne section parviennent à adopter de manière successive plusieurs règles de tri différentes, ce qui relève d'une activité complexe pour la majorité des élèves de cette tranche d'âge.

La fiche de préparation indique que le domaine d'apprentissage est bien « mobiliser le langage dans toutes ses dimensions » et différents éléments l'indiquent (notamment dans la fiche de préparation : « faire verbaliser les élèves » ; « dire ce qu'il y a »). En production, les élèves répondent, questionnent, échangent avec leurs pairs pour exposer et mutualiser leurs observations, leurs conceptions et découvrir les critères de catégorisation de leurs pairs.

Le langage constitue un outil qui permet tout à la fois de nommer et de définir les caractéristiques des objets présentés afin de procéder à différentes catégorisations possibles. En anticipant les différents obstacles que les élèves peuvent rencontrer lors de l'atelier (méconnaissance de la catégorie des véhicules…), l'enseignante se donne les moyens d'y répondre (expliquer ce qu'est un véhicule, donner des exemples…).

❷ **Analysez les extraits du dialogue maitre-élèves retranscrits, du point de vue du rôle de l'enseignante (questions, reformulations, relances…) et du point de vue du contenu des prises de parole des élèves (5 points).**

Énoncé p. 86

> **Aide méthodologique**
> Pour répondre à cette question, le ou la candidat(e) lira le corpus en s'attachant aux apprentissages en jeu et au fait que chacun des élèves progresse en s'appropriant un certain nombre des critères possibles pour proposer et réaliser une ou plusieurs catégorisation(s) valable(s) pour les objets proposés. Pour ce faire, il ou elle devra opérer une analyse précise des différentes facettes du rôle de l'enseignante (types de questions, formulation des consignes, gestion des prises de parole, reformulation du contenu des discours des élèves, apport progressif de nouveaux objets…). Le relevé n'est pas nécessairement exhaustif et si le corrigé fournit de nombreux exemples, le ou la candidat(e) pourra en fournir en nombre suffisant néanmoins.

Le rôle de l'enseignante est prépondérant non tant par le nombre de prises de parole (37) que par leurs contenus :

– **les questions ouvertes** qui assurent la progression des échanges et, dans le même temps, des apprentissages (notamment 4 ; 20 ; 50 ; 56 ; 58 ; 61 ; 73 ; 84 ; 86) ;

– **les reformulations** des énoncés qui permettent aux élèves de dépasser des difficultés ou de s'approprier le vocabulaire propre à l'activité de catégorisation (X est de couleur Z ; se mange/ne se mange pas ; véhicule ; transporter, rouler…) ;

– **la formulation des consignes** qui permet de maintenir l'attention des élèves et de faire progresser les critères de catégorisations ;

– **les reprises** des discours des élèves qui valident leurs propositions (par exemple 7 ; 10 ; 12 ; 14 ; 17 ; 20 ; 25 ; 40 ; 44 ; 48 ; 69 ; 80 ; 88 ; 90 ; 92 ; 101) ;

– **les apports d'informations** qui permettent aux élèves de s'approprier et d'utiliser, en contexte, le vocabulaire adapté (notamment 28 ; 95 ; 101).

L'analyse des échanges montre que tous les élèves participent aux échanges (répartition des prises de parole : Adil 15 ; Bacari 16 ; Dienyaba 11 ; Iliès 11).

Du point de vue du contenu des prises de parole, on peut dégager quelques-unes des caractéristiques de ces échanges :

– Les élèves restent massivement concentrés et concernés par les différentes phases de l'activité de catégorisation proposée par l'enseignante.

– Le vocabulaire proposé par l'enseignante ou par un des élèves est utilisé à plusieurs reprises (*poivron* ; *raisin* ; *épi de maïs* ; *véhicule* ; *transporte* ; *couleur*, *jouet*...).

– Un même élève (Bacari) propose les catégories « couleur » (Bacari 9), « véhicule » (Bacari 72) et « jouet » (Bacari 5 et 26).

– Un élève propose la catégorie « se mange » (Dienyaba 29).

– Tous les élèves participent à l'élaboration de la catégorie « couleur » (Adil 16, 37, 39 ; Bacari 9, 47 ; Dienyaba 13, 43 ; Iliès 24, 41).

– Tous les élèves participent à l'élaboration des catégories « se mange/ne se mange pas » (Adil 51, 55 ; Bacari 68 ; Dienyaba 29 ; Iliès 31, 66).

– Tous les élèves participent à l'élaboration de la catégorie « véhicule » (Adil 87, 97, 100 ; Bacari 72, 74, 77, 94, 96, 100 ; Dienyaba 81, 83, 89, 91 ; Iliès 79, 85).

– Tous les élèves participent à l'élaboration de la catégorie « jouet » (Adil 6, 27 ; Bacari 5, 11, 26 ; Dienyaba 33 ; Iliès 15).

❸ **En tenant compte des prescriptions officielles, indiquez les critères selon lesquels l'enseignante a élaboré cet atelier de langage oral. (3 points)**

Énoncé p. 86

> **Aide méthodologique**
>
> La première partie de cette troisième question requiert, de la part du ou de la candidat(e), de savoir montrer l'articulation possible entre les recommandations officielles et la préparation, en montrant les éléments qui ont pu aider l'enseignante, en l'outillant, à concevoir une séquence de catégorisation d'objets dont la majorité sont, *a priori*, connus d'élèves âgés de 4 ans. C'est bien l'activité de catégorisation qui est en jeu et le ou la candidat(e) devra analyser son importance en classe de moyenne section tout en montrant l'importance, pour y parvenir, du recours à la manipulation d'objets concrets.

La préparation de l'atelier proposé montre que l'enseignante veut amener ses élèves de moyenne section à prendre conscience des catégories qu'ils connaissent et auxquelles un même objet peut appartenir selon les critères que l'on se donne (par exemple associer un poivron et un citron parce que les deux se mangent ou associer un avion et un citron parce que les deux sont jaunes). Dans cette activité de catégorisation, l'enseignante souhaite amener ses élèves à nommer les objets et à en définir des caractéristiques. Dans le cadre de cet atelier dirigé, chaque élève est amené à manipuler tout en communiquant, en se faisant comprendre par le langage, avec ses pairs et avec l'adulte. L'enseignante incite chacun à s'exprimer dans un langage syntaxiquement correct et précis, et à pratiquer divers usages du langage oral : décrire, expliquer, questionner, proposer des solutions (*Le programme de 2015 : les attendus de fin de cycle*) : elle ne se contente pas de laisser ses élèves de 4 ans regrouper les objets par manipulation mais les sollicite sans cesse pour qu'ils formulent les procédures, les manières d'effectuer les regroupements. Ils doivent alors dire ce qui les amène à opérer des choix et proposer des solutions (par exemple, pour faire entrer dans une catégorie la grappe de raisin qui est le seul objet de couleur noire). Ici, les élèves doivent signaler des critères (couleur ; jouet ; se mange/ne se mange pas ; véhicule) et le langage de l'enseignante doit aider les élèves à procéder à une abstraction en leur demandant de déplacer les objets d'une catégorie à l'autre.

❹ **Montrez en quoi la nature des objets choisis et proposés par l'enseignante peut constituer une aide ou une entrave pour atteindre les objectifs fixés (2 points).**

Énoncé p. 86

> **Aide méthodologique**
> La seconde partie de la question nécessite de focaliser les éléments de réponse sur une analyse des objets qui appartiennent tous à la catégorie des jouets tout en représentant des objets concrets (fruits, véhicules, légumes, vaisselle…) pour montrer comment ils permettent de proposer différentes catégories.

La très grande majorité des objets en plastique représente des objets connus des élèves de moyenne section (tomate, avion, voiture, camion, perle, quad…). De plus, leurs couleurs (bleue, jaune, rouge, verte) font partie des couleurs apprises par les élèves dès la petite section. Aussi, ces éléments favorisent-ils les prises de parole des élèves qui connaissent et peuvent nommer les objets. Ce faisant, l'enseignante peut focaliser le déroulement de l'atelier et le contenu des échanges sur les catégorisations alors qu'en apportant des objets inconnus, ou peu connus, elle aurait consacré cet atelier à la nomination des objets et à l'explicitation de leurs propriétés sans pouvoir opérer de rapprochements, de regroupements. On relève cependant que l'enseignante a introduit un peu de difficulté en apportant une voiture avec des roues rouges seulement.

Les enseignants peuvent apporter des objets qui ne sont pas des jouets (par exemple, une corbeille de fruits et légumes) ou bien des photos des objets choisis (des photos de tomate, de poivron, de fraise, de voiture, d'avion, de perle…). Mais, comme le montre la fiche de préparation, cette enseignante compte proposer un prolongement de l'atelier en apportant « des objets réels » et « des photos des mêmes objets ». En procédant de cette manière, elle permet aux élèves d'opérer d'autres catégorisations (objets/photos) qui doivent dépasser la forme au profit de l'objet représenté (qu'il soit vrai ou en photo, le poivron peut entrer dans la catégorie des légumes et de ce qui se mange et si c'est une photo d'un poivron jouet, il entrera aussi dans la catégorie des jouets). Le choix des objets se révèle donc fondamental et il se fait en fonction des objectifs que l'enseignant se donne (nommer, désigner, expliquer, trier, décrire, remplacer, catégoriser, etc.).

CHAPITRE 2 — Développer la conscience phonologique dès l'école maternelle

CE QU'EN DIT LE PROGRAMME

- **Les activités phonologiques dans le programme pour l'école maternelle[1]**

Le programme de 2015 indique qu'il est important que chaque élève puisse « commencer à réfléchir sur la langue et acquérir une conscience phonologique ». Dès le plus jeune âge, les enfants « font spontanément et sans en avoir conscience des tentatives pour en reproduire les sons, les formes et les structures afin d'entrer en communication avec leur entourage. C'est à partir de 3-4 ans qu'ils peuvent prendre du recul et avoir conscience des efforts à faire pour maitriser une langue et accomplir ces efforts intentionnellement[2] ». L'école maternelle peut alors centrer leur attention « sur les unités sonores de la langue française dont la reconnaissance sera indispensable pour apprendre à maitriser le fonctionnement de l'écriture du français ». Pour qu'un apprentissage systématique puisse se faire dans de bonnes conditions dès le début du cours préparatoire, les élèves de grande section doivent apprendre à comprendre comment fonctionne le principe alphabétique. Pour ce faire, ils doivent connaitre l'existence et la nature des relations entre les lettres et les sons sans que l'école maternelle systématise cet apprentissage à toutes les lettres de l'alphabet et à tous les sons de la langue. L'enseignant doit alors mettre les élèves « sur le chemin d'une conscience des langues, des mots du français et de ses unités sonores[3] ».

L'acquisition et le développement de la conscience phonologique sont indispensables pour pouvoir lire et écrire la langue française. Pour ce faire, « les enfants devront réaliser deux grandes acquisitions : identifier les unités sonores que l'on emploie lorsqu'on parle français (conscience phonologique) et comprendre que l'écriture du français est un code au moyen duquel on transcrit des sons (principe alphabétique)[4] ».

En apprenant à parler, les enfants reproduisent « les mots qu'ils ont entendus et les sons de la langue qu'on leur parle. S'il leur arrive de jouer avec les sons, cela se fait de manière aléatoire. À l'école maternelle, ils apprennent à manipuler volontairement les sons, à les identifier à l'oreille donc à les dissocier d'autres sons, à repérer des ressemblances et des différences. Pour pouvoir s'intéresser aux syllabes et aux phonèmes, il faut que les enfants se détachent du sens des mots[5] ».

Le programme insiste sur le fait que c'est la syllabe qui est l'unité la plus aisément perceptible et que c'est une fois que « les enfants sont capables d'identifier des syllabes communes à plusieurs mots, de les isoler, qu'ils peuvent alors s'attacher à repérer des éléments plus petits qui entrent dans la composition des syllabes ». De fait, « les sons-voyelles étant "plus aisés à percevoir que les sons-consonnes" – ils constituent parfois des syllabes – c'est donc "par eux qu'il convient de commencer sans vouloir faire identifier tous ceux qui existent en français et sans exclure de faire percevoir quelques sons-consonnes parmi les plus accessibles"[6] ».

---

[1] Se référer aussi au document officiel, Ressources, Maternelle, qui développe des modalités d'apprentissage et propose des exemples d'activités et de tâches phonologiques.

[2] B.O. du 26 mars 2015, p. 6.

[3] Ibid., p. 5.

[4] Ibid., p. 6.

[5] Ibid.

[6] Ibid.

LE COURS

2 Développer la conscience phonologique dès l'école maternelle

L'accent est mis sur les jeux sonores à partir de la syllabe et sur les premières tâches de décomposition, de discrimination sonore (repérer, intervertir) : « pour développer la conscience phonologique, l'enseignant habitue les enfants à décomposer volontairement ce qu'ils entendent en syllabes orales : en utilisant le frappé d'une suite sonore, en « "découpant" oralement des mots connus en syllabes, en repérant une syllabe identique dans des mots à deux syllabes, puis en intervertissant des syllabes, toujours sans support matériel, ni écrit ni imagé[7] ».

7. *Ibid.*, p. 7.

Le programme d'enseignement de 2015 préconise que les pratiques de jeux phoniques privilégient « l'organisation en petits groupes pour des enfants qui participent peu ou avec difficulté en grand groupe ». L'acquisition d'une conscience phonologique étant au service de l'apprentissage de l'écriture et de la lecture dans le programme, qui précise qu'« il n'y a pas de pré-lecture à l'école maternelle », il s'agira pour l'enseignant de consacrer des séances courtes et régulières à ces jeux, dans le courant de la grande section, « en particulier avec les enfants pour lesquels il ne repère pas d'évolution dans les essais d'écriture. Pour ceux qui en sont capables, des activités similaires peuvent être amorcées sur des sons-voyelles – notamment ceux qui constituent une syllabe dans les mots fréquentés – et quelques sons-consonnes[8] ».

8. *Ibid.*

Chez les élèves, les attendus de fin d'école maternelle sont les suivants :
— repérer des régularités dans la langue à l'oral en français (éventuellement dans une autre langue) ;
— manipuler des syllabes ;
— discriminer des sons (syllabes, sons-voyelles ; quelques sons-consonnes hors des consonnes occlusives).

9. Voir les activités sur les premiers essais d'écriture et de dictée à l'adulte dans le chapitre « Les activités d'écriture à l'école maternelle », p. 109.

CE QU'IL FAUT SAVOIR POUR ENSEIGNER

L'apprentissage de l'écriture et de la lecture, qui passe par l'acquisition de notre système d'écriture alphabétique, requiert d'**établir des correspondances entre les unités de l'oral et les unités de l'écrit**. Pour permettre à leurs élèves d'apprendre progressivement à écrire et à lire, les enseignants des classes maternelles vont les aider à comprendre le fonctionnement du système qui code les sons de l'oral à travers des tâches diversifiées qui permettent notamment d'isoler, de décomposer les mots, les syllabes, les sons[9].

10. Si la phonologie ne constitue pas un objet d'étude de l'école, les connaissances du candidat lui permettront de proposer une analyse didactique et pédagogique des documents qui lui seront proposés au concours.

1 Phonologie et phonèmes[10]

Si la phonétique étudie les sons, la phonologie étudie les phonèmes, c'est-à-dire des unités abstraites qui se définissent par la fonction qu'elles jouent dans le système de la langue (pour nous, la langue française). La phonologie concerne donc les sons à valeur linguistique qui sont en relation avec un signifié[11] qu'ils permettent de distinguer : les phonèmes [t] et [f] permettent de différencier les mots *train* et *frein* ; les phonèmes [p] et [v] permettent de distinguer les mots *pin* et *vin*.

On dénombre trente-six phonèmes en français qui constituent les unités sonores distinctives minimales. Ces unités sont des abstractions et non des « sons » en

11. En linguistique, le signifiant et le signifié sont les « deux faces » d'un signe linguistique. Le signifiant désigne l'image acoustique ou graphique d'un signe. Le signifié désigne le concept, la représentation mentale associés au signe.

tant que tels. Néanmoins, sur le plan pédagogique, il semble préférable d'utiliser le terme « sons » avec des élèves de l'école primaire.

2 La perception des constituants phonétiques à l'école

Il est indispensable que les maitres de cycle 1 amènent les élèves à travailler sur la dimension sonore de la langue, ce qui s'entend, ce qui « sonne », c'est-à-dire prioritairement les voyelles puisque les consonnes « co-sonnent » et ne sonnent pas sans voyelle. Par exemple, la consonne *p* n'a pas de valeur sonore, car ainsi isolé, ce phonème se réalise uniquement à travers « une expulsion d'air ».

Pour l'élève de maternelle et de cours préparatoire, **les constituants phonétiques sonores de la langue restent difficilement perceptibles** car son attention reste focalisée sur les significations des messages, des discours, des mots, et non sur l'analyse de leurs différents constituants. En effet, les élèves de maternelle considèrent le registre sémantique du langage et son usage pragmatique ordinaire, ce qui les empêche le plus souvent d'objectiver les différentes unités linguistiques de la langue. Par exemple, au cours préparatoire, un élève peut rencontrer des difficultés pour classer les mots « loup » et « poule » dans une colonne de mots qui comportent le son [u] car, pour lui, il s'agit avant tout d'une poule qui risque de se faire manger par un loup.

Ce sont donc principalement les tâches scolaires qui conduisent les jeunes élèves à appréhender les mots qu'ils doivent écouter ou prononcer différemment (par exemple, en syllabant). Ces tâches vont alors permettre aux élèves de prendre progressivement conscience que les unités de sons et de sens qu'ils entendent sont elles-mêmes composées d'éléments qui peuvent être isolés à l'oral (les mots, les syllabes[12], les sons). En ce qui concerne les syllabes, on distingue le découpage qui porte sur la syllabe orale (ba/leine : deux syllabes orales[13]) du découpage syllabique à l'écrit (ba/lei/ne : trois syllabes écrites). Des études ont montré que, pour le jeune lecteur, l'unité syllabique joue un rôle dans la reconnaissance des mots écrits au cours de ses premières années d'activité de lecture.

À l'école maternelle, les différentes tâches proposées par les enseignants doivent permettre aux élèves de **porter peu à peu leur attention sur l'aspect formel des mots indépendamment de leur signification**, et les conduire principalement à prendre progressivement conscience de la dimension sonore de la langue et des liens qu'elle entretient avec les unités écrites. C'est l'objectif à atteindre en fin de grande section.

3 La conscience phonologique

Travailler la conscience phonologique signifie **développer chez chaque élève une activité métalinguistique qui lui donne accès à la conscience phonologique**[14]. Ce travail doit s'effectuer, sous diverses formes, tout au long du cycle 1 pour permettre l'acquisition de cette conscience phonologique au cycle 2. Des étapes sont nécessaires aux élèves pour réaliser cet apprentissage (« casser » le mot pour percevoir la syllabe, « casser » la syllabe pour percevoir le phonème, ou l'attaque ou la rime)

[12]. Les syllabes orales sont des groupes de phonèmes prononcés en une seule émission orale. En français, elles comportent toujours une voyelle et, le plus souvent, une consonne ou plus.

[13]. Prononcé avec l'accent méridional qui marque le *e* final, le mot *baleine* comporte trois syllabes orales : ba/lei/ne.

[14]. L'expression « conscience phonologique » inclut la « conscience phonémique ».

car la perception de l'élément infrasyllabique ne constitue pas le seul élément de la conscience phonologique. Les tâches proposées par les enseignants en cycles 1 et 2 aident les élèves à percevoir, à distinguer, à découper, à manipuler les unités sonores de la langue que sont les syllabes, les rimes, les attaques, les phonèmes. La prise de conscience d'unités phonologiques de la langue, telles que la syllabe et le phonème, se développe à partir de tâches qui en permettent le traitement progressif et explicite, tout en assurant une mise à distance de la signification des mots dont sont issues ces unités phonologiques (activité métalinguistique).

La prise de conscience des réalités sonores de la langue, appelée conscience phonologique, joue un **rôle fondamental dans la découverte du code, dans l'apprentissage de l'écriture (encodage) et de la lecture (décodage)**. Elle est nécessaire à l'acquisition progressive de compétences plus abstraites, mobilisées notamment pour l'étude de la langue.

Ce lien entre conscience phonologique, écriture et lecture tient au fait que l'orthographe du français est de type alphabétique. En effet, notre système alphabétique a pour vocation principale de coder des phonèmes associés à des graphèmes et nécessaires à la formation des morphèmes (unités porteuses de sens). L'apprentissage de la valeur sonore des lettres est un moyen d'accéder à la perception et à la manipulation possible des phonèmes, en même temps que la conscience phonologique assure, elle aussi, l'apprentissage des conversions phonèmes/graphèmes. La maitrise de l'écriture alphabétique demande aux élèves d'opérer consciemment un traitement des unités abstraites que sont les phonèmes. Ce traitement ne saurait être progressivement conscientisé par les élèves de cycles 1 et 2 sans un étayage langagier de la part de l'enseignant qui rend explicite le fonctionnement de la langue et les liens qui régissent les unités orales et écrites. Cet étayage consiste également pour le maitre à verbaliser le processus d'écriture et de déchiffrage lors des tâches d'encodage[15] et de décodage que les élèves réalisent dès la maternelle. L'enseignant peut, par exemple, dire que pour écrire le mot *moto*, il faut écrire deux fois la lettre *o* car on entend deux fois le son *o* dans ce mot. Il peut également oraliser les syllabes d'un mot au fur et à mesure qu'il les écrit devant les élèves (*do/mi/no*).

À l'école maternelle, les tâches porteront massivement sur la syllabe orale, considérée comme l'unité phonologique de base de la langue française[16].

Dans l'apprentissage que doivent réaliser les élèves, ils auront à comprendre, puis progressivement à maitriser, des dimensions qui n'obéissent pas à un ordre chronologique strict :

— Le langage oral est constitué d'unités (mots).

— Ces unités sont elles-mêmes composées d'unités plus petites, les syllabes.

— Les syllabes sont elles-mêmes composées d'unités plus petites, les phonèmes.

— Séparément, ces petites unités n'ont pas de signification.

4 Nécessaire progression des tâches

Quelles que soient les tâches proposées par le maitre, elles sont réalisées à l'oral et dans l'interaction avec lui. Il ne s'agit pas d'enseigner la phonologie mais de **proposer des jeux phoniques**. On ne peut envisager de développer la conscience phonologique à partir de fiches qui demanderaient, aux élèves, par exemple, de découper les syllabes

---

15. Concernant les tâches d'encodage, voir le chapitre « Les activités d'écriture à l'école maternelle », p. 109.

16. La syllabe écrite est considérée, elle, comme l'unité de base orthographique.

de mots écrits (« Découpe les syllabes et colle-les pour faire des mots »), d'entourer ou de colorier des mots qui comportent des sons identiques (« Entoure les mots où l'on entend [a] ») ou des syllabes identiques (« Entoure tous les mots dans lesquels on voit [pa] »). Ces tâches, qui portent sur les syllabes écrites, sont à réserver à des élèves qui savent déjà déchiffrer. Elles sont nécessaires à l'entrainement, à la systématisation d'apprentissages et de savoir-faire récemment construits. La progressivité de la mise en œuvre des tâches phonologiques se construit de la petite section jusque, et y compris, en cours préparatoire, classe au sein de laquelle ces tâches prendront nécessairement un caractère systématique en devenant quotidiennes, collectives ou individuelles et en faisant l'objet d'entrainements répétés.

4.1 En petite section

En petite section, une **première sensibilisation aux sons de la langue** est proposée par les maitres, à travers l'apprentissage de **comptines**, de **ritournelles** qui sont composées de répétitions et de jeux sonores. L'élève de petite section s'exerce de manière ludique à répéter, dire de plus en plus vite ces comptines et ritournelles. Il s'entraine aussi à différencier, reproduire des sons proches, puis des sons plus ou moins difficiles à prononcer ou à enchainer. L'apprentissage de formulettes qui scandent les différentes activités contribue lui aussi à cette première appropriation ludique et à cette première attention informelle aux unités sonores de la langue. C'est le cas, par exemple, à chaque fois que le maitre raconte une histoire : il prononce avec les élèves, les formulettes qui marquent le début du contage (« cric crac, le conte sort du sac »), puis la fin du contage (« cric crac le conte est dans le sac »).

4.2 En moyenne section

En moyenne section, l'apprentissage des comptines, outre leur dimension culturelle, est mobilisé pour construire une **première conscience des réalités sonores de la langue**. Ce travail est réalisé, d'une part, à travers les jeux sonores, tels que les **virelangues**, les **jeux chantés**, qui portent avant tout sur les voyelles pour les jeunes élèves. D'autre part, il a lieu à travers **la scansion de syllabes orales dans les mots et la recherche de syllabes identiques** à la finale (rimes), à l'initiale (attaques) ou à l'intérieur des mots.

Le maitre pourra, par exemple, proposer aux élèves de classer à l'oral les prénoms ou les mots issus du « capital mots » de la classe, tels que les jours de la semaine, les prénoms des personnages de fiction, en fonction de leur nombre de syllabes orales. Il pourra aussi proposer un travail organisé à partir d'imagiers qui permettent des manipulations et comparaisons simples de mots, en référence à un autre stock lexical que celui des mots de la classe.

4.3 En grande section

Progressivement, au cours de la grande section, le renouvellement de cette tâche pourra servir d'appui pour **le comptage et le repérage de syllabes orales identiques** : à la fin des mots *lundi, mardi, mercredi, jeudi...* on entend toujours *di*[17].

[17]. Concernant la dictée à l'adulte, voir le chapitre « Activités d'écriture à l'école maternelle », p. 109.

2. Développer la conscience phonologique dès l'école maternelle

En grande section, l'efficacité des activités phonologiques est en grande partie liée à leur régularité et à leur fréquence, sans qu'elles fassent pour autant l'objet d'un travail systématique (par exemple, écrire ou lire tous les jours des mots, des phrases) qui est à réserver aux classes de cours préparatoire. Une bonne conscience phonologique est un bon prédicteur de la capacité à lire : par exemple, on constate qu'en grande section des séances proposées à des petits groupes de quatre à six élèves, d'une durée de dix à vingt minutes et à raison de deux fois par semaine, améliorent de manière conséquente leurs résultats en lecture (déchiffrage) au cours préparatoire.

En tout cas, dans les classes de grande section, les seules activités phonologiques proposées sur un mode ludique ne sauraient suffire à faire acquérir par tous les élèves des compétences phonologiques nécessaires pour aborder, dans de bonnes conditions, l'apprentissage de la lecture. Ils doivent **apprendre à scander, compter, inverser, ajouter, fusionner, redoubler et supprimer les syllabes orales** contenues dans des mots. Ils doivent également être capables de **comprendre que les syllabes sont elles-mêmes constituées d'unités plus petites** en pratiquant, là aussi, toutes sortes de manipulations sur le phonème (repérage, codage de sa place dans une syllabe, remplacement par un autre phonème, discrimination avec un son proche).

Ainsi, un travail oral sur le changement d'une de ces unités infrasyllabiques (*pain/bain* ; *bille/fille*) permet aux élèves de grande section de construire une première conscience de la dimension phonologique de la langue française et de son impact sur la signification des mots, dans les activités d'écriture ou de lecture.

Pour conclure, il est nécessaire que les maitres sensibilisent les élèves aux réalités sonores de la langue à travers des activités phonologiques en petite et moyenne sections de maternelle (apprentissages de comptines, formulettes, chansons avec rimes...), dans le but de développer progressivement chez tous les élèves de grande section une capacité métalinguistique qui requiert une prise de conscience des unités traitées.

RESSOURCES À CONSULTER

• **Bibliographie**

– Brigaudiot M. (dir.). *Apprentissages progressifs de l'écrit à l'école maternelle,* Hachette, 2000.

– Ducancel G. (dir.), *Sens et code au cycle 2,* INRP-Hachette Éducation, 2006.

– Ecalle J., Magnan A., *L'apprentissage de la lecture. Fonctionnement et développement cognitifs,* Armand Colin, 2002.

– Ecalle J., Magnan A., *L'apprentissage de la lecture et ses difficultés,* Dunod, 2010.

– Goigoux R., Cèbe S., Paour J.-L., *Phono. Développer les compétences phonologiques,* Hatier, 2004.

– Gombert J.-E., *Le développement métalinguistique,* PUF, 1990.

– Gombert J.-E., Cole P., Valdois S., Goigoux R., Fayol M., *Enseigner la lecture au cycle 2,* Nathan, 2000.

– Ministère de l'Éducation nationale, Ressources *Maternelle* « Le langage dans toutes ses dimensions », Site Eduscol, 2015.

AU CONCOURS

À partir des documents qui vous sont fournis, vous chercherez, dans une analyse critique, à répondre aux quatre questions suivantes :

❶ Analysez chacune des deux séquences extraites des deux ouvrages présentés au regard des objectifs qui y sont fixés et du point de vue des apprentissages en jeu. *(6 points)* Corrigé p. 104

❷ Selon vous, et en tenant compte notamment du programme officiel, quelles sont les différences majeures entre les deux séquences proposées ? *(3 points)* Corrigé p. 106

❸ L'activité pédagogique intitulée « réflexion méta » proposée par les auteurs de l'ouvrage *Phono* vous parait-elle justifiée ? *(2 points)* Corrigé p. 107

❹ Quel est l'intérêt pédagogique des cartes utilisées pour certaines tâches proposées pour la semaine 12 de l'ouvrage *Phono* ? *(2 points)* Corrigé p. 108

Documents fournis :

– un extrait d'une séquence issue de l'ouvrage *La construction du principe alphabétique de la maternelle au cycle 2*, J. Aldeguer-Trotel, Retz, 2009, p. 114 (document A1) ;

– une fiche pour les élèves issue de l'ouvrage *La construction du principe alphabétique*, p. 118 (document A2) ;

– une séquence issue de l'ouvrage *Phono. Développer les compétences phonologiques à catégoriser (Grande section et début de CP)* de S. Cèbe, J.-L. Paour et R. Goigoux, Hatier, 2004, p. 61-62 (document B) ;

– Un extrait du document officiel, Ressources *Maternelle* « Mobiliser le langage dans toutes ses dimensions », site Eduscol, 2015 (document C).

DOCUMENTS

• **Document A1 :**

La construction du principe alphabétique de la maternelle au cycle 2, J. Aldeguer-Trotel, Retz, 2009, p. 114

JE PRÉPARE UNE SÉQUENCE
Syllabe 7

NIVEAU : fin MS, GS voire début CP.

OBJECTIF : Repérage, localisation et identification d'une syllabe commune à la finale de deux mots. Mise en relation progressive des formes orale et écrite.

SITUATION D'APPRENTISSAGE
Constitution de couples de mots ayant une syllabe commune à la finale et dont l'un est donné. Introduction progressive de l'écriture.

COMPÉTENCES SPÉCIFIQUES VISÉES
- Repérer et associer deux mots ayant une syllabe commune à la finale.
- Visualiser la syllabe commune avec les arcs.
- Identifier la syllabe commune.
- Repérer progressivement les analogies graphiques correspondantes / la localisation.

CHOIX DIDACTIQUES
- La syllabe commune n'est plus donnée. Sa localisation à la finale renvoie à la rime et favorise la constitution des couples.
- La difficulté n'est pas dans l'association des mots mais dans l'identification de la syllabe commune. La diction des mots en scandant les syllabes, en traçant les arcs correspondants et en prenant appui sur ces arcs favorise l'identification et la localisation de la syllabe commune.
- La notion de localisation émerge aussi de la constitution erronée de couples de mots présentant une syllabe commune à des localisations autres que celles données par la consigne, *judo* et *domino*, par exemple.
- La forme écrite conduit à la mise en relation progressive des analogies phonologiques et graphiques (repérage, localisation et identification) amorcée dans les situations d'écriture précédentes.
- La forme écrite des mots n'est donnée que dans une seconde phase afin de ne pas parasiter la recherche des critères phonologiques dans un premier temps, à attirer l'attention sur les analogies graphiques dans un second temps.
- La relation entre les formes orale et écrite de la syllabe est visualisée par le coloriage d'une même couleur de l'arc et de la syllabe écrite. Cette visualisation conduit à une conscience progressive et de plus en plus explicite de la notion de syllabe écrite et à son identification en tant que telle.
- Afin d'éviter des représentations erronées de la syllabe écrite (deux lettres), des syllabes de deux et trois lettres sont d'emblée présentées.

MOTS POUR LES DIFFÉRENTES PHASES DE L'APPRENTISSAGE
– **À partir de la forme orale des mots uniquement** (phases 1 et 2).
- Découverte : compas / repas ; aviron / heron ; berceau / pinceau.
- Appropriation : bouquet / perroquet ; ca̱chalot / grelot ; ca̱nari / céleri ; ca̱rré / ciré ; cerf-volant / collant ; chausson / poisson ; épi / tipi ; escalier / voilier ; judo / radeau.
– **À partir des formes orale et écrite des mots** (phases 1 bis et 2 bis).
- Découverte : puma / pyjama ; bambou / hibou ; bâton / coton.
- Appropriation : bonbon / jambon ; paquebot / robot ; bracelet / chalet ; brocoli / ravioli ; cochon / cornichon ; co̱rmoran / catamaran ; harpon / tampon ; kangourou / verrou ; pélican / volcan ; stylo / vélo.
- Trace écrite : képi / tipi ; judo / mikado ; tournesol / parasol ; macaron / potiron ; dindon / guidon ; domino / piano.

ÉVALUATION PROPOSÉE
- Associer deux mots ayant une syllabe commune à la finale.
- Identifier la syllabe finale commune à deux mots (évaluation sur 1 ou 2 syllabes).
- Mettre en relation les deux formes orale et écrite de la syllabe commune.
- Discriminer des voyelles proches dans la syllabe (/o/ et /ɔ̃/).
- Recopier des mots dont le modèle est à distance et non isolé.

2 Développer la conscience phonologique dès l'école maternelle

- **Document A2** : fiche pour les élèves issue de l'ouvrage *La construction du principe alphabétique au cycle 2*, p. 118

Des fiches pour mettre en œuvre

Prénom : ....

Syllabe 7

➤ Constitution de couples de mots ayant une syllabe commune à la fin.
➤ Visualisation et identification de la syllabe commune.
➤ Mise en relation progressive avec la forme écrite correspondante.

Je complète chaque domino avec le dessin qui convient.

KÉPI	TIPI	JUDO	MIKADO
TOURNESOL	PARASOL	MACARON	POTIRON
DOMINO	PIANO	DINDON	GUIDON

➤ Écriture précise de chaque lettre.
➤ Copie dans l'ordre de toutes les lettres.

Je recopie les deux mots du premier domino, puis je fais les dessins.

- **Document B : séquence issue de l'ouvrage *Phono. Développer les compétences phonologiques à catégoriser (grande section et début de CP)* de S. Cèbe, J.-L. Paour et R. Goigoux, Hatier, 2004, p. 61-62**

Semaine 12

OBJECTIF

Apprendre à utiliser une règle donnée par l'enseignant(e) pour trier des mots selon leur syllabe finale ou leur rime.

CENTRATION DE L'ATTENTION DES ÉLÈVES

Sur le respect des règles de tri : dans la boîte, on range les mots en appliquant la règle de tri donnée par l'enseignant(e). Cette règle porte sur ce qu'on entend.

MATÉRIEL

▷ Une boîte sans couvercle
▷ Des cartes pour la tâche principale : SOURIS – GARÇON – VÉTÉRINAIRE – BOUCHERIE – VACHE – CERISE – BOULANGERIE – BAGUETTES (DE PAIN) – CANARI – MOINEAU – OTARIE – REQUIN – PAPETERIE – PHARMACIE – FILLE…
▷ Des cartes pour les tâches de transposition : PIGEON – MARRON – PERROQUET – CHAMPIGNON – ÉCUREUIL – CHAPEAU – AVION – TROTTINETTE – MOUTON – COCCINELLE – GARÇON – LION – POMPIER – COCHON – PANTALON – ROBE – PAPILLON – DOMPTEUR – VALISE.

TÂCHE PRINCIPALE

Présenter l'objectif de la semaine aux élèves : apprendre à utiliser, à appliquer une règle donnée par l'enseignant(e) pour trier des mots selon leur syllabe finale ou leur rime.

Expliquer la consigne : « *Sur la table, il y a une boîte qui va servir à ranger les cartes selon une règle. Jusqu'ici, on a souvent rangé les mots en fonction du nombre de syllabes qui les constituaient : BOL, dans la boîte des « une syllabe », CHANTER dans la boîte des « deux syllabes », etc. Cette fois, on change la règle de tri : dans cette boîte, on doit ranger toutes les cartes dont le nom finit par la syllabe [RI] et seulement celles-là.* »

Prendre un exemple : « *Si je pioche la carte SOURIS, est-ce que je peux la mettre dans la boîte ? Oui. Pourquoi ? Parce que SOURIS finit par la syllabe [RI]. Et la carte GARÇON ne finit pas par la syllabe [RI] mais par la syllabe [SON]. Et si j'ai la carte VÉTÉRINAIRE ? Est-ce que je peux la ranger dans la boîte ? Non, parce que VÉTÉRINAIRE ne finit pas par la syllabe [RI]. On entend bien [RI] mais pas à la fin, VÉTÉRINAIRE finit par la syllabe [NAIRE].* »

Distribuer les cartes suivantes (groupées par deux) : BOUCHERIE – VACHE – CERISE – BOULANGERIE – BAGUETTES (DE PAIN) – CANARI – MOINEAU – OTARIE – REQUIN – PAPETERIE – PHARMACIE – FILLE…

Leur demander de s'entendre pour dire s'il faut placer la carte dans la boîte ou vous la donner et de justifier systématiquement leur rangement.

Si les élèves ne discriminent pas bien la syllabe finale, on peut les aider :
– en accentuant cette syllabe ;
– en leur demandant de répéter le mot en accentuant eux-mêmes cette syllabe ;
– en les incitant à répéter la dernière syllabe après avoir prononcé le mot complet (MARIE-RI, BATEAU-TO…).

TÂCHES DE TRANSPOSITION

Expliquer aux élèves qu'on va encore changer de règle de tri. Cette fois, dans la boîte, on va ranger toutes les cartes dont le nom finit par le son [ON]. On ne range plus en fonction de la syllabe mais en fonction de la rime.

Prendre un exemple : « *Si je prends la carte PIGEON, où dois-je le mettre ? Dans la boîte. Pourquoi ? Parce que PIGEON finit par [ON]. Et la carte MARRON ? Elle va aussi dans la boîte parce que MARRON finit par le son [ON]. En revanche, on ne peut pas mettre la carte PERROQUET dans la boîte parce que le mot PERROQUET ne finit pas par le son [ON] ; il finit par [É].* »

Montrer successivement les cartes suivantes : CHAMPIGNON – ÉCUREUIL – CHAPEAU – AVION – TROTTINETTE – MOUTON – COCCINELLE – GARÇON – LION – POMPIER – COCHON – PANTALON – ROBE – PAPILLON – DOMPTEUR – VALISE.

Faire procéder au tri en rappelant régulièrement la règle de tri aux élèves et en leur demandant de justifier les décisions : on place la carte PAPILLON dans la boîte des mots qui finissent par [ON] parce que le mot PAPILLON finit par [ON] ; on rend la carte POMPIER à la maîtresse parce que le mot POMPIER ne finit pas par le son [ON].

Si les élèves ne discriminent pas bien la rime, on peut les aider en prolongeant cette rime (PAPILLON-ON-ON).

L'activité terminée, vider la boîte et demander aux élèves de rappeler pourquoi toutes ces cartes vont bien ensemble : les mots finissent tous par le son [ON], ils ont la même rime.
Puis faire remarquer aux élèves que tous ces mots ne finissent pas par la même syllabe : CHAMPIGNON – COCHON – MOUTON – PANTALON – PAPILLON – AVION…

Faire ensuite ranger les mots et les non-mots suivants (cette fois sans support visuel) : MARRON – ROUGE – RITALON – ORDINATEUR – MANOURI – PONT – CANAPÉ – BOULON – PASTOU – CARILLON – FOURMI – POMPON…

Demander aux élèves s'ils connaissent d'autres mots qui finissent par [ON] ou s'ils voient dans la classe des objets dont le nom finit par [ON]. En dresser une liste orale collectivement. Ne pas s'appesantir s'ils n'en trouvent pas. L'important ici est la phonologie, pas l'acquisition du vocabulaire.

RÉFLEXION META

Sur le fait que pour réaliser cette activité, on doit impérativement négliger le sens des mots pour centrer son attention sur la manière dont les mots se terminent.

TÂCHES DE TRANSFERT

1. Pigeon vole

Demander aux élèves de lever la main si et seulement si les mots qu'ils entendent finissent par la rime [ON] : BOUGEOIR – LAMPE – AU REVOIR – BONSOIR – ARROSOIR – JARDINIER – CROIRE – COULOIR – CUISINE – VOULOIR – SOIR – SŒUR – BOIRE – VOIR – DÉJEUNER – PLONGEOIR – DEBOIRE…

▲ Répéter régulièrement cette activité au cours de la semaine en changeant la règle de tri.

- Rime en [É] : LUCAS – LÉA – PAPA – SPARADRAP – CARABAS – ARISTOCHATS – FATIMA – PANDA – MALIKA – SABRINA – PANDA – AMINATA – DÉBARRAS – CABAS – NICOLAS – CAMÉRA – CINÉMA – SONIA

  À mélanger avec d'autres mots comme : CANARI – CONGÉLATEUR – BAGUETTE – PIGEON – BÉBÉ – FILLE – HIBOU – PISCINE – CHAPEAU – MOUTON…

- Rime en [É] : BOUÉE – NEZ – PIED – ROULER – GRIMPER – COLORIER – COMPTER – CHANTER – PETIT POUCET – POMPIER – SANGLIER – BÉBÉ…

  À mélanger avec d'autres mots comme : BRAS – ÉLÉPHANT – COURIR – MAIN – LIRE – FACTEUR – GARÇON…

- Rime en [I] : FOURMI – APPETIT – SOURIS – PLUIE – SKI – RIFIFI – MAMIE – SPAGHETTI – CANARI – RADIS – LIBRAIRIE – LUCIE – GENTIL – NATHALIE – MARIE – RIRI – PETIT – OTARIE – OUTILS – BOULANGERIE – PHARMACIE – PAPI…

  À mélanger avec d'autres mots comme : MARTIN – ABEILLE – LAPIN – MAMAN – CROISSANT – DINETTE – BATEAU – BÉBÉ – CARTABLE – SALADE – ORANGE – ZÈBRE – TENNIS…

- Rime en [AN] : PANSEMENT – MAMAN – NATHAN – APPÉTIT – PARENTS – DÉBUTANT – CROISSANT – ÉLÉPHANT – ENFANTS – JONATHAN – SERPENTS – ADOLESCENTS – CHANTANT – DEVANT – GENTIMENT – ÉLÉGANT – URGENT…

  À mélanger avec d'autres mots comme : MAIN – BAGUETTE – PAPILLON – LIT – VOITURE – PIANO – MOUETTE – THERMOMÈTRE – BOUÉE…

2 Développer la conscience phonologique dès l'école maternelle

- **Document C : Ministère de l'Éducation nationale, Ressources *Maternelle* « Mobiliser le langage dans toutes ses dimensions »**, Eduscol, 2015.
- L'enseignant peut s'appuyer sur des **imagiers** qui présentent plusieurs avantages : mobilisation immédiate des mots sans sollicitation du stock lexical – disparate – des enfants, nombreux jeux de classements des éléments ayant le même nombre de syllabes ou des syllabes ou phonèmes communs, exclusion des intrus dans une série, etc.
- Les images renvoient à des éléments simples, connus de tous les enfants et appartenant à des catégories évidentes pour eux comme les animaux, les fruits, les légumes, les jouets, les objets du quotidien, les vêtements… Pour travailler le son [a], autant prendre le rat plutôt que le koala méconnu de quelques-uns (une activité de vocabulaire ne doit pas parasiter l'objectif phonologique). Avec des élèves qui ont peu d'aisance avec la langue, des images aident considérablement à trouver des mots ; c'est un tremplin pour des premières réussites avant de se détacher de tout support.
- Cependant, le programme de 2015 précise clairement qu'il ne faut pas utiliser d'images pour le découpage des mots connus en syllabes, le repérage d'une syllabe identique dans des mots à deux syllabes et l'inversion des syllabes, comme cela se pratique parfois à partir d'images découpées en autant de morceaux qu'il y a de syllabes : par exemple, *arrosoir* découpé en trois morceaux, chacun censé représenter les syllabes *a-rro-soir*. Même si ce dispositif parait être une aide dans un premier temps, il ne peut que troubler la compréhension de ce qu'est l'écrit : un morceau d'image n'est pas du tout une syllabe. »

CORRIGÉ — ANALYSE CRITIQUE

> **Aide méthodologique**
> Les extraits des ouvrages fournis (A1, A2 et B) doivent être analysés en prenant en compte les apports du document officiel Ressource Maternelle, « Le langage dans toutes ses dimensions », Site Eduscol et de l'extrait qui en est fourni (document C) ainsi que le contenu du programme d'enseignement de 2015 pour la maternelle.

❶ Analysez chacune des deux séquences extraites des deux ouvrages présentés au regard des objectifs qui y sont fixés et du point de vue des apprentissages en jeu (6 points).

Énoncé p. 100

> **Aide méthodologique**
> Afin de répondre à la **question 1** et au vu du nombre de points accordés (3 points par séquence), il convient d'apporter une réponse très détaillée qui ne peut se contenter d'un énoncé rapide des objectifs et des apprentissages visés. Pour ce faire, il est nécessaire de repérer et de comparer un certain nombre d'éléments parmi lesquels les objectifs des deux séquences ; les objectifs des séances dans la séquence et de chacune d'entre elles ; les compétences visées chez les élèves ; les consignes (formulation, contenu...) ; la progression au sein de chacune des séances ; les tâches proposées aux élèves et le matériel mis à leur disposition ; le bilan, l'évaluation et/ou le prolongement proposés...
> La comparaison de ces différents éléments devra faire l'objet d'une analyse critique au regard des objectifs fixés par les auteurs des deux ouvrages pour les séquences qu'ils ont conçues. Il s'agit alors d'analyser la dimension phonologique telle qu'elle est appréhendée par chacune des séquences : l'objectif concerne-t-il une tâche sur la reconnaissance de syllabes orales identiques dans différents mots, la place des syllabes dans les mots ou des pseudo-mots ou encore une tâche sur les phonèmes ? Les séquences proposent-elles uniquement un traitement oral des syllabes ou proposent-elles également une approche écrite ? À partir de ce premier état des lieux, l'analyse critique des objectifs se fera au regard des tâches proposées : y a-t-il adéquation ou décalage entre l'objectif présenté dans la fiche de préparation et les tâches que les élèves ont à effectuer ? Cette analyse critique doit permettre de déterminer si chacune des séquences est susceptible de développer au mieux les compétences phonologiques des élèves de maternelle.

La préparation de la séquence proposée dans l'ouvrage *La construction du principe alphabétique* comporte deux documents (A1 et A2) qui correspondent à la fiche de préparation de la séquence pour le maître et à une fiche d'activités pour les élèves. Ces deux fiches sont destinées aux élèves de la fin de moyenne section au début du cours préparatoire. L'objectif affiché est double : il s'agit d'amener les élèves à repérer, localiser, identifier une syllabe commune à la finale de deux mots et de proposer une tâche individuelle d'écriture qui consiste à copier deux mots proposés sur la fiche donnée aux élèves.

La préparation de cette séquence comprend plusieurs phases et plusieurs tâches :

– une phase de découverte à l'oral à partir de couples de mots dissyllabiques (deux syllabes) ; il s'agit de trouver la syllabe finale commune ;

– une phase d'appropriation à l'oral et à partir de mots de deux ou trois syllabes ; il s'agit de trouver la syllabe finale commune ;

– une phase de découverte à partir des formes orale et écrite de mots de deux ou trois syllabes proposés par couples ; il s'agit de trouver la syllabe finale commune ;

– une phase d'appropriation à partir des formes orale et écrite de mots dissyllabiques proposés par couples ; il s'agit de trouver la syllabe finale commune ;

– une double tâche écrite ; d'une part, sur une fiche comportant des dominos avec du côté gauche un dessin accompagné du mot qui le désigne : il s'agit pour l'élève de dessiner à droite l'objet dont le nom est écrit et qui comporte la même syllabe finale que l'objet dessiné ; d'autre part, sur la même fiche, l'élève doit recopier les deux premiers mots et dessiner les deux objets qui correspondent ;

– une évaluation qui propose de reprendre les tâches proposées ; il s'agit d'associer, d'identifier deux mots ayant une syllabe finale commune, de rapprocher les formes orale et écrite de cette syllabe, de discriminer des voyelles proches dans la syllabe finale commune, de recopier des mots sans modèle proche et non isolés.

Les différentes tâches proposées au sein des quatre premières phases sont adaptées à l'objectif affiché qui est « d'amener les élèves à repérer, localiser, identifier une syllabe commune à la finale de deux mots ». En revanche, la tâche individuelle d'écriture qui consiste à atteindre le second objectif, qui est de faire copier aux élèves deux mots, semble plus problématique. En effet, la tâche de copie requiert une écriture précise des lettres en majuscules d'imprimerie, ce qui nécessite la présence de l'enseignant car il n'y a aucun moyen de s'assurer que ces lettres, détachées les unes des autres, ont bien été copiées dans l'ordre et écrites de gauche à droite. Cette tâche est mal adaptée car elle suppose que l'élève sache déchiffrer les mots *TIPI*, *PARASOL* et *PIANO* : sans étayage, l'élève pourra seulement dessiner. Les attentes déclinées par le programme de 2015 pour la maternelle, paru postérieurement à l'ouvrage *La construction du principe alphabétique* dont sont issues les deux fiches (documents A1 et A2), indiquent que « l'écriture en capitales, plus facile graphiquement, ne fait pas l'objet d'un enseignement systématique » et que « l'écriture cursive nécessite quant à elle un entrainement pour apprendre à tracer chaque lettre et l'enchainement de plusieurs lettres, en ne levant qu'à bon escient l'instrument d'écriture. Cet entrainement ne peut intervenir que si les enfants ont acquis une certaine maturité motrice : s'il peut avec certains être commencé en moyenne section, c'est en grande section qu'il a le plus naturellement sa place, et souvent en deuxième partie d'année. Il devra être continué de manière très systématique au cours préparatoire. » On peut ajouter qu'un certain nombre d'études[18] montrent qu'il n'y a pas de transfert de compétence de l'écriture en lettres majuscules d'imprimerie[19], tâche que propose l'ouvrage intitulé *La construction du principe alphabétique* (document A2), vers l'écriture cursive telle qu'elle est prescrite par le programme officiel.

La séquence, proposée dans l'ouvrage *Phono* pour la « semaine 12 », débute par une tâche appelée « tâche principale ». Le premier apprentissage visé consiste, tout d'abord, à repérer la syllabe orale finale de mots à partir d'objets ou de personnages représentés sur des cartes, puis à trier ces mots : les élèves doivent alors ranger dans une boite les mots qui se terminent par la syllabe [RI] en nommant les objets représentés sur les cartes que le maitre met à leur disposition. Cette « tâche principale » débute par une consigne et par une phase d'essai (le maitre pioche trois cartes et explique aux élèves si les cartes peuvent (souris...) ou non (garçon ; vétérinaire...) être rangées dans la boite.

La phase suivante d'apprentissage est une phase d'appropriation par entrainement qui s'effectue par deux. Elle consiste à repérer si les mots se terminent par la syllabe orale [RI]. L'apprentissage visé est double : écouter les syllabes sonores finales et décider de les mettre ou pas dans la boite, puis justifier chacun des rangements effectués.

Dans la séance suivante, l'apprentissage visé consiste non plus à repérer les syllabes finales mais les rimes en [ON]. Il s'agit de « tâches de transposition » qui permettent aux élèves de grande section ou de début de CP d'effectuer des tâches très proches

18. Notamment celles de M.-T. Zerbato-Poudou.

19. Sauf si ces écritures sont des occasions de travailler sur le lien phonie-graphie.

de la première « tâche principale ». Pour réaliser ces tâches de transposition qui sont collectives :

– dans un premier temps, le maitre met à disposition des élèves des cartes ou des objets (avion ; papillon ; coccinelle...) ;

– dans un deuxième temps, il demande aux élèves de ranger les mots sans support visuel ;

– dans un troisième temps, il leur demande de proposer d'autres mots pour, si cela est possible, en dresser collectivement une liste orale.

L'apprentissage visé par la séance consacrée à une réflexion méta consiste à développer la conscience phonologique des élèves de grande section ou de début de cours préparatoire. En effet, incités à s'attacher à la forme sonore des mots, ils peuvent peu à peu apprendre à mettre à distance les significations des mots en focalisant leur attention sur le fonctionnement du code.

Les tâches suivantes sont des « tâches de transfert » : elles ont pour visée de s'entrainer à repérer différentes rimes ([OIR] ; [É] ; [A] ; [I] ; [AN]...), à partir de listes de mots donnés oralement par le maitre. Cet apprentissage est fondamental car il permet aux élèves de prêter attention à des finales orales de différents ordres (nasales...).

Finalement, à travers les différentes tâches proposées dans le cadre de cette semaine 12, les apprentissages des élèves sont de plusieurs ordres :

– développer une attention aux finales sonores d'unités orales correspondant à des mots ;

– comprendre que les mots sont constitués de sons ;

– développer la discrimination de finales proches sur le plan sonore ([AN]/[ON]...) ;

– porter attention à la forme orale des mots indépendamment de leurs significations qui peuvent donner lieu à d'autres types de rapprochement (canari/oiseau...) ;

– s'entrainer à repérer des rimes à partir de listes de mots connus ou inconnus.

Les deux séquences comportent des points communs (apprendre à repérer une syllabe commune et s'entrainer...) tout en proposant des tâches contrastées pour atteindre des objectifs semblables.

❷ **Selon vous, et en tenant compte notamment du programme officiel, quelles sont les différences majeures entre les deux séquences proposées ? (3 points)**

Énoncé p. 100

> **Aide méthodologique**
> Pour répondre à la **question 2**, il ne suffit pas de décrire les démarches déclinées par les auteurs des deux ouvrages *via* les tâches qu'ils proposent aux élèves. Il s'agit davantage de proposer une analyse comparative qui engage à donner un point de vue sur les tâches et la conception de la séquence, et sur leur adéquation avec les préconisations officielles pour des élèves de la tranche d'âge concernée. Les deux séquences présentent suffisamment de différences pour faire l'objet d'une comparaison critique. Celle-ci doit prendre appui sur des connaissances qui permettront d'argumenter l'analyse critique.

Un premier élément différencie les deux séquences : la séquence proposée par les auteurs de *Phono* utilise un matériel très important constitué de cartes, d'une boite de tri permettant de concrétiser les appariements de finales, alors que le second ouvrage ne propose rien de tel.

Mais la principale différence tient au fait que la séquence (« semaine 12 ») conçue par les auteurs de l'ouvrage *Phono* propose des tâches exclusivement orales pour développer la conscience phonologique des élèves de grande section et de début de CP. Les compétences phonologiques consistent à comprendre le fonctionnement du système qui code les sons de l'oral à travers des tâches qui permettent avant tout d'isoler, de décomposer les mots, les syllabes, les sons. La phase d'écriture proposée par l'auteure de l'ouvrage *La construction du principe alphabétique* dans une séquence consacrée à la syllabe finale vise, elle, l'objectif d'une prise de conscience de la syllabe orale et de la syllabe écrite. Les mots choisis ne comportant pas de *e* caduc, il y a donc parfaite adéquation entre les syllabes orale et graphique. Mais l'activité demandée dans la fiche écrite (lire le mot pour pouvoir le dessiner) est problématique car, à aucun moment, on ne fait prendre conscience aux élèves du fait que *képi* et *tipi* se terminent par la même syllabe. Ce qui est demandé semble donc trop compliqué et en décalage avec l'objectif et avec les programmes qui indiquent, à propos des syllabes et des sons que les élèves de fin de grande section doivent, par exemple, être capables de localiser une syllabe ou un son dans un mot, percevoir une syllabe identique dans plusieurs mots et situer sa position dans le mot, scander et dénombrer les syllabes ou encore ajouter, inverser, substituer, enlever une syllabe...

❸ **L'activité pédagogique intitulée « réflexion méta » proposée par les auteurs de l'ouvrage *Phono* vous parait-elle justifiée ?**

> **Aide méthodologique**
> La réponse à la **question 3** nécessite de mobiliser des connaissances sur les capacités des élèves de maternelle et de début de cycle 2. Il convient de rappeler que, pour la plupart de ces élèves, les mots sont avant tout porteurs de sens et qu'ils rencontrent des difficultés pour mettre à distance le langage et la langue afin de pouvoir opérer un traitement des unités sonores sans se préoccuper de la signification des mots qui les comportent.

La question porte sur une activité intitulée « réflexion méta » déclinée en une phrase par les auteurs de l'ouvrage *Phono* : « Sur le fait que pour réaliser cette activité, on doit impérativement négliger le sens des mots pour centrer son attention sur la manière dont les mots se terminent. »

Cette activité de réflexion se révèle essentielle car, à travers elle, les enseignants de grande section et de début de cours préparatoire peuvent prendre en compte une des difficultés majeures rencontrées par les élèves de cette tranche d'âge. En effet, ceux-ci traitent principalement les unités sonores et écrites en privilégiant leur sens, la pluralité de leurs significations dans les contextes d'échanges, selon la situation de communication. Or, pour développer une conscience phonologique et réaliser des tâches sur la dimension sonore des mots, des syllabes, des sons, il est nécessaire que les élèves apprennent à mettre à distance les significations des mots pour focaliser leur attention sur leur dimension sonore (dans la séquence proposée par l'ouvrage *Phono*, l'attention doit se porter sur la façon dont les mots se terminent), ce que préconise le document C.

Pour que les élèves puissent comprendre et mobiliser cette dimension méta, les auteurs proposent une phase de réflexion car il est nécessaire que les enseignants verbalisent les enjeux des tâches phonologiques et expliquent le contenu des tâches (ce que les élèves doivent faire), et qu'ils verbalisent également les procédures pour parvenir à réaliser ces tâches phonologiques (comment les élèves doivent s'y prendre). Sans cette phase de réflexion, un certain nombre d'élèves risquent de répéter ce que les autres élèves disent, sans comprendre ce qu'ils font. Ils risquent aussi de parvenir à jouer avec les mots sans comprendre que, dans le même temps, ils sont en train de s'approprier le fonctionnement de la langue indispensable pour apprendre à lire et à écrire.

❹ **Quel est l'intérêt pédagogique des cartes utilisées pour certaines tâches proposées pour la semaine 12 de l'ouvrage *Phono* ? (2 points)**

Énoncé p. 100

> **Aide méthodologique**
>
> Pour répondre à la **question 4**, il est nécessaire de proposer une analyse, à la fois fine et rapide, qui doit exclusivement porter sur les cartes proposées pour développer la conscience phonologique des élèves. La question concerne uniquement les deux premières tâches (la tâche principale et la tâche de transposition) et doit permettre de justifier l'intérêt pédagogique de ces supports, pour que les élèves puissent trier les cartes de manière autonome, verbaliser les choix et argumenter les critères de tri des cartes.

Les cartes proposées par les auteurs de l'ouvrage *Phono* pour la semaine 12 sont composées de dessins d'objets, d'animaux, de personnages (chapeau, robe, souris, mouton, pompier, fille...), qui devraient être assez facilement identifiables et nommables par les élèves de grande section ou de début de CP. Ces cartes sont uniquement utilisées pour les deux premières tâches de la séquence (la « tâche principale » et la « tâche de transposition ») qui en comporte au total quatre.

L'intérêt pédagogique du recours aux cartes est multiple : pour la première tâche, il permet de faire réfléchir les élèves par deux pour trier les cartes selon la syllabe finale. Dans un premier temps, l'enseignant présente l'objectif de la semaine et formule la consigne aux élèves, puis utilise quelques cartes comme exemples pour faire entrer les élèves dans la tâche et s'assurer qu'ils ont compris ce qu'ils vont devoir faire en binôme avec, si besoin, l'aide du maitre.

Pour la tâche de transposition suivante, l'objectif est de ranger les cartes en fonction de la rime. L'intérêt pédagogique est dû au fait que les cartes ne comportent que des dessins qui proposent de nombreux mots et ne sollicitent pas uniquement le stock lexical des élèves (dompteur, papeterie...). Les images restant sous les yeux, les mots restent en mémoire de travail, ce qui permet aux élèves de procéder à toutes sortes de manipulations. Le fait d'avoir des cartes permet de les trier, de les ranger et ce, de manière beaucoup plus concrète qu'avec des mots immatériels. Les boites de tri permettent d'aller plus loin dans la concrétisation des choix opérés. Ce matériel permet de focaliser l'attention et l'écoute des élèves sur la dimension sonore puisque ces cartes ne proposent pas de tâche de lecture de mots. Ainsi, les élèves disent les noms des objets, animaux et personnages représentés sur les cartes et, en prononçant ces noms, doivent tout de suite repérer la finale et placer ou non la carte dans la boite. Le recours à ces supports permet ensuite de vérifier et de justifier le tri effectué en sortant les cartes de la boite.

Ces cartes permettent donc aux maitres de proposer différentes consignes en disposant d'un outil modulable. Pour les élèves, elles constituent un support qui permet tout à la fois la verbalisation, l'écoute, la mémorisation et le retour sur l'activité orale : les élèves peuvent, par exemple, procéder à différents tris avec les mêmes cartes (on peut travailler ce qu'on entend au début des mots avec les cartes *carillon*, *canapé*, *canari*, utilisées pour la séquence consacrée aux syllabes finales et aux rimes).

CHAPITRE 3 — Les activités d'écriture à l'école maternelle

CE QU'EN DIT LE PROGRAMME

La place faite à l'écriture en maternelle constitue le principal apport du programme de 2015 du cycle 1. En effet, dans ce programme, les activités d'écriture sont premières puisqu'il est considéré que les enfants ont « besoin de comprendre comment se fait la transformation d'une parole en écrit[1] ».

[1]. *B.O.* spécial n° 2, 26 mars 2015, p. 8.

Les activités d'écriture prennent place dans la partie « L'écrit » du domaine d'apprentissage « Mobiliser le langage dans toutes ses dimensions ». Cette partie se décline en plusieurs objectifs et éléments de progressivité : « découvrir la fonction de l'écrit », « commencer à produire des écrits et en découvrir le fonctionnement », « découvrir le principe alphabétique » et « commencer à écrire tout seul » où peuvent prendre place des exercices graphiques, des tâches de copie et des essais d'écriture de mots et de production autonome. Le programme souligne combien ces différents éléments, notamment la découverte du principe alphabétique et l'apprentissage de l'écriture, sont liés : « [l]'une des conditions pour apprendre à lire et à écrire est d'avoir découvert le principe alphabétique selon lequel l'écrit code en grande partie, non pas directement le sens, mais l'oral (la sonorité) de ce qu'on dit[2]. »

[2]. *Ibid.*

Pour ce qui est de l'écriture autonome, le programme propose deux entrées :

– **les essais d'écriture de mots**[3] : il s'agit pour l'enseignant, à partir de la moyenne section, de demander aux élèves d'écrire des mots simples (par exemple, lama, salami). Les tracés des élèves permettent à l'enseignant d'avoir accès à ce que les enfants ont compris de l'écriture ;

[3]. *Ibid.*, p. 8-9.

– **les premières productions autonomes d'écrits** : elles sont proposées lorsque les enfants ont compris que « l'écrit est un code qui permet de délivrer des messages ». Le rôle de l'enseignant est alors d'inciter les élèves à écrire en utilisant tout ce qui est à leur portée comme, par exemple, la recherche dans des textes connus, l'utilisation du principe alphabétique.

Pour ce qui est de la dictée à l'adulte, on la trouve citée dans la rubrique « Commencer à produire des écrits et en découvrir le fonctionnement » : ce type de production se réalise surtout grâce à l'aide d'un adulte car elle requiert différentes étapes telles qu'une phase d'élaboration orale qui permet aux élèves de prendre conscience des transformations indispensables du langage oral pour qu'il puisse devenir du langage écrit. La technique de **dictée à l'adulte** constitue une des étapes menant à la rédaction à proprement parler.

CE QU'IL FAUT SAVOIR POUR ENSEIGNER

Le programme de 2015 pour le cycle 1 considère l'**acculturation à l'écrit** comme un **objectif essentiel de l'école maternelle**. Les enjeux de la découverte de cette acculturation sont en effet cruciaux : il s'agit à la fois d'engager les premiers savoirs et savoir-faire scolaires en vue de l'apprentissage systématique de l'écrit aux cycles suivants, et de permettre la réussite scolaire et l'intégration dans une société où l'écrit est omniprésent.

Pour le jeune élève, cette entrée dans l'écrit passe par la pratique de la lecture-compréhension et par des essais d'écriture, le tout avec l'aide de l'enseignant.

Il s'agit aussi d'amener l'élève de maternelle à développer ses représentations et ses savoirs à propos des textes écrits, de la langue écrite et de l'acte de lecture et d'écriture.

Ces apprentissages s'effectuent par le biais d'activités variées, notamment la lecture quotidienne par le maitre (albums, documentaires, affichages, consignes de travail...), la lecture par l'élève (liste des prénoms, jours de la semaine, mots de la classe...), la découverte des composantes du langage oral et écrit (travail sur les syllabes, les sons, les mots, les lettres, etc.), l'observation et la reproduction de formes graphiques, et la production d'écrit. C'est cette dernière dimension qui va être à présent développée au travers des deux traitements majeurs de l'écriture en maternelle : l'écriture autonome et la dictée à l'adulte.

1 L'écriture autonome

Dès l'âge de trois ans, lorsqu'il est sollicité, l'enfant peut manifester le désir de coder du sens, de représenter les noms des personnes, les objets qu'il connait par des symboles écrits. Il trace par exemple des ronds, des boucles, des vagues, et peut commenter à l'oral le sens qu'il donne à ces réalisations dans l'interaction avec l'adulte. Assez rapidement, l'élève va découvrir et mémoriser, avant tout par le biais de l'école, la graphie (dans un premier temps en lettres capitales) des lettres de son prénom, puis des autres lettres *via* des mots qui constituent des repères habituellement construits dans les classes maternelles (jours de la semaine, mois, saisons, évènements marquants...).

À travers les comptines, les jeux sonores (rimes, repérages de syllabes, etc.), l'élève découvre les réalités phoniques du français et développe progressivement sa **conscience phonologique**. Concomitamment à ces activités, peu à peu, il mémorise l'écriture de quelques mots entiers, il découvre les différents aspects des lettres (tracé, nom, valeur sonore) et il apprend à mettre en relation la chaine orale et la chaine écrite. Par ailleurs, de nombreuses tâches (dessin, peinture, graphisme, coloriage) sollicitant l'usage d'un outil scriptural (feutres, crayons, pinceaux...) permettent à l'élève de développer son **habileté graphique**.

C'est dans ce contexte de développement et d'activités de classe que prend place ce que le programme de 2015 nomme *l'écriture autonome,* et qui correspond, en didactique, à de *l'écriture tâtonnée,* aussi parfois appelée *écriture spontanée, écriture inventée*, *écriture raisonnée* ou *écriture approchée*. Cette entrée dans l'écriture est sous-tendue par une conception de l'apprentissage de l'écrit où le développement des premières compétences de lecture ne précède pas celles de l'écriture, mais où les deux apprentissages interagissent. De même, dans cette approche, le dessin et le graphisme sont distincts de l'écriture. D'ailleurs, quand un élève s'essaie à l'écriture, il mobilise parfois un discours qui montre qu'il effectue cette distinction : « j'ai écrit », « c'est des lettres », « j'ai marqué », « c'est écrit ». Cette différenciation par le langage indique que les lettres sont peu à peu instituées en code ou objet symbolique par l'élève.

Dans les années 1970, les travaux d'Emilia Ferreiro[4] ont montré qu'il y a une évolution de l'écrit chez le très jeune enfant. Si, pour cette auteure, cette évolution consiste en des étapes successives fortement inhérentes au développement et peu influencées par les activités scolaires, d'autres travaux plus récents (Jean-Marie Besse, Jacques Fijalkow[5]) soulignent au contraire le rôle prépondérant de l'école dans ces acquisitions.

Selon Jean-Marie Besse, qui a réinterrogé les travaux de Ferreiro en contexte scolaire, on distingue ainsi, chez le tout jeune apprenti scripteur âgé de trois à six ans environ, trois périodes successives mais parfois non exclusives l'une de l'autre.

– **Première période (trois-quatre ans)**. L'enfant trace des symboles sans lien avec les lettres mais distincts de la représentation dessinée. Il travaille les marques graphiques en commençant à les associer à des significations sans les mettre encore en relation avec la chaine sonore.

– **Deuxième période (quatre-six ans)**. Cette période comprend deux seuils. D'abord, l'élève trace des lettres et souvent la quantité de lettres tient compte de la taille ou de la forme des objets ou personnes représentés (il trace davantage de lettres pour « tigre » que pour « chat » car l'animal tigre est plus gros). Ensuite, progressivement, l'apprenti scripteur va être capable d'élaborer des relations avec la chaine orale : Fijalkow dit qu'il franchit le « mur du son » (Fijalkow[6]). Il s'appuie sur les sons ou les syllabes du mot qu'il entend (il écrit « PA » ou « PP » pour « papa »), ou sur la longueur du message oral à transcrire (il écrit « ITILLIITIIIIII » pour « l'éléphant est gentil », il dit qu'il écrit « grand comme il parle » faisant ainsi une correspondance entre la longueur de l'énoncé oral et le nombre de lettres transcrites). On remarque aussi que certains élèves prennent appui sur le nom des lettres pour graphier des sons (par exemple, un élève écrit « SKRGO » pour « escargot » ou « BB » pour « bébé »). Dans la même logique de prise d'appui sur la forme phonique, ces élèves parviennent peu à peu à écrire l'ensemble des phonèmes (par exemple, « TORO » pour « taureau » ou « TAPI » pour « tapis »).

– **Troisième période (à partir de six ans)**. L'élève commence à prendre en compte la dimension orthographique de l'écriture. Il note des lettres muettes, des doubles consonnes, des chaines d'accord (par exemple, il écrit « chatton » pour « chaton » ou bien il écrit « les poulent coures vite » pour « les poules courent vite »).

Pour en faire une activité de découverte de l'écriture, il est important que le maitre crée un climat de tolérance favorable aux essais et erreurs, qu'il choisisse avec soin le(s) mot(s) à écrire ou le message à produire. Il est de même essentiel qu'il verbalise les critères de réussite (« c'est bien, tu as écrit avec des lettres, tu as raison les mots s'écrivent avec des lettres »), qu'il confronte les productions effectuées à la norme (écriture par le maitre, lecture et commentaire de la forme correcte), qu'il interroge l'élève sur la manière dont il s'y est pris, qu'il lui propose de lire sa

[4]. E. Ferreiro, *L'écriture avant la lettre*, Hachette Éducation, 2000.

[5]. J. Fijalkow, J. Cussac-Pomel, D. Hannouz, « L'écriture inventée : empirisme, constructivisme, socio-constructivisme », *Éducation et didactique*, volume 3, n°3, 2009, p. 63-97.

[6]. J. Fijalkow cité par M. Brigaudiot, site internet *progmaternelle.free.fr*.

production. Pour que ces modalités puissent se mettre en place, il est nécessaire de mener l'activité en atelier dirigé avec le maitre et de la pratiquer avec régularité. On comprendra donc que cette activité dite « autonome » ne s'improvise pas et demande un réel travail de préparation et d'accompagnement de la part du maitre.

2 La dictée à l'adulte

La découverte de l'écriture à l'école maternelle ne peut se limiter aux unités du mot, du groupe de mots, voire de la phrase. Par le biais de l'interaction entre lecture et écriture, les élèves sont très tôt confrontés à des textes écrits ainsi qu'à leurs fonctions (informer, raconter, émouvoir, mémoriser, etc.), leurs fonctionnements (destinataire absent, lecture différée, cohérence entre les éléments inter- et intra-phrastiques...) et à leur(s) signification(s). À côté des tâtonnements en écriture, pouvant quelquefois aller, dans le cadre d'un atelier dirigé, jusqu'à la production de textes brefs (par exemple LILI A VU LATOTU pour « Lili a vu la tortue »), leur proposer de produire des textes sous forme de dictée au maitre va notamment leur permettre de **questionner les caractéristiques du texte écrit et de l'écriture**.

Dans cette activité et ce dispositif de production d'écrit, le rôle du maitre est multiple. Outre la prise en charge de l'acte graphique, son rôle est de donner à voir le passage du langage oral vers les signes et la matérialité de l'écrit (lettres, mots, blancs, ponctuation, supports, crayons, position du support, etc.). De plus, il doit aider l'élève à transformer son discours oral en discours caractéristique de l'écrit :
– présence des deux éléments de la négation, non-élision des pronoms ou de certains mots (« p't'êt qu'y a pas de pain »/« peut-être qu'il n'y a pas de pain ») ;
– absence de reprise pronominale (« le chat il dort »/« le chat dort ») ;
– concordance des temps, chaine référentielle, organisation syntaxique (« mon chat, les croquettes, il les mange pas »/« mon chat ne mange pas de croquettes »).
Cette première attention aux normes langagières et linguistiques n'est pas simple car elle oblige les élèves à prendre conscience des écarts entre les normes de l'oral et celles de l'écrit, plus contraignantes pour les élèves car ils en découvrent les règles. Ce qui est alors en jeu, outre de s'essayer au plaisir et aux fonctions de l'écriture, c'est notamment la **prise de conscience de différences entre un discours oral familier ou spontané et un discours écrit plus élaboré**.

Pour finir, si dans la classe la dictée à l'adulte est avant tout un moyen pour faire produire, en petits groupes, des textes à des élèves qui ne savent pas encore écrire seuls, elle peut prendre d'autres formes. Ainsi de façon plus large, comme l'a montré Laurence Lentin[7], la dictée à l'adulte donne l'occasion aux élèves de comprendre que ce qu'ils disent, qu'il s'agisse d'un mot ou d'un énoncé plus long, peut s'écrire[8]. Par le passage de l'oral à l'écrit, cette activité permet en outre aux élèves de s'initier à une nouvelle situation d'énonciation (destinataire absent et qui ne partage pas toujours la situation et les connaissances du scripteur, décalage spatiotemporel...), apprentissage sur lequel insiste notamment Mireille Brigaudiot (*cf.* référence en bibliographie).

[7]. L. Lentin, *Apprendre à penser, parler, lire, écrire,* ESF, 2009.

[8]. Le document « Ressources d'accompagnement » (site Eduscol) préc que « c'est une longue et difficile découverte pour les enfants de percevo que ce qui se dit pe être écrit, élément élément, en utilisa un code qui n'est pa lié au sens ».

RESSOURCES À CONSULTER

• **Bibliographie**

— Besse J.-M., *Regarde comme j'écris !* Magnard, 2000.

— Brigaudiot M., *Apprentissages progressifs de l'écrit à l'école maternelle,* Hachette-INRP, 2000.

— Calléja B., « Verbaliser sa stratégie d'écriture », *Cahiers pédagogiques* n° 352, 1997.

— Javerzat M.-C., « La dictée à l'adulte comme genre de l'activité scolaire d'apprentissage du langage écrit », *Mélanges Crapel* n° 29 (article disponible en ligne).

— Ministère de l'Éducation nationale, *Ressources maternelle. Graphisme et écriture. L'écriture à l'école maternelle*, Eduscol, 2015, http://eduscol.education.fr/ressources-maternelle.

— Ministère de l'Éducation nationale, *Mobiliser le langage dans toutes ses dimensions. Ressources d'accompagnement*, site Eduscol, 2016, http://eduscol.education.fr/pid33040/programme-ressources-et-evaluation.html

— *Repères* n° 47, « Premières pratiques d'écriture : état des recherches francophones », ENS Éditions, 2013.

— Zerbato-Poudou M.-T., *Apprendre à écrire de la petite section à la grande section*, Retz, 2007.

— Zerbato-Poudou M.-T., « À quoi servent les exercices graphiques ? », *Cahiers pédagogiques* n° 352, 1997 et *Repères* n° 26/27, 2002-2003.

AU CONCOURS

À partir des productions d'élèves de moyenne section de maternelle (documents A et B) et de l'extrait du document « *Ressources maternelle* » (document C), vous chercherez dans votre analyse critique à répondre aux questions suivantes :

❶ Comparez les deux productions (documents A et B) en mettant en évidence ce que les élèves savent déjà faire et ce qu'il leur reste à construire en matière d'écriture. *(4 points)* Corrigé p. 116

❷ Le choix des mots proposés par l'enseignant vous semble-t-il opportun ? Justifiez votre réponse. *(3 points)* Corrigé p. 117

❸ À votre avis, au vu des productions de Kenan et d'Ilias, quels peuvent être les rôles joués par l'enseignant pour permettre et accompagner ces productions ? *(4 points)* Corrigé p. 118

❹ Citez d'autres activités qui peuvent être menées en moyenne section pour développer l'entrée dans l'écrit. *(2 points)* Corrigé p. 119

DOCUMENTS

• **Document A**

Il s'agit de la production de Kenan à qui l'enseignant demande d'écrire au crayon à papier et sans modèle le mot « tapis » dans son cahier d'écriture tâtonnée. Cette production est réalisée en atelier dirigé de deux à quatre élèves qui s'essaient individuellement à l'encodage de ce mot. Dans la production, le numéro 1 indique le premier essai de l'élève. Pour le numéro 2, l'écriture est prise en charge par l'enseignant.

• **Document B**

Lors d'une autre séance, avec le même enseignant et selon les mêmes modalités de travail, Ilias a essayé d'écrire, à la demande de l'enseignant, le mot « loto ». Il réalise les deux premiers essais (numéros 1 et 2) puis recopie la forme exacte écrite par l'enseignant.

- **Document C :** *Ressources maternelle*, « Graphisme et écriture. L'écriture à l'école maternelle », Eduscol, 2015, p. 11.

Extrait du chapitre *Des essais d'écriture de mots aux premières productions autonomes d'écrit*

Moyenne section : premières tentatives d'écrire des mots.

[…] Par ailleurs, l'écriture en capitales étant plus facile graphiquement, les enfants peuvent également copier des mots attrayants (nom d'un camarade, d'un héros d'album, d'une fête scolaire, etc.) ou essayer de traduire graphiquement quelques sonorités d'un mot pour lequel ils éprouvent de l'intérêt alors qu'ils n'ont pas le modèle sous les yeux (écritures spontanées). L'enseignant peut leur proposer d'essayer d'écrire des mots « comme ils pensent qu'il faut faire », « comme ils entendent les sons », en précisant qu'ils peuvent laisser de côté les sons qu'ils ne savent pas écrire. En posant des problèmes d'écriture, en permettant à l'enfant d'oser, d'essayer, de se tromper et de recommencer, l'enseignant favorise le cheminement personnel des premières traces vers une écriture normée. En les observant en train d'écrire, il perçoit si les enfants ont conscience de l'organisation de l'espace, de la séparation du discours en mots (unités spécifiques de l'écrit), de l'importance de l'ordre des mots, de la présence de tous les mots, de leur compréhension des relations entre sons et graphies. Il peut également se rendre compte de leurs compétences et de leurs difficultés à former les lettres et proposer une réflexion ou des étayages appropriés. Ces essais donnent lieu à régulation de la part de l'adulte : à la fois commenter la production mettant en évidence les réussites, leur signaler ce qui ne peut pas encore être lu et proposer la forme correcte du mot.

> **Aide méthodologique**
>
> Les questions proposées demandent au ou à la candidat(e) de fournir quatre types de réponses différentes, à savoir comparer deux productions, justifier son propos, concevoir la manière dont le maitre met en œuvre son enseignement et citer des activités complémentaires à celle proposée.
>
> Pour répondre à ces questions, il est nécessaire de prendre appui sur des repères concernant le développement de l'écriture chez le jeune enfant, sur le fonctionnement de la langue et les difficultés d'encodage, sur les modalités d'enseignement et d'apprentissage de l'école maternelle, sur les recommandations officielles en matière d'entrée dans l'écrit et sur les rôles de l'enseignant pour organiser et gérer une tâche d'écriture, et en faire une occasion d'apprentissage. La difficulté du sujet tient donc au nombre de repères et de connaissances pointues à mobiliser.
>
> Pour les **questions 1 et 3**, au vu du nombre de points (4), le ou la candidat(e) doit fournir une réponse détaillée. Concernant la **question 1**, même s'il n'est pas fait mention du document C, celui-ci peut constituer une aide précieuse. Pour la **question 3**, le ou la candidat(e) devra reprendre et compléter les éléments renseignés dans l'extrait du document ministériel (document C), en ajustant ces informations à la classe de moyenne section et au niveau des productions A et B fournies.
>
> Pour la **question 2**, il est important, avant d'émettre un avis argumenté, de préciser les caractéristiques des deux mots que les élèves essaient d'écrire.
>
> Enfin, concernant la réponse à la **question 4**, un des critères de réussite consiste en la formulation d'une proposition adaptée à la moyenne section. Cette exigence nécessite d'avoir construit des repères de progression au sein du cycle 1, repères que peuvent notamment fournir les documents officiels (Programme du cycle 1, *Ressources maternelle*) et des ouvrages didactiques de référence (par exemple, *Apprentissages progressifs de l'écrit à l'école maternelle* de Mireille Brigaudiot).

❶ Comparez les deux productions en mettant en évidence ce que les élèves savent déjà faire et ce qu'il leur reste à construire en matière d'écriture.

Énoncé p. 114

Si, en moyenne section, les enfants manifestent très souvent un intérêt pour l'écriture et cherchent même à écrire spontanément, cette découverte de l'écrit se fait très progressivement et engage de nombreuses habiletés. Certaines d'entre elles semblent déjà acquises ou partiellement acquises par les deux élèves auteurs des essais d'écriture fournis. En effet, bien qu'on ne dispose pas de l'enregistrement de ce que ces élèves disent et font lorsqu'ils réalisent cette activité, leurs productions laissent penser qu'ils ont déjà acquis un certain nombre de savoirs et savoir-faire.

Ce que ces deux élèves savent faire :

– Ils acceptent tous deux d'essayer et ne se bloquent pas.

– Ils ne produisent plus de pseudo-lettres.

– Ils connaissent la graphie d'autres lettres que celles présentes dans leur prénom/ connaissent la graphie de lettres absentes de leur prénom.

– Ils distinguent le dessin de l'écriture.

– Ils connaissent le tracé de certaines lettres.

– Ils savent que pour écrire des mots, en français, il est nécessaire d'aligner les lettres de manière horizontale.

– Ils produisent des lettres de taille assez régulière.

Outre ces points communs, ces deux productions présentent un certain nombre de différences. Ainsi, dans la production B, on observe un début d'association entre la chaine orale et les unités scripturales. Sans en être encore à la transcription des phonèmes, l'élève auteur de cette production réussit, dans un premier essai, à transcrire le phonème O puis, dans un second essai, les deux syllabes du mot *LOTO* avec pour chacune le « o ».

L'autre élève (document A) produit des lettres sans lien avec la forme sonore du mot *TAPIS* ni avec la longueur de l'énoncé oral. Et on peut penser que si l'enseignant prend directement en charge l'écriture du mot, sans qu'il y ait trace d'un second essai, c'est parce que l'élève n'arrive pas à dépasser cette étape, ce qui est courant chez des élèves de cet âge.

Malgré leurs nombreux points communs, ces deux productions témoignent d'une avancée assez différente en matière de découverte de l'écrit ou d'appropriation du code alphabétique, celle d'Ilias seulement affichant un début de mise en relation des chaines orale et écrite ou, comme noté dans le document C, une « compréhension des relations entre sons et graphies ».

Cet écart peut être considéré comme fréquent à cet âge où l'hétérogénéité des jeunes élèves est grande dans ce domaine d'apprentissage. On peut, par ailleurs, observer que la seconde production montre une capacité de l'élève à recopier correctement le mot, c'est-à-dire à l'écrire avec modèle. Dans la production A, l'élève ne semble pas effectuer cette activité de copie.

❷ **Le choix des mots proposés par l'enseignant vous semble-t-il opportun ? Justifiez votre réponse.**

L'enseignant, en demandant à ces deux élèves d'essayer d'écrire soit le mot *LOTO* soit le mot *TAPIS*, a fait le choix de privilégier des unités dont l'écriture est à dominante phonologique plus qu'orthographique : excepté le *s* final de *TAPIS*, les autres lettres sont des graphèmes simples correspondant à un phonème. Outre cette correspondance graphophonémique, on peut remarquer qu'il s'agit de mots de deux syllabes se terminant chacune par une voyelle. On peut enfin penser qu'il s'agit de mots dont la signification est connue des élèves (le mot *loto* désignant un jeu souvent pratiqué à l'école maternelle).

Ces trois aspects rendent le choix de ces mots intéressant. En effet, la pratique de l'écriture à l'école maternelle a notamment pour objectif la découverte par les élèves du système de l'écrit. Placer les élèves en situation d'encodage de mots dès la moyenne section, c'est chercher à mettre en place des occasions de réfléchir sur l'acte d'écriture pour, comme indiqué dans l'extrait C, peu à peu cheminer vers une écriture normée. Au travers de leur production, on est en droit de penser que ces deux élèves qui, dès leur premier essai, tracent des lettres, ont construit la représentation d'un écrit qui s'élabore dans la matérialité des lettres. Il semble par contre que le lien phonie-graphie, autre apprentissage-clé, n'en est qu'à ses balbutiements, ce qui est tout à fait normal pour cet âge.

Au vu de la complexité et de l'importance que représente ce « franchissement du mur du son » (Fijalkow), il parait bienvenu de privilégier des mots présentant une relation forte et directe entre les unités sonores et les unités graphiques, et dont le découpage sonore est facilité par la présence de deux syllabes terminées par une voyelle. Le fait de viser la construction du lien phonie-graphie explique sans doute le fait que l'enseignant réécrive les mots en capitales et non en cursives. En effet, à cet âge, l'objectif principal ne porte pas sur l'introduction de l'enseignement de l'écriture cursive mais bien sur le passage de l'oral à l'écrit, sur la transformation d'une parole en écrit qui, comme le rappelle le programme de cycle 1, est un enjeu essentiel en maternelle.

Même si l'on peut se demander pourquoi l'enseignant fait écrire des mots différents à ces deux élèves, on peut par ailleurs apprécier qu'il travaille l'entrée dans l'écrit avec des noms sans déterminant c'est-à-dire avec des mots en tant qu'unité écrite, les élèves de cet âge ne faisant pas encore la distinction entre le mot oral ([labriko]) et le mot écrit ([abriko]).

❸ À votre avis, au vu des productions de Kenan et d'Ilias, quels peuvent être les rôles joués par l'enseignant pour permettre et accompagner ces productions ?

Énoncé p. 114

Les rôles joués par l'enseignant sont multiples, et l'apparente simplicité de la demande d'écriture proposée par le maitre ainsi que celle des productions réalisées par les élèves de moyenne section ne doivent pas minimiser l'importance du travail mené par l'enseignant en amont et au cours de la tâche d'écriture.

En amont, le rôle principal du maitre est d'organiser l'atelier d'écriture tâtonnée et de concevoir des tâches qui, comme le rappelle l'extrait C, visent principalement la conquête du code et la compréhension du principe alphabétique, pour permettre peu à peu aux élèves d'encoder non seulement avec des lettres mais en faisant des liens avec la forme sonore (ce que semble ne pas encore arriver à faire Kenan).

Concrètement, pour concevoir ce temps d'écriture tâtonnée, l'enseignant devra :

– sélectionner des mots appropriés pour ces élèves de moyenne section (écarter les mots trop longs ou inconnus des élèves, tel que le mot *marmelade*, ou encore les mots orthographiquement complexes, tel que le mot *éléphant*) ;

– penser aux modalités d'accompagnement des élèves, à savoir sécuriser, rassurer, encourager, créer un climat de confiance ;

– estimer la durée de la tâche d'écriture, notamment pour fournir aux autres élèves de la classe des activités d'une durée relativement équivalente ;

– penser à la formulation d'une consigne qui permette « une démarche d'essai et d'erreur » (extrait C) ;

– réfléchir à la composition du groupe d'élèves et à la disposition de ceux-ci (garder par exemple à côté de soi un élève qui a tendance à copier sur son voisin pour veiller à ce qu'il essaie par lui-même).

Au moment où l'atelier se met en place, le rôle de l'enseignant consiste à :

– s'assurer que la consigne est comprise par chacun des élèves ;

– ajuster la consigne en fonction des élèves (par exemple, ainsi que suggéré dans le document C, préciser pour certains « qu'ils peuvent laisser de côté les sons qu'ils ne savent pas écrire ») ;

– répéter le mot à écrire, en renforçant et en accentuant si nécessaire le découpage syllabique (par exemple, pour amener Kenan à prêter attention à la forme sonore, et pour permettre à Ilias, dans son second essai, d'encoder chacune des syllabes par un signe) ;

– encourager les élèves s'ils hésitent à se lancer dans l'écriture, arguant, par exemple, qu'ils ne savent pas écrire ;

– répondre aux diverses questions que peuvent se poser les élèves (par exemple, « est-ce qu'il faut bien un O ? » ; « est-ce que j'ai bien écrit ? » ; « maitre, tu peux lire ce que j'ai écrit ? ») ;

– féliciter l'élève en explicitant les stratégies mobilisées à bon escient (pour Kenan : « c'est très bien, tu as raison, pour écrire on utilise des lettres » ; pour Ilias : « oui tout à fait, il y a bien un *o* dans le mot *loto* ») ;

– amener l'élève à relire sa production et confronter ce retour sur sa production avec celle de l'adulte (la maîtresse lit notamment ce que Kenan et Ilias ont écrit, à savoir [lerkvo] ou [O]) ;

– inviter l'élève à faire une seconde tentative, en mettant en avant ce qui pourrait l'aider (par exemple, pour Ilias, « tu as déjà écrit le O, écoute bien le mot, écoute bien tous les sons que tu entends dans le mot ») ;

– confronter l'élève, après son ou ses essais, à la forme correcte en commentant l'écriture du mot et la manière de s'y prendre pour écrire (« regarde bien je vais te montrer comment on écrit le mot *tapis*, [ta]/[pi] j'entends que pour écrire [ta] il faut deux lettres *t* et *a*, je les écris, et là j'écris un *s*, on ne l'entend pas, c'est comme à la fin du prénom Thomas que tu vois dans la liste des prénoms de la classe »).

Cet accompagnement bienveillant et réflexif est essentiel pour permettre aux élèves d'approcher l'écriture et le fonctionnement de l'écrit en tâtonnant.

❹ **Citez d'autres activités qui peuvent être menées en moyenne section pour développer l'entrée dans l'écrit.**

L'un des objectifs essentiels de l'école maternelle est de permettre à tous les élèves de commencer à entrer dans l'écrire-lire, avant que la lecture et l'écriture ne soient abordées de façon systématique au CP. Aussi est-il primordial au cycle 1, et notamment en moyenne section, de mettre en œuvre des activités qui mobilisent différentes facettes du langage écrit.

En conformité avec les textes officiels (le programme du cycle 1 et les documents *Ressources maternelle* dont est extrait le document C), les enseignants de moyenne section peuvent mettre en place des activités susceptibles de développer chez les élèves notamment la conscience phonologique et alphabétique, la compréhension des récits et des textes documentaires, la production d'écrit, la connaissance de la langue de l'écrit et du fonctionnement des écrits, la motricité fine.

Pour ce faire, peuvent être proposées des activités d'écriture et de lecture telles que :

– l'écriture en dictée à l'adulte de légendes de photos ou d'images, d'une suite de récit lu et travaillé en classe, d'un compte rendu de visite effectuée dans le cadre scolaire ;

– la lecture des prénoms de la classe écrits en lettres capitales, en script, puis en cursive ;

– la lecture par le maitre de mots importants dans la vie de la classe (jours de la semaine, fêtes, mots référant à des projets…) ;

– le travail sur le nom des lettres et leur valeur sonore ;

– le rapprochement de mots écrits afin que les élèves puissent réaliser peu à peu que des sons ou syllabes orales identiques peuvent s'écrire avec les mêmes lettres (*Amélie/ Assia/Ahmed… papi/papillon/patapon…*) ;

– l'appariement de mots identiques écrits dans différentes graphies ;

– la lecture de livres (albums de littérature de jeunesse, documentaires, principalement issus de la liste proposée par le ministère) ;

– la mémorisation de comptines présentant une dimension phonologique (rimes, répétitions de sons…) ;

– le tracé régulier de lignes graphiques (le rond, le trait, la boucle, le pont…) dans un espace limité pour apprendre à réguler la taille, la forme et la hauteur du tracé.

Peuvent également être proposées des activités de phonologie[5] telles que :

– le jeu de découpage syllabique oral ;

– les jeux de rapprochement de mots commençant ou se terminant par la même syllabe (par exemple, *salade/samedi/sardine… râteau/gâteau/château…*) ;

– les jeux qui consistent à transformer des mots en utilisant plusieurs fois le même son (par exemple, avec « a » : *chocolat/chacalat* ; avec « i » : *turlututu/tirlititi…*) ;

– les jeux avec la langue en inventant des mots ou en modifiant le sens d'une phrase *via* la substitution d'un mot proche du point de vue de la sonorité (*Fatiha a un beau chapeau/Fatiha a un beau château* ; *Léo mange un gâteau/Léo mange un bateau…*).

Pour que ces activités permettent les apprentissages visés, il est essentiel que l'enseignant les programme plusieurs fois, voire régulièrement.

[5]. Sur ce point, voir le chapitre « Développer la conscience phonologique dès l'école maternelle », p. 94.

CHAPITRE 4
La littérature à l'école maternelle

CE QU'EN DIT LE PROGRAMME

- **Statut de la littérature dans les programmes de 2015**

Les programmes de 2002, en désignant la littérature de jeunesse comme support de lecture privilégié quel que soit le cycle de scolarité, ont officialisé sa place essentielle à l'école maternelle. Cette reconnaissance institutionnelle a depuis été renforcée par la publication, pour le cycle 1, comme cela était déjà le cas pour les cycles 2 et 3, d'une liste d'ouvrages conseillés[1].

Dans le programme de l'école maternelle de 2008, la littérature était considérée comme une dimension importante des apprentissages, notamment dans deux domaines d'activité, « s'approprier le langage », où elle était au cœur des objectifs liés au développement de la compréhension, et « découvrir l'écrit ».

Dans le programme de 2015, la littérature est relativement plus discrète.
- Elle est mentionnée dans le domaine relatif à l'écrit, dans la rubrique « Écouter de l'écrit et comprendre » ; elle est liée à « la fréquentation de la langue de l'écrit, très différente de l'oral de communication » et à la « compréhension de son contenu ».
- Elle est aussi en rapport avec les activités permettant d'« échanger et de réfléchir avec les autres ». Les moments où sont lues et entendues les histoires sont propices aux discussions : « Il y a alors argumentation, explication, questions, intérêt pour ce que les autres croient, pensent et savent. L'enseignant commente alors l'activité qui se déroule pour en faire ressortir l'importance et la finalité[2] » et « il prend en charge la lecture, oriente et anime les échanges qui suivent l'écoute[3] ».

Ces situations génèrent également la production du langage d'évocation qui amène les élèves « à se faire comprendre sans autre appui » et « de façon de plus en plus explicite[4] ».

De la petite à la grande section, « la progressivité réside essentiellement dans le choix de textes de plus en plus longs et éloignés de l'oral ; si la littérature de jeunesse y a une grande place, les textes documentaires ne sont pas négligés[5] ».

Pour aider les enseignants à choisir des ouvrages, le ministère de l'Éducation nationale propose une liste de référence[6] destinée à permettre, dès l'école maternelle, l'entrée des enfants dans une première culture littéraire. Elle est organisée en deux grandes parties :
– La première s'appuie sur des pratiques orales de transmission (raconter, conter, dire, théâtraliser, mettre en scène...).
– La seconde est organisée à partir des pratiques de lecture (jouer avec la langue et le langage ; jouer avec les livres, avec les histoires ; entrer dans le récit).

---

1. Voir le site eduscol http://eduscol.education.fr/cid58816/litterature.html

2. *B.O.* du 26 mars 2015, p. 6.

3. *Ibid.*, p. 7.

4. *Ibid.*, p. 6.

5. *Ibid.*, p. 7.

6. Voir *Liste de référence pour l'école maternelle – 2013*, sur le site Eduscol.

Les documents d'accompagnement[7] du programme de 2015 qui consacrent une section complète à la littérature et aux documentaires permettent d'expliciter davantage les attentes :

« L'école maternelle est le lieu privilégié pour une acculturation progressive et pour une découverte régulière d'une variété de livres de jeunesse par l'ensemble des enfants. Ce sont les différentes formes d'étayage progressif mis en œuvre par les enseignant(e)s qui vont permettre à chacun des élèves de se construire une première culture livresque ainsi qu'une première culture littéraire. Ces livres constituent des objets culturels essentiels au développement de l'enfant, à ses apprentissages langagiers et culturels. Il est donc essentiel de rendre la littérature de jeunesse accessible matériellement, culturellement et intellectuellement à chacun des élèves afin qu'une partie de ses usages (lire, consulter, feuilleter, écouter, découvrir, s'étonner, s'informer, s'évader...), ses supports (albums de jeunesse, albums tout en images, livres animés, livres non illustrés, imagiers, textes de comptines...) et ses espaces (coin-livres de la classe, bibliothèque d'école, de quartier, bibliobus...) deviennent, pour tous, familiers et intéressants. »

[7]. Ressources pour la classe, à partir du lien : http://eduscol.education.fr/cid91996/mobiliser-langage-dans-toutes-ses-dimensions.htm

CE QU'IL FAUT SAVOIR POUR ENSEIGNER

1. Les compétences de « lecteur » d'un élève de maternelle

Même s'il y a une continuité des apprentissages dans les différents cycles et si certains présupposés théoriques sont partagés entre l'école maternelle et l'école primaire – représentation de la littérature de jeunesse comme une littérature authentique, conception du rôle de lecteur[8] –, il ne faut cependant pas oublier la spécificité de l'approche de la littérature à l'école maternelle. En effet, l'âge des enfants (de 3 à 6 ans) fait que ceux-ci ne sont pas encore lettrés mais découvrent la langue et la culture écrite, ce qui fait dire à Mireille Brigaudiot que « pour le petit, tout est problème ».

Face à certaines dérives ou à certaines erreurs d'appréciation, la plupart des spécialistes de l'école maternelle rappellent l'exigence prioritaire de ne pas minorer les difficultés rencontrées par le jeune enfant qui découvre les ouvrages de littérature de jeunesse[9]. Il importe donc, pour l'enseignant, d'une part de bien identifier les obstacles que rencontrent les élèves de maternelle et d'autre part de bien appréhender les ressorts de son action de « médiateur » ou de « passeur ».

Ces difficultés ou ces obstacles, qui viennent singulièrement complexifier la tâche des enseignants, proviennent essentiellement de l'expérience du monde de ces élèves, limitée et singulière, de leur développement cognitif et langagier et du fait qu'ils découvrent la culture écrite et le monde de l'écrit.

[8]. voir le chapitre « La littérature au cycle 3 », p. 266

[9]. M. Brigaudiot, « Les difficultés de compréhension en maternelle », in *Les Cahiers pédagogiques* n° 462, *La littérature de jeunesse, une nouvelle discipline scolaire ?*, avril 2008.

1.1 Les connaissances du monde

Les connaissances dont disposent les jeunes enfants sont nécessairement limitées à leur très jeune expérience et dépendent principalement de leur univers familial ;

ils n'ont évidemment pas tous connu les mêmes expériences, et même s'ils ont eu des jeux ou des expériences similaires, les adultes de leur entourage n'ont pas produit le même langage à cette occasion. Aussi, n'existe-t-il pas de niveau « moyen » de connaissances pour un enfant de l'école maternelle[10]. Les expériences évoquées dans les livres, même dans ceux qui reproduisent les scénarios du quotidien *a priori* les plus largement partagés, ne sont donc pas nécessairement connues de tous les élèves : par exemple, les représentations des rôles des personnages (ce que fait un papa, une maman, un enfant, dans telle ou telle circonstance) peuvent différer grandement de ce qu'ils connaissent ; les scénarios de la vie quotidienne (comme tel jeu entre la maman et l'enfant au moment du lever ou du coucher ; l'expérience du bain et du jeu avec l'eau dans une baignoire, etc.) peuvent être totalement méconnus et ne pas correspondre aux manières d'être et de vivre des familles.

[10]. M. Brigaudiot, *ibid.*

1.2 Les compétences cognitives et langagières

Elles sont en plein développement et évoluent considérablement de la petite section à la grande section. Les notions d'espace et de temps, la perception des relations logiques et chronologiques, la capacité à se décentrer et à imaginer sont à construire en même temps que s'élaborent les moyens langagiers nécessaires à leur expression.

Ainsi, la capacité à se décentrer peut devenir impossible parce que la scène ou la situation évoquée est occultée par l'émotion. Telle situation représentée dans la fiction, par exemple une situation d'abandon ou une évocation de fratrie, suscite une émotion qui renvoie à l'expérience de l'enfant et l'empêche de « voir » la fiction ; pour l'enfant, la réalité vécue lorsqu'elle est marquante, sans être pour cela traumatisante, peut se superposer à la fiction et la masquer.

1.3 L'expérience de l'écrit et de la culture écrite

Si certains enfants ont déjà une expérience du livre et de la lecture grâce à l'exemple des parents qu'ils ont pu voir lire et écrire et/ou grâce à l'expérience de la lecture du soir effectuée par un adulte, d'autres en sont dépourvus. Le livre peut n'être qu'un objet parmi d'autres dont les propriétés et les fonctions restent à découvrir.

En somme, même si, dans le meilleur des cas, une première acculturation a pu avoir lieu, les enfants ont encore beaucoup à découvrir sur l'écrit et son fonctionnement, ses codes et ses règles.

2 Le rôle de l'enseignant

On peut penser que les premières expériences du jeune enfant avec les ouvrages de littérature de jeunesse vont être décisives pour son avenir de lecteur. Le rôle de l'enseignant qui se trouve en position de médiateur est donc évidemment capital dans ces apprentissages. Son expertise s'avère déterminante au moins sur trois points : le choix des ouvrages ; les approches qu'il en propose ; la gestion des interactions langagières.

2.1 Le choix des ouvrages

Pour choisir une œuvre, les critères subjectifs de l'enseignant, même s'ils ne peuvent être tenus pour rien, ne sont pas suffisants. De même, le gout supposé des enfants ne saurait constituer un élément définitif. Le choix des œuvres est un acte didactique motivé par l'objectif de construire des compétences de lecteur. Pour cela, l'enseignant tient compte de l'âge et de l'expérience des élèves, c'est-à-dire de leur parcours de lecture antérieur depuis la PS, des spécificités du livre (un certain nombre de critères peuvent être mis en avant), des objectifs (qu'est-ce que les élèves ont à construire et à comprendre avec tel ouvrage ?), des activités qu'il souhaite mettre en œuvre.

Ces choix d'ouvrages s'inscrivent dans une programmation en littérature et tiennent compte d'une progressivité des apprentissages de la PS à la GS. Plus les enfants sont petits (PS), plus la question de leur compréhension est problématique. La lecture et l'analyse des ouvrages doivent alors surtout envisager les obstacles à la compréhension que vont rencontrer les élèves.

Pour aider les enseignants dans cette opération, Véronique Boiron[11] avance quatre critères de choix pour les ouvrages destinés à construire la compréhension du récit dès la petite section.

A. L'accessibilité de l'histoire

La cohérence narrative proposée par l'album doit prendre en compte le développement cognitif des enfants. On sait que les rapports chronologiques et les relations de causalité ne sont pas encore complètement construits en petite section et que la capacité de bien identifier des personnages, de les reconnaitre, de percevoir leurs intentions et leurs transformations est en cours de construction tout au long de l'école élémentaire. Il convient donc, dans un premier temps, de choisir des histoires à la chronologie simple, sans ruptures (anticipations, retours en arrière) et dont les personnages puissent être aisément reconnus et « suivis ». Mireille Brigaudiot rappelle à ce sujet qu'il faut être prudent quant au choix de textes « résistants », au sens où l'entend Catherine Tauveron, parce que des récits paraissant simples sont déjà difficiles à comprendre par les enfants de maternelle. Dans un second temps, avec les élèves de MS et GS, les histoires proposées pourront être un peu plus longues et un peu plus complexes.

B. Le rapport au monde

On peut penser que des livres évoquant des expériences ou des scénarios connus de la vie quotidienne permettront une interprétation plus aisée de l'expérience évoquée. Il faut en effet « que les livres disent à l'enfant quelque chose du monde qu'il connait[12] ». Ces livres sont nombreux sur le marché, souvent dans le cadre de séries constituées autour d'un personnage récurrent : Petit Ours brun, Bob, Lou et Mouf[13], etc. Même ces expériences quotidiennes sont vécues différemment et c'est par la découverte de ces ouvrages, en classe, que se construisent des représentations partagées. De manière très progressive, les élèves de MS et GS pourront s'intéresser à des histoires qui font référence à des expériences de moins en moins proches.

C. La mise en mots du monde

« Le rôle de l'école est alors de proposer aux enfants des scénarios qui rendent dicible cette expérience et qui la représentent ».[14]

---

11. V. Boiron, « Mettre en récit le monde, Quels livres pour les enfants de petite section ? », in *La littérature en corpus*, sous la direction de B. Louichon et A. Rouxel, Scérén CRDP Bourgogne, décembre 2009, p. 198-199.

12. V. Boiron, *op. cit.*

13. Exemples empruntés à l'article de M.-C. Javerzat, « Lire en constellation pour apprendre à l'école », in *La littérature en corpus*, sous la direction de B. Louichon et A. Rouxel, CRDP de Bourgogne, 2009.

14. V. Boiron, *op. cit.*

Il importe que le texte proposé permette à l'enfant de comprendre la situation évoquée et l'aide à percevoir une cohérence entre les différentes scènes, généralement appréhendées par les illustrations, qui sont proposées. La question de la qualité et de la cohésion du texte est donc essentielle pour que l'enfant puisse s'engager dans la construction du sens. Certains albums, au contraire, peuvent évoquer des scènes « ordinaires » de la vie quotidienne mais les représenter d'une façon relativement complexe, par exemple avec une circulation du sens entre le texte et l'illustration ou des ellipses, qui peuvent créer des obstacles à la compréhension des élèves.

D. La lisibilité des illustrations

Il est souhaitable que « le monde représenté soit stéréotypé et puisse être interprété à partir des catégories déjà construites par l'enfant[15] ».

Pour les adultes, habitués depuis longtemps aux codes de représentations, les images s'imposent souvent comme des évidences. Or ces codes (composition, symbolisation, simplification...) sont complètement étrangers aux enfants qui arrivent à l'école maternelle. On privilégiera donc les ouvrages présentant des illustrations à portée des enfants, aisément interprétables, sans pour autant interdire le vagabondage de l'imagination.

Mireille Brigaudiot[16] donne également une liste de critères pour choisir les albums à lire :
– les personnages (leur nombre, leur proximité avec l'enfant) et leurs aventures (leur durée et leur complexité : une histoire avec des rebondissements est plus difficile à suivre qu'une construite sur une structure répétitive) ;
– les états mentaux, moteurs de l'avancée de l'histoire ; les enfants comprennent bien certains sentiments et sensations mais ont des difficultés à comprendre les ruses, les tromperies ;
– les connaissances du monde[17] ;
– la difficulté du texte lu ; il peut être long s'il n'y a pas trop de personnages, si les illustrations donnent « des appuis cognitifs » aux enfants.

D'ailleurs, dans la liste de référence des ouvrages pour le cycle 1, la rubrique « entrer dans le récit » est subdivisée en trois niveaux : des premières histoires racontées en album, des récits simples, des récits déjà élaborés. Le Ministère précise, pour chaque titre retenu, un niveau de difficulté de lecture.

2.2 Les approches

Les modalités de présentation des histoires et des textes, les activités pour faire vivre un album peuvent prendre des formes très variées selon les objectifs de l'enseignant : raconter, lire, montrer, jouer, faire parler une marionnette ou une marotte, faire vivre une histoire, un personnage, relire, rappeler l'histoire, inventer à partir d'une histoire, utiliser le dessin, laisser les enfants « lire » seuls.

Mais il importe que les élèves comprennent les enjeux des situations qui leur sont proposées et ne confondent pas les différents actes générés par les livres tels que raconter, réciter, commenter, résumer, discuter sur des images ou à partir du texte... et lire. Il est en effet crucial, pour l'élève de maternelle, que sa représentation de la lecture soit exacte pour pouvoir engager cet apprentissage sur des bases saines.

---

15. V. Boiron, *op. cit.*

16. M. Brigaudiot, *Langage et école maternelle*, Hatier, 2015, p. 152-154.

17. Voir 1.1. et 2.1B de ce chapitre.

L'observation des « gestes professionnels » des enseignants de maternelle montre que ceux-ci n'hésitent pas à « mettre en scène » leur lecture, en montrant leurs gestes de lecteurs, en soulignant leur fidélité au texte, immuable d'une lecture à l'autre, en modulant leur diction sur la page qu'on tourne, etc. Ils mettent toutes les ressources intonatives et prosodiques au service du texte pour le rendre expressif, en signaler les ruptures, indiquer les paroles de personnages, marquer les points de vue, etc.

Ils se servent aussi abondamment des illustrations pour les montrer, souvent en pointant du doigt des détails. Ils aident ainsi les élèves à s'orienter dans l'image et à la comprendre. L'usage de ces illustrations est assez souple et les grandes variables d'utilisation consistent : soit à dévoiler l'ensemble des illustrations avant de lire, soit à lire et montrer les illustrations au fur et à mesure de la lecture, soit à lire le texte dans son intégralité puis à montrer les images.

Surtout, les enseignants proposent des échanges langagiers autour du livre à tous les moments qu'ils jugent utiles afin de faciliter la compréhension. Leur rôle est d'aider les élèves à construire la notion de personnage, à prendre conscience de la cohérence et de la cohésion du texte, à relier les évènements, à construire les rapports de chronologie, de causalité, de conséquence[18].

Les activités peuvent être diverses :

- **activités d'écoute** : écoute de textes lus ou d'histoires racontées par l'enseignant ;
- **activités d'échange et d'expression** : répondre à des questions posées par l'enseignant, reformuler quelques éléments de l'histoire entendue, faire des hypothèses sur le contenu d'un livre au vu de sa couverture et de ses illustrations ;
- **activités d'observation et de manipulation** : reconnaitre des supports d'écrits, distinguer le livre des autres supports, utiliser un livre correctement du point de vue matériel, se repérer dans un livre (couverture, page, images, texte), s'orienter dans l'espace de la page ;
- **activités de production** :
  – observer un livre d'images, ou très illustré, et traduire en mots ses observations,
  – raconter une histoire entendue en restituant les enchainements logiques et chronologiques ; l'interpréter ou la transposer (marionnettes, jeu dramatique, dessin),
  – rappeler des histoires entendues (caractérisation des personnages, relations entre eux, enchainement logique et chronologique, relations spatiales),
  – rappeler le début d'une histoire lue par épisodes par l'adulte ; essayer d'anticiper sur la page qui suit en tenant compte des évènements déjà advenus et éventuellement de la structure de l'histoire, imaginer la suite ou la fin d'une histoire,
  – exprimer des sentiments ou émotions ressentis personnellement ou prêtés aux autres et aux personnages d'histoires connues,
  – inventer une histoire sur une suite d'images,
  – établir des liens entre des livres (imagiers/livres comportant texte et images ; livres racontant une histoire/n'en racontant pas,
  – comparer des histoires qui ont des points communs (même personnage principal, même univers).

[18]. M. Brigaudiot, *ibid.*

2.3 Le contenu et la gestion des interactions langagières

Le langage n'est pas seulement un outil au service de la communication et de l'échange, c'est aussi un outil pour penser et un outil si essentiel qu'il semble pratiquement impossible de séparer le développement de la pensée de celui du langage.

Au cours des interactions langagières, des modes de pensée, de véritables « outils culturels » s'échangent et se modélisent pour s'intérioriser : l'enfant peut être amené à déduire quelque chose d'une observation, produire une hypothèse, la subordonner à une condition, repérer des analogies, comparer, catégoriser... C'est grâce au langage que l'enfant va devenir capable d'explorer et d'ordonner le réel en le mettant justement à distance par le pouvoir des mots qui nomment, qui classent, qui catégorisent. C'est grâce au langage que l'enfant va notamment pouvoir produire des récits, c'est-à-dire transformer des faits bruts et disparates en évènements intelligibles et transmissibles.

L'enseignant s'inscrit dans une logique centrée sur l'enfant qui nécessite un travail en atelier. Il écoute, il essaie de prendre en compte les signes ténus d'une compréhension qui progresse peu à peu, une compréhension « invisible », selon Mireille Brigaudiot[19]. Il interagit avec tous les enfants, crée une dynamique de groupe et suscite une culture commune en apportant son indispensable médiation et son étayage[20].

19. M. Brigaudiot, *ibid.*

20. Voir la fiche « Étayage et gestes professionnels », p. 51, et le chapitre « La compréhension en lecture aux cycles 2 et 3 », p. 157.

RESSOURCES À CONSULTER

- **Bibliographie**

– BOIRON V., « Lire des albums de littérature de jeunesse à l'école maternelle : quelques caractéristiques d'une expertise en actes », *Repères* n° 42, *Les savoirs des enseignants de français*, INRP, 2010.

– BOURBON C., CAMINADE-RIFFAUT F., *Les sentiers de la littérature en maternelle*, CRDP de Créteil, 2005.

– Brigaudiot M., « Les difficultés de compréhension en maternelle », *Les Cahiers pédagogiques*, n° 462, avril 2008.

– Brigaudiot M., *Langage et école maternelle*, Hatier, 2015. Particulièrement p. 149-167, « Écouter de l'écrit et comprendre ».

– DUFAYS J.-L., *Pour une lecture littéraire*, Dubock-Duculot, 1996, 4e partie : « Comment lire ? Propositions didactiques », p. 163-337.

– GIASSON J., *Les textes littéraires à l'école*, Gaëtan-Morin, 2000.

– TAUVERON C., *Lire la littérature à l'école*, Hatier, 2002.

- **Sitographie**

– Observatoire national de la lecture : onl.inrp.fr (– thématiques – livres de jeunesse et apprentissages – constellations)

– Télémaque : http://www.crdp.ac-creteil.fr/telemaque/ (onglet « fiches pédagogiques »)

AU CONCOURS

À partir[20] de la transcription de l'extrait de séance reproduit ci-dessous, vous chercherez dans votre analyse critique à répondre aux questions suivantes :

❶ Vous définirez les objectifs de ce début de séance transcrite. *(2 points)*

❷ Vous analyserez la participation des élèves et, en particulier, les interactions entre eux. *(3 points)*

❸ Vous analyserez les gestes d'étayage de l'enseignante liés
   a. à l'objectif d'acculturation en littérature ;
   b. aux objectifs langagiers et à la situation de communication. *(4 points)*

❹ Le dispositif vous semble-t-il pertinent de ce double point de vue (acculturation et communication) ? Le cas échéant, vous proposerez les modifications qui vous paraissent nécessaires. *(4 points)*

> 20. Sujet aménagé à partir du sujet de concours donné à la session 2009 pour le groupement 2.
>
> Corrigé p. 130
>
> Corrigé p. 130
>
> Corrigé p. 131
>
> Corrigé p. 133

DOCUMENT

La séance a lieu dans une classe de grande section en début d'année scolaire ; l'école est située en réseau d'éducation prioritaire. Travaillant régulièrement à partir d'albums de littérature de jeunesse dans sa classe, l'enseignante présente ici un nouvel album : *Donne-moi un ours*, de Carl Novac et Émile Jadoul, éditions Pastel, 2001[21].

La séance complète a duré environ une heure, elle a été conduite en classe entière ; seul le début a été retranscrit.

Conventions de transcription : *X = une syllabe incompréhensible ; XXX = plusieurs syllabes incompréhensibles.*

> 21. Ci-contre, la 1re de couverture de cet album à partir de laquelle commencent à discuter les enfants.

1. L'enseignante : Je vais vous... Je vais vous montrer un nouveau livre. Un livre qu'on n'a jamais vu, d'accord ? On va faire comme on a déjà fait, c'est-à-dire qu'on va le regarder ensemble et on va essayer de voir de quoi, de qui il parle et quelle est cette histoire qu'on va découvrir dans ce livre.
2. Camille : Ça parle d'un ours et d'un enfant.
3. L'enseignante : Ça parle d'un ours et d'un enfant.
4. Céline : Y'a un gâteau sur les marches.
5. L'enseignante : Oui.
6. Céline : Y'a une bougie là (elle montre).
7. Camille : L'enfant, y'a un an.
8. L'enseignante : Tu penses que c'est un enfant qui a un an ?
9. Céline : Non, c'est l'ours qui a un an.
10. L'enseignante : Ou l'ours qui a un an.
11. Camille : Tu t'as trompé.
12. L'enseignante : À votre avis ?
13. Camille : Oui, c'est l'enfant.
14. L'enseignante : Tu penses que c'est l'enfant ?
15. Camille : Oui, c'est l'enfant, parce que l'ours, il est un peu grand, pour un an, hein ?
16. L'enseignante *(elle rit)* : C'est vrai qu'il a l'air très grand, cet ours, ben, vous avez autre chose à dire sur la couverture, là ?

17. Camille : Là, y'a un titre !
18. Céline : Y'a l'auteur !
19. Camille : Non, y'a pas l'auteur ! *(Elle montre du doigt le nom de l'auteur.)*
20. Céline : L'ours, y'a pas XXXX.
21. L'enseignante : Pourquoi, qu'est-ce que tu me dis ? On n'a pas l'auteur ? Pourquoi t'as pas l'auteur ?
22. Camille : On voit pas ça dans « Mathilda ».
23. L'enseignante : Ah ! On ne connait pas l'auteur, ce n'est pas un auteur qu'on connait déjà et on a pas écrit le nom sur une des affiches, non, tu as raison. L'auteur, c'est Carl Novac et Émile Jadoul. Et effectivement on ne connait pas ces auteurs-là. On les a jamais vus. C'est tout ? On y va ? On regarde dans le livre ?
24. Céline : Ça c'est là, c'est la table.
25. L'enseignante : C'est la table.
26. Camille : On voit tout de suite, y avait un nappe.
27. L'enseignante : C'est « un » ?
28. Camille : C'est un nappe, qui est sur la table.
29. L'enseignante : Ah ! La nappe qui est sur la table.
30. Antoine : Ouais.
31. L'enseignante : Ah ! C'est ça que tu as reconnu ? C'est ça ? *(Elle revient à la première de couverture.)*
32. Camille : Ouais.
33. Céline : On dirait des briques.
34. L'enseignante : On dirait des briques.
35. Camille : Et c'est fait en peinture.
36. L'enseignante : Et c'est fait en peinture.
37. Antoine : Ah, ouais, moi, je peux voir que c'est du bois, regarde, y'a un peu de jaune.
38. Céline : Y'a un peu de gris.
39. Jeoffrey : En plus, on voit du blanc, madame.
40. L'enseignante : On voit du blanc aussi, oui.
41. Camille : Ouais, des petits, enfin !
42. Antoine : Y'a des aut' couleurs dessus.
43. Martial : Et y'a l'enfant et l'ours parce que c'est l'enfant.
44. Camille : Ah ben, oui, ah, c'est XXXX parce que peut-être...
45. L'enseignante : Attends, laisse parler Martial.
46. Martial : Ah, peut-être qu'on rencontre des briques et pis l'enfant qui se donne la main.
47. L'enseignante : L'enfant qui se donne la main avec qui ?
48. Martial : Avec l'ours.
49. L'enseignante : Alors
50. Camille : Je pense que c'est pas, que c'est un enfant parce que l'enfant, l'enfant je pense pas qu'il est né.
51. Antoine : Parce que des ours ça peut casse des vitrines et pis des carreaux et des vrais...

CORRIGÉ — ANALYSE CRITIQUE

> **Aide méthodologique**
>
> L'analyse d'une transcription d'échange oral présente des difficultés particulières auxquelles il est absolument nécessaire de s'être familiarisé par des exercices d'entrainement (voir recommandations dans la partie « Méthodologie »).
>
> La **question 1** nécessite une interprétation globale de la situation d'enseignement : présentation d'un nouvel album de la littérature de jeunesse dans une classe où cette pratique est habituelle et une interprétation des interventions de l'enseignante pour en dégager les intentions.
>
> La transcription proposée ne pose pas de problèmes particuliers mais les **questions 2 et 3** exigent cependant des candidat(e)s d'être familiarisé(e)s avec ce type d'analyse. Ces questions demandent une bonne connaissance du fonctionnement des interactions orales dans une classe de maternelle et de la notion d'étayage (voir la fiche 11 « Étayage et gestes professionnels », p. 52).
>
> Pour répondre à la **question 4**, il convient d'articuler au mieux les propositions avec les éléments d'analyse donnés dans les réponses précédentes.

❶ Vous définirez les objectifs de la séance transcrite.

Énoncé p. 128

Cette séance présente une double visée. C'est d'abord un moment de langage oral pendant lequel l'objet d'apprentissage est le langage lui-même mais c'est aussi un échange au cours duquel se font d'autres apprentissages sur la culture écrite à travers la découverte d'un album de la littérature de jeunesse.

A. Objectif d'acculturation et d'entrée dans la littérature

Si l'on considère l'oral comme « outil » d'apprentissage au service d'un objectif d'acculturation, l'enseignante a pour objectif d'amener les élèves par les interactions orales à : réinvestir leurs compétences de lecteurs d'albums et leurs connaissances relatives à la nature et à la fonction de la première de couverture ; repérer les spécificités d'une nouvelle première de couverture et des illustrations de l'objet-livre ; définir, à partir de ces indices, un horizon d'attente narratif : identification de personnages et d'éléments permettant d'inférer l'argument de la trame narrative.

B. Objectifs langagiers

Si l'on considère l'oral comme « objet d'apprentissage » pour lequel la séance de littérature sert de support, l'objectif de l'enseignante est d'aider les élèves à utiliser le langage, d'une part pour apprendre à penser, construire des savoirs et des savoir-faire, développer des compétences linguistiques spécifiques, celles de la langue de l'école.

Et d'autre part pour apprendre à adapter son propos à la situation de communication, à communiquer sa pensée et à interagir avec autrui en l'écoutant et en prenant en compte sa parole.

Les deux séries d'objectifs n'entrent pas en contradiction et les deux apprentissages se co-construisent.

❷ Vous analyserez la participation des élèves et, en particulier, les interactions entre eux.

Énoncé p. 128

Au début de la séance, seules deux élèves, Céline et Camille, entrent immédiatement dans la tâche mais leur échange se fait davantage sur le mode de la rivalité que de la coopération : « tu t'as trompé », « non, y'a pas l'auteur » reproche Camille à Céline. Camille monopolise le temps de parole (15 interventions pour 8 de Céline). Elle invalide les propositions de Céline qui n'intervient que pour désigner : « y'a un gâteau », « y'a une bougie, là », « y'a l'auteur », « ça c'est la table » sans forcément construire de lien entre les différents indices repérés. Céline décrit le support.

Camille, en revanche, semble capable de construire une ébauche de cohérence en tissant des liens entre les différents indices, et même en se servant du repérage de Céline (19) pour argumenter contre elle. En effet, contrairement à Céline qui est dans la désignation « y'a », « ça, c'est », Camille est dans la construction de l'histoire : « ça parle de... ». Elle comprend mieux la tâche scolaire : interprète les signes, « je pense que c'est pas... » (50) et se sert de sa culture, « on voit ça dans *Mathilda* ».

Elle comprend les enjeux de la situation orale. En effet, Camille traite toutes les informations disponibles dans l'échange : celles qu'elle repère elle-même sur le support mais aussi celles qui lui proviennent de l'échange. Elle prend en compte, pour les retraiter, les repérages de Céline, les reformulations de la maitresse (10 et 12) et le questionnement magistral « tu penses que c'est l'enfant ? ». Ainsi peut-elle imposer son scénario en l'argumentant : « parce que l'ours, il est un peu grand pour un an ». Sa domination dans l'échange s'explique aussi par une meilleure maitrise du langage. Elle est capable d'émettre des hypothèses d'interprétation alors que Céline semble davantage ancrée dans le langage en situation. Donc, si les deux élèves interagissent (11 et 19), il est difficile de considérer qu'elles coopèrent vraiment puisque leurs discours ne renvoient pas aux mêmes éléments de la situation et du livre. Céline ne perçoit pas les stratégies de Camille. D'ailleurs, comme la maitresse ne valorise pas ces stratégies en les faisant expliciter, Camille elle-même retombe dans la seule description, de 26 à 41.

Les trois garçons interviennent après les premiers échanges entre Camille et Céline mais, comme Céline, ne font que décrire l'image.

Enfin, on peut remarquer qu'Antoine et Jeoffrey s'adressent prioritairement à la maitresse qu'ils semblent considérer comme leur seule interlocutrice : « regarde » (37) et « en plus on voit du blanc, madame ». On peut se demander s'ils ont compris les modalités de la situation d'apprentissage et perçu les enjeux du débat collectif.

L'intervention de Martial (46) et plus encore celle d'Antoine (51) montrent que faute de pouvoir interpréter les indices en contexte, les élèves se perdent dans des hypothèses fondées sur leurs propres représentations du monde et sortent ainsi du domaine d'apprentissage concerné : « peut-être qu'on rencontre », « parce que l'ours ça peut... »

L'analyse ne porte que sur les premières minutes d'une séance prévue pour durer une heure. Néanmoins, une réorientation de l'étayage de l'enseignante apparait nécessaire pour recadrer la suite du travail afin que les objectifs culturels et langagiers puissent être atteints par les élèves.

❸ Vous analyserez les gestes d'étayage de l'enseignante liés
   A. à l'objectif d'acculturation en littérature ;
   B. aux objectifs langagiers et à la situation de communication.

Énoncé p. 128

A. Étayage des apprentissages liés à l'objectif d'acculturation en littérature

• **Définition des objectifs de la séance et passation de la consigne aux élèves**

L'objectif de l'enseignante semble être de faire définir aux élèves un horizon d'attente narratif, par l'identification des personnages et l'approche d'une trame, à partir de l'objet-livre et notamment de la première de couverture.

– **Définition de l'objectif aux élèves** : l'enseignante essaie d'adapter la formulation de la consigne à ses destinataires. Les expressions « de qui et de quoi parle », « quelle est cette histoire » évitent d'employer les termes complexes de « personnage » et de

« trame narrative ». Le groupe verbal « essayer de voir » montre qu'il ne s'agit que d'une première approche, l'histoire devant être découverte « dans le livre », par la lecture.

– **Définition des stratégies pour atteindre l'objectif** : la référence aux pratiques antérieures, « comme on l'a déjà fait », puis l'ébauche d'une explicitation de la démarche « on va essayer de voir » visent à donner aux élèves une représentation de la tâche. Néanmoins, l'ambigüité énonciative du « on » ne permet pas de savoir quelle est précisément la tâche des élèves et en quoi elle se distingue de celle de la maitresse, confusion entretenue par l'adverbe « ensemble ». De même, aucune mention précise n'est faite des stratégies et des outils utilisés dans les séances antérieures alors que le travail sur l'objet-livre a théoriquement pour objectif de développer chez l'élève des stratégies conscientes de lecture. La mention précise des stratégies et des outils semble indispensable à la construction des apprentissages.

• **Aide à la construction de compétences disciplinaires**

– **Le lexique spécifique à l'objet d'apprentissage** : l'enseignante utilise l'hyperonyme « livre » alors que l'emploi du terme spécifique d'« album » aurait permis aux élèves de construire un savoir plus précis. De même, au lieu d'employer les termes du domaine d'apprentissage concerné, elle utilise des déictiques : « ça » (3, 31), « c'est » (8 et 25, 27, 36), « là » (16). Ce sont les élèves qui introduisent les notions de titre (17) et d'auteur (18). Or, sur la notion d'auteur, l'intervention de l'enseignante est ambigüe : « on les a jamais vus », dit-elle. Le verbe « voir », impropre et polysémique, risque de ne pas être compris : elle aurait dû préciser que la classe découvrait pour la première fois un album *écrit* par ces auteurs.

Par ailleurs, l'utilisation du verbe « parler » dans l'expression « on va essayer de voir de quoi, de qui il [le livre] parle », expression reprise à l'identique par Camille (2), ne contribue pas à clarifier la fonction et la nature de l'écrit dans sa différence avec l'oral, ce qui est un objectif fondamental du cycle.

– « on va le *regarder* et on va essayer de *voir* » réduit la tâche des élèves à un repérage d'indices visuels permettant d'inférer le contenu de ce qui est défini comme « cette histoire qu'on va *découvrir dans ce livre* ». Une telle présentation appelle deux remarques. Premièrement, les élèves peuvent penser que *lire* consiste à *deviner* le contenu de l'histoire à partir de l'objet-livre et de ses illustrations. En effet, la maitresse n'emploie jamais le verbe « lire » pour désigner l'opération de vérification des hypothèses, mais l'expression « découvrir dans ce livre ». Elle ne fait à aucun moment référence à la notion de *texte*, ce qui n'aide pas les élèves à percevoir la fonction de la lecture et encore moins celle de la littérature.

De façon générale, l'enseignante reprend les termes employés par les élèves mais ne synthétise jamais les diverses propositions par des reformulations précises clarifiant l'objet d'étude et le sens de la tâche. Faute de cet étayage, l'objectif d'apprentissage se perd un peu dans une description désordonnée du support.

B. Étayage des apprentissages langagiers liés à la situation de communication

• **Aide à la compréhension de la situation de communication**

L'enseignante enrôle les élèves dans une tâche collective (« on », « ensemble ») qu'elle définit sans la faire reformuler par les élèves.

Elle régule les interventions en demandant à Camille (45) de laisser parler Martial. Elle soutient la parole de Jeoffrey (40).

Elle valorise et valide les propos des élèves, notamment ceux de Camille et de Céline, en les répétant à l'identique ce qui renvoie un feed-back positif et encourage la participation.

Elle incite un peu à l'explicitation et donc à l'interaction : « à votre avis » (12), « l'enfant qui se donne la main avec qui ? » (47), « alors » (49).

Néanmoins, sur 51 interventions orales, on en compte 20 pour l'enseignante qui ne renvoie jamais explicitement les propositions de ces élèves vers le groupe sinon par la reprise à l'identique de leurs propos. Le vague « alors » (49) risque de ne pas être suffisant pour permettre aux élèves de rebondir sur la proposition de leur camarade et surtout pour les amener à expliciter ou à clarifier leurs stratégies interprétatives afin qu'elles soient partagées par la classe.

De plus, les interventions finales de Camille et Antoine montrent que le maintien de l'orientation n'est pas assuré.

- **Aide à la construction de compétences linguistiques spécifiques**

L'enseignante n'apporte aucun lexique spécifique dans la mesure où elle ne fait que reprendre les propos des élèves.

Comme elle ne reformule pas, elle donne aussi l'impression de valider des phrases ou des expressions non correctes : (21) *« on a pas l'auteur. Pourquoi t'as pas l'auteur ? » ; (36) *« et c'est fait en peinture » ; (47) *« l'enfant qui se donne la main avec qui ? »

L'enseignante place les élèves dans une situation d'apprentissage intéressante mais l'étayage qu'elle propose risque de limiter la construction de compétences dans la pratique de l'oral et de la littérature.

❹ **Le dispositif vous semble-t-il pertinent de ce double point de vue (acculturation et communication) ? Le cas échéant, vous proposerez les modifications qui vous paraissent nécessaires.**

La séance complète dure environ une heure. Bien que l'on ne dispose que des premières minutes, on peut se demander si cette durée est adaptée à des élèves de début de grande section, que ce soit dans une école située en réseau d'éducation prioritaire ou située dans un milieu socioculturel favorisé. La mise en place de modalités pédagogiques plus adaptées semble nécessaire. Ainsi, l'adéquation entre la durée des séances et les compétences des élèves est un paramètre fondamental pour s'assurer du maintien de l'orientation de tous sur les objectifs d'apprentissage.

Le travail en classe entière multiplie *a priori* les possibilités d'interactions et la mutualisation des stratégies. Néanmoins, ce dispositif ne permet pas toujours à tous les élèves de prendre la parole et défavorise les faibles parleurs qui ne peuvent ainsi construire de compétences langagières ou disciplinaires. En ce début de séance, cinq élèves seulement s'expriment mais même pour ceux-ci le temps de parole est inégalement réparti : Camille 15 interventions, Céline 8, Antoine 4, Martial 3, Jeoffrey 1. De plus, la gestion de la classe entière oblige l'enseignante à intervenir plus fréquemment pour maintenir l'orientation et les élèves ont tendance alors à la considérer comme l'interlocutrice prioritaire en s'adressant préférentiellement à elle (interventions 8 à 16 ; 21-23 ; 37, 39, etc.), ce qui nuit aux interactions entre élèves.

De plus, la manipulation de l'objet-livre sur lequel s'effectue le travail, est très difficile en classe entière.

On pourrait donc proposer une séance plus courte en petits groupes hétérogènes de façon que les élèves puissent mieux s'exprimer et mutualiser savoirs et savoir-faire.

L'étayage de l'enseignante

• L'étayage linguistique de l'enseignante

L'enseignante semble essentiellement soucieuse d'encourager les interventions des élèves. Ainsi s'attache-t-elle à valoriser les énoncés en les répétant à l'identique. Ce feed-back positif incite sans doute les élèves à participer au débat mais ne leur permet pas d'accéder à une langue normée, celle de l'école, dans la mesure où des énoncés non syntaxiques se trouvent ainsi validés : 21, 23, 36, 47. De 26 à 29, aucune explicitation claire n'est donnée sur le problème rencontré, le genre de « table ».

La reprise quasi systématique des assertions des élèves et l'absence de reformulation de la maitresse ont d'autres conséquences linguistiques : l'emploi des déictiques « ça, c'est, là… » se substitue à l'utilisation d'un vocabulaire précis et adapté, ce qui empêche les élèves de développer les compétences lexicales. De plus, l'absence d'exigence d'explicitation ou d'argumentation ne favorise pas le développement de compétences langagières indispensables à l'école.

La maitresse pourrait reformuler les propos dans une langue normée et inviter les élèves à argumenter et à expliciter leurs propos.

• L'étayage des interactions

L'enseignante semble généralement renvoyer à l'élève sa propre parole, avec la plus grande neutralité, sans inciter le reste de la classe à réagir et à rebondir sur la proposition. Cette répétition en miroir pose pour l'élève la question du destinataire de ses propos et donc du sens de la séance. On peut noter deux écueils liés. Tout d'abord cet étayage ne régule pas les échanges : Camille peut ainsi mobiliser la parole en début de séance au détriment des autres élèves. Ensuite, cela risque d'instituer l'enseignant sinon comme seul destinataire au moins comme vecteur unique des échanges : les interventions d'Antoine et de Jeoffrey sont assez significatives à cet égard.

Pour construire des compétences langagières et culturelles, il est important que les élèves soient invités à s'écouter mutuellement, à prendre en compte les propos des autres et à interagir pour coopérer dans la construction des apprentissages.

• L'étayage des compétences culturelles de lecteur de littérature

Ce début de séance consacré à la découverte d'un album ne semble pas permettre aux élèves de percevoir la spécificité du support sur lequel ils échangent et le sens de leur travail.

L'enseignante devrait :

– définir plus précisément les objectifs de la séance aux élèves et les amener à reformuler la consigne pour s'assurer de sa compréhension ;

– les amener à mieux comprendre le sens de la tâche : définir un horizon d'attente permet de développer des stratégies de lecture adaptées au support ;

– leur donner le lexique nécessaire à la compréhension de la situation d'apprentissage et à la formulation de leurs hypothèses ;

– les inciter et les aider à utiliser leurs connaissances culturelles ;

– faire rappeler les outils et les savoir-faire construits dans les séances précédentes et aider les élèves à les utiliser ;

– les amener à passer de la simple description du support à la construction de la notion de personnage et d'histoire ;

– ne pas prolonger la phase d'hypothèses et amener les élèves à comprendre par l'entrée assez rapide dans le texte que les hypothèses doivent être vérifiées ou invalidées par la lecture du texte qui seule fait autorité et constitue l'objectif final.

CHAPITRE 5 — La lecture et l'apprentissage du code au cycle 2

CE QU'EN DISENT LES PROGRAMMES

Pour les programmes de 2015, la lecture nécessite des entrées plurielles : l'étude du code phonographique est menée conjointement avec un travail portant sur la compréhension et s'articule, de façon complémentaire et simultanée avec l'écriture.

● **Un travail systématique sur le code alphabétique**

La maîtrise de la lecture passe par celle « du fonctionnement du code phonographique qui va des sons vers les lettres et réciproquement[1] ». Une des premières compétences listées dans les attendus pour la fin du cycle 2 est d'« identifier les mots de manière de plus en plus aisée », avec la liste d'items suivants :
– discrimination auditive fine et analyse des constituants des mots (conscience phonologique) ;
– discrimination visuelle et connaissance des lettres ;
– correspondances graphophonologiques ; combinatoire (construction des syllabes simples et complexes) ;
– mémorisation des composantes du code ;
– mémorisation de mots fréquents (notamment en situation scolaire) et irréguliers[2]. »

Les deux voies sont donc sollicitées : la voie indirecte par assemblage avec la combinatoire et la voie directe par adressage pour les mots les plus fréquents (généralement les mots-outils indispensables à la construction des phrases) et irréguliers qui ne pourront pas être déchiffrés avant longtemps.

Aucune méthode n'est imposée ; la seule recommandation porte sur l'aspect explicite de l'enseignement : « Au CP, est dispensé un enseignement systématique et structuré du code graphophonologique et de la combinatoire, en ménageant tout le temps nécessaire aux entrainements pour tous les élèves[3]. »

La mémorisation des correspondances phonèmes-graphèmes et la compréhension du processus de fusion des graphèmes entre eux exigent de nombreuses répétitions et des exercices réguliers : « Ce sont des "gammes" indispensables pour parvenir à l'automatisation de l'identification des mots[4]. »

Des exemples de situations et d'activités permettant de développer ces compétences sont donnés par les nouveaux programmes : « Manipulations et jeux permettant de travailler sur l'identification et la discrimination des phonèmes. [...]. Activités nombreuses et fréquentes sur le code : exercices, "jeux", notamment avec des outils numériques, permettant de fixer des correspondances, d'accélérer les processus d'association de graphèmes en syllabes, de décomposition et recomposition de mots[5]. »

---

[1]. *B.O.* du 26 novembre 2015, p. 4.

[2]. *Ibid.*, p. 17.

[3]. *Ibid.*, p. 19.

[4]. *Ibid.*, p. 15.

[5]. *Ibid.*, p. 17.

LE COURS

5 La lecture et l'apprentissage du code au cycle 2

● **Un travail conjoint sur la compréhension**[6]

Parallèlement, s'effectuent des activités amenant les élèves à la compréhension des textes narratifs et documentaires par des « activités de reformulation et de paraphrase qui favorisent l'accès à l'implicite[7] ».

Les programmes de 2015 différencient les textes nécessairement très courts qui servent au décodage et les textes plus longs, lus par l'enseignant, qui permettent d'accéder à des sens plus complets et subtils et qui sont, le plus souvent, en rapport avec la littérature de jeunesse.

● **Une articulation avec le travail sur la langue**

L'aisance acquise progressivement dans l'identification des mots permettra d'accéder à une compréhension plus fine des textes étudiés et à une imprégnation de la langue de l'écrit qui, syntaxiquement et lexicalement, diffère de celle de l'oral. « La lecture met à l'épreuve les premières connaissances acquises sur la langue, contribue à l'acquisition du vocabulaire ; par les obstacles qu'ils font rencontrer, les textes constituent des points de départ ou des supports pour s'interroger sur des mots inconnus, sur l'orthographe de mots inconnus, sur des formes linguistiques[8]. »

● **L'interaction entre lecture et écriture**[9]

Les programmes insistent aussi sur la nécessaire articulation entre lecture et écriture, travaillées simultanément : « Lecture et écriture sont deux activités intimement liées dont une pratique bien articulée consolide l'efficacité. Leur acquisition s'effectue tout au long de la scolarité, en interaction avec les autres apprentissages ; néanmoins, le cycle 2 constitue une période déterminante[10]. »

Le décodage est donc systématiquement soutenu par l'encodage. Le travail sur le code « est associé à des activités d'écriture : encodage pour utiliser les acquis et copie travaillée pour favoriser la mémorisation orthographique[11] ». Les élèves utilisent les éléments du code appris pour essayer d'écrire des mots réguliers et se servent des outils référents construits par la classe. « Écrire est l'un des moyens d'apprendre à lire[12] » est une des affirmations fortes des programmes de 2015.

6. Pour plus de précisions, voir le chapitre 6 : « La compréhension en lecture aux cycles 2 et 3 », p. 157.

7. B.O. du 26 novembre 2015, p. 16.

8. Ibid.

9. Voir Chapitre 7 : « L'enseignement et l'apprentissage de l'écriture à l'école élémentaire », p. 183.

10. B.O. du 26 novembre 2015, p. 15.

11. Ibid., p. 19.

12. Ibid., p. 15.

CE QU'IL FAUT SAVOIR POUR ENSEIGNER

1 Qu'est-ce que lire ?

L'activité de lecture relève de processus complexes sur lesquels, depuis plus d'une trentaine d'années, se penchent de nombreux chercheurs issus de spécialités diverses, comme la didactique, la linguistique, la neurobiologie, la psychologie cognitive, la sociologie, et les points de convergence de ces différentes recherches sont maintenant bien établis. Il y a ainsi eu plusieurs acquis marquants ces dernières années. Une étude de très grande ampleur, dirigée par Roland Goigoux dans le cadre de l'IFE[13] et menée de septembre 2013 à juin 2015, auprès de 130 classes de CP, permet d'avoir une idée plus précise des caractéristiques des pratiques permettant

13. IFE : Institut Français de l'Éducation.

un enseignement efficace de la lecture et de l'écriture, notamment pour les élèves les moins favorisés socialement. Un rapport[14] a paru en 2015, avec des conclusions qui seront prochainement complétées.

1.1 Définition de l'acte de lecture

Lire consiste à mettre en interaction, quasi simultanément et de façon automatisée, deux composantes d'importance égale mais de nature différente : l'**identification de mots** et la **compréhension**.

Un lecteur expert est capable de réguler et de contrôler son activité de lecture.

1.2 Identification des compétences indispensables pour lire

A. Les compétences cognitives

La capacité à comprendre le fonctionnement du principe alphabétique : l'écrit encode de l'oral à l'aide de signes alphabétiques, autrement dit une lettre ou un groupe de lettres encodent un son, ainsi le trigramme *eau* code le son [o].

Accepter la permanence du signe et son arbitraire. Ainsi, le mot n'est pas la chose mais la désigne à l'aide d'un code permanent : le mot *lion* désigne tous les félins de cette catégorie. Ce code est arbitraire, sans rapport direct avec la réalité physique de ce qu'il désigne : le mot *lion* est plus court que le mot *moustique*.

La capacité à mettre en œuvre des stratégies efficientes et à les réguler[15] : il s'agit d'adapter et de maitriser les procédures en fonction, notamment, du support. Ainsi, on ne lit pas l'annuaire téléphonique ou le journal comme une recette ou comme un roman.

B. Les compétences linguistiques

Des compétences permettent un accès plus aisé à la lecture :

- **La conscience phonémique** : c'est la capacité à identifier les phonèmes, c'est-à-dire les plus petites unités distinctives de la langue orale ; par exemple, il faut être capable de discriminer les quatre phonèmes [p] [a] [ʀ] [i] du mot oral [paʀi] (*pari*). D'après certaines recherches, la conscience phonologique serait prédictive d'un bon apprentissage de la lecture.

Le rapport *Lire et écrire*[16] fait état pourtant d'une très grande disparité des résultats relatifs à la conscience phonologique : à l'entrée du CP, 50 % des enfants ne réussissent pas plus de 7 items sur les 34 que compte l'épreuve. Le taux de réussite aux épreuves de phonologie n'est que de 10,13 % mais passe à 64,5 % à la fin du CP.

- **La conscience alphabétique** : c'est la capacité à identifier les graphèmes, c'est-à-dire les lettres ou groupes de lettres correspondant aux phonèmes : dans [pulə], [p] = p, [u] = ou, etc. ; dans [ʃa] ; [ʃ] = ch (*ch*at).

La connaissance des lettres de l'alphabet n'est qu'un des éléments entrant dans l'apprentissage de la lecture.

- **La mise en correspondance des graphèmes et des phonèmes**, pour établir des correspondances graphophonologiques pertinentes, notamment pour les digrammes : par exemple dans « poule », « ou » se lit [u] et non [o] + [y] ;

- **La capacité à fusionner, à combiner les lettres entre elles** pour former des syllabes et les syllabes entre elles pour former des mots : la segmentation et la fusion,

14. *Lire et écrire – Étude de l'influence des pratiques d'enseignement de la lecture et de l'écriture sur la qualité des premiers apprentissages.* Rapport à télécharger sur le lien http://ife.ens-lyon.fr/ife/recherche/lire-ecrire

15. Ce qui suppose de la part du lecteur un contrôle de son activité de lecture et donc la capacité de l'évaluer (voir R. Goigoux et S. Cèbe, *Apprendre à lire à l'école*, Retz, 2006).

16. *Rapport, op. cit.*, p. 116.

opérations opposées mais complémentaires, sont à la base de l'apprentissage de la lecture. Cet apprentissage est l'objet du CP mais 10 % des élèves entrent dans cette classe en sachant quasiment déchiffrer. L'écart est donc considérable entre ces élèves-là et la moitié des autres qui ne savent lire presque aucun mot[17].

● **Certaines autres compétences linguistiques** sont indispensables à la compréhension : lexique, morphologie, grammaire de phrase, grammaire de texte… mais aussi à la compréhension du fonctionnement du code. Par exemple, le lecteur apprenti doit encore automatiser le mode de reconnaissance et de déchiffrage des mots : de la segmentation syllabique à la reconnaissance orthographique. Savoir ainsi qu'orthographiquement *chat* possède toujours un *t* final muet, morphème lexical permettant, par ailleurs, de construire la série : *chat, chatte, chaton, chatière*… et de reconnaitre le mot hors contexte en le différenciant d'un homophone : un « chat » n'est pas un « chas » d'aiguille.

C. Les compétences culturelles

Les compétences culturelles nécessaires à la construction du sens : notions de types d'écrits, de types de textes, de fonctions des écrits, connaissances du monde, etc. Par exemple, la lecture de *Yakari* est facilitée par une connaissance du genre, la BD, et par des notions culturelles sur les Indiens d'Amérique du Nord.

L'adoption d'une posture et d'un projet de lecteur est aussi importante : savoir pourquoi on lit ; pour apprendre, se distraire, s'informer ponctuellement…

1.3 Les trois stades de l'apprentissage de la lecture[18]

Il s'agit d'étapes cognitives que l'on peut présenter schématiquement de la façon suivante :
– **le stade logogrammique (maternelle, début CP)**. L'élève reconnait le mot globalement, à sa silhouette, comme on reconnait de loin un logo de marque. À ce stade, le mot *mamon* sera lu *maman*. L'élève ne peut lire que des mots déjà rencontrés et en contexte ;
– **le stade alphabétique ou assemblage (essentiellement en CP)**. L'élève met en relation graphèmes et phonèmes qu'il *assemble*[19], afin de déchiffrer syllabes et mots. Il peut déchiffrer des mots inconnus surtout s'ils sont réguliers : *salade, confiture*… Mais, hors contexte, *femme* risque d'être lu [fœmə] ou [fømə], *tennis* [tœni] ou [tni] ;
– **le stade orthographique (au cours du CP-CE1)**. L'élève met des automatismes en place, il reconnait des syllabes, des morphèmes[20], des mots-outils, des mots connus orthographiquement… qu'il a stockés en mémoire.
À la fin du cycle 2, l'élève doit avoir atteint le stade orthographique.

1.4 Les deux voies (ou stratégies) de lecture de mot

A. La voie indirecte ou assemblage

La lecture s'effectue par identification des correspondances entre lettres et sons. Ainsi, le mot *papi* apparait d'abord comme un ensemble non signifiant de lettres. Chaque lettre doit être associée à son phonème [p] + [a] + [p] + [i], puis les phonèmes combinés en syllabes orales [pa] + [pi], puis les syllabes combinées entre elles pour produire le mot oral [papi] qui sera compris comme « papi », terme affectueux désignant un grand-père, à condition toutefois que ce mot fasse partie du stock lexical

[17]. *Rapport, op. cit.*, p. 122.

[18]. Ces trois stades se succèdent en se superposant, leur modèle est proposé en 1985 par la chercheuse anglaise Uta Frith (voir aussi *Sciences humaines* n° 98, octobre 1999).

[19]. On peut dire aussi qu'il les combine : c'est la « combinatoire ».

[20]. Morphèmes lexicaux : préfixes, suffixes, bases simples ; morphèmes grammaticaux : terminaisons verbales : *-ent, -ions, -ont*, etc., mot-outils : *et, mais, après*, etc.

oral du lecteur. Cette stratégie est celle du débutant mais aussi du lecteur expert confronté à un mot inconnu (par exemple, *acétylsalicylique*, *parahydroxybenzoate*, etc.) ou à un nom propre d'origine étrangère. Cette opération est couteuse en temps et en énergie cognitive.

B. La voie directe ou adressage

Cette opération s'effectue en quelques millièmes de seconde. C'est la stratégie dominante du lecteur expert. Il repère d'abord le mot écrit *poule* comme mot mémorisé orthographiquement dans son stock lexical, le discrimine ensuite de mots orthographiquement proches comme *boule*, *moule*, *foule*... et associe le mot à son sens. C'est ainsi que sont lus notamment les mots irréguliers comme *femme*, *monsieur*, *chiasme*, *Troyes*...

Au stade logogrammique, aucune des deux voies ne peut être mise en œuvre[21] ; au stade alphabétique, seule la voie indirecte est vraiment opératoire ; au stade orthographique, les deux voies sont opératoires.

1.5 Les difficultés et les troubles spécifiques de l'apprentissage[22]

En début d'année de CP, les écarts de performance et de compétence entre élèves sont la règle. Souvent importants, ces écarts peuvent être réduits quand ils relèvent de déficits culturels ou de simples difficultés ponctuelles, susceptibles d'être rapidement repérées et traitées par l'école.

Mais il importe de faire la distinction entre ces difficultés courantes, relevant d'un renforcement pédagogique[23] adapté, et les troubles spécifiques, plus rares, et aux conséquences plus sévères. Ces troubles de l'apprentissage de la lecture, souvent d'origine cognitive ou physiologique, sont quelquefois liés à des troubles du langage et accompagnés d'autres troubles de l'apprentissage ou du comportement. Celui qui affecte le plus la lecture est la dyslexie, dont il existe plusieurs formes. Non traitée, elle peut conduire à l'illettrisme[24].

2 L'enseignement de la lecture

2.1 Les principes pédagogiques généraux

L'apprentissage de la lecture est un processus long qui doit se mettre en place, bien avant les enseignements systématiques du cycle 2, dès la maternelle, par une acculturation aux usages de l'écrit et une initiation au principe alphabétique ainsi que des activités de phonologie.

Il est nécessaire de prendre en compte l'hétérogénéité des élèves, particulièrement sensible en ce qui concerne l'apprentissage de la lecture. Gérer les écarts consiste à repérer les difficultés et à proposer des aides adaptées, sans mettre à mal la progression des apprentissages. Le document ressource pour les enseignants, *Lire au CP*, fait des propositions en ce sens.

---

21. Les études menées en neurosciences prouvent que la reconnaissance logogrammique et la reconnaissance orthographique ne sollicitent pas les mêmes zones du cerveau.

22. Voir la fiche 17 sur les TSL, p. 70.

23. *Lire au CP*, janvier 2010. Bien qu'articulé aux programmes de 2008, ce fascicule est toujours disponible sur le site Eduscol à partir du lien http://eduscol.education.fr/pid23250-cid50484/lecture.html.

24. Voir *Prévenir l'illettrisme : apprendre à lire avec un trouble du langage*, téléchargeable sur le site Eduscol. Voir aussi la fiche 17, « Les troubles spécifiques du langage oral et écrit », p. 70.

2.2 Les principes didactiques généraux

Les programmes de 2015 insistent nettement sur certains principes didactiques.

Au cycle 2, il faut **équilibrer et mener de front** l'enseignement des deux composantes fondamentales que sont le décodage et la compréhension, tout en favorisant la dimension métacognitive (l'élève doit savoir comment et pourquoi il apprend à lire).

La **compréhension** relève d'un **enseignement explicite** au même titre que le décodage.

La maitrise des codes graphophonologique et textuel repose sur l'**interaction entre tâches de lecture et tâches d'écriture**. On ne peut dissocier les apprentissages de la lecture de ceux de l'écriture, ils s'étayent et se co-construisent.

Un ordre et une programmation des enseignements, sur l'année, la période, la séquence, la séance **sont indispensables** pour ménager des avancées cohérentes et n'escamoter aucun moment nécessaire à la stabilisation des apprentissages.

2.3 Les objectifs didactiques

Ces objectifs se situent dans trois domaines d'apprentissage :
– pour le travail sur le code alphabétique, l'identification et la production de mots en interaction (connaissance graphique et phonologique) ;
– pour le travail sur le texte, la compréhension et la production de texte, en interaction ;
– pour la dimension culturelle, la familiarisation avec la culture écrite ou acculturation.

Ces apprentissages doivent prendre en compte les dimensions linguistique et culturelle : développement du lexique, approche des connaissances syntaxiques et orthographiques, développement de la culture de l'écrit...

3 Les méthodes de lecture

Il convient préalablement de distinguer les méthodes d'apprentissage de la lecture, qui sont des modèles théoriques, des manuels ou supports divers, qui s'inspirent de ces modèles.

3.1 Trois méthodes aux approches différentes pour l'apprentissage de la lecture

Les méthodes se distinguent tout d'abord par leurs objectifs généraux et leur conception de l'acte de lire :
– **méthode syllabique** = apprentissage exclusif du principe alphabétique ; lire, c'est d'abord décoder (méthode ascendante : du texte au sens) ;
– **méthode idéographique ou idéo-visuelle** = compréhension directe des textes ; lire, c'est d'abord comprendre (méthode descendante : du sens au texte) ;
– **méthode interactive** = apprentissage simultané du principe alphabétique et de la compréhension des textes ; lire, c'est faire interagir décodage et compréhension.

Ces méthodes se distinguent ensuite par leur approche du code graphophonologique : les **méthodes syllabiques ou synthétiques** font partir l'apprentissage de la découverte des plus petites unités alors que les **méthodes idéographiques ou analytiques** le font partir de la phrase, voire du texte, et conduisent par déductions successives à la découverte des plus petites unités.

Les **approches interactives** effectuent des interactions entre analyse et synthèse.

3.2 Les méthodes synthétiques

Elles privilégient l'apprentissage du code, se partagent en trois, voire quatre sous-catégories selon leur mode d'entrée dans le code.

A. La méthode syllabique pure

Départ de la lettre. Par exemple, à la lettre *o* n'apparait que le o, les graphies *au* et *eau* sont appréhendées spécifiquement.

Prototypes scolaires : méthode *Boscher*[25], *Léo et Léa*[26].

Apports à la pédagogie actuelle : assez efficace pour le décodage (la lecture), cette méthode montre ses limites pour l'encodage (l'écriture) puisque les élèves ne sont pas habitués à travailler la discrimination auditive des phonèmes du mot oral pour trouver les graphèmes correspondants du mot écrit.

B. La méthode phonique

Départ du phonème, puis découverte de tous ses graphèmes ce qui peut poser problème compte tenu de la complexité orthographique de la langue française. Ainsi, *Le Sablier* retient trente-et-un graphèmes[27] pour le son [u] car cette version de la méthode ne prend en compte ni la fréquence des graphèmes, ni les aspects morphologiques. Dans cette logique, le graphème du phonème [u] de *août* s'écrit *aoû*, celui de *goût* s'écrit *oût*, etc.

Prototype scolaire : *Le Sablier*.

Apports à la pédagogie actuelle : cette méthode se trouve aujourd'hui en décalage avec la description du plurisystème graphique par Nina Catach et n'est plus vraiment utilisée. En revanche, elle a permis de mettre en évidence l'importance de l'analyse de l'oral pour entrer dans l'écrit.

C. La méthode syllabique à départ phonique

Départ du phonème [o] mis d'emblée en relation avec ses graphies les plus fréquentes : *o, au* et *eau*. Il s'agit d'une des méthodes les plus utilisées.

Prototype scolaire : *Nouveau Lire au CP*[28].

Apports à la pédagogie actuelle : permet d'entrer dans le code graphophonologique à la fois par la lecture et l'écriture.

---

25. *Méthode Boscher ou la journée des tout petits,* M. Boscher, V. Boscher, J. Chapron, Belin, 1955.

26. *Léo et Léa,* Th. Cucme et M. Sommer, Belin, 2004.

27. Méthode d'origine canadienne, en vogue dans les années 1970. Dans *Le Sablier,* la notion de graphème n'est pas théorisée comme elle le sera ultérieurement par Nina Catach qui identifie pour [u] trois graphèmes courants (*ou, où, oû*). Voir *L'orthographe française,* Nathan, « Nathan université », 1990.

28. *Lire au CP. Méthode de lecture, apprentissage de la langue,* D. Vitali, C. Giribone, J. Debayle, M. Touyarot, Nathan, 1998.

D. Les méthodes dites « mixtes à départ global »

Elles restent des méthodes synthétiques dans la mesure où elles privilégient l'entrée par le code. Le capital de mots appréhendés, en début d'année seulement, de façon logogrammique, permet aux élèves en début d'apprentissage de construire une posture de lecteur susceptible de motiver l'entrée, quelquefois austère, dans l'étude des correspondances graphophonologiques.

Prototype scolaire : *Frisapla*[29].

Apports à la pédagogie actuelle : mêmes apports que les méthodes syllabiques à départ phonique et le souci de motiver les apprentissages en permettant à l'élève de « lire » de petits textes, dès les premières leçons.

3.3 Les méthodes analytiques

A. La méthode globale d'Ovide Decroly[30] (fin du XIXᵉ siècle) et la méthode naturelle de Célestin Freinet (après la guerre de 1914-1918)

Ces méthodes ont pour point commun de partir de phrases ou de textes en relation avec la vie de classe, produits quelquefois par les élèves eux-mêmes (méthode Freinet), puis à les observer en comparant textes, phrases, mots puis syllabes afin de retrouver progressivement et de façon empirique, par raisonnement inductif, le fonctionnement du code alphabétique. Ces méthodes ne prévoient pas d'apprentissage systématique du code alphabétique et n'abordent pas du tout la phonologie.

Apports à la pédagogie actuelle : ces méthodes restent très minoritaires. La première est d'ailleurs proscrite par les textes réglementaires. L'approche de Célestin Freinet, dite aussi méthode active, met en évidence l'importance de l'écriture dans le processus d'apprentissage du code ainsi que celle de la participation active des élèves dans la construction des apprentissages.

B. La méthode idéovisuelle (années 1970)[31]

Bannissant l'apprentissage de la combinatoire, c'est-à-dire des correspondances graphophonologiques, cette méthode, qui proscrit l'usage de manuels[32], est centrée sur la compréhension de textes authentiques, notamment de textes sociaux. Elle s'appuie sur l'observation des stratégies du lecteur expert qu'elle vise à développer d'emblée chez le débutant.

Apports à la pédagogie actuelle : la nécessité de prendre en compte le travail sur le sens et les stratégies de compréhension, dans l'apprentissage de la lecture, et de le fonder sur des textes authentiques afin d'amener les élèves à développer des procédures de lecteur expert.

3.4 Les méthodes interactives

Ces méthodes, apparues essentiellement au cours des années 1990, possèdent le point commun de bénéficier des avancées de la recherche sur l'acte de lire, comme opération cognitive régulée et fondée sur l'interaction des deux composantes complémentaires que sont le décodage et la compréhension. Leur principe de base consiste à donner une égale importance à l'enseignement du code et à celui de la compréhension.

---

29. *Frisapla la sorcière*, E. Paquy, Sedrap, 2003.

30. La méthode est d'inspiration ancienne. Au XVIIᵉ siècle, Nicolas Adam élabore une approche similaire de la lecture pour répondre aux échecs d'apprentissage rencontrés avec les méthodes syllabiques traditionnelles.

31. Les théoriciens de cette méthode sont Jean Foucambert (*La manière d'être lecteur*, OCDL-SERMAP, 1976) et Éveline Charmeux (*La lecture à l'école*, CEDIC, 1975).

32. Mais qui a quand même inspiré quelques ouvrages, par exemple *Objectif lire : guide de lectures CP*, B. Lelouch, C. Blier, Delagrave, 1986.

Le travail sur le code et le travail sur la compréhension ont donc vocation à s'effectuer selon un tissage permanent, dès le début des apprentissages, suivant une progression tendant à amener l'élève vers une automatisation des procédures de décodage[34], et à le confronter, au fil de l'année de CP puis du cycle, à des textes nécessitant la mise en œuvre de stratégies de compréhension de plus en plus exigeantes.

Pour l'apprentissage du code, ces méthodes empruntent souvent aux méthodes syllabiques à entrée phonique, quelquefois en intégrant des mots repérés logographiquement dans la mesure où ils sont induits par le contexte ou le sens du texte : *Ribambelle, Pas à page, Rue des contes* etc. Généralement, ces méthodes s'efforcent aussi de faire interagir les activités de décodage et les activités d'encodage considérées comme complémentaires.

Pour l'apprentissage de la compréhension, elles empruntent aux méthodes idéo-visuelle et naturelle, le souci de confronter les élèves à des textes authentiques issus des usages sociaux et de la littérature de jeunesse. La compréhension de textes s'accompagne de productions de textes qui s'adossent au travail de lecture : production d'un texte de recette, suite d'histoire, dialogue de personnages issus d'une fiction préalablement étudiée...

Prototype scolaire : *Mika*[35] de Gérard Chauveau ; la méthode interactive peut néanmoins être mise en œuvre sans manuel si le maître construit la progression sur le code et choisit lui-même les textes, souvent des œuvres complètes, comme les albums.

Certains ouvrages se présentent sous la forme classique du manuel, en un ou plusieurs volume(s), assorti(s) ou non de cahiers d'activités pour les élèves mais d'autres se présentent, de façon plus éclatée, sous la forme de petits albums de littérature jeunesse, séparés du manuel[36].

Apports à la pédagogie actuelle : la prise en compte de la compréhension dans l'enseignement de la lecture ; la nécessité de se dégager de textes pauvres, spécifiquement rédigés pour l'apprentissage du code, ce qui est souvent reproché aux méthodes syllabiques, pour proposer aux élèves, même en début d'apprentissage, des textes qui, tout en étant adaptés à leur âge, soient riches sur le plan lexical, syntaxique, sémantique et culturel.

3.5 Le rapport *Lire et écrire* sur les méthodes de lecture et leurs incidences sur les performances des élèves

Le rapport *Lire et écrire* apporte des éléments très intéressants sur le choix des manuels, les conclusions de l'expérimentation et les paramètres pouvant influer sur les performances des élèves :

- Les manuels[37] mentionnés dans le rapport donnent une sorte de photographie des ouvrages actuellement utilisés et de leur diversité. Sur les 130 enseignants ayant participé à l'étude :
– 31 % n'utilisent **pas de manuels** ; ces 40 maîtres, expérimentés, pratiquent une méthode qui leur est personnelle.

---

[34]. Lorsqu'il est au stade alphabétique l'élève déchiffre, il utilise la voie indirecte (assemblage), cette opération est cognitivement très couteuse et inhibe une grande partie des compétences de compréhension. Lorsqu'il a atteint le stade orthographique, il lit par voie directe (adressage), on dit qu'il a automatisé la lecture, à ce stade il peut plus aisément faire interagir lecture et compréhension.

[35]. *Écrire avec Mika CP Série 1 : méthode interactive d'apprentissage de la lecture, produire des textes, maîtriser les outils du code*, G. Chauveau, C. de Saint-Gaud, M. Usséglio, Retz, 2001.

[36]. Par exemple, sous la direction de J. Fijalkow, *Quatre saisons pour lire au CP*, Magnard École, 1999.

[37]. Rapport *Lire et écrire*, p. 100.

— 50 % se servent d'albums (comme *À tire d'aile*)[1] relevant d'une **approche qualifiée d'intégrative**, c'est-à-dire comportant une étude explicite et systématique des correspondances graphophonologiques, des activités portant sur l'écriture et la production de textes, mais aussi sur la compréhension et des apports de textes menant à l'acculturation (avec pour supports des albums de littérature de jeunesse intégrés ou non aux manuels, adaptés ou non, avec parfois la lecture de documentaires en complément). À noter l'utilisation du manuel *À l'école des albums*, qui se distingue par un tempo rapide (deux fois plus de correspondances graphophonologiques étudiées dans la même période) et du manuel *Ribambelle*, qui propose des textes de littérature intégraux.

— Les autres enseignants utilisent des méthodes exclusivement centrées sur le code : 9 % utilisent une approche phonique (avec un manuel comme *Gafi*[2]) : les correspondances graphophonologiques sont étudiées à partir du phonème ; les textes sont créés pour suivre la progression du code ; certains mots-outils sont appris globalement. 10 % privilégient une approche syllabique (avec un manuel comme *Léo et Léa*[3]) : les correspondances graphophonologiques sont étudiées à partir du graphème ; cette méthode exclut toute mémorisation de mots entiers ; les petits textes ne contiennent que des éléments étudiés.

● Au sujet des conclusions de l'expérimentation concernant le code[38] et sur les paramètres pouvant influer sur les performances finales des élèves :

— Le temps alloué à l'étude du code est important : environ 2 h 30, en moyenne, en incluant les activités d'encodage mais avec des différences entre les classes parfois très importantes.

— Les correspondances choisies sont très semblables et en accord avec celles qui sont conseillées par les psycholinguistes, en termes de fréquence et de régularités.

— La vitesse d'étude des correspondances graphophonologiques (le tempo) a une incidence sur la progression des élèves : une étude rapide (12 à 14) la favorise, une étude lente (inférieure à 8) la freine, aussi bien en lecture qu'en écriture — ce qui peut paraitre paradoxal.

— Les enseignants qui proposent des textes comportant trop d'éléments non vus au préalable sont moins efficaces que les autres qui privilégient, comme le demandent d'ailleurs les programmes de 2015, des textes « courts, aisés à décoder, simples du point de vue de la langue et des référents culturels[39] ».

— L'influence positive des activités d'encodage (soit sous la dictée du maitre, soit de façon autonome), correspond à la nécessaire articulation entre lecture et écriture, imposée par les programmes de 2015.

— Le sens de l'étude des correspondances graphophonologiques (entrée par le phonème ou par le graphème) n'a aucune incidence sur les performances finales des élèves.

— Le choix d'un manuel particulier n'a pas non plus d'impact car les maitres en font des utilisations très différentes.

— La lecture à haute voix (avec une différence significative à partir de 30 minutes) a une influence positive et significative, notamment sur les élèves dont les performances initiales étaient faibles.

Les conclusions sont aussi très intéressantes, concernant le pôle « compréhension[40] ».

38. *Ibid.*, p. 392-398.

39. *B.O.*, cycle 2, 26 novembre 2015, p. 17.

40. Voir Chapitre 6 : « La compréhension en lecture aux cycles 2 et 3 », p. 157.

---

1. Albums utilisés : *À Tire d'aile* ; *Rue des contes* ; *Lire avec Patati et Patata* ; *Mots d'école* ; *Chut ! je lis !* ; *Croque ligne* ; *Que d'histoires* ; *Valentin le magicien* ; *Max, Jules et leurs copains* ; *Je lis avec Dagobert* ; *Libellule* ; *Bulle* ; *Un monde à lire*.
2. Mais aussi *Ratus* ; *Lectissimo* ; *Gafi le fantôme* ; *Super Gafi* ; *Justine et compagnie* ; *Je lis avec Mona* ; *Pilotis*.
3. Mais aussi *Je lis, j'écris* ; *À coup sûr* ; *La planète des Alphas* ; *J'apprends à lire avec Sami et Julie* ; *Taoki*.

4. Questions à se poser pour analyser un manuel d'apprentissage de la lecture[41]

4.1 Avertissement

Les sujets de concours ne comportent qu'un nombre de pages forcément limité : quelques pages, parfois même une seule double page, et ne peuvent donner qu'une vision partielle du manuel choisi. Cependant, les manuels d'apprentissage de la lecture sont toujours complétés par des livrets ou des cahiers destinés à l'élève. Et, bien entendu, ce qui est absent du manuel proprement dit peut se trouver présent dans ces supports complémentaires, par exemple un exercice de compréhension, un travail de copie ou d'écriture, etc. Dans ces conditions, il faut se garder d'être péremptoire dans ses jugements et la modération est recommandée.

4.2 Identification de la méthode d'apprentissage privilégiée par les auteurs

Cette identification est à déduire des documents proposés à l'analyse ; celle-ci peut être facilitée si le sujet présente des documents extraits du sommaire, de la préface ou du guide du maitre, etc. Le classement des nombreux manuels donnés dans le rapport *Lire et écrire* peut vous aider dans cette identification.

Depuis quelques années, les auteurs de manuels s'inspirent essentiellement de la méthode syllabique à point de départ phonique et de la méthode interactive (ou intégrative, pour reprendre l'expression de R. Goigoux).

A. Indices de l'appartenance à une méthode plutôt qu'à une autre

— **Méthode interactive (ou intégrative)** : présence de vrais textes, issus par exemple de la littérature de jeunesse (souvent lus par l'enseignant en début d'apprentissage puis peu à peu lus par l'élève). Même au début de l'apprentissage, ce que les élèves ont à lire est en lien avec le texte de littérature ; il s'agit par exemple d'une partie ou d'une reformulation de ce texte de départ.

— **Méthode syllabique** : textes artéfacts souvent saturés de la présence du phonème et des graphèmes à étudier, textes écrits par les auteurs du manuel pour les besoins de la leçon. La part accordée au travail de compréhension est d'autant plus réduite que les textes ne posent souvent aucun problème de compréhension. Le travail est centré quasi exclusivement sur l'apprentissage des codes de la langue.

B. Éléments à interroger dans les deux types de manuels

Travail sur le code alphabétique
— Quelle est l'entrée privilégiée par le manuel (entrée par la lettre ou par le son) ?
— Quelle est la part de l'identification du phonème, de ses graphies ?
— Y a-t-il un travail sur la syllabe ?
— Y a-t-il un travail sur la combinatoire (association de syllabes pour former des mots nouveaux) ?

[41] Le site de l'ON ainsi que plusieurs sites d'inspections académiques proposent des analyses de manuels. Voir surtout le rapport *Lire et écrire*, 2015.

– Quelle est la part de mots (notamment, les mots outils) appris « globalement », sans passage par le déchiffrage ?

Travail sur le code orthographique
– Travaille-t-on sur les mots (mémorisation orthographique de mots) ?
– Travaille-t-on la reconnaissance des morphogrammes (les graphèmes marquant le genre ou le nombre, les désinences verbales de personnes...) ?

Travail sur la compréhension
– Quelles sont les parts respectives du travail sur le code et du travail sur la compréhension ?
– Quels sont les supports utilisés (textes, phrases isolées, mots...) ?
– Quel est l'intérêt de ces supports (diversité, qualité de la langue, authenticité...) ?
– Travaille-t-on sur l'implicite du texte ou en vérifie-t-on seulement le bon décodage ?
– Sollicite-t-on la compréhension orale des élèves (demande de reformulations, de rappels de récits, inférences sur l'état mental du personnage...) ?

Travail sur le code syntaxique et la langue
– Travaille-t-on sur l'ordre des mots dans la phrase ?
– Travaille-t-on sur les types et les formes de phrases ?
– Prend-on en compte la ponctuation et les codes extra alphabétiques (espacements, guillemets, mise en page...) ?

Travail sur l'écriture
– Quelle est la part faite à l'écriture (uniquement à la fin de la leçon ou en accompagnement continu du processus) ?
– Fait-on interagir la lecture et l'écriture (propose-t-on aux élèves de copier ou d'encoder des mots, des phrases, des textes ?) ?

RESSOURCES À CONSULTER

- **Bibliographie**

– CHAUVEAU G. (dir.), *Comprendre l'enfant apprenti lecteur*, Retz, 2001.
– GOIGOUX R., CÈBE S., *Apprendre à lire à l'école*, Retz, 2006.
– Ministère de l'Éducation nationale, programmes pour le cycle 2, *B.O.* du 26 novembre 2015.
– NONNON E., GOIGOUX R., « Travail de l'enseignant, travail de l'élève dans l'enseignement de la lecture au cycle 2 », *Repères* n° 36, 2007.
– ONL, *Apprendre à lire,* Odile Jacob-CNDP, 1998.

- **Sitographie**

– Site de l'ONL (BienLire) : bienlire.education.fr
– Site eduscol.education.fr
– Rapport *Lire et écrire – Étude de l'influence des pratiques d'enseignement de la lecture et de l'écriture sur la qualité des premiers apprentissages,* sous la direction de R. Goigoux : http://ife.ens-lyon.fr/ife/recherche/lire-ecrire/rapport/rapport-lire-et-ecrire

AU CONCOURS

À partir des documents qui vous sont fournis, vous chercherez, dans une analyse critique, à répondre aux quatre questions suivantes :

❶ À quel type de méthode d'apprentissage de la lecture les documents proposés vous semblent-ils correspondre ? Justifiez votre réponse à l'aide d'exemples précis. *(3 points)* — Corrigé p. 152

❷ Analysez la progression de la leçon (objectifs – activités – enchainement des activités) dans les documents B, C et D. *(4 points)* — Corrigé p. 153

❸ Quelle mise en œuvre proposeriez-vous pour la lecture du texte de l'exercice 3 du document D ? *(4 points)* — Corrigé p. 155

❹ Quelle place accorderiez-vous à l'écriture dans ce dispositif d'apprentissage ? *(2 points)* — Corrigé p. 156

DOCUMENTS

• **Document A :** Perrin A. (dir.), *À l'école des albums, Méthode de lecture CP*, Retz, 2013, sommaire (extrait), p. 4-5

• **Document B :** Perrin A. (dir.), *À l'école des albums, Méthode de lecture CP*, Retz, 2013, p. 46

Aide-Mémoire
le / c'est / de / grands / est / avec / les / dans / histoires

Je lis ce texte.

loup n.m. 1. Le loup, c'est un animal qui ressemble à un gros chien. Il a de grands crocs. Il est noir ou gris.

2. Il ne vit pas avec les hommes car il est sauvage.

3. Parfois, dans les histoires, il n'aime pas les autres.

Je recherche.
Trouve les mots ou groupes de mots qui expliquent pourquoi le loup fait peur dans les histoires.

Débat
Le loup n'aime pas *les autres*. À ton avis, qui sont les personnages que le loup n'aime pas dans les histoires ?

46

• **Document C** : Perrin A. (dir.), *À l'école des albums, Méthode de lecture CP*, Retz, 2013, p. 47

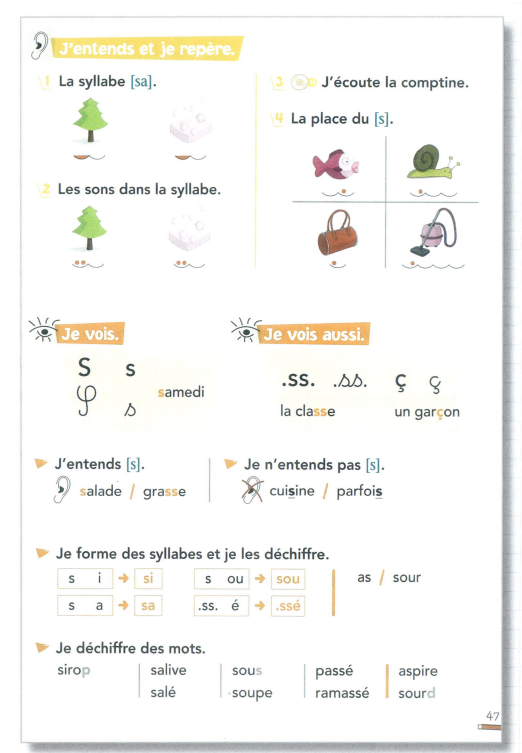

• **Document D :** Perrin A. (dir.), *À l'école des albums, Méthode de lecture CP*, Retz, 2013, p. 48

3 Je m'entraîne à lire.

1 J'ai découvert de nouveaux mots.

ne	un animal	sauvage	on dit
parfois	un chien	noir	il ressemble
			il n'aime pas

2 Je lis de nouvelles phrases.
1. Le loup ne vit pas avec les hommes, car c'est un animal sauvage.
2. Le loup a de grands crocs, il ressemble au chien.
3. Le loup de l'histoire est tout noir.

3 Je lis un nouveau texte.

Ma grand-mère a un gros chien noir. Ce chien n'aime pas les oies alors il court vite pour les attraper. Papa dit : « Ce chien est un animal trop sauvage. Il ressemble à un loup car il est tout noir et a de gros crocs. »

▶ Trouve la phrase qui va avec l'image.

Je maîtrise la langue.

Une grand-mère lit une histoire **courte** **à sa petite fille**.
Une grand-mère lit une histoire **courte et rigolote**.
Une grand-mère lit une histoire **courte et rigolote** **à sa petite fille**.

48

CORRIGÉ   ANALYSE CRITIQUE

> **Aide méthodologique**
> Ce type de sujet requiert de solides connaissances sur l'apprentissage de la lecture au CP. Il faut bien sûr connaître les programmes correspondant au cycle 2 ainsi que le document ressource *Lire au CP*. Une expérience de l'analyse de manuels de ce niveau est également indispensable. L'idéal serait aussi d'avoir pu observer quelques séances de lecture en classe de CP.
> Les questions sont progressives : l'identification de la méthode de lecture doit normalement guider l'analyse des pages du manuel et la proposition de mise en œuvre de la lecture du texte. La **question 4** revient sur des principes didactiques généraux concernant la place de l'écriture dans l'apprentissage du lire-écrire.
> Il ne faut pas oublier de se servir de l'ensemble des documents proposés à l'analyse, notamment les extraits du sommaire, indispensables pour répondre à la première question.

❶ À quel type de méthode d'apprentissage de la lecture les documents proposés vous semblent-ils correspondre ? Justifiez votre réponse à l'aide d'exemples précis.

Énoncé p. 148

L'ensemble des documents montre que ce manuel s'appuie sur la méthode interactive qui préconise un apprentissage simultané et interactif des codes de la langue et de la compréhension.

Le sommaire montre que le manuel propose aux élèves d'entrer dans la culture de l'écrit par la lecture dont on essaie à la fois de leur faire découvrir les supports (texte documentaire et texte littéraire) et les finalités. Il essaie aussi de les faire entrer dans une représentation de l'acte de lire et de leur faire découvrir progressivement une posture de lecteur. Parallèlement, une étude du code, des relations graphophonologiques et de la syntaxe est engagée. Pour reprendre l'expression utilisée dans le rapport *Lire et écrire* de 2015 (sous la direction de R. Goigoux), il s'agit d'une méthode intégrative, reliant tous les aspects (code, compréhension, écriture, acculturation).

Chaque module présenté dans l'extrait de sommaire s'inscrit ainsi dans une progression affichant à la fois des objectifs d'acculturation progressive à l'écrit :

– connaissance des objets, des supports : « identifier des supports de lecture » (module 1) ;

– construction d'une représentation de l'acte de lire : « construire les fonctions symboliques de l'acte de lire » (modules 2 et 3), « découvrir une œuvre littéraire construite autour de la notion de lecture personnelle » (module 3) ;

– construction d'un savoir-faire de lecteur : « travailler la relation texte-image » (modules 1, 2 et 3), « s'interroger avant de lire une œuvre pour dégager un horizon d'attente » (module 3) ;

– constitution d'une culture de lecteur : « découvrir un personnage mythologique (Ulysse) » (module 1), « lire un texte littéraire à structure répétitive » (module 2), « construire des connaissances sur le loup… » (module 3) ;

et des objectifs d'apprentissage des codes de la langue :

– code graphophonétique en partant des sons et en allant vers les graphèmes ;

ainsi que des objectifs plus larges liés à l'observation du fonctionnement syntaxique de la langue :

– par exemple, « construire une phrase simple (sujet + verbe) » (module 1).

La leçon présentée (documents B, C et D) confirme cette interrelation du travail entre compréhension et apprentissage des codes de la langue : elle débute et s'achève par une lecture de texte associée à des objectifs de compréhension, et inclut un travail systématique sur les codes de la langue en travaillant sur différentes unités : phonème, graphème, syllabe, mot et phrase. Elle est donc parfaitement en accord avec les préconisations des programmes de 2015.

❷ Analysez la progression de la leçon (objectifs — activités — enchainement des activités) dans les documents B, C et D.

La leçon se présente en trois pages bien différenciées : une première page (document B) de lecture compréhension, une deuxième page (document C) de travail sur le code graphophonétique, une troisième page d'entrainement à la lecture et de travail d'observation de la langue.

La leçon débute donc par la lecture d'un texte et s'achève par la lecture découverte d'un nouveau texte : « Je lis un nouveau texte », en passant par un travail systématique sur le code grapho-phonétique.

Document B

Le premier texte est de type informatif. Il s'apparente à un texte documentaire avec la présence d'une photographie de loup mais prend également la forme d'un article de dictionnaire :

– mot-vedette en caractères gras, suivi de l'abréviation *n.m.* indiquant sa classe grammaticale ;

– présence de trois niveaux de définition introduits par des numéros.

L'objectif de compréhension est clairement affiché avec la partie « Je recherche » et un « débat » qui demande aux élèves d'utiliser leur culture personnelle sur les « histoires » et de la mettre en relation avec le texte.

La lecture du texte est censée être facilitée par un aide-mémoire lexical reprenant les mots connus des élèves et qu'ils vont rencontrer dans le texte.

Document C

La deuxième page est entièrement consacrée à l'apprentissage du code graphophonétique.

L'objectif est de faire discriminer aux élèves les sons correspondant à la syllabe [sa] et au phonème [s] ainsi que ses principaux graphèmes : *s*, *ss*, *ç*.

Le travail proposé sur le code est progressif et correspond aux recommandations des programmes et du document ressource *Lire au CP*.

Il est tout d'abord constitué d'une série d'exercices de repérages auditifs dans la rubrique « J'entends et je repère » :

1. repérage de la syllabe [sa] et de sa place dans le mot ;

2. la syllabe est segmentée en phonèmes pour repérer le [s] ;

3. les phonèmes sont combinés (ou fusionnés) pour retrouver la syllabe ;

4. les syllabes sont combinées (fusionnées) pour déchiffrer les mots.

Ces divers repérages auditifs sont facilités par un codage graphique symbolisant les voyelles et les sons constituant les voyelles. Ils sont suivis d'une mini-synthèse « Je vois » et « Je vois aussi », où sont proposés :

– les différentes manières d'écrire cette lettre, en script, cursive et majuscule ;

– les différents graphèmes correspondants à ce phonème : *ss* et *ç*.

On fait aussi repérer la place de ce graphème dans le mot et, bien que cette leçon se situe au début de l'année (p. 47, module 3), on signale aux élèves que ce graphème peut parfois ne pas s'entendre : utile préparation à la reconnaissance des morphogrammes.

L'avant-dernier exercice : « Je forme des syllabes et je les déchiffre » est un exercice d'encodage où l'élève est invité à fabriquer de nouvelles syllabes à partir des graphèmes *s* et *ss* qu'il vient de découvrir et de voyelles connues.

Le dernier exercice consiste à déchiffrer des mots nouveaux incluant les syllabes apprises dans cette page ou dans des leçons précédentes d'une difficulté normalement abordable pour des élèves à ce stade de leur apprentissage.

On remarque que les mots présentés dans cette page de travail sur le code graphophonétique sont distincts de ceux du texte de lecture. Ils sont choisis pour leur fréquence d'emploi et révèlent une volonté de travailler sur le schéma consonne + voyelle (*sa*) et voyelle + consonne (*as*). Leur morphologie est exempte de toute complication. Ainsi, la question du sens ne doit normalement pas venir troubler le travail sur le code.

Document D

La troisième page se présente comme un entrainement à la lecture. Les deux premiers exercices préparent progressivement à la lecture du texte.

L'exercice 1 est un travail sur le mot avec un objectif de mémorisation orthographique. Il joue également sur une grammaire implicite en classant les mots à mémoriser par catégories.

Dans l'exercice 2, on retrouve les mots de l'exercice 1 dans des phrases.

Enfin, l'exercice 3 consiste à lire un texte nouveau dont le vocabulaire est presque entièrement connu des élèves. Normalement, le pourcentage des mots inconnus ne devrait pas dépasser 10 %.

Après cet exercice de lecture, on retrouve l'objectif de compréhension puisque la question posée : « Trouve la phrase qui va avec l'image » oblige à interroger le sens de ce qui a été lu.

Enfin, le dernier exercice : « Je maitrise la langue » propose un travail de type grammatical qu'on pourrait qualifier de grammaire intuitive sur les expansions du nom par un ou plusieurs adjectifs. Ce repérage conduit à réfléchir à l'organisation de la phrase et à la place des mots dans la phrase.

L'étude du code et la compréhension sont travaillées en complémentarité, conformément aux préconisations des programmes de 2015.

❸ **Quelle mise en œuvre proposeriez-vous pour la lecture du texte de l'exercice 3 du document D ?**

Le texte proposé à la lecture n'est pas un texte issu de la littérature de jeunesse mais un texte produit par les auteurs du manuel à des fins d'apprentissage. Cependant, il présente les caractéristiques essentielles d'un véritable texte :

– Il est composé de deux séquences textuelles, l'une narrative et l'autre dialogique.

– On y rencontre plusieurs personnages et un narrateur identifiable (« papa », « ma grand-mère »).

– Il contient plusieurs reprises anaphoriques : « un gros chien noir » repris par « ce chien » et par « il » ; « les oies » reprises par « les ».

– Il est présenté de façon à éviter toute assimilation trompeuse entre lignes et phrases.

Les auteurs du manuel, avec la conception du module et surtout avec les exercices préalables d'entrainement à la lecture, ont fait en sorte que les élèves ne puissent rencontrer que très peu de mots inconnus en lisant le texte, un des paramètres relevés comme influençant positivement les performances des élèves dans le rapport *Lire et écrire*.

L'objectif est de faire découvrir un « vrai » texte et d'amener les élèves à utiliser toutes leurs connaissances pour bien lire le texte en vue de développer des stratégies de lecture en autonomie.

Pour lire ce texte, les élèves vont donc devoir utiliser des stratégies de compréhension de haut niveau, inférer le sens en se servant des images et du contexte.

Dans cette lecture-découverte, le rôle du maitre est essentiel. Son étayage va s'exercer avant, pendant et après la lecture :

– Avant la lecture, il va aider les élèves à créer un horizon d'attente : de qui parle-t-on dans le texte, qu'est-ce qui peut se passer ? Il peut pour cela inciter les élèves à se servir de l'illustration.

– Pendant la lecture, il peut aider les élèves à décomposer leur tâche en leur demandant, par exemple, de souligner les mots qu'ils reconnaissent et/ou ceux qui permettent de dire de qui on parle et ce que le texte raconte. Après cette phase de travail individuel, les mots soulignés sont mis en commun et partagés, c'est-à-dire lus et reconnus par tous les élèves. Ensuite, le texte est lu par les élèves phrase à phrase avec l'étayage du maitre. Celui-ci aide les élèves à réguler leurs stratégies en leur demandant de reformuler ce qu'ils lisent afin que la compréhension accompagne la lecture. Si un mot manque, le maitre aide l'élève à inférer à partir du contexte et si la difficulté persiste il aide l'élève à déchiffrer par exemple en découpant syllabe à syllabe, puis à faire le lien entre graphèmes et sons.

– Après la lecture complète, le sens est réinterrogé grâce à la consigne de mise en relation de la phrase qui correspond à l'image.

La présence du texte exactement copié de la même façon, avec les mêmes retours à la ligne, sur un support disponible pour la classe entière (TBI ou tableau ordinaire) serait un élément très utile pour obtenir l'attention de tous les élèves sur les difficultés rencontrées. Ce dispositif pourrait aussi utilement servir aux relectures indispensables.

❹ **Quelle place accorderiez-vous à l'écriture dans ce dispositif d'apprentissage ?**

Énoncé p. 148

Conformément aux recommandations des programmes de 2015 pour lesquels « lecture et écriture sont deux activités intimement liées dont une pratique bien articulée consolide l'efficacité[42] », on recherchera une interaction permanente des activités de lecture et des activités d'écriture, à chaque étape du processus :

– écriture de syllabes en se servant de l'ardoise par exemple ;

– écriture de mots dictés ;

– production de phrases courtes à l'aide d'étiquettes fournies par le maitre ;

– production de petits textes soit en dictée à l'adulte soit en assemblant des phrases précédemment produites pour faire un texte.

Le maitre accompagne toutes les activités d'écriture en observant les élèves et en les aidant avec un étayage adapté à leur niveau d'appropriation de l'écrit. Il veille notamment à ce que les élèves ne restent pas trop longtemps sur des représentations orthographiquement erronées.

Parallèlement à l'activité d'écriture proprement dite, l'élève est régulièrement entrainé à la copie, notamment à la copie de mots afin d'acquérir le sens du tracé.

[42]. *B.O.* du 26 novembre 2015 p. 15.

CHAPITRE 6 — La compréhension en lecture aux cycles 2 et 3

CE QU'EN DISENT LES PROGRAMMES

● **L'importance des activités liées à la compréhension**

Au cycle 2, l'apprentissage de la lecture nécessite de maitriser le code[1] mais « aussi de comprendre des textes narratifs ou documentaires, de commencer à interpréter et à apprécier des textes, en comprenant ce qui parfois n'est pas tout à fait explicite[2] ». Une progressivité s'instaure entre les cycles 2 et 3 car il s'agit bien d'adapter les exigences (de plus en plus fortes) et les supports (de plus en plus complexes) à la maturité et à la culture des élèves. Au cycle 2, les compétences travaillées (pour la rubrique « Lire ») renvoient à la compréhension d'un texte ; au cycle 3, à la compréhension et l'interprétation d'un texte littéraire et documentaire. Les compétences à construire sont largement développées dans les deux programmes[3], notamment :
— mobiliser les compétences de décodage (surtout pour le cycle 2) ;
— identifier, mémoriser et mettre en relation des informations (sur les personnages, leurs actions et leurs relations) et mise en cohérence des liens logiques et chronologiques ;
— identifier les genres et leurs enjeux, construire leurs spécificités et leurs caractéristiques ;
— mobiliser les connaissances lexicales en rapport avec l'univers de référence ;
— convoquer son expérience et sa connaissance du monde pour exprimer une réaction, un jugement sur un texte ou un ouvrage ;
— mettre en relation un texte et les images…

Ce qui suppose un certain nombre d'activités :
— écoute de textes de plus en plus complexes, d'année en année, en extraits ou en intégralité ;
— lecture de courts textes plus accessibles pour les élèves de cycle 2 et lecture autonome de textes littéraires et d'œuvres appartenant à des genres différents, pour ceux du cycle 3 ;
— pratique régulière d'activités permettant de construire la compréhension : en individuel (surlignage et recherche d'informations et repérage des personnages et de leurs désignations) et en collectif (avec des échanges guidés par le professeur et justifications, sans le texte sous les yeux, éventuellement). Pour les élèves de cycle 3, d'autres activités, variées, pour manifester leur compréhension : réponses à des questions, reformulations, rappels de récit, représentations diverses, débats interprétatifs, cercles de lecture, présentation orale, mise en voix et/ou mémorisation de textes littéraires (relevant notamment de la poésie et du théâtre, avec utilisation de moyens numériques, éventuellement) ;

---

1. Voir chapitre 5, « La lecture et l'apprentissage du code au cycle 2 », p. 136.

2. *B.O.*, cycle 2, 25 novembre 15, p. 4.

3. *Ibid*, pour le cycle 2, p. 17-18 ; pour le cycle 3, p. 106-108.

– pratique de différentes formes de lectures et mise en lien avec l'écriture pour les deux cycles, en particulier, cahiers ou carnets de lecture, blogs pour le cycle 3.

● Un apprentissage explicite de la compréhension

Mais pour les deux cycles, les programmes insistent sur le fait que « les démarches et stratégies permettant la compréhension des textes sont enseignées explicitement »[4], ce qui oblige à leur consacrer un certain temps et à cibler la construction du sens comme une compétence à mettre en œuvre avec l'active participation des élèves. Ils sont tous invités, en effet, à « contrôler la compréhension » – avec une autre injonction supplémentaire pour les écoliers du cycle 3 : « devenir [des] lecteur[s] autonome[s] ».

Le terme « contrôler » renvoie à une forme d'autorégulation de la part des élèves qui, de manière consciente, doivent saisir comment ils procèdent pour arriver à comprendre. L'enseignant les guide dans cet apprentissage : « Dans la diversité des situations de lecture, les élèves sont conduits à identifier les buts qu'ils poursuivent et les processus à mettre en œuvre. Ces processus sont travaillés à de multiples occasions mais toujours de manière explicite grâce à l'accompagnement du professeur, à l'écoute de textes lus par celui-ci, en situation de découverte guidée puis autonome de textes plus simples ou à travers des exercices réalisés sur des extraits courts. »[5]

Ce contrôle passe par un certain nombre de compétences déclinées dans les programmes des deux cycles ; les élèves doivent être capables de :
– justifier leur interprétation ou leurs réponses en s'appuyant sur les textes et les connaissances mobilisées ;
– repérer leurs difficultés et tenter de les expliquer ;
– maintenir une attitude active et réflexive ; demander de l'aide et mettre en œuvre des stratégies pour résoudre les difficultés ;
– être autonomes dans le choix d'un ouvrage en rapport avec leur niveau de lecture et leurs gouts (pour le cycle 3).

L'enseignant, lui, doit programmer suffisamment d'activités en lien avec la compréhension et ne pas centrer l'apprentissage de la lecture sur le code, exclusivement.

En mettant l'accent sur la nécessité d'un apprentissage explicite de la compréhension, les programmes de 2015 sont en parfait accord avec les résultats de la recherche, notamment du rapport *Lire et écrire*. Celui-ci souligne d'une part l'aspect beaucoup trop implicite et trop limité dans le temps des pratiques observées au CP et au CE1, ce qui est préjudiciable aux élèves faibles au départ ; il signale, d'autre part, la trop grande importance accordée par les enseignants aux tâches de compréhension menées de façon individuelle et par écrit qui creusent encore les écarts d'efficience[6]. Les temps d'explication, de reformulation, d'évocation de leur représentation mentale ou de production de récits ne représentent que 19 minutes par semaine, en moyenne. L'allongement du temps consacré à la compréhension avec des tâches de ce type a, pourtant, un effet positif sur les performances globales des élèves en lecture-écriture, à la fin du CP.

---

4. *Ibid.*, cycle 2, p. 11.

5. *Ibid.*, p. 16.

6. *Lire et écrire – Étude de l'influence des pratiques d'enseignement de la lecture et de l'écriture sur la qualité des premiers apprentissages*, p. 400. Rapport à télécharger sur le lien http://ife.ens-lyon.fr/ife/recherche/lire-ecrire

6 La compréhension en lecture aux cycles 2 et 3

LE COURS

CE QU'IL FAUT SAVOIR POUR ENSEIGNER

1 Les compétences du lecteur expert en matière de compréhension de texte

La compréhension est un phénomène complexe mettant en jeu plusieurs compétences difficiles et longues à acquérir. Les recherches, qui se sont surtout concentrées sur la compréhension du texte littéraire[7], ont identifié ces compétences que Sylvie Cèbe et Roland Goigoux proposent de regrouper en cinq ensembles : compétences de décodage, compétences linguistiques, compétences textuelles, compétences référentielles et compétences procédurales ou stratégiques[8] dont on retrouve des échos explicites dans les programmes 2015.

1.1 Les compétences de décodage

Les compétences de décodage réfèrent aux procédures d'identification des mots écrits[9]. Elles sont complètement automatisées chez le lecteur expert qui reconnait de manière quasi instantanée le mot à la fois visuellement, auditivement et sémantiquement. Cette automatisation lui permet de libérer l'attention de la mémoire de travail et de la rendre plus disponible pour les opérations de compréhension.

1.2 Les compétences linguistiques

Les compétences linguistiques réfèrent à l'ensemble des connaissances relatives aux codes de la langue et notamment à celles du lexique, de la syntaxe et de la grammaire textuelle.

1.3 Les compétences textuelles

Les compétences textuelles sont relatives à la culture des textes et de leur fonctionnement : règles de cohésion et de progression. Elles s'appuient sur des connaissances concernant les genres, les types de textes ou de discours. Chacun d'entre eux requiert en effet des savoirs et des habiletés spécifiques : une BD, une nouvelle, un essai, un roman, une fable, etc. ne se lisent évidemment pas de la même façon.

On classe aussi dans les compétences textuelles, la connaissance des codes littéraires et textuels spécifiques d'un genre, celle des scénarios narratifs (la façon dont l'histoire est mise en récit) et des thèmes intertextuels communs (les réseaux thématiques). Ces connaissances permettent de situer chaque œuvre dans un ensemble culturel plus vaste qui lui donne sens. La compréhension d'un roman tel que *Vendredi ou la vie sauvage* de Michel Tournier, par exemple, s'enrichira de la connaissance que le lecteur peut avoir d'autres romans d'aventure contenant les mêmes ingrédients – solitude d'un naufragé, enfermement sur une ile déserte, lutte contre une nature hostile, etc. – qui appartiennent au genre de la robinsonnade dont le texte fondateur est le *Robinson Crusoé* de Daniel Defoe.

---

[7]. Voir A. Rouxel, « Qu'entend-on par lecture littéraire ? », site Eduscol.

[8]. S. Cèbe et R. Goigoux, *Lector & Lectrix*, « Apprendre à comprendre les textes narratifs », Retz, p. 7.

[9]. Voir le chapitre 5, « La lecture et l'apprentissage du code au cycle 2 », p. 136.

DOMAINES DE L'ENSEIGNEMENT DU FRANÇAIS

1.4 Les compétences référentielles

Les compétences référentielles sont constituées des savoirs encyclopédiques sur le monde et la vie, indispensables à la contextualisation d'un propos et à la construction du monde de référence évoqué par la fiction ou le texte. Elles sont essentielles et « le lecteur qui présente une carence encyclopédique », selon l'expression d'Umberto Eco[10], « est attendu au tournant » et risque, à tout moment, de ne plus comprendre ce qu'il lit.

Ainsi, même pour comprendre des récits aussi simples en apparence que ceux qui sont lus au cycle 2, certains savoirs sur le monde s'avèrent indispensables. Comment comprendre le conte traditionnel *La Petite Poule rousse*, sans connaitre un peu le monde de la ferme, sans savoir que le pain se fabrique avec de la farine de blé, céréale qu'il faut préalablement semer, cultiver puis moudre, ou même sans avoir une représentation du temps puisque la succession des saisons est étroitement liée au sens de l'histoire ?

10. U. Eco, *Lector in fabula*, Le Livre de Poche, 1989.

1.5 Les compétences procédurales (ou stratégiques)

Les compétences procédurales consistent en la capacité d'autoréguler l'activité de lecture-compréhension. À tout moment, le lecteur doit en effet réguler, contrôler et évaluer son activité.

Il doit être capable d'**identifier la finalité de l'acte de lecture**, c'est-à-dire les raisons pour lesquelles il lit, afin de mettre en œuvre des procédures adaptées, susceptibles de rendre la lecture plus efficace. Pour le lecteur expert, l'acte de lecture est la plupart du temps motivé, ce qui guide ses choix stratégiques : on lit le plus souvent une recette pour réaliser un plat, un annuaire pour trouver un numéro de téléphone, une notice de médicament pour vérifier la posologie. Mais on peut aussi bien aborder chacun de ces supports avec d'autres intentions, ce qui entraine d'autres stratégies de lecture : lire une recette pour contrôler une durée de cuisson, un annuaire pour vérifier l'orthographe d'un nom propre et une notice de médicament pour mieux appréhender une maladie et le traitement prescrit par le médecin.

Ce constat s'applique également à la lecture des textes littéraires dont les usages sont extrêmement variés en fonction du projet du lecteur : désir d'évasion ou de savoir, recherche existentielle, culturelle...

Ainsi, ce n'est pas uniquement la nature de l'écrit qui pilote la stratégie du lecteur expert, mais également la finalité qu'il assigne à son acte de lecture.

La capacité de **traitement de l'information** est également un des fondements essentiels de la compréhension : quels que soient le type d'écrit et la finalité attribuée à la lecture, lire demande d'identifier le thème du propos, de distinguer les informations utiles au regard de l'objectif de lecture que l'on s'assigne, de sélectionner ces informations tout en éliminant celles qui semblent secondaires ou inutiles. Lire c'est, selon l'étymologie, choisir[11].

Il convient ensuite, très schématiquement, de mémoriser au fil de la lecture les informations sélectionnées, de les hiérarchiser puis de les relier entre elles afin de produire du sens au moyen d'un travail d'inférences[12]. Ces différentes opérations

11. Du verbe latin *legere*, « ramasser, cueillir, rassembler, recueillir, choisir », puis « lire », sans doute par le biais d'expressions comme *legere oculis*, « assembler (les lettres) avec les yeux ».

12. « L'inférence agit de deux façons : d'une part, elle sert à établir des liens entre les parties du texte pour que la compréhension soit cohérente, d'autre part, elle permet d'effectuer des liens entre le texte et les connaissances du lecteur pour combler les blancs laissés par l'auteur. » J. Giasson, *La lecture*, « Apprentissage et difficultés », De Boeck, 2012, p. 236.

s'effectuent de façon non pas mécanique et successive, mais selon des procédures complexes et interdépendantes : au fil de la lecture, le tri d'informations se trouve assez rapidement influencé et réduit par la construction du sens effectuée à partir des informations déjà prises en compte par le lecteur. Une erreur de traitement en début ou en cours de lecture peut donc avoir des répercussions en chaine et conduire à une mauvaise compréhension.

2 Enseigner la compréhension

En raison de leur complexité, les compétences engagées par la compréhension ne peuvent être pleinement atteintes que dans la durée, bien au-delà de l'enseignement primaire. Leur enseignement pose donc des problèmes spécifiques selon l'âge et le développement des élèves.

2.1 Enseigner la compréhension au cycle 2

Le lecteur novice qui entre au CP doit gérer simultanément plusieurs apprentissages :
– savoir déchiffrer et reconnaitre les significations des mots ;
– savoir comprendre les textes ;
– savoir écrire seul des mots déjà connus, apprendre à rédiger de manière autonome un texte court.

Ces apprentissages sont interdépendants et se co-construisent. L'élève est sans cesse placé dans la situation d'avoir à mettre en jeu et d'éprouver des compétences « en construction » et certains facteurs comme la maitrise du décodage, la disponibilité des connaissances lexicales et la difficulté de l'auto-régulation de l'activité influent grandement son apprentissage de la compréhension.

A. Compétences de décodage[13]

Au cycle 2, toutes les compétences en jeu pour comprendre un texte sont en cours de construction et seront travaillées tout au long de la scolarité primaire. La première difficulté, sans doute, pour l'élève de ce niveau, provient de ses compétences de décodage souvent presque inexistantes au début du CP et qui restent longtemps limitées au cours du cycle. Or on sait que « [l]orsqu'il est insuffisamment automatisé, le décodage représente une opération couteuse et contraignante qui prive les élèves de leurs ressources attentionnelles, au détriment des traitements cognitifs de haut niveau permettant l'accès au sens[14] ».

La conséquence d'un décodage effectué trop lentement fait donc courir au lecteur le risque d'oublier ce qu'il vient de décoder, avant même de le comprendre. C'est pourquoi la priorité du cycle 2 est bien de développer et d'automatiser les capacités de décodage.

Par conséquent, avant que le décodage ne soit complètement automatisé, le travail sur la compréhension, en début de cycle 2, s'inscrit par nécessité dans la continuité des apprentissages du cycle 1. Dès la maternelle, en effet, l'élève, non lecteur, est initié à la culture de l'écrit par l'écoute de textes lus par l'enseignant. Ces lectures à haute voix sont autant d'occasions pour des activités de remémoration, un travail sur l'implicite ou sur l'univers référentiel, etc.

13. Voi le chapitre 5, « La lecture et l'apprentissage du code au cycle 2 », p. 136.

14. S. Cèbe et R. Goigoux, *Lectorino & Lectorinette,* « Apprendre à comprendre les textes narratifs », Retz, 2013, p. 8.

Il appartient à l'enseignant de cycle 2 de poursuivre ce travail et de prendre en charge régulièrement la lecture tant que l'effort de décodage gêne l'activité de compréhension.

Au cours de l'année de CP, le travail de compréhension s'exerce progressivement à partir de textes lus de façon autonome par l'élève. Mais, tout au long du cycle 2, la lecture magistrale demeure indispensable pour des textes dont la complexité constitue un obstacle à la lecture autonome. Le contact avec ces textes plus exigeants favorise la construction de compétences de compréhension plus élaborées.

B. Compétences lexicales

Les difficultés de vocabulaire peuvent à la fois causer des incompréhensions (l'élève ne comprend pas le texte parce qu'il ignore le sens de trop de mots), ou résulter de l'incompréhension : l'élève qui comprend mal ce qu'il lit, lit de moins en moins et a de moins en moins l'occasion d'apprendre des mots nouveaux.

L'apprentissage du lexique constitue un facteur important d'hétérogénéité, d'autant plus qu'il se greffe sur des écarts antérieurs d'acquisition du vocabulaire largement tributaires de l'appartenance socio-culturelle des élèves. Plusieurs recherches notent ainsi que les écarts de compétences lexicales, déjà présents à l'entrée au CP, ont tendance à s'accroître fortement au cours de la scolarité primaire : « Un élève performant en première année d'école primaire connait deux fois plus de mots qu'un élève faible et cet écart s'accroit, jusqu'à doubler, tout au long de la scolarité primaire[15]. »

Ce déficit de vocabulaire, régulièrement signalé par les enseignants, n'apparait pourtant de manière évidente qu'à la fin de la scolarité primaire parce que, à ce stade de la scolarité, les élèves se trouvent confrontés à des textes plus exigeants et complexes, alors qu'auparavant, ils ont surtout eu à lire des textes simplifiés, adaptés à leurs capacités de décodage. Un certain nombre de chercheurs proposent donc de prendre en compte la nécessité de développer le vocabulaire des élèves pour les aider à améliorer leur performance de compréhension.

Justement les résultats de l'étude sur le CP et le CE1 concluent que « les progrès en compréhension sont sensibles à l'étude de la langue, plus particulièrement à celle du lexique et de la morphologie. [...] Les enseignants qui associent un enseignement intensif et régulier, tout au long de l'année, de la compréhension avec celui de l'étude de la langue (notamment son lexique) sont plus efficaces que les autres[16] ».

C. L'apprentissage de l'auto-régulation de l'activité de lecture-compréhension

Pour mettre en œuvre l'ensemble des compétences, le jeune lecteur doit surtout apprendre à auto-réguler son activité de lecture en fonction de la situation de lecture et du type de texte.

Bien entendu, les stratégies dont dépend la qualité de la compréhension ne sont pas encore disponibles pour la totalité des élèves du cycle 2 mais l'apprentissage de leur mise en œuvre et de leur régulation, avec un accompagnement expert de l'enseignant, devient de plus en plus explicite du cycle 2 au cycle 3. Ce travail doit d'ailleurs se poursuivre durant toute la scolarité.

---

15. S. Cèbe et R. Goigoux, citant E.D. Hirsch in *Lectorino & Lectorinette*, p. 10.

16. Rapport *Lire et écrire*, *op. cit.*, p. 356.

LE COURS   AU CONCOURS

6 La compréhension en lecture aux cycles 2 et 3

Cet apprentissage (de la compréhension) passe par la construction de **stratégies conscientes de mise en œuvre de la lecture**. Pour comprendre ce qu'il lit, l'élève doit planifier, réguler et contrôler son activité de lecteur.

Tout d'abord, il doit apprendre à planifier c'est-à-dire choisir une modalité de lecture adaptée à la fois au support et à l'objectif de lecture. Ainsi, la recherche d'informations ponctuelles (heure et lieu d'une rencontre sportive sur une affiche, par exemple) induit plutôt un repérage d'indices textuels par une lecture sélective rapide ; la compréhension des intentions d'un personnage dans un texte narratif peut nécessiter une ou plusieurs lecture(s) linéaire(s) du texte, préparatoire(s) à une relecture permettant de sélectionner et de hiérarchiser des indices signifiants.

L'élève doit ensuite développer la capacité progressive à évaluer objectivement l'efficacité de sa lecture. Peu à peu, il va devenir capable de distinguer ce qu'il parvient à comprendre du texte de ce qui, pour lui, demeure momentanément dans une zone d'ombre. C'est une compétence très difficile à acquérir et qui nécessite au cycle 2 un étayage très fort de la part de l'enseignant[17].

C'est la raison pour laquelle l'enseignement de la compréhension ne peut s'arrêter à l'explicitation des seules stratégies textuelles (en fonction des types ou des genres) mais doit se focaliser également sur celle des stratégies de compréhension du lecteur et en programmer les apprentissages.

À titre indicatif, Sylvie Cèbe et Roland Goigoux, dans leur ouvrage consacré à l'apprentissage de la compréhension au cycle 2[18], proposent une liste de stratégies qui demeurent pertinentes pour le cycle 3 :

— assigner un but à son activité avant de commencer la lecture en s'interrogeant sur la ou les raison(s) qui amène(nt) à lire un texte particulier (comprendre, apprendre, s'informer…) ;
— s'intéresser aux relations causales ;
— fabriquer une représentation mentale (une sorte de « film ») ;
— déterminer ce qui est important et le mémoriser ;
— répondre à des questions et savoir s'en poser tout seul ;
— produire des inférences ;
— utiliser ses connaissances antérieures ;
— prévoir la suite ;
— résumer ;
— contrôler et réguler sa compréhension.

Mais le rapport *Lire et écrire* montre que le temps consacré à l'enseignement de la compréhension en CP et CE1 est beaucoup moins important que celui alloué à l'étude du code et que les activités proposées peuvent être neuf fois plus nombreuses dans certaines classes que dans d'autres ; or, l'allongement des situations de travail de ce type peut avoir un impact positif sur les performances globales relatives au lire-écrire[19].

17. Sur ces problèmes, voir *Lectorino & Lectorinette*.

18. *Ibid.*, p. 18.

19. Rapport *Lire et écrire*, *op. cit.*, p. 399.

2.2 Enseigner la compréhension au cycle 3

A. Le développement des compétences de décodage et des compétences lexicales

Toutes les difficultés du décodage ne sont évidemment pas résolues à l'entrée du cycle 3 et l'automatisation de la reconnaissance des mots fait encore partie des objectifs de ce cycle pour l'apprentissage de la lecture. Cependant, le poids cognitif de cette opération diminue régulièrement au cours de la scolarité primaire rendant progressivement la mémoire de travail des élèves plus disponible pour le traitement des tâches de haut niveau.

De même, si les compétences lexicales s'accroissent naturellement du cycle 2 au cycle 3, elles constituent toujours un obstacle à la compréhension en lecture, notamment parce que le nombre et la complexité des textes rencontrés dans les différentes disciplines requièrent des connaissances culturelles et lexicales plus élaborées. L'extension et la structuration du vocabulaire des élèves demeurent donc un des objectifs essentiels au cycle 3.

B. Des difficultés persistantes

D'autres problèmes de compréhension de textes peuvent persister, ou même se révéler, au cycle 3 pour certains élèves. Sylvie Cèbe et Roland Goigoux[20] identifient essentiellement deux sources de difficultés qui concernent les représentations de l'acte de lecture et les stratégies de compréhension.

20. *Lector & Lectrix*, op. cit., p. 8-9.

C. Les représentations de l'acte de lecture

Certains élèves en difficulté n'arrivent pas à se représenter l'activité intellectuelle qui est attendue d'eux en lecture. Ils n'arrivent pas à s'affranchir du décodage et continuent à privilégier une lecture mot à mot qu'ils considèrent comme l'unique façon de lire. Cette stratégie, qui confine le traitement de l'information à de courts segments, entraine une difficulté à passer à un traitement plus global de l'information. Ainsi, les informations qui prennent leur sens à l'échelle du texte comme les reprises anaphoriques, les connecteurs ou le système des temps verbaux ne sont souvent pas reliées entre elles.

Ces élèves, dépendants d'une stratégie unique et peu pertinente, « ignorent la nécessité d'élaborer des représentations provisoires[21] » du texte qu'ils lisent. Leur représentation initiale du sens est figée. Ils ne parviennent pas à l'adapter aux développements proposés par le texte si bien qu'ils délaissent les informations qui ne vont pas dans le même sens. Cette difficulté à revenir sur une première idée rend pratiquement impossible la compréhension de récits dont la dynamique interne est précisément fondée sur le principe de transformation.

21. *Ibid.*, p. 8.

D. Les stratégies de compréhension

D'autres difficultés de compréhension proviennent de l'absence ou de l'indisponibilité des stratégies nécessaires.

Une faiblesse des compétences linguistiques, textuelles ou référentielles peut être à l'origine de ce déficit des stratégies de compréhension. Certains élèves éprouvent ainsi des difficultés à dépasser ce que dit explicitement le texte. Ils se focalisent sur la forme littérale du texte et ne font pas ou peu d'**inférences**[22], perdant ainsi tout un pan de l'information reposant sur des relations logiques, pragmatiques et interprétatives à construire par le lecteur.

Ces élèves ont aussi peu conscience de leurs propres stratégies et ne peuvent donc exercer de contrôle métacognitif sur leur activité et parvenir à l'**auto-régulation**. Ils sont souvent très dépendants de l'enseignant dont ils attendent ce contrôle ou cette évaluation.

L'aptitude à percevoir les moments de moindre efficience de leur lecture faisant défaut, ils ne peuvent spontanément déclencher la mise en œuvre de stratégies de récupération de la compréhension. Ils ne peuvent, par exemple, entamer une relecture des lignes déjà lues en vue d'identifier et de résoudre les obstacles rencontrés : erreurs ponctuelles de décodage, problèmes de vocabulaire, problèmes de traitement des anaphores ou des connecteurs, lacunes dans le repérage d'informations…

La conséquence de ces difficultés est la constitution d'une compréhension « en ilots » qui consiste à « construire des représentations juxtaposées, fragmentaires, chacune renvoyant à des compréhensions partielles (éventuellement correctes) mais qui ne présentent aucune articulation d'ensemble.[23] »

[22] Sur les différents types d'inférences, voir J. Giasson, *La lecture, apprentissage et difficultés*, op. cit., p. 236-243.

[23] S. Cèbe et R. Goigoux, *Lector & Lectrix*, p. 9.

3 Sur quels supports construire les compétences de compréhension ?

Comme il s'agit de l'acquisition de compétences transférables à la lecture de textes authentiques, les supports textuels doivent présenter une certaine authenticité et un intérêt lexical, syntaxique et sémantique suffisant ; ce qui implique de ne pas cantonner la lecture aux seuls textes du manuel d'apprentissage de la lecture, notamment au CP.

Les programmes désignent les textes littéraires et les textes documentaires comme supports de ce travail, aux cycles 2 et 3.

3.1 Les textes littéraires

Les textes littéraires possèdent, malgré leur grande diversité, quelques caractéristiques générales communes.

– **Ils construisent leur propre référent** : le monde évoqué n'est pas le monde réel, néanmoins sa cohérence produit une illusion de réel. Cette cohérence repose sur l'association entre des éléments issus du réel[24] sélectionnés et combinés avec des éléments de fiction. Lire suppose donc une adhésion volontaire du lecteur à cette illusion référentielle. Mais le lecteur débutant doit apprendre à distinguer la fiction construite, du monde réel et le personnage de fiction, de la personne vivante.

– **Ils nécessitent la coopération du lecteur** : leur signification est à construire. Cette caractéristique du texte suppose un lecteur actif qui repère les indices pertinents et sache les interpréter. Cette habileté interprétative s'appuie sur la capacité à identifier

[24] Compétences encyclopédiques requises pour le lecteur.

les indices qui fondent la cohésion textuelle mais aussi ceux qui fondent la cohésion sémantique : il faut repérer les anaphores désignant un personnage, les connecteurs spatio-temporels structurant les étapes de la trame narrative et les liens de cause à conséquence. Il faut aussi identifier la permanence du personnage malgré son évolution dans l'histoire, inférer les raisons de son comportement (comprendre par exemple pourquoi le renard flatte le corbeau) ainsi que la fonction symbolique de certaines évocations.

– **Ils instaurent une communication différée** : il y a un délai plus ou moins long entre l'émission et la réception du message, aussi le lecteur doit-il reconstituer la signification du message à partir du seul texte, du contexte textuel ou de l'intertexte.

La synergie des compétences procédurales et culturelles requises pour la compréhension rend possibles ces inférences. Comprendre un texte littéraire revient donc à donner sens aux éléments pris en compte. Dans la mesure où chaque lecteur met en œuvre une stratégie personnelle, comprendre revient à interpréter[25].

3.2 Les textes documentaires

Leur finalité est plus simple à identifier que celle des textes littéraires qui repose quelquefois en partie sur l'expérience culturelle : on lit les textes documentaires pour leur fonction explicative et informative.

Les difficultés de lecture sont surtout liées au fait que ces textes se présentent souvent comme des systèmes pluricodiques qui mêlent texte et illustrations diverses[26], organisent la mise en page selon des scénarios variables, reposant sur une stratégie d'auteur plus que sur des conventions normées. Très souvent, les documentaires, lorsqu'ils s'adressent à de jeunes enfants, ont tendance à fictionnaliser la présentation des informations, avec une narration et des personnages ; certains documentaires sont ainsi des textes hybrides qui peuvent même se présenter sous forme de BD. La frontière entre texte documentaire et littéraire devient ainsi mouvante et difficile à percevoir, surtout pour de jeunes lecteurs.

Ces variations de mises en texte sont autant de « mises en scène » constituant à chaque fois pour le lecteur une sorte de défi de lecture qui l'oblige à décrypter la stratégie de l'auteur et donc à mettre en place des parcours de lecture souples et adaptés à la fois à la « mise en scène cognitive[27] » proposée par le support et à la finalité assignée à la lecture, le plus souvent une recherche d'informations ponctuelles sur un thème.

Normalement, le texte informatif ou documentaire ne se lit donc pas linéairement comme le texte littéraire mais selon un parcours spécifique.

De surcroit, le texte documentaire se caractérise généralement par une densité informative plus importante que celle des textes littéraires, par la spécialisation de son lexique et une certaine complexité syntaxique, ce qui peut constituer autant d'obstacles de compréhension supplémentaires.

25. C. Tauveron, *Lire la littérature à l'école*, Hatier pédagogie, 2002.

26. Photos, schémas, dessins réalistes ou fantaisistes, etc.

27. A. Janicot, « Comment aider les élèves à mener une lecture documentaire efficace », *Les Actes de Lecture*, n° 71, septembre 2000.

4 Les activités

4.1 Quelques exemples d'activités sur le texte littéraire

Il s'agit de donner aux élèves les moyens de comprendre le mode de fonctionnement de la fiction narrative afin qu'ils puissent en appréhender les enjeux symboliques.

Les activités ont donc pour objectifs l'identification et la compréhension des relations entre quelques-uns de ses éléments structurants :

– le contexte spatio-temporel de l'histoire, le monde de référence (Où et quand l'histoire se déroule-t-elle ?) ;

– le ou les personnage(s) de l'histoire (Qui sont les personnages de l'histoire ? Combien y en a-t-il ? Qui est le personnage principal ?) ;

– la caractérisation de ces personnages (à travers les illustrations, les actions, les discours, les comportements) ;

– l'intention des personnages (Que fait tel personnage dans l'histoire ? Que veut-il obtenir ?) ;

– l'état mental d'un personnage (Est-il content ou malheureux ? Quel sentiment éprouve-t-il ? Que pense-t-il ?) ;

– les relations entre les personnages (opposition, coopération, indifférence) ;

– les enchainements des évènements dans le récit (enchainements chronologiques – avant/après – et logiques – cause/effet) ;

– les enjeux de l'histoire (Que raconte cette histoire ? Comment peut-on l'interpréter ?).

Les activités sont nombreuses. Au cycle 2, elles s'effectuent souvent dans un premier temps à l'oral, en ateliers de lecture ou en groupe classe. Ce sont essentiellement des activités qui engagent le groupe dans la **tâche de rappel et de reformulation progressifs de l'histoire**, effectués d'abord à partir de ce que les élèves en ont compris seuls en fin de cycle 2 ou au cycle 3 et avec un fort étayage de l'enseignant au CP.

Le maitre, attentif alors aux obstacles de compréhension rencontrés, s'appuie sur les reformulations – dont il peut avoir pris note au tableau – pour amener les élèves à clarifier progressivement, par un retour au texte, les zones d'incompréhension ou à rectifier les erreurs ponctuelles de lecture. De cette manière, le texte est en quelque sorte questionné à partir des problèmes qu'il pose aux élèves. Le repérage d'informations ou d'indices effectué dans ce cadre prémunit contre une compréhension morcelée ou parcellaire puisqu'il a vocation à répondre à une question qui a émergé du travail de compréhension de la classe. Ainsi, la situation d'apprentissage suscite d'elle-même des inférences. Cette démarche d'investigation progressive peut donner lieu à des écrits de travail individuels ou collectifs destinés à garder la mémoire des étapes de la construction de la compréhension.

De nombreux auteurs pensent qu'il est préférable de mener des activités de rappel et de reformulation, favorisant les compétences de mémorisation et de compréhension de l'histoire plutôt que des activités d'anticipation, qui présupposent ces compétences acquises alors qu'elles ne sont pas toujours construites.

De même, ils remettent en cause la **pratique systématique du questionnaire** de texte magistral (à l'écrit ou à l'oral) comme seule entrée dans le questionnement sur le texte, surtout lorsqu'il n'est constitué que de questions littérales qui entrainent une compréhension de surface – souvent en ilots d'informations mal reliées entre elles – et « renforcent la difficulté des élèves à traiter l'implicite[28] ».

4.2 Quelques exemples d'activités sur le texte documentaire

— **Pour identifier la spécificité du type d'écrit** : faire constituer des corpus de livres sur un thème ou une question, faire trier livres documentaires et livres de fiction, faire retrouver un intrus parmi des documentaires.

— **Pour faire appréhender l'usage du texte documentaire** : demander aux élèves de trouver dans un corpus de livres celui qui sera susceptible de fournir l'information cherchée, de retrouver le thème commun à un corpus documentaire ; leur apprendre à se servir d'un sommaire ou d'une table des matières, à chercher dans un sommaire à quelle page correspond un titre de chapitre.

— **Pour apprendre à repérer le fonctionnement d'une double page** : faire trouver une pièce manquante dans une double page (titre ou illustration ou texte), faire replacer tous les titres au bon endroit ou replacer toutes les images d'une double page au bon endroit (l'élève doit s'appuyer sur le texte) ou encore replacer tous les textes d'une page au bon endroit (l'élève apprend à s'appuyer sur les images et les titres), faire fabriquer la maquette d'une page documentaire puis rédiger en groupe une double page documentaire.

— **Pour apprendre à repérer le statut et la fonction des illustrations** : faire distinguer la fonction des schémas, tableaux, cartes, graphiques, photos, dessins réalistes, dessins informatifs mais humoristiques, représentations fantaisistes, dessins décoratifs sans lien direct avec le thème ; faire imaginer puis écrire la légende ou le texte possibles pour une illustration, puis comparer avec ce que proposent les auteurs du documentaire.

— **Pour apprendre à repérer des informations dans un texte documentaire** : repérer les informations données par le texte, puis celles qui sont données par l'image, comparer les deux et distinguer leurs effets respectifs, pour faire percevoir les effets de l'interaction texte-image pour la prise d'information ; lire une double page sans les images puis avec les images et analyser les différences ; comparer plusieurs doubles pages issues de documentaires différents portant sur un même thème afin de relever les points communs et les différences et de repérer notamment si les contenus informatifs concordent ; repérer les types de discours utilisés ; distinguer parties narratives et parties informatives ; faire une liste des mots-clés contenus dans la page documentaire sur l'information recherchée.

[28]. S. Cèbe et R. Goigoux, *Lector & Lectrix*, p. 9.

RESSOURCES À CONSULTER

• **Bibliographie**

– Butlen M. (dir.), *Les voies de la littérature au cycle 2*, Scérén, Académie de Créteil, novembre 2008.
– Cèbe S., Goigoux R., *Lectorino & Lectorinette, apprendre à comprendre les textes narratifs*, Retz, 2013 (consacré à la compréhension au CE1 et au CE2).
– Cèbe S., Goigoux R., *Lector & lectrix, apprendre à comprendre les textes narratifs*, Retz, 2009 (consacré à la compréhension au cycle 3, cet ouvrage n'en est pas moins utile pour nourrir la réflexion en direction du cycle 2).
– Dessailly L. (dir.), *Les médiations au cycle 2 autour des ouvrages documentaires*, disponible sur le site www.bienlire.education.fr.
– Giasson J., *La lecture*, « Apprentissage et difficultés », De Boeck, 2012.
– Janicot A., « Comment aider les élèves à mener une lecture documentaire efficace », *Les Actes de Lecture*, n° 71, septembre 2000.

AU CONCOURS

SUJET 1 (CYCLE 2)

À partir des extraits du manuel *Parcours* reproduits ci-après, vous chercherez, dans une analyse critique, à répondre aux questions suivantes :

❶ Quels sont les objectifs de cette double page de manuel ? *(2 points)* — Corrigé p. 172

❷ Quelles difficultés de lecture cette double page risque-t-elle de poser à des élèves de CE1 ? *(3 points)* — Corrigé p. 172

❸ Faites une analyse critique du questionnaire. *(4 points)* — Corrigé p. 173

❹ Proposez une mise en œuvre des deux dernières parties : « J'écris pour mieux comprendre » et « Je discute ». *(4 points)* — Corrigé p. 174

DOCUMENT

Document : R. Assuied, D. Buselli, A.-M. Ragot, *Parcours CE1*, Hatier, 2011, p. 76-77

LIRE ET COMPRENDRE — UNITÉ 7

LE CHARBON, QU'EST-CE QUE C'EST ?

En traversant le nord de la France, j'ai compris d'où venait le charbon. J'ai visité les bâtiments d'une ancienne mine, au pied d'une grande colline toute noire. C'est Luigi, un ancien mineur, qui m'a guidée. Il a passé 22 ans de sa vie à extraire le charbon de sous la terre.

— tout au fond de cette mine !

Parfois, les sirènes s'enflamment au contact de l'air !

Le sais-tu ?
La houille est faite de restes de plantes peu à peu transformés en pierre.

Il y a plusieurs millions d'années, une forêt très fournie poussait dans une région humide.

Les végétaux morts (meurent) par tomber les uns sur les autres et sont recouverts par d'autres plantes.

Du sable et de l'argile se déposent par-dessus les plantes, qui se fossilisent : elles se transforment en une roche noire et dure : la houille !

JEU
Retrouve quels endroits du dessin de Luigi correspondent à ces photos.

A — Cette berline transporte la houille du chantier d'exploitation vers la surface.

B — Les mineurs descendent travailler au fond du puits, dans un ascenseur, la cage.

C — (photo)

D — 6 heures durant, les mineurs décrochent la houille au marteau-piqueur.

E — Dans la voie en pente, entre deux galeries, les mineurs circulent en autorail, à 10 km/h.

F — Des mineurs consolident la galerie avec des barres de métal de 100 kg.

Le fond de la mine est à 1 000 m sous le sol ! Un gros téléphone permet d'appeler en surface.

Pour repérer les fuites de gaz, on emmenait parfois des canaris, très sensibles aux gaz.

Anne-Sophie Baumann, *Que trouve-t-on sous la Terre ?* coll. « Exploradoc » © Tourbillon.

1. Dans quelle région de France Luigi a-t-il travaillé ?
2. Cherche dans le texte un mot qui a le même sens que charbon.
3. Explique ce qu'est un mineur.
4. Combien de temps un mineur travaillait-il au fond de la mine ?
5. Quels sont les dangers au fond d'une mine ? Réfléchis avec l'image C et la bulle blanche.
6. Explique comment tu as retrouvé les endroits du dessin de Luigi qui correspondent aux photos.

J'écris pour mieux comprendre
Écris la réponse à la question du titre : *Le charbon, qu'est-ce que c'est ?*

Je discute
À ton avis, le métier de mineur est-il difficile ?

CORRIGÉ — ANALYSE CRITIQUE

> **Aide méthodologique**
>
> Le sujet est constitué d'un seul document, une double page de manuel, dont il faut rapidement comprendre l'objectif. À cet effet, le bandeau rouge en surtitre « Lire et comprendre » est bien utile pour le ou la candidat(e) : il s'agit de compréhension en lecture.
>
> Il importe ensuite de bien se repérer dans la composition de la double page : un extrait de double page d'un ouvrage documentaire d'Anne-Sophie Baumann (*Que trouve-t-on sous la terre ?* coll. « Exploradoc », éditions Tourbillon), une proposition d'activités sur ce document par les auteurs du manuel.
>
> Ce sujet exige d'avoir une bonne connaissance des problématiques liées à l'enseignement et au développement des compétences de compréhension en lecture. Il requiert également de connaitre les spécificités des ouvrages documentaires et de leur lecture.
>
> Les questions sont progressives. Attention au barème qui indique l'importance des deux dernières questions (4 points).

❶ Quels sont les objectifs de cette double page de manuel ? Énoncé p. 170

Le document reproduit la double page d'un album documentaire pour la jeunesse qu'il accompagne de différentes activités : un questionnaire de compréhension, une production d'écrit et une proposition de débat oral. Les dessins, les textes et les photos de l'album documentaire en font un document composite complexe.

La proposition d'enseignement faite par le manuel se présente sous le titre « Lire et comprendre » et ses objectifs semblent bien être de lire et comprendre pour s'informer, pour développer des connaissances sur le charbon, le fonctionnement d'une mine, le métier de mineur… On peut aussi y trouver un objectif de développement des stratégies de lecture experte d'un texte documentaire et d'écriture d'un texte explicatif.

❷ Quelles difficultés de lecture cette double page risque-t-elle de poser à des élèves de CE1 ? Énoncé p. 170

Les difficultés de lecture pour des élèves de CE1 peuvent provenir d'une part de la complexité du support documentaire et d'autre part de la situation de lecture proposée par le manuel.

Difficultés présentes dans la double page documentaire

Les textes documentaires sont complexes du fait de la densité de l'information qu'ils véhiculent et de leur organisation, mêlant textes et images.

On peut ainsi remarquer la diversité et l'hétérogénéité des illustrations :

– un dessin de territoire minier avec une partie en coupe pour la représentation du travail de la mine sous terre ;
– une bande dessinée informative sur l'origine du charbon ;
– une série de photos présentant la vie des mineurs au fond de la mine ;
– un petit personnage s'exprimant dans des bulles, comme dans une bande dessinée, qui sert de lien entre les différentes illustrations.

Les textes sont également très divers : texte introducteur, bulles de BD informatives, légendes de photos et de dessins, consigne de jeu.

On peut également observer d'autres particularités pouvant constituer des sources de difficultés pour les élèves :

– une double thématique, le charbon-la vie de mineur, *a priori* très éloignée des connaissances encyclopédiques des élèves ;
– un schéma difficile à lire ;
– un texte qui n'aide pas toujours à lire les images (*cf.* galerie) ;
– la nature hybride du support documentaire qui présente une sorte de fiction narrative à l'intérieur du documentaire : la narratrice évoque sa rencontre avec un ancien mineur, Luigi, qui est représenté à l'intérieur du documentaire à la manière d'un personnage de BD.

L'élève doit donc non seulement lire et comprendre les textes et les images mais aussi comprendre leur interaction dans la double page comme l'y invite le jeu d'association des photos et du dessin en coupe.

Difficultés dues à la situation de lecture

La situation de lecture proposée est une situation d'apprentissage de la lecture documentaire qui substitue à une finalité de lecture documentaire (lire pour chercher des informations) une finalité pédagogique (apprendre à lire un ouvrage documentaire).

La double page documentaire est donc accompagnée d'un questionnaire portant sur le sens des informations présentées et de propositions d'activités de productions, écrite et orale, qui tendent à modifier profondément le rapport au texte.

❸ **Faites une analyse critique du questionnaire.**

Intérêt du questionnaire : l'ensemble des six questions guide la découverte et la compréhension du document. Certaines de ces questions proposent aussi des stratégies de lecture pour comprendre.

Les questions 1 et 2 demandent de prélever des éléments explicites dans le texte. La réponse à la première question est à chercher dans l'introduction de type narratif, en haut de la première page ; celle de la seconde se trouve en bas de la première page, dans la petite bande dessinée expliquant l'origine du charbon, à condition de faire l'inférence que la houille est un équivalent du charbon.

La question 3 consiste également à prélever des informations explicites et à les relier pour produire une réponse qui n'est pas écrite dans le support. La condition de mineur est en effet évoquée tout au long du document dans des textes différents : introduction, légendes des photos, et au moyen des photos et des dessins.

La question 4 implique de choisir entre deux solutions explicites fournies par le texte. L'élève dispose de deux informations sur le temps de travail : les vingt-deux ans de travail de Luigi comme mineur et la durée du travail quotidien au fond de la mine pour tous les mineurs (six heures) dont une seule est pertinente.

La question 5 exige de mettre en relation un savoir encyclopédique avec des informations contenues dans le support pour comprendre l'implicite. Pour pouvoir répondre à cette question, il faut se servir de connaissances encyclopédiques sur la dangerosité du métier de mineur : éboulements, absence d'oxygène, risques d'explosion...

La question 6 permet de développer des compétences métacognitives sur la capacité de circuler dans une double page d'album documentaire et de mettre en relation des photos, des dessins et des textes en apprenant à justifier la manière dont le jeu d'appariement entre le dessin et les photos a été mené à bien.

Éléments de critique

La présence du questionnaire oriente le travail de compréhension du support et réduit le degré de liberté[29]. L'invitation à répondre à des questions de manière à se référer chronologiquement au support est censée aider l'activité de lecture mais cette aide peut réduire la saisie de la particularité du support. En effet, la lecture d'un texte documentaire nécessite de prendre en compte la globalité de la double page : titre / illustrations / textes car le lecteur doit y repérer l'argumentation générale pour identifier à quel endroit peut se trouver la réponse à la question ou aux questions que le manuel (ou l'enseignant) lui pose. Cela implique une stratégie de lecture non linéaire qui permette aux lecteurs de percevoir les relations entre les parties éloignées de la double page et de relier des systèmes d'information différents (textes/images).

Or, l'ordre des questions, s'il est respecté par l'enseignant, implique un parcours de lecture chronologique comme pour un texte narratif :
– question 1, l'introduction, haut de page 1 ;
– question 2, le bas de la page 1 ;
– question 3, pages 1 et 2 ;
– question 4, page 2 ;
– question 5, page 2.

Les auteurs du manuel privilégient le travail sur le texte (quatre questions sur six) comme si l'illustration était subordonnée au texte. Une seule question (question 5) engage ouvertement à l'observation d'une photographie. L'enseignant aura donc à guider éventuellement les élèves pour qu'ils prennent en compte les illustrations.

Le texte fonctionnel n'est donc pas utilisé pour sa fonction informative malgré le titre « Le charbon, qu'est-ce que c'est ? » Sa découverte est subordonnée à un objectif qui en modifie sensiblement la finalité et fait obstacle, indirectement, à ce que cette lecture soit vraiment documentaire.

Cette observation guidée d'une double page documentaire peut constituer un pas dans la découverte de cet objet très complexe. Cependant, il serait souhaitable de confronter l'élève à la diversité des possibles de présentation de doubles pages documentaires. On pourrait par exemple lui demander de comparer plusieurs doubles pages abordant le même thème (le charbon) afin de développer son adaptabilité.

**❹ Proposez une mise en œuvre des deux dernières parties :
« J'écris pour mieux comprendre » et « Je discute ».**

Pour les activités « J'écris pour mieux comprendre » et « Je discute », une approche de type « atelier » pourrait être envisagée, de façon à favoriser l'interaction entre le travail du groupe et le travail individuel.

« J'écris pour mieux comprendre »

La question posée : « Le charbon, qu'est-ce que c'est ? » répond au caractère documentaire du support et au titre de la double page.

La première étape consisterait à passer par des écrits de travail ; chaque élève ou chaque binôme d'élèves tâchant de répondre à la question posée en notant tous les éléments de réponse qu'il peut trouver dans la double page. Étant donné la spécificité de chacune des pages, on peut se contenter de faire cette recherche sur la première page seulement car la deuxième est plutôt centrée sur la vie du mineur.

29. Voir la fiche 11 « Étayage et gestes professionnels », p. 51.

Énoncé p. 170

Une fois ce travail accompli, le maitre peut organiser une première étape de mutualisation de ces écrits de travail, de façon à ce que chaque groupe ou chaque élève puisse prendre connaissance des découvertes des autres.

Le travail d'écriture pourrait ensuite être relancé en constituant des groupes hétérogènes en ce qui concerne les compétences d'écriture. La question de départ est reposée : « Le charbon, qu'est-ce que c'est ? » mais en y ajoutant la consigne d'avoir à tenir compte des idées des autres.

La phase de synthèse ultérieure peut se dérouler selon la modalité suivante : lecture par chaque groupe d'élèves de son écrit de travail pendant que le maitre note au tableau les éléments essentiels. Cette mise au tableau permet de confronter les points de vue et de vérifier la manière dont les informations ont été trouvées dans le document.

L'étape suivante pourrait passer par une dictée à l'adulte : les élèves de la classe dictant au maitre le texte de synthèse. Ce faisant, les informations seraient sélectionnées, hiérarchisées et mises en forme selon le processus habituel de la dictée à l'adulte.

« Je discute »

La mise en œuvre pourrait s'appuyer sur une certaine ambigüité du document. En effet, l'iconographie sous forme de BD est plaisante, voire amusante, avec de plus, un jeu intégré : « Retrouve quels endroits du dessin de Luigi correspondent à ces photos ». Cette première impression peut certainement entrainer une méprise de la part de certains élèves sur la réalité de la vie de mineur.

Le maitre pourrait donc se servir de la question du manuel : « Le métier de mineur est-il difficile ? » pour faire un premier sondage, auquel les élèves répondraient par oui ou par non en levant la main.

Il demanderait ensuite aux élèves, répartis en groupes (de deux ou trois, partageant la même opinion) de relire le document en relevant tous les éléments venant à l'appui de leur thèse ; ils pourraient écrire les mots-clés sur un écrit de travail pour ne pas oublier les informations.

Dans un temps ultérieur, chaque groupe d'opinion mutualiserait les arguments trouvés.

L'étape suivante consisterait, dans un débat à visée heuristique, à montrer que la vie de mineur est difficile.

Le dispositif adopté pourrait être celui du double cercle[30] qui nécessite des habitudes de travail installées dans la classe : un premier cercle constitué de quelques débatteurs (par exemple quatre) représentant les deux opinions. Le maitre joue un rôle d'animateur qui distribue et régule la parole dans le groupe. Le deuxième cercle constitué des autres élèves assiste au débat mais n'intervient pas dans le premier temps du débat. À l'issue du débat qui a eu lieu entre les quatre premiers débatteurs, le débat s'élargit au groupe tout entier, invité à compléter l'échange qui vient de se dérouler.

L'intérêt de ce dispositif est d'accorder à l'erreur un statut égal à celui de la réponse *a priori* attendue afin d'amener progressivement les élèves, avec l'étayage du maitre, à expliciter leurs stratégies initiales et à en évaluer eux-mêmes la pertinence en les comparant à celles de leurs pairs.

La séance pourrait se clore par un très bref écrit personnel répondant à la question posée en apportant une justification.

---

[30]. Ce dispositif est décrit par S. Terwagne, S. Vanhulle, A. Lafontaine dans *Les cercles de lecture*, De Boeck-Duculot, « Savoirs en pratique », 2006.

AU CONCOURS

SUJET 2 (CYCLE 3)

À partir des documents A et B, vous chercherez à répondre, dans votre analyse critique, aux questions suivantes :

1 Justifiez le choix du texte pour une évaluation de la compréhension en fin de CM2. *(4 points)* — Corrigé p. 179

2 Analysez le questionnaire (questions A à G). *(4 points)* — Corrigé p. 180

3 Analysez les réponses d'élèves aux questions B et G en émettant des hypothèses sur la nature des erreurs. *(5 points)* — Corrigé p. 181

DOCUMENTS

- **Document A :** Direction générale de l'enseignement scolaire, évaluation nationale des acquis des élèves en CM2, cahier de l'élève, 2013, p. 4-5

Exercice 5

Lis silencieusement le texte suivant et réponds aux questions posées.

Une mouette mourante pond son œuf sur le balcon où règne Zorbas, un grand chat noir. Elle lui fait promettre de prendre soin de l'œuf et d'apprendre à voler au poussin qui va naitre, Afortunada. Zorbas, aidé de ses amis, les chats du port de Hambourg, sera fidèle à sa parole. Pour tenir sa promesse, Zorbas demande à un écrivain de les aider. Voici venu le moment où cet écrivain et Zorbas vont tenter de faire voler Afortunada pour la première fois.

Ils firent le tour et entrèrent par une petite porte latérale que l'humain ouvrit avec son couteau. De sa poche il sortit une lampe et, éclairés par son mince rayon de lumière, ils commencèrent à monter un escalier en colimaçon qui paraissait interminable.

– J'ai peur, pépia Afortunada.

– Mais tu veux voler n'est-ce pas ? interrogea Zorbas.

Du clocher de Saint-Michel, on voyait toute la ville. La pluie enveloppait la tour de la télévision et sur le port, les grues ressemblaient à des animaux au repos.

– Regarde là-bas, on voit le bazar d'Hany. C'est là que sont nos amis, miaula Zorbas.

– J'ai peur ! Maman ! cria Afortunada.

Zorbas sauta sur la balustrade qui protégeait le clocher. En bas, les autos ressemblaient à das insectes aux yeux brillants. L'humain prit la mouette dans ses mains.

– Non ! J'ai peur ! Zorbas ! Zorbas ! cria-t-elle en donnant des coups de bec sur les mains de l'homme.

– Attends ! Pose-la sur la balustrade, miaula Zorbas.

– Je ne voulais pas la lancer, dit l'humain.

– Tu vas voler, Afortunada. Respire. Sens la pluie. C'est de l'eau. Dans ta vie tu auras beaucoup de raison d'être heureuse, et l'une d'elle s'appelle l'eau. Une autre le vent, une autre le soleil qui arrive toujours comme une récompense après la pluie. Tu sens la pluie ? Ouvre les ailes, miaula Zorbas.

La mouette ouvrit les ailes. Les projecteurs la baignaient de lumière et la pluie saupoudrait ses plumes de perles. L'humain et le chat la virent lever la tête, les yeux fermés.

– La pluie, l'eau. J'aime !

– Tu vas voler, assura Zorbas.

– Je t'aime. Tu es un chat très bon, cria-t-elle en s'approchant du bord de la balustrade.

– Tu vas voler. Le ciel tout entier sera à toi ! miaula Zorbas.

Je ne t'oublierai jamais. Ni les autres chats, cria-t-elle les pattes à moitié au dehors de la balustrade, comme le disait les vers d'Atxaga [écrivain espagnol de langue basque]. Son petit cœur était celui des équilibristes.

– Vole ! miaula Zorbas en tendant une patte et en la touchant à peine.

Afortunada disparut de leur vue et l'humain et le chat craignirent le pire. Elle était tombée comme une pierre. En retenant leur respiration, ils passèrent la tête par-dessus la balustrade et la virent qui battait des ailes, survolait le parking. Ensuite ils la virent monter bien plus haut que la girouette d'or qui couronnait la beauté singulière de Saint-Michel.

Afortunada volait solitaire dans la nuit de Hambourg. Elle s'éloignait en battant énergiquement des ailes pour s'élever au-dessus des grues du port, au dessus des mâts des bateaux, puis elle revenait en planant et tournait autour du clocher de l'église.

– Je vole ! Zorbas ! Je sais voler ! criait-elle euphorique depuis l'immensité du ciel gris. L'humain caressa le dos du chat.

– Eh bien, chat, on a réussi, dit-il en soupirant.

– Oui. Au bord du vide elle a compris le plus important, miaula Zorbas.

– Ah oui ? Et qu'est-ce qu'elle a compris ? demanda l'humain.

– Que seul vole celui qui ose le faire, miaula Zorbas.

Je pense que maintenant ma compagnie te gêne. Je t'attends en bas. Et l'humain s'en alla.

Zorbas resta à la contempler jusqu'à ne plus savoir si c'étaient les gouttes de pluie ou les larmes qui brouillaient ses yeux jaunes de chat grand noir et gros, de chat bon, de chat noble, de chat du port.

   Luis Sepúlveda, *Histoire d'une mouette et du chat qui lui apprit à voler*, Seuil/ Métailié.

A) À quoi les voitures sont-elles comparées ?
_____
_____

B) Pourquoi Zorbas choisit-il le clocher Saint-Michel pour le premier vol d'Afortunada ? Justifie ta réponse en t'aidant du texte.
_____
_____

C) D'après Zorbas, quelles sont les différentes raisons d'être heureuse pour une mouette ?
_____
_____

D) Pourquoi l'humain et le chat retiennent-ils leur respiration ? Souligne la bonne réponse.
   a)   Parce qu'il y a beaucoup de vent en haut du clocher.
   b)   Parce qu'ils ont peur de tomber.
   c)   Parce qu'ils ont peur que leur amie se soit écrasée au sol.
   d)   Parce qu'ils ont des difficultés à se pencher par-dessus la balustrade.

E) Que veut nous faire comprendre l'auteur lorsqu'il écrit : « l'humain et le chat craignirent le pire » ?

_____

_____

F) Dans la phrase: « Ils passèrent la tête par-dessus la balustrade et la virent qui battait des ailes »
- le pronom Ils remplace :_____
- le pronom la remplace : _____

G) À ton avis, qu'est-ce qui brouille les yeux de Zorbas : les gouttes de pluie ou les larmes ? Justifie ta réponse.

_____

_____

H) Dans la phrase :« - Je vole ! Zorbas ! Je sais voler ! criait-elle euphorique depuis l'immensité du ciel gris. », remplace *euphorique* par un mot ou une expression synonyme.

_____

_____

I) Parmi les phrases suivantes, souligne celles où le verbe encadré est utilisé au sens figuré.
- a) « les projecteurs la baignaient de lumière... »
- b) « La mouette ouvrit les ailes. »
- c) « La pluie enveloppait la tour de la télévision... »
- d) « [Afortunada] tournait autour du clocher de l'église. »

• **Document B :** sélection de réponses d'élèves de CM2[31] pour les questions B et G.

B. Pourquoi Zorbas choisit-il le clocher Saint-Michel pour le premier vol d'Afortunada ? Justifie ta réponse en t'aidant du texte.

Réponse 1. Parce que pour qu'elle passe au-dessus.

Réponse 2. Parce qu'il est très beau et donc il pleut et Zorbas voulait qu'il y ait de la pluie.

Réponse 3. La pluie enveloppait la tour de la télévision.

Réponse 4. Pour apprendre à voler à un bébé oiseau.

Réponse 5. L'humain a ouvert la porte avec le couteau donc ils ne savent pas qu'ils sont au clocher Saint-Michel.

G. À ton avis, qu'est-ce qui brouille les yeux de Zorbas : les gouttes de pluie ou les larmes ? Justifie ta réponse.

Réponse 6. Les gouttes de pluie parce que Zorbas dit à Afortunada : tu sens la pluie.

Réponse 7. À mon avis, c'est les larmes de Zorbas car, dans le texte, ils disent : « brouillaient les yeux ».

Réponse 8. On ne peut pas savoir car dans la phrase il y a marqué qu'il ne savait pas si c'était la pluie ou les larmes.

Réponse 9. Les larmes car ils disent que c'est un bon chat, un chat noble.

Réponse 10. Les larmes parce qu'il est heureux que la mouette vole.

31. Nous remercions Olivier Georgiadès de nous avoir aimablement fourni ces réponses.

CORRIGÉ — ANALYSE CRITIQUE

> **Aide méthodologique**
> Pour traiter convenablement le sujet, il est indispensable d'avoir une bonne connaissance des problématiques liées à la compréhension en lecture.
> La **question 1** repose sur une double lecture du texte : une lecture experte, d'abord, pour en appréhender l'intérêt littéraire, puis une lecture à visée pédagogique pour déceler les difficultés de compréhension qu'il peut poser à des élèves de CM2.
> On ne peut aborder l'analyse du questionnaire (**question 2**) qu'en s'appuyant sur des catégorisations comme celles proposées par Jocelyne Giasson ou Roland Goigoux et Sylvie Cèbe. Ainsi, les distinctions fondamentales entre questions portant sur l'explicite et questions portant sur l'implicite peuvent être affinées en fonction des types de réponses attendues : réponse prélevée dans un endroit du texte, réponse prélevée en plusieurs endroits du texte, réponse inférentielle, à construire par le lecteur à partir d'informations données dans le texte ou complètement à construire par le lecteur en fonction du contexte et à partir de sa culture personnelle.
> La **question 3** se traite au cas par cas. Il convient de distinguer la compréhension elle-même de ce que l'élève peut en dire et de mesurer les difficultés d'expression qui peuvent venir « brouiller » les réponses. Les hypothèses que les candidat(e)s sont invité(e)s à faire doivent se baser sur des observations objectives et prendre en compte un certain degré d'incertitude.

❶ Justifiez le choix du texte pour une évaluation de la compréhension en fin de CM2.

Énoncé p. 176

Cet extrait de texte, tiré de *Histoire d'une mouette et du chat qui lui apprit à voler* de Luis Sepúlveda, présente l'inconvénient de tout extrait qui se trouve privé de son contexte, d'autant plus qu'il se situe à la fin du récit. Cette difficulté est normalement levée par le texte introducteur qui restitue les éléments essentiels du récit.

D'un point de vue formel, le texte ne présente pas de difficultés majeures. Il est composé de séquences narratives assez brèves entrecoupées de longues séquences dialogales entre les trois personnages. Le vocabulaire fait dans l'ensemble partie d'un registre courant sauf le mot *euphorique* qui fait l'objet d'une question (question H), mais le contexte doit normalement permettre d'en approcher le sens. On peut aussi noter quelques emplois figurés (« les projecteurs "baignaient" de lumière, la pluie "enveloppait" la tour... »), eux aussi soumis à des questions. La syntaxe est également abordable pour des élèves de CM2 : phrases brèves au cours des dialogues, phrases un peu plus longues dans les séquences narratives mais dont les constructions ne bousculent pas les conventions.

Du point de vue sémantique, ce texte semble bien choisi pour une évaluation de la compréhension car il offre une diversité intéressante de problèmes. Il permet d'interroger sur la compréhension explicite : des faits inscrits dans une chronologie linéaire, et sur la compréhension implicite : les états mentaux des personnages reliés à un suspense et à des enjeux symboliques.

Un premier obstacle, sans doute, concerne le découpage du texte car il faut comprendre la situation : le premier vol d'Afortunada, et en inférer l'enjeu : le risque d'un échec et la mort d'Afortunada, en mettant en relation le petit texte introductif et le début de l'extrait lui-même.

Il faut ensuite comprendre l'univers de référence et le genre de cette histoire. En effet, ce récit mêle une présentation réaliste du monde actuel : le port d'une ville d'Allemagne (Hambourg), des éléments empruntés à la vie contemporaine (autos, parking, grue, télévision, etc.) et des éléments provenant du merveilleux des contes : animaux régis par des lois psychologiques identiques à celles des hommes (fidélité, amour, générosité, peur, etc.) et qui communiquent entre eux et avec les humains à l'aide du langage humain. Le lecteur doit donc être capable d'accommoder sa lecture à ce conte contemporain, accepter en même temps l'illusion réaliste et le merveilleux.

Une troisième difficulté concerne les relations complexes qui existent entre les personnages. Ce sont des relations inversées où la hiérarchie entre animaux et hommes est abolie. Le chat Zorbas semble même être plus important que « l'humain ». D'autre part, le rapport habituel entre chat et oiseau est également bouleversé puisque le chat n'est plus un prédateur mais un protecteur pour la mouette Afortunada. Une réplique d'Afortunada est, par exemple, très troublante : « J'ai peur ! Maman ! cria Afortunada. » sans que l'on sache si la mouette invoque sa mère absente, puisqu'elle est morte, comme l'indique le petit texte introductif, ou si elle s'adresse à Zorbas comme à un substitut de sa mère. L'élève doit donc accepter la déconstruction des stéréotypes concernant les relations entre ces différents personnages.

Enfin, le lecteur ne comprend réellement le texte que s'il repère les valeurs qu'il porte : le retour ou la fidélité aux origines, l'appel de la nature, la fidélité à la parole donnée, la fierté et le sentiment du devoir accompli... et s'il en perçoit la nature allégorique : leçon sur les ressources profondes de l'être, sur l'audace et la confiance en soi.

❷ Analysez le questionnaire (questions A à G).

Énoncé p. 176

Ce questionnaire cherche à évaluer plusieurs aspects de la compréhension en lecture.

Les questions A *(À quoi les voitures sont-elles comparées ?)* et C *(D'après Zorbas, quelles sont les différentes raisons d'être heureuse pour une mouette ?)* consistent à vérifier la **compréhension d'informations explicites**. Pour y répondre, il faut reprendre les informations données par le texte, « les autos ressemblaient à des insectes aux yeux brillants » (question A), « Dans ta vie tu auras beaucoup de raisons d'être heureuse, et l'une d'elles s'appelle l'eau, une autre le vent, une autre le soleil... » (question C). Le fait que la réponse à la question C se trouve prise dans une énumération rend celle-ci un peu plus difficile que la question A.

Les questions B, D, E, F et G portent sur la **construction de l'implicite** à partir d'informations fournies par le texte.

• **B :** *Pourquoi Zorbas choisit-il le clocher Saint-Michel pour le premier vol d'Afortunada ?*
Pour construire la réponse il faut relier plusieurs informations : Afortunada va apprendre à voler pour la première fois, pour cela, elle a besoin de prendre son élan d'un endroit élevé ; le clocher Saint-Michel est un endroit très élevé. La mise en relation de ces informations présuppose en fait des connaissances sur le monde et les lois de la physique que n'ont pas forcément les enfants (le fait de planer, sans avoir besoin de battre les ailes, grâce auquel l'oiseau va pouvoir s'envoler).

Plusieurs allusions à la hauteur exceptionnelle du clocher se trouvent dans le texte : l'escalier « qui paraissait interminable », la phrase « Du clocher Saint-Michel, on voyait toute la ville », ou encore « En bas, les autos ressemblaient à des insectes ». Ces indications permettent à l'élève de comprendre que les personnages se trouvent sur un lieu en hauteur mais pas forcément pourquoi il faut un lieu en hauteur. Il doit faire une déduction à partir de ces informations et de ses connaissances sur le monde et établir le lien de causalité qui les relie.

• **D** : *Pourquoi l'humain et le chat retiennent-ils leur respiration ?*
La question porte sur un passage du texte qui correspond au moment le plus fort de la tension narrative et nécessite la compréhension de l'expression « s'arrêter de respirer », signe d'une intense émotion. Elle est en relation avec le suspense de la situation qui repose sur le fait que l'humain et Zorbas ignorent si Afortunada est vraiment capable de voler. La réponse se construit en mettant en relation l'information selon laquelle Afortunada doit apprendre à voler, la proposition « Afortunada disparut à leur vue » qu'il faut interpréter comme « Afortunada s'élança ou se jeta dans le vide », et les sentiments que peuvent éprouver Zorbas et l'humain.

• **E** : *Que veut nous faire comprendre l'auteur lorsqu'il écrit : « L'humain et le chat craignirent le pire » ?*
Pour pouvoir répondre à cette question, il faut avoir saisi le suspense de la situation et compris l'état d'esprit des personnages : la relation paternelle voire maternelle qui unit Zorba à Afortunada, l'empathie de l'humain envers Zorbas et Afortunada, et perçu la tension dramatique de ce passage, liée à la prise de risque. Il faut ensuite interpréter correctement l'ellipse résultant de la juxtaposition : « l'humain et le chat craignirent le pire. Elle était tombée comme une pierre. »

• **F** : *Dans la phrase : « Ils passèrent la tête par-dessus la balustrade et la virent qui battait des ailes »...*
L'identification correcte des référents est indispensable à une bonne compréhension du texte. La difficulté provient de ce que ces référents ne sont pas directement présents dans la phrase à observer. D'autre part, en ce qui concerne l'identification de la mouette, plusieurs noms féminins (*pierre, respiration, balustrade*) viennent s'intercaler entre Afortunada et le pronom *la*.

• **G** : *À ton avis, qu'est-ce qui brouille les yeux de Zorbas : les gouttes de pluie ou les larmes ?*
Pour répondre à cette question, il faut dépasser l'information explicite du texte : « Zorbas resta... jusqu'à ne plus savoir si c'étaient les gouttes de pluie ou les larmes qui brouillaient ses yeux... » et inférer l'état d'esprit du personnage : sentiment de tristesse face à la solitude et/ou sentiment de fierté et de satisfaction du devoir accompli et/ou sentiment de bonheur intense. La question oblige à un choix qui est un peu réducteur car le propre du texte littéraire est quelquefois de rester dans l'indétermination et l'ambigüité qui ouvrent à une interprétation plus riche.

❸ **Analysez les réponses d'élèves aux questions B et G en émettant des hypothèses sur la nature des erreurs.**

Réponses à la question B

La réponse 1 (*Parce que pour qu'elle passe au-dessus*) contient un élément de vérité avec une évocation allusive à l'idée de hauteur. On peut estimer qu'il y a une compréhension approchée mais que les difficultés de formulation nuisent à la production d'une réponse satisfaisante.

La réponse 2 (*Parce qu'il est très beau et donc il pleut et Zorbas voulait qu'il y ait de la pluie*) révèle une incompréhension qui semble massive, associée à des difficultés de formulation. La procédure utilisée semble être de prélever des informations figurant dans le texte à proximité des mots « clocher Saint-Michel » sans vérification de leur pertinence. La beauté du clocher pourrait constituer une raison dans l'absolu mais non dans le contexte. La justification par ce que Zorbas dit de la pluie ne peut se comprendre que par une recherche d'informations non contrôlées dans les propos de Zorbas.

La réponse 3 (*La pluie enveloppait la tour de la télévision*) est probablement obtenue par prélèvement d'une information explicite située à proximité des mots « clocher Saint-Michel » contenus dans la question mais cette information n'est pas contrôlée en fonction de l'enjeu de la situation.

La réponse 4 (*Pour apprendre à voler à un bébé oiseau*) montre une bonne prise en compte de l'enjeu de la situation et donc une compréhension satisfaisante mais elle ne fournit pas la justification attendue (la hauteur du clocher). Sans doute l'élève considère-t-il cette justification comme faisant implicitement partie de la réponse donnée.

La réponse 5 (*L'humain a ouvert la porte avec le couteau donc ils ne savent pas qu'ils sont au clocher Saint-Michel*) montre que la relation de causalité entre le fait d'apprendre à voler et le besoin de chercher un endroit en hauteur n'est pas construite. L'élève semble s'attacher à la recherche d'un sens explicite fourni par le texte. Il a donc prélevé une information explicite (l'humain a ouvert la porte avec son couteau) et il cherche à faire coïncider cette information avec un sens plausible en faisant une déduction erronée (entrée dans le clocher par effraction, non-reconnaissance par les personnages du lieu où ils se trouvent) sans tenir compte de la situation globale.

Réponses à la question G

Dans **la réponse 6** (*Les gouttes de pluie parce que Zorbas dit à Afortunada : tu sens la pluie*), l'élève base sa justification uniquement sur le fait qu'il pleut. Il s'en tient aux éléments de sens explicites du texte et ne tient pas compte de la fierté ou de l'émotion que le chat peut ressentir en assistant à l'envol de la mouette. La justification donnée correspond à un raisonnement logique mais sans prise en compte de l'état d'esprit des personnages.

La réponse 7 (*À mon avis, c'est les larmes de Zorbas car, dans le texte, ils disent : « brouillaient les yeux »*) est juste et la justification repose sur une analyse subtile de l'expression *brouillaient les yeux* qui, dans la langue et la littérature, s'applique effectivement aux larmes et non à la pluie (la pluie brouille plutôt la vue que les yeux). L'élève s'attache à fournir une justification explicite en citant le texte plutôt qu'à expliciter son interprétation.

La réponse 8 (*On ne peut pas savoir car dans la phrase il y a marqué qu'il ne savait pas si c'était la pluie ou les larmes*) prend si l'on peut dire le texte à la lettre. L'élève semble ne pas encore avoir la capacité d'entrer dans le sens symbolique. Il s'agit peut-être d'une absence d'expérience de la littérature, d'une méconnaissance du travail d'inférence. L'élève pourrait par exemple ignorer que les sentiments peuvent être exprimés autrement que par des mots qui les nomment et qu'ils sont montrés par des actions, des attitudes, etc.

Les réponses 9 et 10 (*Les larmes car ils disent que c'est un bon chat, un chat noble / Les larmes parce qu'il est heureux que la mouette vole*) tiennent compte de la dimension affective que l'envol de la mouette représente pour Zorbas : son émotion provoquée par l'autonomie qu'Afortunada vient de prendre et sa fierté après la réussite de la mission que lui avait confiée la mère de celle-ci. La réponse 9 propose une inférence en présentant la bonté et la noblesse comme des conditions favorables, et évidentes, à l'apparition des larmes.

CHAPITRE 7
L'enseignement et l'apprentissage de l'écriture à l'école élémentaire

CE QU'EN DISENT LES PROGRAMMES

Dans les programmes de 2015 du cycle 2 et du cycle 3 comme dans le *Socle commun de connaissances, de compétences et de culture*, l'écriture est présentée comme un **outil essentiel pour communiquer, penser, s'exprimer et apprendre dans les différentes** disciplines. C'est pourquoi, pour peu à peu permettre aux élèves de recourir à cet outil de manière spontanée et efficace, il est préconisé de les **faire écrire tous les jours**, et de **multiplier et diversifier les situations d'écriture**. Ainsi, dès le cycle 2, « [l]es occasions d'écrire très nombreuses devraient faire de cette pratique l'ordinaire de l'écolier[1] ».

Outre la fréquence des situations d'écriture, leur variété et la quantité des écrits produits, les textes officiels déplient de façon assez complète **les différentes dimensions à travailler, de manière progressive, pour mettre en place des compétences scripturales** : maitrise du geste graphique et des correspondances entre les différentes écritures (cursive, script, capitales), fonctionnement du code phonographique et de l'écrit, identification des caractéristiques propres à différents genres de texte, mise en œuvre d'une démarche de production de texte (trouver et organiser des idées, élaborer un texte dont les phrases s'enchainent de manière cohérente), mise en œuvre de connaissances sur la langue (ponctuation, connecteurs...) et développement d'une vigilance orthographique, mobilisation d'outils aidant à écrire ou à réécrire (modèles, guide de relecture, listes de mots, correcteur orthographique, règles affichées dans la classe, etc.), repérage de dysfonctionnements dans les écrits produits, attention aux stratégies nécessaires pour optimiser la copie (de mots, de phrases ou de textes), construction de l'enjeu du texte, des fonctions de l'écrit(ure) et d'une posture d'auteur.

À travers ces différents éléments, on voit que, pour les programmes, il ne s'agit pas seulement de prêter attention dans la classe à l'écrit produit mais aussi au **cheminement**, au **processus** qui va permettre d'aboutir à un écrit de qualité. Dans cette logique sont notamment préconisés le recours aux écrits de travail et au cahier de brouillon, les versions successives, la réflexion collective sur les outils d'écriture et de relecture. Il est demandé d'apprendre aux élèves à préparer leur écriture (convoquer un univers de référence, un matériau linguistique, trouver et organiser des idées) et à revenir sur l'écrit produit (rechercher des formulations plus adéquates, améliorer collectivement des textes produits...).

Cette vision de l'écriture et de son enseignement inclut une **interaction forte entre la lecture et l'écriture** : « Lecture et écriture sont deux activités intimement liées dont une pratique bien articulée consolide l'efficacité[2]. » Elle repose aussi sur un **lien étroit avec l'étude de la langue** dans la mesure où les élèves doivent apprendre à prendre en compte les normes de l'écrit et à mobiliser leurs connaissances linguistiques pour formuler, transcrire et réviser. L'**interaction avec le langage oral** est elle aussi très

1. *B.O.* du 26 novembre 2015, p. 22.

2. *Ibid.*, p. 15.

présente (relecture à haute voix de phrases ou de textes produits, échanges oraux préparatoires, dictée à l'adulte, etc.).

On note par ailleurs que ces nouveaux textes officiels mettent fortement en avant **les outils numériques** : entrainement à l'utilisation du clavier (si possible avec un didacticiel), maniement du traitement de texte, recours au correcteur orthographique et aux logiciels de reconnaissance vocale, usage du TBI, contribution à des blogs.

Au niveau des **tâches recommandées**, écrire **au cycle 2** consiste à **copier, dans des situations variées, un texte (très) court** en cursive en soignant la vitesse et la sûreté du geste (résumé de leçon, information à communiquer aux parents, poème à mémoriser), à **dicter à l'adulte** (aussi longtemps que nécessaire pour les élèves peu autonomes), à **produire des textes courts et parfois plus longs** (jusqu'à une demi-page environ) **en mettant en place une démarche de production** (transformation d'un texte existant, devinette, réponse à des questions, synthèse pour se remémorer ce qu'il faut retenir, légende de photos, compte rendu d'expérience...), à **rechercher les caractéristiques du texte et/ou du genre à produire**, à **relire sa production ou celle d'un pair et la corriger**.

Au niveau du cycle 3 sont principalement préconisés : des **tâches de copie et de mise en page de textes sur ordinateur** ; des **recours réguliers à l'écriture pour formuler une hypothèse, une impression, un argument, ou pour préparer, planifier, synthétiser, reformuler, conclure** ; des **productions d'écrits variés brefs ou plus longs**, pour certaines **en lien avec les séquences de lecture littéraire** portant sur tous les genres (expansion de textes, imitation, réaction de lecteur, etc.), pour d'autres **en lien avec la vie de la classe et de l'école** (rédaction de lettres, d'articles pour le journal de l'école). Sont aussi mises en avant les **tâches de relecture et de réécriture pour améliorer, épaissir ou normer son écrit** (faire varier son texte en répondant à une nouvelle consigne, le relire et le modifier collectivement, construire un guide de relecture, réaliser une relecture ciblée sur des points travaillés en étude de la langue, utiliser des balises de doutes lors de l'écriture pour faciliter la révision...).

CE QU'IL FAUT SAVOIR POUR ENSEIGNER

Les éléments de cadrage présentés ici concernent tant le cycle 2 que le cycle 3. La lecture de cette rubrique sert à préparer les deux sujets d'entrainement proposés à la fin de ce chapitre.

1 Pourquoi faut-il apprendre à écrire ?

Dans notre société, l'écriture occupe une place prépondérante : rédaction de courriels, examen écrit, liste de courses, copie d'une recette de cuisine, invitation à un anniversaire, légende de photos, schéma, notes de cours... Comme le rappelle le *Socle commun*[3], écrire et plus globalement maitriser la langue française conditionnent **l'accès à tous les domaines du savoir et l'acquisition de toutes les compétences scolaires**. La maitrise de l'écrit – c'est-à-dire de la lecture et de l'écriture – est devenue

[3]. Ministère de l'Éducation nationale, *Socle commun de connaissances, de compétences et de culture*, B.O. n° 17 du 23 avril 2015. Ce document est disponible sur le site education.gouv.fr

à ce point essentielle que, depuis les années 1990, plusieurs gouvernements et ministres de l'Éducation nationale ont fait de la prévention de l'illettrisme leur priorité.

L'importance accordée à l'écrit, et plus spécifiquement à l'écriture, tient notamment au fait qu'on lui confère une **pluralité de fonctions**. En effet, si aujourd'hui l'écriture a une fonction dominante de communication, elle permet aussi la conservation mémorielle (aider au souvenir ou à la mémorisation, empêcher l'oubli, pallier la distraction). Elle répond aux besoins de l'organisation administrative et (liste de présence, tableau de répartition des tâches, affichage des échanges commerciaux des tarifs…). Elle est un important vecteur de développement cognitif, épistémologique et technologique : elle permet de développer des capacités réflexives par la mise à distance du réel et de l'action, et oriente, par les genres ou types d'écrits, la façon de percevoir, de penser et de structurer le monde environnant ainsi que l'humain. Ainsi, réaliser un schéma sur le fonctionnement d'une ampoule électrique ou élaborer un tableau ordonnant les mots selon leur nature (déterminant, nom, adjectif, etc.) a une incidence forte sur l'appréhension et sur la compréhension de ces phénomènes. L'écriture joue encore un rôle majeur dans l'accès aux savoirs, à la culture et à la profession, dans la mesure où une part importante des savoirs et de la culture se transmet *via* l'écrit et que de très nombreux gestes professionnels impliquent de l'écriture et de l'écrit (document à remplir, fax ou courriel à envoyer, notices à parcourir, curriculum vitæ à rédiger). Enfin, on peut ajouter que l'écriture permet aussi bien l'expression de soi, des goûts, des sentiments, des opinions ou croyances personnels (journal intime, carnet d'écriture personnelle, lettre d'opinion, liste d'amis…) que l'expression esthétique ou artistique, centrale en littérature.

2 Qu'est-ce qu'écrire ?

Si l'on tente de définir l'activité scripturale, on peut considérer qu'écrire, c'est **reconfigurer de la parole et de la pensée à l'aide des unités linguistiques et des signes graphiques conventionnels**. En français, comme dans d'autres langues, les unités significatives sont le mot, la phrase et le texte, même si aux cycles 1 et 2 le travail porte parfois sur des unités formelles plus petites (la syllabe, la lettre ou le graphème). Les signes graphiques sont avant tout composés des lettres de l'alphabet (notées en capitales, en script ou en cursive), auxquelles viennent s'ajouter des signes de ponctuation et des symboles (=, €, …). Cette activité d'écriture se fait à l'aide d'outils et de supports très variés : stylo, stylo électronique, doigts sur le clavier, pinceau, crayon, correcteur orthographique, guide de relecture, exemple de production servant de modèle, feuille, tableau, tableau numérique, monument, écran d'ordinateur ou de téléphone… Elle peut prendre la forme d'une production ou d'une reproduction (souvent appelée *copie*) partielle ou à l'identique d'un modèle existant.

Le fait que l'écriture soit **une activité tout à la fois linguistique, cognitive et graphomotrice rend sa gestion comme son acquisition particulièrement complexes**. Nombre d'auteurs[4] mettent en avant cette complexité, en soulignant parfois qu'il s'agit pour le scripteur de gérer de **multiples contraintes**, souvent entremêlées et presque toujours simultanées :

– des contraintes **linguistiques** (règles de syntaxe, règles sémantiques, morphologiques, orthographiques…) ;

[4]. S. Plane invite notamment à considérer l'activité scripturale comme une gestion de différentes contraintes (« Singularités et constantes de la production d'écrit. L'écriture comme traitement de contraintes », in Lafont-Terranova J., Colin D., *Diptyque*, n° 5, 2006, p. 33-54).

– des contraintes **psycholinguistiques ou cognitives** (maintien de l'attention, mémorisation, anticipation, conceptualisation...) ;
– des contraintes **imposées par la situation d'écriture** (longueur, durée, consigne, effet ou style recherché, niveau de complexité de la tâche...) ;
– des contraintes **liées aux outils et aux supports utilisés** (écran d'ordinateur, crayon à papier, format du cahier, grille de critères sur lesquels développer une vigilance...) ;
– des contraintes **imposées par ce que le scripteur a déjà écrit** (choix énonciatifs déjà réalisés, personnages déjà présents, degré de cohérence recherché...) ou à recopier ;
– des contraintes **affectives** (implication dans l'écriture, gout ou dégout pour certains types d'écrit, par exemple l'écriture d'un compte rendu d'expérience...).

Chez le scripteur expérimenté, quand écrire revient à produire ou rédiger un écrit, ces différentes **contraintes** sont **gérées** *via* **trois grandes formes d'opérations** ou trois types de stratégies qui composent le processus rédactionnel. Ces opérations, notamment mises en avant par les cognitivistes Hayes et Flower puis reprises et affinées par différents auteurs[5], sont **non pas successives mais enchevêtrées** :

– les **opérations de planification** sont des activités anticipatrices qui permettent de générer et d'organiser les contenus et le texte de façon appropriée. Pour toute rédaction présentant un certain degré de complexité, la planification revient à analyser la tâche, la situation d'écriture, à définir des priorités ou des stratégies, en termes d'idées, de caractéristiques textuelles et/ou d'organisation de ces idées en texte. La planification peut s'effectuer en amont de la textualisation, par exemple *via* une prise de notes schématisantes et durant la textualisation, notamment lors de pauses réflexives. Au début du cycle 2, comme le rappellent les programmes de 2015, ce travail préparatoire se fait pour une bonne part à l'oral ;

– les **opérations de mise en texte** reviennent à textualiser et à graphier. Loin d'une simple traduction de la pensée, il est aujourd'hui acquis que le fait de mettre en texte génère et réorganise les idées. En cela, la mise en texte et la planification peuvent être fortement liées et concomitantes ;

– les **opérations de révision ou de relecture** (clairement mises en avant dans les recommandations officielles de 2015) consistent en des retours en arrière réflexifs sur l'activité et/ou sur le texte en cours ou effectué(e). Ces relectures peuvent être collectives ou individuelles, parfois partielles, parfois totales. Elles peuvent entrainer ou non des modifications dans ce qui est déjà écrit. Si elles permettent d'évaluer la trace écrite et de la modifier si nécessaire, elles servent aussi à poursuivre l'écriture, à la relancer. En effet, le scripteur compétent ne (re)lit pas seulement pour améliorer le déjà écrit, il (re)lit aussi – et parfois surtout ou uniquement – pour poursuivre l'écriture, pour reprendre le fil de ses idées, pour faire le point et anticiper sur ce qu'il va écrire.

5. Entre autres M. Fayol, « La production du langage écrit », in David J. et Plane S., *L'apprentissage de l'écriture de l'école au collège*, Paris, PUF, 1996, p. 9-36 ; A. Piolat, « Mobilisation des connaissances et planification », in Chiss J.-L., David J., Reuter Y. (dir.), *Didactique du français. État d'une discipline*, Nathan, 1987, p. 285-304 ; B. Schneuwly, *Le langage écrit chez l'enfant*, Delachaux et Niestlé, 1988.

3 Qu'est-ce qu'écrire pour un scripteur novice ?

3.1 Scripteur novice *versus* scripteur expérimenté

À l'école élémentaire, il est essentiel de garder à l'esprit que l'élève est un **scripteur novice**. Parler de *scripteur novice*, par opposition au scripteur expérimenté ou expert, permet de souligner l'écart existant entre ces deux publics en matière d'activité écrite.

Trop longtemps ou trop souvent, en effet, la référence prise pour étudier le texte produit ou copié par un scripteur novice était, ou est encore, la performance ou les stratégies du scripteur expérimenté. Or le jeune scripteur débutant ne dispose pas des mêmes capacités linguistiques, cognitives et motrices pour appréhender une tâche de copie ou de rédaction, pour traiter les informations dans sa mémoire de travail, les mettre en relation, etc.

En ce sens, parler de *novice*, de *débutant* ou d'*apprenti*, comme plus globalement d'*apprenant*, peut renvoyer plus ou moins explicitement à une volonté didactique d'éviter une posture « adultocentriste ». Cette dernière posture consiste à projeter sur les (jeunes) élèves novices les attentes que l'on a par rapport à des adultes expérimentés, ou les modèles et représentations que l'on a des manières de faire, de penser, d'énoncer des adultes expérimentés.

Qu'en est-il des capacités des scripteurs âgés en moyenne de 6 à 12 ans ?

3.2 Les capacités grapho-motrices

Au niveau du geste grapho-moteur, l'apprentissage puis la maitrise progressive de la cursive présente un cout important. À six ans, malgré l'attention souvent portée aux activités graphiques en maternelle, le geste graphique est encore mal assuré pour bon nombre d'élèves. Le cout que représentent l'attention ainsi que la concentration nécessaires pour tracer les lettres de façon régulière, pour les lier, les ajuster à l'espace de la feuille ou de la ligne est très lourd. Au cycle 3, même si les élèves ont automatisé ces tracés et présentent globalement une écriture plus fluide, la dimension grapho-motrice relève encore de l'effort. Ainsi, certains élèves de CM disent ne pas aimer écrire car ils trouvent cette activité fatigante pour le poignet. Cette **maitrise très progressive du geste et des formes cursives** réduit et ralentit considérablement la production écrite comme la copie. Ceci n'est pas sans incidence sur le fait que les scripteurs débutants, encore plus que les scripteurs expérimentés, peuvent être gênés par cette différence de rythme entre leur pensée et l'écriture, si lente et couteuse qu'ils en oublient parfois leurs mots, leur ligne, leurs idées, ou ne voient pas l'intérêt de mobiliser l'écriture pour réfléchir.

3.3 Les capacités cognitives

Au niveau cognitif, des travaux menés en psychologie et en psycholinguistique[6] ont montré le rôle prépondérant joué en écriture par la mémoire de travail. Produire une phrase ou un texte demande de retrouver et de **garder en mémoire un nombre très conséquent d'informations** (consigne, objectif, idées, informations déjà écrites ou à encore insérer, contraintes phrastiques et/ou textuelles, outils ou aides disponibles...). De même, copier un mot, une phrase ou un texte nécessite de garder en mémoire ou de transporter dans sa mémoire des unités plus ou moins grandes (lettres, syllabes, mots, groupes de mots) ainsi que d'autres informations relatives à la mise en page, à la consigne ou à l'objectif fixé. Or cette capacité mémorielle semble faire précisément défaut chez le jeune scripteur qui, du coup, n'est pas en mesure de gérer de façon simultanée et coordonnée les différentes opérations intervenant par exemple dans la production d'un texte. Parmi ces opérations, la planification est celle qui sollicite

[6]. Pour une synthèse, voir M. Fayol, *L'acquisition de l'écrit*, PUF, « Que sais-je ? », 2013.

le plus la mémoire de travail. C'est pourquoi les textes produits, sans aide, par les élèves de cycle 2 et dans une moindre mesure de cycle 3 manquent de cohérence et sont caractéristiques de ce qu'on appelle une production *pas à pas*[7] : ils formulent les informations au fur et à mesure qu'elles leur viennent et sont fortement dépendants des connaissances disponibles (sur le thème, sur le type de texte ou d'écrit...).

Un autre trait, lié en partie aux limites mémorielles, caractérise l'activité cognitive du scripteur débutant : il s'agit de la **restriction attentionnelle**. Face à une tâche d'écriture complexe qui nécessite (ou nécessiterait) de prêter attention simultanément à différentes dimensions présentes dans l'écriture, il est fréquent d'observer dans l'écrit produit une gestion inégale de ces dimensions. À titre d'exemple, lorsqu'un élève de cycle 3 augmente son rythme en copie, il n'est pas rare que sa copie perde en lisibilité ou en correction orthographique.

Globalement, il est important de noter que l'activité scripturale est considérée comme particulièrement couteuse cognitivement pour les scripteurs novices car, outre la charge mémorielle et attentionnelle, entrer dans l'écrit consiste en une opération d'**abstraction** et de **distanciation** : il s'agit de s'extraire de pratiques langagières orales (utiliser le langage pour demander un gâteau, pour exprimer sa peur, etc.) pour construire les unités de la langue écrite ainsi que leur fonctionnement, en les associant et en les différenciant de celles de l'oral.

[7]. Tout comme en lecture, au même âge, les élèves ont tendance à développer une compréhension en ilots.

3.4 Les capacités linguistiques

Au niveau linguistique, les apprentissages à effectuer sont nombreux. À l'entrée en CP, une part importante[8] des élèves placés en situation d'écriture autonome n'ont pas encore franchi le mur du son, c'est-à-dire qu'en écriture ces élèves n'attribuent pas aux lettres de l'alphabet une valeur sonore ou qu'ils ne font pas le **lien entre la forme sonore des mots et leur transcription en graphèmes**. C'est un apprentissage clé en production écrite comme en copie qui, pour être efficace, ne peut se réduire à une pure reproduction formelle. Si en fin de CP, beaucoup d'élèves sont déjà capables d'écrire phonétiquement quelques phrases (« mon frair manjun pom moi jaim pa sa »), l'acquisition de la **composante orthographique**, complexe en français, n'en est qu'à son démarrage.

Pour ce qui est de la **segmentation** et de l'**organisation de l'écrit en mots graphiques** (entourés de blanc), **en phrases** délimitées par la ponctuation et normées syntaxiquement, **et en texte**, ces compétences ne vont pas de soi pour les jeunes scripteurs dont la référence linguistique majeure, avant d'entrer dans un apprentissage explicite et raisonné de l'écrit, est l'oral. On comprend dès lors pourquoi les connecteurs les plus présents dans les textes de cycle 2 sont ceux structurant couramment leurs énoncés oraux (« et », « et puis », « et alors », « et après »...) alors que l'usage varié et adapté au type de texte produit (pour le narratif, « tout à coup », « soudain »...) est plus tardif et dépend pour beaucoup de leur bagage culturel.

D'un point de vue pragmatique, **effectuer ce passage de l'oral au scriptural**, c'est aussi, pour les scripteurs débutants, **s'approprier les fonctions de l'écriture** (écrire pour transmettre une information à un élève absent, penser à noter son idée sur son ardoise ou son cahier pour ne pas l'oublier, etc.). Ces recours à l'écriture ne relèvent pas de l'évidence et demandent généralement, pour être efficaces, une **décentration**

[8]. Un tiers environ d'après les premières données de la recherche *Lire-écrire au CP* menée en 2013-2014 dans le cadre de l'Institut français d'éducation (IFE) auprès d'un échantillon de trois mille élèves.

de la part du scripteur qui doit, par exemple, tenir compte du fait que la lecture de son écrit se fera en différé ou que le destinataire ne dispose pas des mêmes informations que lui. Il a notamment à découvrir que, si son écrit n'est pas suffisamment lisible, son lecteur ne pourra comprendre son message. Au cycle 3, il est encore difficile pour les élèves d'ajuster seuls leur écrit aux contraintes liées à la situation, notamment parce que cet ajustement demande un maintien en mémoire et une incorporation dans l'écriture de nombreuses informations, pas toujours construites ou explicitées.

3.5 La dimension affective ou motivationnelle

Enfin, à ces caractéristiques grapho-motrices, cognitives et linguistiques vient s'ajouter une **dimension affective ou motivationnelle**. Certains élèves, pour des raisons scolaires ou extrascolaires, parce qu'ils ne perçoivent pas suffisamment l'utilité de l'écriture, parce que cette pratique n'est pas valorisée chez eux, parce qu'ils ont l'impression d'être continuellement en situation d'échec ou de difficulté quand ils s'essaient à l'écriture, ont du mal à développer l'envie d'écrire ou un gout pour l'écriture. On peut pourtant penser que **construire un rapport positif à l'écriture** aide à développer les compétences scripturales.

Finalement, en additionnant les différentes dimensions évoquées et en pensant leurs interactions, on comprend la complexité que peut représenter l'activité scripturale pour les scripteurs novices. Néanmoins, cette complexité, liée tant au développement du sujet qu'à l'écriture elle-même, ne constitue en rien un motif pour différer l'enseignement et la pratique de l'écriture qui, comme le stipulent les programmes de 2015, doit être très présente quotidiennement dès le CP. Elle rend en revanche le choix des tâches, les outils et l'étayage de l'enseignant déterminants. Elle demande également d'apporter un soin particulier à la programmation des apprentissages.

4 Qu'est-ce qu'apprendre à écrire à l'école élémentaire ?

Le rôle joué par l'école en matière d'acquisition de l'écriture est primordial. Contrairement à l'oral qui s'acquiert au départ et pour une bonne partie dans le contexte familial ou extrascolaire, l'écriture s'apprend avant tout à l'école.

L'entrée dans l'écrit et l'écriture, faut-il le rappeler, ne démarre pas au CP. L'enfant, bien avant cette étape, a construit un rapport à l'écrit complexe. Il a déjà été amené à s'interroger sur cet écrit omniprésent dans son environnement et s'est forgé un certain nombre de représentations et d'hypothèses sur cet objet, de manière active et intelligente, en fonction des expériences menées, des contacts encourageants avec les adultes et surtout des nombreuses pratiques explicites autour de l'écrit menées à l'école maternelle.

À l'école élémentaire, l'apprentissage s'intensifie et la pratique de l'écriture s'organise autour de cinq types d'activités, déclinées différemment selon les niveaux scolaires :

– des activités de **production** où l'élève essaie de combiner des syllabes pré-imprimées pour produire des mots (*mo-to, to-ma-te*), s'entraine à encoder des mots ou des phrases en s'aidant des outils présents dans la classe (affichage, textes lus, répertoire), répond par écrit à un questionnaire, se lance dans l'écriture de la suite d'un récit qu'il dicte à l'enseignant ou réalise seul, etc.

– des activités de **copie** où l'élève reproduit après lecture, avec le modèle sous les yeux ou après disparition du modèle, un mot, la consigne d'un exercice, le titre d'une histoire, une réponse écrite au tableau, etc.

– des activités de **dictée** où l'élève écrit, sous la dictée du maitre et après préparation ou non, par exemple des syllabes contenant la graphie du son travaillé (*to, lo, mo*), des mots invariables et fréquents (*trop, beaucoup, encore, et*), des phrases ou un court texte synthétisant le savoir à mémoriser ;

– des activités de **calligraphie** où l'élève apprend et s'exerce à bien former et lier les lettres en cursive, à tracer et à retenir la forme des majuscules, à rendre son écriture régulière, soignée et fluide ;

– des activités de **révision** où l'élève revient sur ce qu'il a écrit en production, en copie ou en dictée, et apprend à repérer et à corriger des erreurs, à vérifier des points précis (règles d'orthographe ou de syntaxe vues en classe par exemple).

Dans la réalité de la classe, ces cinq types d'activités sont parfois enchevêtrés. L'enseignant peut en effet demander aux élèves de copier en cursive un mot écrit au départ en script, pour développer leurs compétences en cursive ou pour leur apprendre à copier sans erreur. Et pour produire un texte, il n'est pas rare que les élèves prennent appui sur un texte modèle (écriture « à la manière de ») dont ils reprennent – et donc copient – des éléments.

S'il est aujourd'hui acquis qu'**une pratique fréquente, régulière, continue et variée** de l'écriture est nécessaire pour devenir un scripteur habile, la mise en place de premières compétences scripturales demande d'organiser différentes tâches qui auront pour objectif de développer un ou plusieurs aspect(s) du savoir-écrire.

4.1 Au cycle 2 (CP, CE1, CE2)

Au cycle 2, l'accent est mis sur la relation phonie/graphie, sur la maitrise des gestes d'écriture (avant tout en écriture cursive), sur la mémorisation de mots et le découpage en mots et en phrases, sur la (re)production et la construction de phrases, sur la (re)production de textes courts dans des situations variées, sur la dimension phonologique et orthographique de l'écriture, sur l'identification des caractéristiques propres aux genres textuels, sur le rôle et le fonctionnement de l'écriture, sur la langue de l'écrit, sur l'utilisation des outils d'écriture et sur la préparation et la révision des écrits.

Pour ce faire, différentes tâches peuvent être mises en place : liste de graphèmes (plus ou moins courants) correspondant à un phonème, repérage des syllabes puis des phonèmes composant un mot à écrire, liste de mots contenant un son ou un graphème, formulation et encodage de la phrase du jour, dictée de mots préalablement écrits et mémorisés, copie immédiate ou différée de phrases ou de courts textes, dictée à l'adulte de textes courts ou parfois longs, écriture de fragments de textes, réécriture manuscrite ou électronique, dictée à l'enseignant d'une lettre pour les correspondants, contribution à des blogs, élaboration de légendes pour des images, résumé de leçons, invention de devinettes à faire lire par d'autres élèves de la classe avec observation de l'effet sur le destinataire, élaboration d'un répertoire alphabétique de mots, comparaison de l'écrit produit avec le modèle, transformation d'un énoncé oral en un énoncé écrit, élaboration d'une grille de relecture...

À cet âge, et surtout au CP, en cohérence avec ce que nous avons exposé dans la rubrique précédente, on ne peut attendre du scripteur débutant qu'il prenne en charge simultanément un nombre important d'aspects entrant en jeu dans l'écriture. Pour l'aider dans son apprentissage, il est essentiel que les **tâches** proposées **allègent le nombre de contraintes à gérer simultanémen**t ou qu'elles **scindent et échelonnent les difficultés**. Ainsi, l'élève va s'essayer à la production de textes longs par le biais de la dictée à l'adulte qui le soulage de la charge graphique et qui le guide dans la découverte et le respect des critères de cohérence textuelle. Il va produire une phrase et construire la notion de *phrase* à partir d'étiquettes-mots. Il va tenter d'encoder une rime liée à son prénom (« Maël regarde le ciel ») ou des extraits d'une comptine, après les avoir mémorisés. Il va repérer des erreurs à l'aide du correcteur orthographique ensuite, ou va, avec l'aide du maitre, toiletter son écrit pour l'afficher. Il va copier des consignes écrites au tableau dans son cahier de textes en soignant son geste graphique plus que la vitesse de sa copie.

4.2 Au cycle 3 (CM1, CM2, 6e)

Le travail sur la langue écrite (orthographe, syntaxe, ponctuation...), sur le rôle et le fonctionnement de l'écriture se poursuit. Mais les bases de l'encodage et de la graphie étant normalement acquises, l'exigence en matière de quantité, de fréquence et de qualité s'intensifie : les élèves (re)produisent, en encodant eux-mêmes, des écrits plus longs, dans les diverses situations de la vie scolaire, et s'approprient peu à peu les différentes dimensions de l'activité d'écriture. Ils apprennent à écrire plus rapidement, à respecter les caractéristiques des différents genres. Ils renforcent leur vigilance orthographique et syntaxique ainsi que leur utilisation d'outils d'écriture. Ils systématisent le recours à l'écriture en prenant l'habitude de s'en servir pour les divers apprentissages et avec des objectifs différents (écrire pour réfléchir, organiser sa pensée, donner son avis, mémoriser). Ils prennent également l'habitude de pratiquer, outre l'écriture manuscrite, l'écriture électronique.

Les tâches d'écriture possibles sont multiples : production d'un résumé de quelques lignes, réponse par des phrases à un problème de mathématiques, copie d'une chanson, auto-dictée d'un texte court, notation des performances en EPS, réalisation d'un écrit de travail (notes, dessin, liste, carte heuristique...), copie (immédiate, différée, corrective...) de textes, courte prise de notes, encodage de phrases complexes, transformation d'un texte existant, écriture d'un portrait, écriture d'une suite de récit, écriture d'arguments pour la défense d'un projet, élaboration d'une grille d'écriture (« pour réaliser mon affiche, je prépare mes idées, je les range en pour/contre... »), réflexion collective sur les stratégies possibles pour produire un texte, révision de l'écrit produit avant communication, etc.

À cet âge, même si l'hétérogénéité en matière de compétences scripturales reste élevée, les scripteurs vont être en mesure d'apprendre à **gérer davantage de contraintes liées à l'activité scripturale**. Si seuls, ils pensent rarement à préparer l'écriture de leur texte, à l'anticiper en allant chercher des informations manquantes tout en se remémorant la consigne, ils sont à même, avec l'aide de l'enseignant, de développer ces opérations et de prendre conscience de leur importance. De même, pour la révision, s'il est fréquent qu'ils relisent ce qu'ils viennent d'écrire pour poursuivre l'écriture, la révision avisée (immédiate ou différée) « spontanée » reste limitée. Cela s'explique notamment par le fait que, pour pouvoir se corriger efficacement sans l'aide du maitre, il faut être capable de repérer ce qui est erroné, à modifier ou à compléter. Cette capacité suppose de la part des élèves qu'ils sachent ce qu'il faut chercher ou surveiller (par exemple les finales des mots ou les désinences verbales), qu'ils connaissent les normes ou critères linguistiques en jeu, ce qui est loin d'être toujours le cas. C'est pourquoi les outils et stratégies de révision tout comme l'étayage et plus globalement le rôle du maitre sont essentiels pour permettre aux élèves d'apprendre à faire face à une complexité plus grande.

5 Quelques approches de l'enseignement de l'écriture

Les travaux menés ces trente dernières années en didactique de l'écriture ont, à tour de rôle, mis en avant certaines modalités d'enseignement de l'écriture qui, loin de s'opposer, se complètent le plus souvent et forment aujourd'hui un panel de pistes possibles. Sans être exhaustif, on peut pointer les six orientations suivantes, **toutes en accord avec les recommandations officielles de 2015.**

5.1 Faire place aux différentes fonctions de l'écriture et à ses différentes formes

Il n'y a pas *un* bon usage de la langue, calqué sur le littéraire, mais *des* usages[9], dont la pertinence dépend du contexte dans lequel le scripteur se situe et de la fonction assignée à l'écriture. Aussi l'école doit veiller à ce que la situation de communication (expéditeur, destinataire, motif de l'écriture, consigne d'écriture) et ses incidences sur la manière d'écrire (usages des registres de langue, ancrage dans un type ou un genre d'écrit, recours à certains outils présents dans la classe) soient explicitées et prises en compte dans l'apprentissage de l'écriture. De même, elle doit veiller à ne pas survaloriser les tâches d'imitation de « bons auteurs » mais à **enseigner la diversité des fonctions de l'écriture** (écrire pour décrire, correspondre, raconter, prescrire, retenir...) et ses différentes formes. Place donc, à côté de l'écriture du littéraire, aux écrits sociaux ou fonctionnels tels que la lettre, la recette de cuisine, le compte rendu de visite, la légende de dessins ou schémas, etc. Place aussi à un **travail de l'écriture dans toutes les disciplines,** qui toutes contribuent à une meilleure maitrise de la langue – ou à une meilleure maitrise d'usages multiples de la langue.

[9]. Voir à ce sujet la fiche 16 « Normes et variations », p. 65

5.2 Multiplier et diversifier les interactions entre le lire et l'écrire

Il ne faut pas toujours travailler l'écriture dans le sillage de la lecture ou après la lecture de textes existants. Au lieu de systématiquement confronter les élèves à des textes déjà écrits par le biais de la lecture puis ensuite de leur demander d'écrire dans le sillage du ou des textes lus, il peut être intéressant de **varier les interactions entre le lire et l'écrire**, et de parfois d'abord faire écrire les élèves. C'est notamment ce qui est préconisé dans le travail par projet, où l'écriture est une action à réaliser pour répondre à un besoin (écrire à un boulanger pour lui demander de visiter son atelier) et où elle fait l'objet d'un tâtonnement exploratoire. Dans l'approche par projet, l'essai d'écriture et son analyse créent le besoin d'outils et de ressources que l'on va, entre autres, trouver dans la lecture d'écrits de référence (lettres de demande) dont on va extraire des critères à partir desquels on va réécrire et relire sa production. Des activités décrochées vont par ailleurs permettre de développer des savoirs et des savoir-faire nécessaires à la tâche scripturale (par exemple l'orthographe et la conjugaison de verbes fréquents au conditionnel présent : *nous voudrions, il serait*...). Ces savoirs et savoir-faire sont eux aussi réinvestis lors des phases de réécriture. Cette mise en pratique de normes linguistiques en situation d'écriture, que recommandent les programmes de 2015, est alors une manière de faire converger l'étude de la langue et l'écriture.

5.3 Intérêt de ne pas prendre en compte ou valoriser seulement le produit fini

Enseigner l'écriture demande de ne pas survaloriser le texte produit mais aussi de **s'intéresser au processus qui permet la production des écrits**. Dans cette optique, on va attirer l'attention de l'élève sur le fait que, sauf pour des écrits d'une grande simplicité, écrire ce n'est pas transcrire d'un seul jet ses idées mais réfléchir à ce que l'on souhaite ou doit écrire, tâtonner, modifier dans sa tête et/ou sur sa feuille ou son écran ; d'où l'intérêt du brouillon, de la réécriture ou des écrits intermédiaires, des versions successives, des écrits de travail ou encore de l'écriture de la variation. Dans cette dernière, qui comme les précédentes figure dans les derniers textes officiels, la richesse ou la qualité scripturale ne repose pas sur un écrit, la production s'épaissit et s'enrichit par l'écriture de plusieurs textes possibles, à la manière des peintres ou des photographes qui déclinent un même thème, une même situation en une série de clichés ou d'esquisses.

5.4 Considérer l'élève comme un sujet écrivant construisant et ayant déjà construit un rapport singulier à l'écrit

L'école ne peut se contenter d'enseigner des normes, des types et des genres d'écrits, elle doit prendre en compte la relation que l'élève a déjà construit avec l'écrit (« j'adore lire des BD », « j'ai rien à dire »). Elle doit aussi penser le travail de l'écriture comme un lieu de construction du sujet par l'écriture et comme l'occasion d'une appropriation personnelle positive de cet outil. Enseigner l'écriture à l'école, c'est notamment permettre à l'élève de se dire (dire ses désirs, ses émotions et son imaginaire tout à la fois personnel et social) et de se sentir auteur-créateur de son texte. C'est aussi favoriser un rapport positif à l'écriture, un plaisir d'écrire par la mise en place d'un cadre rassurant et d'un espace de tolérance où tous peuvent s'essayer à l'écriture. Sont ainsi préconisés les ateliers d'écriture, les cahiers ou carnets d'écriture personnelle, les pratiques d'écriture tournées vers l'affectif et l'identitaire.

5.5 Échelonner l'enseignement d'écriture

Vu la complexité de l'écriture, il est capital de ne pas entrer brutalement au CP dans son apprentissage mais d'échelonner celui-ci. Comme l'entérinent les textes officiels sur la maternelle, la découverte, l'observation et la familiarisation avec l'écrit, par le biais d'activités telles que la dictée à l'adulte, les essais d'écriture autonome[10] et d'autres concernant le code, le geste graphique ou la culture de l'écrit, peuvent grandement

10. Ce que les programmes nomment écriture *autonome* est davantage *appelé écriture tâtonnée* en didactique.

faciliter l'apprentissage de l'écriture et de la lecture au CP. Et au CP, comme d'ailleurs au CE1, voire après, il est essentiel de penser les situations ou les tâches d'écriture ainsi que le rôle du maitre pour qu'ils soulagent les scripteurs novices de certaines contraintes potentiellement présentes dans l'écriture.

5.6 Pratiquer régulièrement l'écriture pour développer et conserver des compétences scripturales

Pour apprendre à écrire et conserver ses acquis, il est nécessaire d'écrire souvent. En effet, une des causes de l'illettrisme serait l'absence, pour certains adultes qui ont appris à lire et à écrire, d'une pratique régulière de l'écriture. Pour augmenter, dans la classe, les occasions d'écrire, il est intéressant de **multiplier les écrits courts**.

À cette régularité, il faut ajouter la **nécessité de répétition ou de reproduction des tâches et/ou des objectifs**. S'il peut paraitre séduisant de varier régulièrement les activités ou les consignes d'écriture, il faut toutefois garder à l'esprit que les apprentis scripteurs ont besoin de temps, de répétitions voire de stabilité pour pouvoir s'approprier les différentes facettes de la pratique scripturale. En ce sens, on comprend l'intérêt des tâches ritualisées comme la phrase du jour[11], ou la pratique ritualisée de jeux d'écriture[12]. Pour l'enseignant, il s'agit de trouver un équilibre entre reprises patientes à l'identique (faire le portrait d'un autre camarade, réécrire une charade), complexification progressive (produire un portrait un peu plus long, associant description physique et psychologique, réécrire une charade en se servant du cahier de mots de la classe pour écrire correctement « mon », « premier », « deuxième », « est ») et variation permettant d'approfondir les apprentissages précédents (par exemple maintien de la vigilance orthographique et de l'usage du cahier d'orthographe dans une autre tâche d'écriture).

11. Voir le sujet sur l'orthographe p. 235, ainsi que l'ouvrage de M. Brigaudiot, *Première maitris de l'écrit : CP, CE1 et secteur spécialisé*, Hachette Éducation, 2006.

12. Voir notamment l'ouvrage de R. Léon, *Ateliers quotidiens pour la maitrise de la langue. Cycles 2 et 3*, Hachette, 2013, ou, pour le cycle 3, celui d'Y. Rivais, *Jeux d'écriture et de langage impertinents*, Retz, 2009.

RESSOURCES À CONSULTER

• **Bibliographie**

— Beltrami D., Bouysse V. et al., *Lire et écrire au cycle 3 : repères pour organiser les apprentissages au long du cycle*, Document d'accompagnement des programmes, Scérén, CNDP, 2002.

— Brigaudiot M., *Première maitrise de l'écrit : CP ; CE1 et secteur spécialisé*, Hachette Éducation, 2006.

— Bucheton, D., *Refonder l'enseignement de l'écriture*, Retz, 2014.

— Cabréra A. et Kurz M., *Produire des écrits. Cycle 2*, Bordas pédagogie, 2002.

— Chartier A.-M., Clesse C., Hébrard J., *Lire écrire. Tome 2 : Produire des textes au cycle 2*, Hatier, 2007.

— Crinion J., Marin B., *La production écrite, entre contraintes et expression, cycle 3*, Nathan, 2014.

— Groupe EVA, *Évaluer les écrits à l'école primaire*, Hachette Éducation, 1991.

— *Repères* n° 26/27, « L'écriture et son apprentissage à l'école élémentaire », 2002-2003.

— Reuter Y., *Enseigner et apprendre à écrire*, ESF éditeur, 1996.

AU CONCOURS

SUJET 1

Après lecture des documents A, B et C, vous répondrez, dans une analyse critique, aux questions suivantes :

❶ Quelle est la nature des documents A, B et C ? *(2 points)*   Corrigé p. 198

❷ Quelles conceptions de l'enseignement de l'écriture sous-tendent les propositions faites dans les documents A et B ? *(6 points)*   Corrigé p. 198

❸ Déterminez *a priori* les compétences qui peuvent être travaillées lors de la réalisation de l'activité proposée dans le document A (fiche B « Écrire une recette ») et quelques savoirs susceptibles d'être mobilisés lors de cette réalisation. *(5 points)*   Corrigé p. 200

DOCUMENTS

- **Document A** : extrait d'*Initiation à la production d'écrits. CP,* de F. Bellanger, Retz, coll. « Fiches ressources à photocopier », 2011, p. 57-58

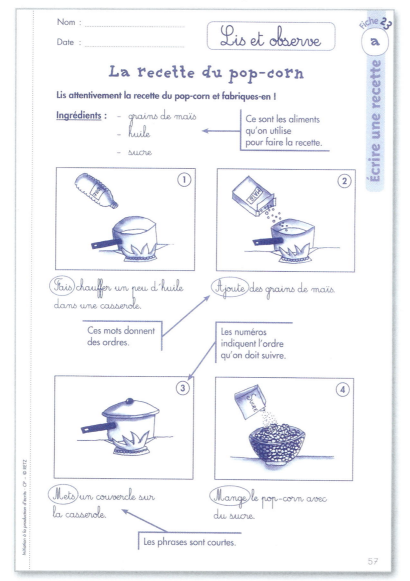

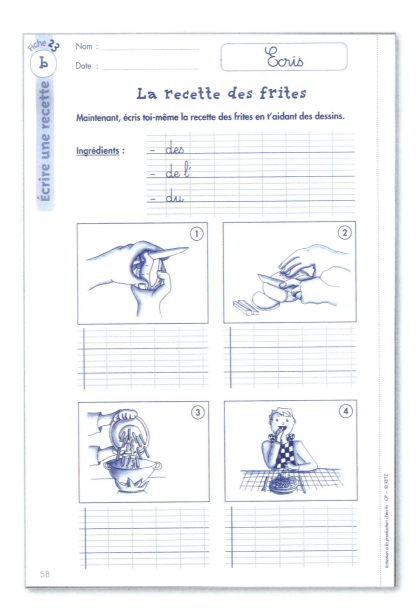

- **Document B*** : extrait de *Lire écrire, un jeu d'enfant. Les nouvelles boites à outils au cycle 2* de G. Roy, Scérén, CRDP Poitou-Charentes, 2007, p. 64-66

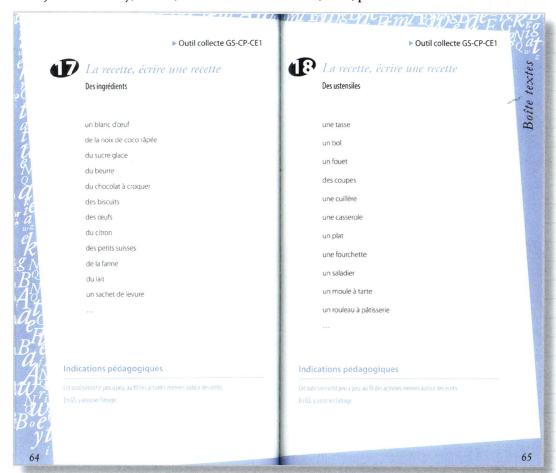

* La seconde partie du document B se trouve p. 203.

- **Document C** : extrait de *Lire écrire. Tome 2. Produire des textes au cycle 2* d'A.-M. Chartier, C. Clesse, J. Hébrard, Hatier, 2007, p. 23-24

« De multiples ouvrages didactiques parus ces dernières années et qui constituent des mines stimulantes d'idées d'exercices où nous avons souvent puisé, nous semblent parfois pécher par excès. En particulier, ils supposent chez les enfants de cinq à huit ans un gout de la langue, un sens de l'humour et de l'ellipse, un plaisir de l'invention formelle qui sont fort inégalement partagés. En proposant des exercices originaux et séduisants, souvent issus de recherches littéraires, en variant les consignes d'écriture à chaque séance, les maitres permettent sans doute aux enfants des réussites ponctuelles gratifiantes (du moins, à certains enfants), mais ceux-ci ne peuvent constater leurs progrès qu'à l'occasion d'exercices dont les formes de surface restent stables. Si l'on a besoin de variété, on a aussi besoin de répétition. Pour prendre conscience des contraintes spécifiques à un texte, des critères qui font qu'il est acceptable ou non, il est nécessaire d'y être confronté de façon réitérée, surtout quand on a été pris de court ou en échec la première fois. Il faut donc trouver un équilibre permettant de varier les consignes de production, sans oublier que les apprentissages se font dans la durée, la lenteur et les reprises patientes. »

CORRIGÉ — ANALYSE CRITIQUE

> **Aide méthodologique**
> Le traitement du sujet s'organisant autour de trois questions seulement, dont deux (questions 2 et 3) notées sur un nombre important de points, le candidat devra veiller à répondre de façon suffisamment détaillée à chacune de ces deux questions.

❶ Quelle est la nature des documents A, B et C ? *Énoncé p. 195*

> **Aide méthodologique**
> Au travers de cette **question 1**, l'examinateur cherche à voir si le ou la candidat(e) est capable de prendre des indices dans les documents et dans leur référence bibliographique pour statuer sur la nature de ces documents (documents prescriptifs émanant du ministère, documents théoriques issus de disciplines contributoires, documents didactiques proposant des ressources pour la classe ou des réflexions sur l'enseignement et l'apprentissage disciplinaire). La nature des documents tenant aussi à leur fonction et à leur fonctionnalité, le ou la candidat(e) pourra également mettre en évidence ces dimensions.

Il s'agit de trois documents didactiques qui visent à fournir aux enseignants des outils pour enseigner l'écrit au cycle 2.

Comme l'indique la collection de l'ouvrage dont il est extrait, le document A propose un **matériau « prêt à l'emploi »** : des fiches photocopiables pour chaque élève, destinées à les initier à la production écrite de recettes. Le fait qu'il s'agit de fiches photocopiables est également visible dans l'emplacement réservé au nom et au prénom de l'élève en haut à gauche de chacune des deux pages qui composent le document.

Le document B montre des exemples de fiches *outils* pouvant être construites au cours du cycle 2 pour accompagner l'apprentissage de la lecture et de l'écriture. Il ne s'agit donc pas de supports directement photocopiables mais de **modèles dont peuvent s'emparer les enseignants** pour travailler dans leur classe l'écriture de recettes. En accord avec ce que renseigne le titre de l'ouvrage (*Nouvelles boites à outils*), le document propose des réservoirs de mots sur lesquels les élèves peuvent prendre appui pour écrire.

Pour ce qui est du document C, l'outillage proposé dans cet extrait consiste à fournir non pas un support « prêt à l'emploi » ou des exemples de ressources pour la classe (activités ou fiches *outils*) mais des **repères critiques susceptibles de guider les enseignants** dans le choix des activités, dans leur mise en œuvre ou plus globalement dans la construction d'une programmation. Par l'ouverture critique qu'il amène, ce document s'avère complémentaire aux documents A et B.

❷ Quelles conceptions de l'enseignement de l'écriture sous-tendent les propositions faites dans les documents A et B ? *Énoncé p. 195*

> **Aide méthodologique**
> La **question 2** a pour postulat que les démarches ou suggestions qu'adoptent les auteurs de manuels ou d'ouvrages pour la classe sont orientées par leurs conceptions ou représentations de l'enseignement visé (ici l'enseignement de l'écrit et de la production d'écrits). Ces conceptions sont d'ailleurs souvent explicitées dans le guide du maitre ou en début d'ouvrage (par exemple dans une rubrique « Mode d'emploi »). Ces informations n'étant pas fournies ici, il s'agit de les mettre au jour par l'analyse des documents (démarche, type d'activité, tâches, commentaires, progression, etc.). Même si la question ne l'explicite pas, il peut être pertinent de situer les deux documents l'un par rapport à l'autre, c'est-à-dire de préciser si la conception pointée pour le document A ou B est valable ou non pour l'autre.

Le document A, en proposant d'« écrire une recette » *via* deux fiches successives, la première consacrée à la lecture de « la recette du pop-corn » et la seconde à l'écriture de « la recette des frites », affiche **une volonté nette de lier lecture et écriture**, comme cela est recommandé dans les documents officiels en vigueur. La conception sous-jacente semble en cela être la suivante : pour pouvoir produire une recette, les élèves doivent d'abord construire des repères, en lecture, sur l'écrit à produire, pour ensuite être en mesure de les reproduire ou de les réinvestir dans une tâche d'écriture. On est donc ici dans une **démarche de production d'écrit à partir d'un modèle lu**, observé, analysé, modèle à partir duquel on va construire des règles du genre, comme le stipule le programme du cycle 2.

Les règles que le document met en avant sont les suivantes :
– une recette indique les ingrédients sous forme de liste ;
– elle renseigne par des mots qui donnent des ordres ce qu'il faut faire ; ces informations, formulées en phrases courtes, correspondent à des images numérotées qui indiquent l'ordre à suivre.

Dans le document B, cette interaction entre lecture et écriture est également présente mais de manière un peu plus discrète. En accord avec le titre de l'ouvrage (*Lire écrire, un jeu d'enfants*) ainsi qu'avec l'allusion à « des activités menées autour des écrits » présente en bas de chaque page ou fiche, on peut en effet penser que l'élaboration de listes d'ingrédients, d'ustensiles et de « mots pour dire ce qu'il faut faire » se fait pour partie dans le cadre d'activités de lecture de recettes. Ces lectures créeraient des occasions de **repérer ces éléments génériques** et constitueraient des ressources pour élaborer des **réservoirs d'éléments pouvant outiller l'écriture**.

Une deuxième conception de l'enseignement de l'écriture, commune aux deux documents, transparait dans le choix d'un travail sur la recette : développer des compétences en écriture au cycle 2 passe notamment par **l'appropriation de types d'écrit existant dans la société**. Enseigner l'écriture ne revient donc pas seulement à initier les élèves à la cursive, à l'encodage de lettres, de syllabes, de mots et de phrases. Il s'agit aussi de les **sensibiliser aux écrits scolaires et extrascolaires**, à leurs caractéristiques et à leur fonctionnement.

Un troisième principe, légitimant particulièrement les fiches proposées en modèle par le document B, mérite d'être pointé. Par le biais de ces fiches, la démarche qui semble être préconisée par l'auteure de l'ouvrage est la suivante : **l'enseignement comme l'apprentissage de la production écrite passent par l'élaboration et par l'utilisation de ressources spécifiques** sur lesquelles les élèves vont pouvoir prendre appui pour s'essayer à la production de textes. Ces ressources correspondent ici à des listes organisées à partir de termes génériques (par exemple, *ingrédients* et *ustensiles*) relatifs au type d'écrit travaillé. Ce principe, présent dans les recommandations officielles, nous semble particulièrement important au cycle 2 où les élèves peuvent difficilement gérer simultanément la recherche d'idées et l'encodage selon les normes phonographique et orthographique. Dans cette optique, permettre aux élèves de devenir scripteurs, c'est leur apprendre à se doter d'outils d'écriture efficaces et leur apprendre à s'en servir.

Pour ce qui est des outils ou ressources jugés nécessaires pour écrire une recette, si l'on rapproche le contenu des fiches proposées dans le document B et les éléments mis en avant dans le document A, on constate dans les deux cas un travail sur les ingrédients et les formes verbales. Concernant les formes verbales, l'aide proposée par le document B est plus complète : elle tient compte du fait qu'une recette peut être écrite soit à l'infinitif, soit à l'impératif (à la deuxième personne du singulier ou du pluriel). L'ajout des ustensiles, davantage mis en avant dans le document B, peut être précieux car ceux-ci sont nommés dans les recettes où, de surcroît, ils ont souvent une rubrique spécifique. Aussi, si l'on vise, outre la production d'un écrit, la connaissance d'un genre ou d'un type d'écrit, on peut considérer qu'il s'agit d'un outil important.

Enfin, si l'on prête attention à l'en-tête (« Outil collecte GS-CP-CE1 ») ainsi qu'à la note figurant au bas des fiches du document B invitant à un enrichissement progressif de l'outil et ce dès la grande section, on peut en déduire que, pour l'auteure de ce document, **l'enseignement de l'écriture doit être pensé dans la durée, voire à l'échelle du cycle**, ainsi que le préconisent les programmes de 2015[13]. En accord avec les auteurs du document C qui insistent sur la nécessité d'inscrire les apprentissages dans la durée, former les élèves de cycle 2 à l'écrit demande de programmer plusieurs fois les types d'écrit, les activités et les tâches. Ici, la constitution d'outils riches et appropriés s'effectue grâce à la répétition, au cours des activités sur les écrits, de la tâche de « glanage » puis de notation, sous forme de listes, d'ingrédients, d'ustensiles et de formes verbales. Ce sont des listes évolutives et personnalisables en fonction des activités menées dans la classe. De ce point de vue, le document B (comme le C) se distingue du document A où l'unité temporelle envisagée dans le support est *a priori* celle de la séquence (ce qui explique peut-être que certains critères génériques, comme les ustensiles, n'y figurent pas). Toutefois, pour l'enseignant, le recours à un support de production d'écrit pensé pour une séquence n'exclut pas de programmer, en amont ou en aval de cette séquence, un travail sur le même type d'écrit (la recette) ou sur un écrit utilisant par exemple des mots qui donnent des ordres.

13. Au moment de la publication de l'ouvrage dont est extrait le document B, le cycle 2 s'échelonnait de la GS au CE1, contrairement au nouveau cycle 2 allant du CP au CE2.

❸ Déterminez *a priori* les compétences qui peuvent être travaillées lors de la réalisation de l'activité proposée dans le document A (fiche B « Écrire une recette ») et quelques savoirs susceptibles d'être mobilisés lors de cette réalisation.

Énoncé p. 195

> **Aide méthodologique**
>
> La **question 3** porte sur la capacité à relier une proposition d'activité, d'une part, aux compétences définies par les programmes pour le niveau scolaire concerné (ici le CP) et, d'autre part, aux savoirs que la mise en œuvre de cette activité peut convoquer. Si le traitement du premier volet de cette question (lien avec les compétences) paraît, à première vue, sans difficulté pour tout(e) candidat(e) connaissant les programmes de l'école élémentaire, le ou la candidat(e) ne devra pas oublier qu'au vu des interactions entre le lire et l'écrire, et entre l'écrit, le langage oral et la langue, d'autres compétences que celles reprises dans la rubrique *Écriture* des programmes peuvent intervenir. Pour ce qui est du second volet (lien avec les savoirs mobilisés), sa complexité provient de l'acception à donner au terme même de *savoir*. Comme la plupart du temps, il est à entendre sous son sens générique et désigne l'ensemble des savoirs, savoir-faire et savoir-être. Puisqu'on est face à une activité de pratique scripturale, les savoir-faire risquent de dominer, même si produire un texte convoque aussi des connaissances et des savoir-être. Cette question, dans son ensemble, peut être par ailleurs assez discriminante : pour répondre de façon nuancée et complète, il faut que le ou la candidat(e) soit en mesure d'imaginer de façon réaliste comment une telle activité de production d'écrit peut se déployer en classe de CP. La construction de quelques repères sur l'enseignement de l'écriture à ce niveau et sur les capacités d'un élève de cet âge en matière d'écriture est déterminante.

Les compétences pouvant être travaillées et les savoirs susceptibles d'être mobilisés vont dépendre grandement de la mise en œuvre retenue par l'enseignant pour cette activité.

À ce niveau scolaire, il est opportun que le **passage à l'écriture** soit **précédé d'un important travail de préparation** qu'en accord avec les repères de progressivité précisés dans le programme du cycle 2, il faut imaginer pour une bonne partie oral et collectif. Dans le document A, au regard des deux pages fournies, ce temps de préparation passe entre autres par un travail sur la recette du pop corn pour réaliser celle des frites. Cet enchaînement devrait permettre aux élèves de, par exemple, récupérer certains mots comme *recette*, *huile*, *mange*, *mets* ou *ingrédients*.

De façon générale, cette phase de préparation pourrait comporter les tâches suivantes (agencées dans un ordre potentiellement variable) :

– lecture du titre (« La recette des frites ») et de la consigne (« Écris ») ;

– lecture des mots « Ingrédients », « des », « du », « de l' » ;

– discussion et questionnement sur l'objet *frite*, sur leur connaissance des recettes de cuisine et de ce type d'écrit (« que trouve-t-on comme informations dans une recette de cuisine ? ») ainsi que sur la recette des frites et sur les ingrédients nécessaires (avec si besoin recherche d'informations sur le sujet) ;

– lecture des images proposées par le fichier ;

– échange sur les noms pouvant être écrits dans la liste des ingrédients et sur les phrases pouvant être écrites sous chaque image.

En pensant le début de l'activité au travers de ces tâches, on voit que les **compétences** énoncées dans les programmes de 2015 et **susceptibles d'être travaillées** appartiennent à plusieurs champs en interaction :

– la **lecture et la compréhension de l'écrit** : identifier et reconnaître des mots fréquents (ici « des », « la » et « du » par exemple) ainsi que des mots étudiés (ici « recette » et « ingrédients » étudiés dans l'activité de lecture proposée dans la fiche 23A), mobiliser des expériences antérieures de lecture (ici la recette du pop-corn) et des connaissances qui en sont issues ;

– le **langage oral** : mobiliser des références culturelles nécessaires pour comprendre le texte, décrire (ici des images) et ainsi pratiquer une forme de discours attendue (ici la description) ;

– l'**étude de la langue** : catégoriser et faire des relations entre termes génériques et spécifiques (ici donner des mots appartenant à la catégorie des ingrédients et peut-être « des mots qui donnent des ordres ») ;

– l'**écriture** : identifier des caractéristiques propres à un genre de texte, mettre en œuvre une démarche de production de textes : trouver et organiser des idées, élaborer (ici d'abord à l'oral et collectivement) des phrases qui s'enchaînent avec cohérence (ici conception et peut-être écriture collectives et avec l'aide du maitre de phrases simples correspondant aux images), écrire de façon autonome (ou avec l'aide du maitre) des mots simples (ici choix des mots ingrédients).

Les **savoirs** que convoquent les tâches sont **nombreux** – ce qui participe de la complexité de l'activité pour les élèves. À titre d'exemple, on peut citer la connaissance sur le monde (sur les frites, leur composition, leur élaboration, sur la catégorie « ingrédients »), la connaissance sur le type d'écrit « recette », la capacité à lire des images, des mots-outils ainsi qu'une numérotation, la capacité à déchiffrer des mots, la capacité à produire des phrases à l'oral, la capacité à lire en script et en cursive

(« Écris »), la capacité à produire des noms en accord avec les articles et préposition notés (« des », « de l' », « du »), l'intérêt pour la recette ainsi que pour son écriture. Vu leur nombre, on perçoit à nouveau l'intérêt du travail préparatoire proposé par le document A qui permet, par exemple, de déjà convoquer la capacité à lire des images de recette et leur numérotation ou de déjà construire des connaissances sur le type d'écrit *recette*.

Pour le passage à l'écriture des ingrédients et des étapes de la recette, **plusieurs modalités** sont envisageables et vont, ici encore, **orienter les compétences travaillées et les savoirs mobilisés** :

– Si l'enseignant choisit de noter préalablement (au tableau, sur des affiches, dans un cahier...) les ingrédients, les formes verbales et même les phrases énoncées, la tâche relèvera principalement de la copie. La compétence principalement travaillée sera : copier un texte court en cursive.

– Si l'enseignant mène une écriture collective (par exemple en dictée à l'adulte), les élèves s'entraineront à concevoir et écrire collectivement une phrase voire un petit texte.

– Si l'enseignant cherche à apprendre aux élèves à choisir et écrire de manière autonome des mots simples en respectant les correspondances entre lettres et sons, après la phase collective, il privilégiera un essai d'encodage et de production par les élèves eux-mêmes.

Le maitre pourrait également profiter du cadre de cette activité de production pour renforcer des compétences en orthographe, par exemple les marques du genre et du nombre (ici « des frites ») ou l'usage de la majuscule. Néanmoins, pour que l'attention à la norme orthographique ne se fasse pas au détriment de l'activité de production, il peut être intéressant de mener un travail orthographique en amont (faire mémoriser l'orthographe de mots incontournables pour cet écrit, noter les mots-clés de cette recette dans le cahier de mots et leur apprendre à se servir de cet outil) ou en aval, en favorisant la comparaison avec un modèle outillant (des listes de mots, une affiche, etc.). Cette seconde approche permettrait de renforcer la compétence de **révision de l'écrit produit**, en comparant sa production écrite à un modèle voire en rectifiant ses erreurs. De même, si les élèves sont invités à prêter attention au geste graphique pendant l'écriture ou après celle-ci, lors d'une phase de copie, ils développent de façon plus ou moins importante leur capacité à produire un écrit lisible.

Ces modalités et compétences ne sont pas exclusives dans le sens où les élèves vont par exemple parvenir à noter les étapes de la recette en prenant appui sur des mots présents dans la recette du pop corn qu'ils vont pouvoir copier, et en essayant d'encoder des mots simples (*pèle, coupe*) voire des mots plus compliqués (*pomme de terre*) pour lesquels l'aide de l'enseignant sera indispensable. Ils peuvent s'aider de listes de mots (telles que celles suggérées dans le document B) qu'ils auront préalablement copiés ou écrits sous la dictée en faisant attention à bien respecter les lignes et le quadrillage présents sur la fiche. Toutefois, si l'on veut que cette activité reste avant tout une activité de production d'écrit, il est important que sa réalisation mette au premier plan la **compétence à écrire de manière autonome des mots** et/ou **la compétence à écrire collectivement une ou plusieurs phrases.**

Enfin, si l'on se penche sur les savoirs potentiellement mobilisés dans ces mises en œuvre du passage à l'écriture puis de la révision de l'écrit produit, ils sont ici encore nombreux : connaissance de la cursive, capacité à écrire en cursive (avec ou sans modèle), capacité à découper en mots, connaissance de l'orthographe de mots fréquents, capacité à écrire en suivant une ligne, capacité à garder en mémoire la phrase ou les informations à écrire, capacité à noter la marque du pluriel, capacité à se servir des outils d'écriture présents dans la classe… Si certains peuvent être considérés plutôt comme des prérequis (connaissance des lettres, connaissance du sens de l'écriture, capacité à mémoriser la consigne…), d'autres ne sont actualisés que dans certaines modalités évoquées ci-avant (capacité à dicter au maitre, capacité à encoder en liant phonie et graphie, capacité à encoder automatiquement des mots fréquents…). Néanmoins leur nombre témoigne une fois de plus de la complexité de l'écriture et rappelle combien l'étayage de l'enseignant est essentiel pour mener à bien l'activité.

- **Document B (suite)** : extrait de *Lire écrire, un jeu d'enfant. Les nouvelles boites à outils au cycle 2* de G. Roy, Scérén, CRDP Poitou-Charentes, 2007, p. 64-66

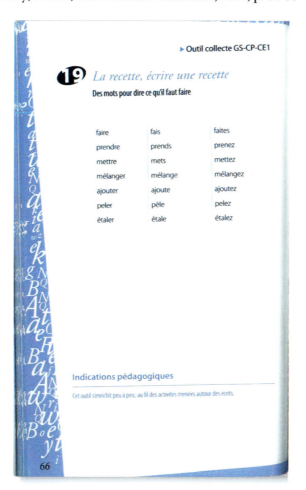

AU CONCOURS

SUJET 2

Après observation attentive des productions A, B, C et D, vous répondrez, dans une analyse critique, aux questions suivantes :

❶ Analysez la diversité des écrits produits dans les quatre documents (A, B, C et D). *(4 points)*

Corrigé p. 207

❷ Quelles difficultés cet élève rencontre-t-il dans la tâche de copie (document B) ? *(3 points)*

Corrigé p. 208

❸ Citez quelques critères qui vous semblent pertinents pour évaluer au CE2 une tâche de rédaction telle que celle présentée dans le document D. Précisez comment la production donnée se situe par rapport à ces critères. *(3 points)*

Corrigé p. 209

❹ Que pensez-vous de la production faite par l'élève dans son carnet d'expérience (document C) ? *(3 points)*

Corrigé p. 211

DOCUMENTS

Les documents A, B, C et D sont des écrits produits par un même élève de CE2, dans différentes situations.

• **Document A**

Le document A correspond à une auto-dictée donnée par le maitre et que l'élève s'entraine à écrire seul et de mémoire dans son cahier de brouillon. Le texte ici produit par l'élève est complet, ce qui signifie qu'il l'a mémorisé. Avant ce temps d'entrainement individuel, un travail collectif sur le texte a été réalisé en classe pour aider les élèves à le mémoriser et pour attirer leur attention sur les difficultés orthographiques potentielles.

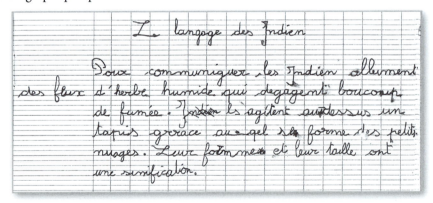

• **Document B**

Le document B est extrait du classeur de géographie de l'élève. Après un travail en groupe classe de découverte sur leur région et les régions de France, chacun des élèves complète la carte dont il dispose, en copiant les informations écrites par l'enseignant sur une carte située au tableau. Tous les élèves copient ensuite, toujours du tableau, la synthèse figurant sous la carte. Par rapport au texte de synthèse noté par l'enseignant au tableau, la seconde phrase écrite par l'élève auteur du présent document B n'est pas complète : il manque un segment entre « d'outr mer » et « les fonctions de region ».

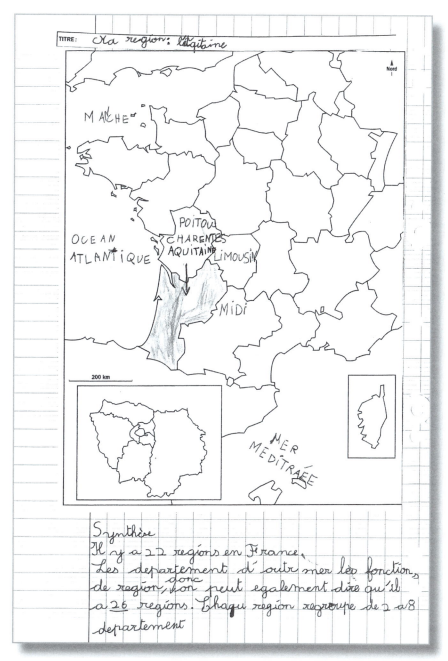

• **Document C**

Le document C consiste en un compte rendu d'expérience noté par l'élève dans son carnet d'expérience personnel. Dans le cadre d'un travail sur la préhistoire, les élèves ont appris comment les hommes préhistoriques manipulaient les silex pour faire du feu. Ils ont aussi observé ce que l'on obtenait en frottant deux silex l'un contre l'autre. De sa propre initiative et dans un écrit individuel non contrôlé par l'enseignant, l'élève rend compte de cette expérience.

> Les ciléxxe
>
> 1 ciléxe + 1 autre siléxe = fumée
> pourcoi
>
> [schéma : siléxe + siléxe]
>
> Des frotements acumule
> les masse d'herre chode
> qui poduise de la fumée
> et ça cent le silxe.

> Ça ne réussi pas toujours
> mais quand t'on met la ma[in]
> c'est très chod. Avec cel[a]
> ça emette le ciléxe et
> on peus trouver des
> petit cristos.

• **Document D**

Dans le document D, l'élève rédige individuellement un texte, avec pour consigne de départ : « Écris un texte dont le titre commence par "C'est bien de" ». Cet exercice de rédaction fait suite à la lecture d'un ouvrage de jeunesse intitulé *C'est bien* où l'auteur, Philippe Delerm, met en exergue des petits plaisirs du quotidien, dans de courtes nouvelles et avec une langue poétique. Dans le document D, il s'agit du premier jet réalisé par l'élève.

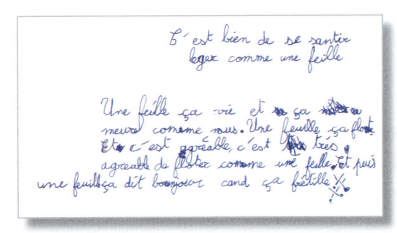

> C'est bien de se santir
> leger comme une feille
>
> Une feille ça vie et ça meur[t]
> meure comme nous. Une feuille ça flot[e]
> Et c'est agréable, c'est très
> agreable de floter comme une feille. Et puis
> une feuille ça dit bonjour cand ça frétille

CORRIGÉ — ANALYSE CRITIQUE

7 — L'enseignement et l'apprentissage de l'écriture à l'école élémentaire

Aide méthodologique

De façon générale, la difficulté de ce sujet tient d'abord à la nature du corpus. Constitué uniquement d'écrits réalisés par un élève de CE2, il ne fournit au ou à la candidat(e) ni apport théorique ni ressource didactique ou institutionnelle susceptible d'outiller l'analyse. Malgré cette absence, pour renforcer l'analyse et l'argumentation, toute initiative de renvoi aux textes officiels sera la bienvenue voire nécessaire.

Une seconde difficulté provient du fait que pour répondre aux questions de façon appropriée, le ou la candidat(e) doit mener une analyse à la fois transversale et spécifique des écrits produits, pour mettre au jour ce qui est commun et propre à chacun de ces écrits. En effet, si les questions 2, 3 et 4 portent sur un document, la question 1 nécessite un traitement de l'ensemble du corpus.

Dans la **question 1**, il est demandé de prêter attention à la variété et à la singularité des écrits. À ce sujet, il est important d'évoquer non pas principalement des critères d'évaluation des performances mais plutôt la diversité des tâches, des fonctions attribuées à l'écriture, des types d'écrit et des statuts qu'ont ces écrits.

La **question 2** demande d'analyser de façon précise la tâche de copie et la reproduction obtenue, en se plaçant du côté de l'apprenant. En effet, l'hypothèse sous-jacente à cette question est que les limites ou erreurs présentes dans l'écrit sont un indice ou une trace de difficultés potentiellement rencontrées par l'élève ou en tout cas d'apprentissage en cours. En s'appuyant sur les programmes en vigueur ainsi que sur sa connaissance des capacités scripturales d'un élève de huit-neuf ans, le ou la candidat(e) pourra, si nécessaire, préciser si les difficultés pointées sont fréquentes et normales à cet âge ou si elles nécessitent plutôt un travail de remédiation. Il faudra aussi veiller à ce que les hypothèses interprétatives concernant les difficultés de l'élève prennent clairement appui sur les caractéristiques de l'écrit présenté dans le document B et sur les quelques éléments contextuels accompagnant ce document.

Précisons encore que, pour répondre à cette question 2 comme aux **questions 3 et 4**, le ou la candidat(e) devra bien avoir en tête la spécificité de chacune des activités. La mise en œuvre de l'écrit et les critères permettant de caractériser et d'évaluer l'écrit ne sont pas les mêmes dans une tâche de copie de texte, dans un compte rendu d'expérience, dans une auto-dictée et dans l'invention d'un petit récit poétique.

Pour ces trois questions, il est également essentiel que le ou la candidat(e) adopte un ton approprié : il ne s'agit pas de porter un jugement de valeur, de dénigrer ou d'encenser les productions mais de décrire et d'analyser en tenant compte des quelques informations contextuelles fournies, des compétences attendues (censées acquises et en cours d'acquisition au CE2) et, comme déjà évoqué, des capacités d'un élève fin de de cycle 2.

❶ Analysez la diversité des écrits produits dans les quatre documents (A, B, C et D). *Énoncé p. 204*

Malgré une certaine homogénéité due au fait que les quatre écrits composant le corpus relèvent du CE2 et appartiennent à un même élève, ce corpus présente une **diversité importante**, qui repose sur plusieurs dimensions. En effet, on note une diversité :

– **dans les tâches** : ces quatre écrits correspondent à la réalisation de tâches d'écriture différentes (s'auto-dicter un texte, copier des mots puis un texte avec modèle, produire un compte rendu, rédiger un récit poétique) ;

– **de disciplines** : ces quatre tâches sont menées dans des disciplines ou des matières différentes (étude de la langue, géographie, sciences, littérature) ;

– **dans les types d'écrit** : chaque discipline fonctionne avec des types d'écrit qui lui sont pour partie propres et qui mettent en jeu diversement l'écriture (ici dictée de texte en étude de la langue, carte légendée et texte synthétisant le savoir en géographie, compte rendu et schéma en sciences, rédaction et récit poétique en littérature) ;

– **dans les fonctions de l'écriture** : ces mises en œuvre variées de l'écriture renvoient elles-mêmes à des fonctions différentes que peut prendre l'écriture (écrire pour mieux maitriser l'orthographe, écrire pour garder la trace d'un savoir et pour le synthétiser, écrire pour construire sa pensée et ses connaissances scientifiques et pour en garder une trace, écrire pour créer à la manière d'un auteur) ;

– **au niveau des types de texte** : la diversité des fonctions se traduit par la présence de plusieurs types textuels (texte descriptif sur les Indiens, texte informatif sur les régions de France, texte explicatif et descriptif sur la production de fumée avec des silex, texte narratif et poétique sur le plaisir de se sentir léger comme une feuille) ;

– **au niveau des statuts des écrits et des supports** : la réalisation de ces écrits s'effectue *via* des supports différents (cahier de brouillon, feuille de classeur, carnet personnel, feuille volante peut-être ensuite collée dans un cahier) qui souvent indiquent le statut accordé à l'écriture (essai et écrit provisoire dans le cahier de brouillon, écrit conservé et communiqué dans le classeur ou le cahier, écrit pour soi dans le carnet personnel, écrit intermédiaire ou première version sur la feuille volante).

Envisagée sous l'angle des programmes de 2015, cette diversité est tout à fait **bienvenue**. En effet, dans les textes officiels, on trouve préconisées des activités de dictée, de copie, de rédaction mais aussi l'acquisition de la maitrise de la langue dans toutes les disciplines. Ces textes officiels insistent également sur la nécessité de produire des textes de types ou genres différents et de favoriser une approche plurifonctionnelle de l'écriture : les élèves doivent apprendre à inventer des histoires, à écrire des poèmes, à expliquer une démarche, à narrer des faits réels, etc. La variété du corpus laisse ainsi penser que la pratique enseignante dans la classe de cet élève correspond à l'approche diversifiée de l'écriture que recommandent les textes officiels.

Enfin, lorsqu'on étudie les quatre textes composant le corpus sous l'angle du respect des normes ou contraintes linguistiques, une dernière forme de diversité peut être pointée. On peut par exemple observer une variation partielle du respect des normes orthographiques : dans la tâche d'auto-dictée, la vigilance orthographique de l'élève semble plus forte que dans les deux tâches de production (documents C et D). De même, les reprises anaphoriques ou la manière de désigner ne sont pas tout à fait les mêmes dans le compte rendu (utilisation du *ça*), dans la rédaction proposant une approche poétique de la feuille (répétition d'*une feuille* et de *ça*) et dans le texte auto-dicté (recours au *ils*, au *leur*). Globalement, il parait normal de constater des **différences au niveau des normes linguistiques** d'une part selon que l'élève réalise une tâche où il reproduit un texte existant ou une tâche où il produit par lui-même un texte et, d'autre part, selon les types de texte ou d'écrit.

❷ Quelles difficultés cet élève rencontre-t-il dans la tâche de copie (document B) ?

Énoncé p. 204

Copier demande de lire avec attention l'écrit de départ, d'en mémoriser des empans ou segments puis de les reproduire sur le support visé. Au CE2, on peut s'attendre à ce que les élèves ne copient plus en s'attachant à reproduire à l'identique une succession de signes graphiques, de lettres, mais reproduisent l'écrit en mémorisant des unités de sens (mot, groupe de mots, proposition, phrase). On peut aussi penser qu'ils sont en mesure de vérifier la justesse de ce qui a été copié pour finalement, comme le recommandent les programmes officiels, être capables de copier un texte en respectant la ponctuation, l'orthographe et en soignant la présentation.

Ici, d'après les informations fournies, l'activité comprend deux parties :

1. l'élève note sur sa carte des informations en s'aidant de ce que l'enseignant écrit au tableau. Il s'agit donc d'une copie de mots (noms propres surtout) depuis le tableau vers la feuille dont il dispose ;

2. l'élève copie un petit texte écrit au tableau, texte synthétisant le savoir enseigné et devant sans doute être appris.

À la lecture de la carte et du texte de synthèse, il apparait que l'élève :

– oublie des mots (*Pyrénées* dans *Midi Pyrénées,* segment de phrase dans la synthèse) ;

– oublie des lettres à valeur morphographique (*les département…*) ;

– oublie des lettres à valeur phonographique (*Aqitaine, chaqu, méditraée…*) ;

– omet fréquemment les accents (*region, departement, egalement*) ;

– oublie le point final dans la synthèse ;

– place d'abord l'*Aquitaine* au mauvais endroit puis, à l'aide d'une flèche, la resitue à l'endroit correct.

Si l'on peut penser que l'élève copie en transportant en mémoire des unités de sens, il semble éprouver une difficulté à prêter aussi attention aux marques morphologiques, aux petits signes (tels les accents et le point final). Comme souvent encore à cet âge-là, il parait également plus en difficulté face aux mots longs présentant une orthographe complexe. Bien copier ces mots nécessiterait sans doute le recours à une stratégie de découpage syllabique.

L'omission de mots dans la carte et dans le texte peut être interprétée comme un déficit d'attention ou comme une perte d'informations en partie liée à l'écart entre les deux supports. En effet, copier à partir du tableau est plus compliqué pour un élève que copier à partir d'une source située juste à côté de lui car dans la première situation les repères visuels sont plus éloignés et dès lors plus vite perdus. Dans cette situation, l'omission de mots, voire d'une ligne, est donc plus fréquente si, en parallèle, l'élève ne construit pas et ne garde pas progressivement en mémoire le sens global de ce qu'il copie, ce qui semble ici être le cas.

L'omission de mots tout comme les erreurs d'orthographe pourraient néanmoins être réduites par des coups d'œil de vérification (de la copie vers le texte source avec retour sur l'écrit copié) au moment de la copie ou après celle-ci. Cette stratégie de vérification pour s'assurer qu'il n'y a pas d'erreur dans ce qui est copié gagnerait à être davantage mise en œuvre.

En résumé, au travers de ce document, on peut faire l'hypothèse que ce qui pose problème à cet élève ou ce qu'il ne maitrise pas encore, c'est une attention conjointe au sens et à l'orthographe, un maintien des repères visuels quand les supports sont éloignés, une intégration à l'activité de copie d'une stratégie de vérification et le déploiement d'une vigilance accrue face aux mots longs et compliqués. C'est ce qu'il a à apprendre pour répondre aux exigences attendues en fin de cycle 2, à savoir copier dans une écriture lisible un texte d'une dizaine de lignes en respectant la ponctuation, l'orthographe et en soignant la présentation.

❸ **Citez quelques critères qui vous semblent pertinents pour évaluer au CE2 une tâche de rédaction telle que celle présentée dans le document D. Précisez comment la production donnée se situe par rapport à ces critères.**

Énoncé p. 204

Évaluer les rédactions des élèves n'est pas chose simple. Cette évaluation, qu'elle soit formative ou sommative, est pourtant importante pour permettre, comme le préconisent les programmes en vigueur, un apprentissage régulier et progressif de la rédaction de texte.

S'agissant d'une écriture textuelle, il parait tout d'abord opportun de prêter attention à la **cohérence** et à la **cohésion de cet écrit**.

Dans la rédaction composant le document D, pour ce qui est de la cohérence, on observe une progression à thème constant (*une feuille*), une permanence du thème ainsi qu'une absence de contradiction ou de rupture dans le prédicat notamment grâce au maintien du champ sémantique de la légèreté. On peut également relever que l'écrit respecte la consigne (écrire un texte ayant un titre commençant par « C'est bien de... »). Cette cohérence globale de l'écrit est renforcée par une cohésion au niveau des indices linguistiques :

– Tous les verbes sont au présent, ce qui donne au texte une forme de vérité générale, d'évidence partagée.

– Des connecteurs (*et, et puis*) renforcent l'enchainement des idées.

– Le personnage est désigné à l'identique (*une feuille*) et par la reprise grammaticale *ça*.

Les répétitions présentes pour désigner le « personnage » ne sont ici pas dérangeantes vu le genre poétique du texte. Elles peuvent être considérées comme un indice de poéticité.

En deuxième lieu, il nous parait intéressant d'évaluer le **niveau phrastique** car il conditionne lui aussi la qualité du texte produit : l'élève est-il capable de segmenter correctement son texte en phrases ? Produit-il des phrases complexes variées ? La syntaxe des phrases est-elle correcte ? Recourt-il à de la ponctuation intraphrastique (virgule...) ? Celle-ci est-elle appropriée ?

Dans la rédaction à analyser, on constate une phrase simple et trois phrases complexes, avec présence d'une proposition coordonnée et d'une subordonnée. De ce point de vue, bien que l'écrit soit court, la construction syntaxique peut être considérée comme plutôt variée. Si la segmentation des phrases à l'aide du point et de la majuscule est elle aussi appropriée, l'usage de la virgule est – et c'est normal à ce niveau scolaire – en cours d'acquisition (la virgule présente est correcte, et l'ajout d'une virgule entre le nom *une feuille* et la reprise pronominale *ça* n'est pas un enseignement prioritaire au CE2).

Si l'on prend appui sur les programmes, un autre critère à prendre en compte est la capacité de l'élève à rédiger des textes de plus en plus longs. De ce point de vue, il est à noter que la production de l'élève est ici assez brève. Vu la cohérence du texte et surtout le genre poétique de celui-ci (genre approprié puisqu'il s'agit d'écrire dans les pas de Philippe Delerm), cette brièveté n'est pas dérangeante ou synonyme d'informations lacunaires. Néanmoins, en termes de progression, l'enseignant devra, si ce n'est pas encore fait, engager l'élève dans la production de textes plus longs.

Toujours dans une logique de progression, un autre critère, ici visible dans le **choix des connecteurs** (*et, et puis*) mérite d'être considéré : il s'agit des marques d'oralité présentes dans l'écrit. S'il peut être intéressant de recourir à ces marques lors de l'introduction d'un dialogue ou pour créer un effet de style, les élèves doivent avant tout apprendre à prendre une certaine distance avec la langue de l'oral et à se mouler dans la langue de l'écrit. Cet apprentissage, qui démarre dès la maternelle lors de situation de dictée à l'adulte, se poursuit aux cycles 2 puis 3, notamment dans le choix de connecteurs appropriés aux types d'écrit envisagés. Dans le cas étudié, on pourrait également conseiller à l'élève de supprimer la répétition du *c'est* dans la troisième phrase. Sauf à considérer qu'il y a ici un effet poétique de répétition, ce genre de reprise, fréquente à l'oral, alourdit quelque peu la phrase.

Au travers de cette remarque, on voit aussi combien il est nécessaire d'adapter l'évaluation à l'écrit demandé. La rédaction de la fin d'un roman ou comme ici d'un texte en prose poétique demande un ajustement des critères au genre et au type de texte visés. Dans le cas considéré, on pourrait ainsi valoriser le recours à la comparaison (*comme nous*, *comme une feuille*) et plus globalement le procédé de personnification de la feuille et le procédé anaphorique.

Enfin, en plus des critères développés ci-avant, l'évaluation peut aussi porter sur les **dimensions graphique** (linéarité, régularité de l'écriture), **orthographique et lexicale**. Puisqu'il s'agit d'un premier jet, il serait important de donner l'occasion à cet élève d'améliorer la dimension orthographique de sa production. Pour ce qui est du lexique, il n'est pas particulièrement recherché et peut par exemple sembler moins riche que dans le compte rendu analysé (document B). Néanmoins, ici encore, ce critère est à mettre en relation avec l'écrit demandé : saisir un petit moment de bonheur n'impose pas le passage par des mots rares ou spécifiques. Ainsi la valeur métaphorique du terme *frétiller* suffit-elle sans doute pour renforcer, lexicalement, le point de vue du texte.

❹ **Que pensez-vous de la production faite par l'élève dans son carnet d'expérience (document C) ?**

Le texte réalisé dans ce carnet d'expérience correspond à un écrit réflexif (tel que préconisé dans les programmes de 2015) que l'élève a produit de sa propre initiative. Il s'agit d'un écrit personnel non destiné à être communiqué et qui donne à voir une étape dans la compréhension d'un phénomène.

Vu ces caractéristiques générales, il semble tout d'abord important de souligner qu'un élève qui se sert par lui-même de l'écrit pour construire sa pensée et son savoir scientifique et pour en garder trace, montre, au travers de cette initiative, qu'il a intériorisé une fonction de l'écrit et une pratique scientifique non négligeable.

Ensuite, ce qui frappe à la lecture de cet écrit personnel, c'est qu'il présente sous bien des aspects des critères majeurs pour un compte rendu d'observation ou d'expérience en sciences :

– texte court qui relate une observation ;
– présence d'un titre et d'une question ;
– présence d'un schéma légendé qui aide à la compréhension ;
– écriture pluricodique qui intègre du texte, un schéma, des signes permettant de contourner la syntaxe (« *un silex + un autre silex = fumée* ») ;
– lexique précis (*frottements*, *accumule*, *silex*, *masse d'air chaud*, *émietter*, *cristaux*) ;
– présence d'une explication du phénomène ;
– présence du résultat obtenu ;
– ordre chronologique présent dans l'explication fournie ;
– usage du présent de vérité générale.

Vue sous cet angle, et même si toutes les étapes de l'expérience observée ne sont pas décrites (ce qui aurait plutôt demandé de recourir au passé composé), cette production est de qualité, notamment parce qu'elle met en œuvre des moyens adaptés à l'intention du scripteur. Si, de surcroit, elle a été faite sans grille de critères et sans prise de notes durant l'observation, comme peuvent le laisser penser les quelques éléments de présentation du document, elle témoigne d'une appropriation du genre et du savoir scientifique en jeu, recommandée par les textes officiels pour le cycle 2 comme pour le cycle 3.

Enfin, un second trait caractérise cette production. Si on s'attache à la norme syntaxique et orthographique, on peut noter d'une part que la délimitation des phrases par la ponctuation ainsi que la syntaxe (caractérisée par la présence de phrases complexes, de propositions coordonnées et subordonnées) sont correctes. D'autre part, l'écrit présente un nombre assez élevé d'erreurs orthographiques. Bien qu'il soit normal d'en rencontrer dans les productions spontanées des élèves de cet âge, on pourrait s'attendre à ce que l'orthographe de mots fréquents comme *pourquoi* soit automatisée, comme cela semble d'ailleurs le cas pour d'autres mots fréquents (*des, qui, les, le, ça, toujours, mais...*). Outre l'orthographe lexicale, on voit aussi que l'élève n'effectue pas encore les chaines d'accord entre le verbe et son sujet (par exemple *des frotements acumule*) et au sein du groupe nominal (par exemple *des petit cristos*). Les désinences verbales ne sont, elles aussi, pas encore maitrisées (*réuci, on peux*). Au vu de l'ensemble de la production – non destinée à être communiquée – et des qualités décrites ci-avant, on peut penser que l'attention de l'élève s'est focalisée davantage sur certaines dimensions propres au compte rendu et sur la construction du savoir que sur la vigilance orthographique ou sur le geste graphique (tracé des lettres parfois approximatif).

CHAPITRE 8 — L'oral à l'école élémentaire

CE QU'EN DISENT LES PROGRAMMES

- **Les compétences**

Les programmes de 2015 demandent aux enseignants des deux cycles de porter toute leur attention à « la qualité et à l'efficacité du langage oral des élèves et aux interactions verbales ».

« Comprendre et s'exprimer à l'oral » est une compétence demandée aux élèves du CP à la 6e. Quatre exigences sont formulées[1] :

1 – **Savoir écouter pour comprendre** un message oral ou un texte lu par un adulte (ainsi qu'un discours pour le cycle 3), ce qui suppose le maintien de l'attention, le repérage et la mémorisation des informations les plus importantes, l'identification d'éventuelles difficultés ; pour les élèves du cycle 3, s'ajoute la prise en compte des caractéristiques relatives aux différents genres (récit, compte rendu, exposé). Pour le cycle 2, sont conseillées des situations d'écoute de messages, consignes, informations ; les supports et les situations sont plus variés pour le cycle 3 : message audio, documents vidéo, leçon magistrale, émissions, documentaires. Dans les deux cycles, il est question de répéter, représenter, reformuler, rappeler les éléments entendus.

2 – **Dire pour être entendu et compris (cycle 2)**, en tenant compte de l'auditoire pour partager un point de vue, des sentiments, des connaissances, pour oraliser une œuvre littéraire et pour tenir un « propos élaboré et continu relevant d'un genre de l'oral » (cycle 3)[2]. Il faut alors mobiliser toutes les ressources de la voix et du corps, mémoriser des textes et organiser son propos (selon le genre du discours pour le cycle 3). Les enseignants proposent des jeux pour préparer la mise en voix des textes, demandent à leurs élèves de rappeler des récits, présenter des travaux, des ouvrages, d'enregistrer ou de visionner leurs prestations. Les élèves de cycle 3 articulent leurs exposés oraux sur des écrits (notes, affiches, schémas, présentation numérique).

3 – **Participer à des échanges dans des situations diversifiées,** ce qui oblige les élèves à respecter les règles des échanges, tenir compte des enjeux, structurer leurs propos et utiliser tous les moyens nécessaires au plan lexical, syntaxique et logique ; les élèves de cycle 3 doivent entrer également dans « des stratégies argumentatives : recours à des exemples, réfutation, récapitulation » et utiliser le lexique spécialisé. Les élèves peuvent préparer leurs interventions avec un aide-mémoire, et ceux du cycle 3 s'entrainer à trouver et trier des arguments à produire lors d'un débat.

4 – **Adopter une attitude critique par rapport au langage produit.** Les élèves doivent tenir compte des règles et repérer leur respect ou non, savoir s'autocorriger après écoute et reformuler ; ceux du cycle 3 peuvent comprendre le fonctionnement

1. *B.O.*, 26 novembre 2015, à partir de la p. 12 (cycle 2) ; à partir de la p. 99 (cycle 3).

2. *Ibid.*, p. 102.

de la langue orale en la comparant à l'écrit. Les maitres mettent les élèves en situation d'observation ou de co-évaluation dans des exposés, débats, échanges, dès le cycle 2.

● **Des modalités d'organisation**

Pour les deux cycles :
– Des séances **spécifiques** doivent être consacrées à un entrainement **explicite** des pratiques langagières (raconter, décrire, expliquer mais aussi argumenter pour le cycle 3) ; les programmes insistent sur la **régularité** et la **fréquence** des activités.
– L'oral est également travaillé dans des séquences relevant **d'autres domaines d'enseignement** et dans les moments de régulation de la classe.
– Une grande attention doit être portée à la **mémorisation** et au réemploi des mots et structures, surtout au cycle 3 : « la préparation de la lecture à haute voix ou de la récitation » favorise la compréhension et « la mémorisation des textes constitue un appui pour l'expression personnelle en fournissant aux élèves des formes linguistiques à utiliser[3] ».

● **Les repères de progressivité**

Le travail se fait en continuité tout au long des deux cycles mais une progressivité doit être respectée entre les deux cycles et à l'intérieur de chacun :
– Pour le cycle 2, les enseignants doivent penser à une évolution des variables : le guidage est plus fort en CP que dans les autres niveaux mais perdure pour tous ceux qui en ont besoin ; la taille des groupes pour les interactions s'élargit au fur et à mesure ; les sujets s'éloignent peu à peu de l'expérience directe des élèves ; les exigences pour les prises de parole s'intensifient.
– Pour le cycle 3, les maitres complexifient progressivement les éléments de la situation (familiarité du contexte, nature des interlocuteurs), les caractéristiques des supports de travail et des discours produits, et les modalités pédagogiques qui vont de l'étayage à l'autonomie.

3. *Ibid.*, p. 100.

CE QU'IL FAUT SAVOIR POUR ENSEIGNER

Il est très important de travailler l'oral car il n'est pas maitrisé par tous les élèves : certains en font un usage très limité alors que d'autres en connaissent déjà tout le pouvoir. Or cette maitrise a des répercussions sociales : elle change la relation avec autrui et entre dans la constitution de l'image de soi que l'on projette ; le discours oral indique de manière insidieuse et immédiate le niveau culturel des locuteurs. L'impact est aussi d'ordre scolaire car la maitrise de l'oral conditionne celle de l'écrit et influe sur les apprentissages. Certains élèves sont familiers du seul oral conversationnel alors que l'école exige plutôt l'oral scriptural[4] qui peut être celui d'un exposé, par exemple, pour lequel seront demandés des phrases complètes, proches de la syntaxe de l'écrit, ainsi qu'un vocabulaire précis et adapté.

4. Le sociologue Bernard Lahire a particulièrement travaillé sur l'échec scolaire ; pour lui, une de ses causes viendrait du rapport au langage établi par les élèves. Voir Bernard Lahire, *Culture et inégalités scolaires*, Presses universitaires de Lyon, 1993.

Pour favoriser la réussite scolaire de ces élèves parfois mal à l'aise dans le système éducatif et leur mobilité sociale, il convient de travailler la diversité des oraux pour les aider à acquérir la sécurité linguistique qui leur manque.

1 Des difficultés pour enseigner l'oral

Alors que les programmes préconisent un enseignement explicite de l'oral, les enseignants éprouvent des difficultés à le faire car la didactique de l'oral se heurte à plusieurs écueils :

— **une multiplicité d'oraux**. La variété en est considérable, depuis l'oral produit de manière diffuse au cours d'une séance jusqu'à celui qui est préparé, de l'oral polygéré (dans un échange à plusieurs) à l'oral monogéré dans une prise de parole personnelle longue, organisée et continue, en passant par l'oral réflexif et tous les discours possibles (raconter, expliquer, argumenter, etc.) auxquels on peut ajouter les arts de l'oral comme la récitation ou le théâtre ;

— **une mauvaise connaissance du fonctionnement du code oral** et une représentation un peu faussée car l'écrit est considéré comme le modèle linguistique, à l'aune duquel l'oral est évalué alors qu'il a ses spécificités. La perspective normative qui stigmatise l'oral en l'assimilant un peu vite au niveau familier ne peut pas être la seule retenue[5] ;

— **des problèmes d'ordre pédagogique et didactique**. Le langage étant transversal à toutes les disciplines et situations, l'oral devient un objet d'enseignement difficilement isolable. Mais dire qu'on travaille l'oral toute la journée revient à ne jamais le travailler de façon spécifique. Par ailleurs, le nombre important d'élèves, l'hétérogénéité des niveaux et des capacités, la diversité des situations orales constituent des problèmes ;

— **la question de l'évaluation**[6] : l'oral est difficile à observer, à analyser car il est labile ; il ne laisse pas de traces tangibles, c'est pourquoi le recours aux enregistrements audio et vidéo est conseillé par les nouveaux programmes pour le cycle 3 « pour permettre aux élèves un retour sur leur production ». Les critères d'évaluation risquent d'être flous et d'autant plus difficiles à appliquer que l'oral est marqué par les pratiques orales de référence, différentes suivant les cultures (parler fort, de très près...) et les milieux professionnels et que l'on peut s'interroger, de plus, sur les normes attendues.

Il y a de multiples façons de travailler l'oral : l'identification de l'objectif à poursuivre et la mise en œuvre requise ne sont pas simples. Pour simplifier, on peut répartir les différents objectifs à se fixer en termes d'enseignement en trois axes que l'on sépare pour la commodité de l'exposé mais qui sont le plus souvent complémentaires et offrent des zones de recouvrement. Ces trois modes d'intervention sont mentionnés dans les programmes de 2015 : outre les séances spécifiques, certaines consacrées à un entraînement explicite de narration, description, explication « gagnent à être incluses dans les séquences constitutives des divers enseignements et dans les moments de régulation de la vie de la classe »[7].

5. Voir la fiche 16 « Normes et variations », p. 65.

6. Voir le chapitre « Évaluer l'oral », in C. Garcia-Debanc, S. Plane (coord.), *Comment enseigner l'oral à l'école primaire ?* Hatier, 2004, p. 263-309.

7. *B.O.*, cycle 2, p. 13.

2 Enseigner l'oral pour lui-même

L'oral se présente comme un objet d'apprentissage, dans des séances qui lui sont spécifiquement dédiées, selon les nouveaux programmes.

L'enseignant essaie d'agir sur la qualité même de l'oral, dans tous ses aspects.

– **Aspects « locutoires », techniques** : savoir bien prononcer, bien articuler, jouer sur des paramètres comme l'audibilité, le débit, la fluidité, la prosodie, le souffle, le tout accompagné de gestes, de mimiques. Les élèves doivent, dès le cycle 2, savoir mobiliser toutes les ressources de la voix et du corps pour être entendus, écoutés et compris.

Ces compétences sont travaillées avec des exercices spécifiques (par exemple, les virelangues, petites phrases caractérisées par la difficulté à les prononcer) mais aussi les arts de l'oral : poésie, théâtre, conte et lecture en situation de mise en voix des textes dès le cycle 2…

– **Aspects linguistiques** : ces aspects portent sur la correction de la langue : qualité et précision lexicale, correction syntaxique, complexité des phrases, registre, qualité des formulations, ce qui renvoie souvent à la norme et aux reprises canoniques de la part des enseignants mais qui peut être utilement travaillé d'une autre manière.

Les **jeux de rôles** sont particulièrement profitables : un élève placé en position haute (on lui donne la place d'un enseignant, d'un docteur, d'un directeur…) surveille bien davantage son langage.

– **Aspects discursifs** : savoir décrire, expliquer, argumenter… ce qui suppose une définition claire des critères qui fondent chacun de ces discours[8].

On peut envisager, par exemple, une séquence sur la production du discours explicatif : mettre les élèves en situation d'expliquer un phénomène particulier, leur faire évaluer leur production pour déterminer quels ont été les obstacles, échanger sur les critères définissant un discours explicatif (cohérence et enchaînement des propos, connecteurs logiques, précision du vocabulaire, appui sur un écrit adapté : schéma, formalisation…), les amener à s'exercer à expliquer en répétant plusieurs fois l'explication à des groupes différents (la répétition favorisant considérablement l'appropriation des formes linguistiques), mettre l'accent sur la durée du temps de parole de ce discours dit « monogéré », etc.

– **Aspects génériques** : on peut aussi bâtir une séquence sur un genre particulier, identifié dans des pratiques de référence sociales ou scolaires.

Dans la lignée des travaux de B. Schneuwly et J. Dolz[9], il est possible de travailler un genre spécifique de l'oral comme l'exposé (genre scolaire) ou l'interview (genre social)[10], ce qui nécessite des conduites discursives adaptées à chacun : questionner pour une interview, argumenter pour une table ronde ou une négociation, décrire, relater et expliquer pour un compte rendu d'observation, décrire et raconter pour un témoignage…

L'étude d'un genre peut faire l'objet d'une séquence complète, bien délimitée. Comme l'objet est bien défini, l'élève peut avoir une bonne visibilité de ce qu'il travaille ; les contenus sont clairs puisqu'on peut en décrire les caractéristiques ; l'évaluation est alors plus facile puisqu'elle porte sur ce qui a été enseigné.

– **Aspects communicationnels**, interactionnels : savoir intervenir dans un groupe, réagir, participer, prendre l'initiative d'une discussion ou y tenir sa place ou en changer aisément, respecter les règles…

---

8. Voir la fiche 14 « Langue, langage, discours et pratiques langagières », p. 60.

9. J. Dolz, B. Schneuwly, *Pour un enseignement de l'oral : initiation aux genres formels de l'oral*, ESF éditeur, 2009.

10. Voir le sujet proposé dans la partie Au concours, p. 219.

Ces aspects peuvent être travaillés à l'occasion de projets, séances ou séquences intégrant des dispositifs oraux, notamment les débats qu'ils soient d'ordre scientifique, linguistique, littéraire ou philosophique.

3 L'oral, vecteur des apprentissages

L'oral a une autre dimension dans la classe, celle de vecteur des apprentissages, quel que soit le domaine. D'après les programmes de 2015, « la langue est un moyen pour donner plus de sens aux apprentissages, puisqu'elle construit du lien entre les différents enseignements et permet d'intégrer dans le langage des expériences vécues[11] » car « les activités langagières sont constitutives de toutes les séances d'apprentissage et de tous les moments de vie collective qui permettent, par leur répétition, un véritable entrainement si l'attention des élèves est mobilisée sur le versant langagier ou linguistique de la séance. Les activités d'oral, de lecture, d'écriture sont intégrées dans l'ensemble des enseignements quotidiennement[12] ».

Cet oral permet d'échanger, d'apprendre, de comprendre et de montrer ce que l'on a compris ou appris. Ce n'est plus tout à fait l'oral à apprendre, mais « l'oral pour apprendre[1] » ou « l'oral réflexif[2] ». « Le langage oral trouve à se développer dans les dialogues didactiques, dans les débats de savoirs ou d'interprétation (à propos de textes ou d'images), dans les comptes rendus, dans les discussions à visée philosophique (lien avec l'enseignement moral et civique). »

Cela suppose que l'on privilégie certaines démarches d'apprentissage centrées sur les débats et les échanges d'idées mais aussi sur les situations-problèmes, le raisonnement expérimental, la métacognition.

Dans ces conditions, dans toutes les disciplines (français, mathématiques, sciences, technologie...), l'oral joue un rôle central puisqu'il est support des verbalisations et des échanges : le sens échangé n'a pas un contenu stable, déterminé à l'avance et transmis par un interlocuteur à un autre interlocuteur, à travers un code transparent, mais une activité d'ajustement réciproque, de négociation, de co-pilotage et de co-construction des savoirs. C'est *dans* et *par* le langage que ces derniers se construisent.

Toutes sortes de situations ressortissent à cet axe, notamment les situations-problèmes générées par les disciplines : technologie (repérer le fonctionnement d'un objet), sciences (à quelle température fond un glaçon ?), langue (tris de mots en grammaire pour préciser la notion de classe grammaticale ou en lexique pour organiser des réseaux entre les mots, ateliers de négociation orthographique qui obligent à verbaliser, confronter et parfois modifier des procédures[13]), etc.

Les programmes de 2015 demandent aux élèves de cycle 3 d'affirmer leur oral par des « écrits de travail (brouillons oraux ou écrits, notes, fiches, cartes heuristiques, plans, croquis, tableaux) pour préparer des prises de parole élaborées[14] » devant leurs camarades, lors d'un exposé, par exemple mais aussi pour établir et suivre un raisonnement logique.

---

1. Voir « Enseigner l'oral », C. Garcia-Debanc et I. Delcambre (coord.), *Repères*, n° 24-25, 2001-2002 et *Comment enseigner l'oral à l'école primaire ?* C. Garcia-Debanc, S. Plane (coord.), Hatier, 2004.
2. D. Bucheton, J.-C. Chabanne, *Parler et écrire pour penser, apprendre et se construire. L'écrit et l'oral réflexifs*, PUF, 2002.

11. *B.O.*, cycle 2, p. 5.

12. *Ibid.*, p. 28.

13. *Cf.* le sujet sur l'orthographe, p. 235.

14. *B.O.* cycle 3, p. 102.

4 La fonction socialisante de l'oral

Le troisième axe est déjà partiellement inclus dans les deux précédents mais peut être travaillé de façon spécifique. La vie dans une classe, les projets, les séquences, le travail de groupe... activent la **fonction socialisante** de l'oral. Les élèves ne doivent pas être « bouche cousue » et l'on vise la multiplicité des prises de parole pertinentes.

Certaines conceptions pédagogiques sont encore davantage tournées vers la socialisation *via* l'oral ; elles créent, dans la microsociété qu'est la classe, des instances de discussion formalisées comme le « conseil de classe » dans lequel les élèves prennent le rôle de président de séance, secrétaire, plaignant, défenseur... C'est un oral en rapport direct avec la citoyenneté qui tend à réguler et résoudre les conflits par la parole et pas par les actes plus ou moins violents. Là aussi, il faut savoir exposer un problème, le défendre, prendre la parole et respecter celle de l'autre, tenir compte des cadres de la communication, etc.

On voit donc des interpénétrations entre les trois axes dans beaucoup de situations orales ; que celles-ci soient d'ordre cognitif et/ou socialisant, l'élève doit parler de manière intelligible (aspect technique), avec une langue correcte (aspect linguistique), en maitrisant les règles d'un discours particulier (aspect discursif), tout en respectant les règles des interactions (aspect communicationnel et langagier).

Chacun des aspects que nous venons de citer peut être évalué. Mais l'évaluation, dans certaines situations, pourra porter sur plusieurs d'entre eux : lors de la récitation, les aspects techniques seront essentiellement travaillés mais dans la restitution de récit, on évaluera non seulement les éléments techniques mais aussi la maitrise du discours narratif (qui renvoie, d'ailleurs, à la compréhension du récit). Il faut donc choisir entre les critères d'ordre technique, linguistique, communicationnel, discursif ceux qui sont en rapport direct avec la situation d'apprentissage mise en œuvre. Mais la grille doit réfléchie en amont pour que le maitre puisse étayer de manière efficace et programmer un enseignement susceptible de faire progresser les élèves.

RESSOURCES À CONSULTER

- **Bibliographie**

— Dedet J.-M., *50 activités de l'oral : du cycle 1 au cycle 3,* CRDP de Midi-Pyrénées, 2003.

— Dossier sur « la poésie à l'école », édité en 2004 et remis à jour en 2010, consultable sur le site : http://media.eduscol.education.fr/file/ecole/86/1/dossier-poesie_113861.pdf.

— Garcia-Debanc C., Plane S. (coord.), *Comment enseigner l'oral à l'école primaire ?* Hatier, 2004.

— Schneeberger P., Vérin A. (dir.), *Développer des pratiques d'oral et d'écrit en sciences. Quels enjeux pour les apprentissages à l'école ?* INRP, 2009.

AU CONCOURS

Une séquence sur l'exposé oral en classe est proposée à des élèves de CM1-CM2. À partir des documents A et B, vous répondrez, dans une analyse critique, aux questions suivantes :

❶ Quelles sont les principales compétences travaillées dans la séquence pédagogique (document A) ? *(2 points)*

Corrigé p. 222

❷ Commentez les activités proposées dans cette séquence : organisation, contenu, durée (document A). *(5 points)*

Corrigé p. 223

❸ Quels sont les intérêts et les limites de cette séquence ? *(2 points)*

Corrigé p. 224

❹ Analysez les deux extraits d'exposés oraux transcrits (document B) au regard des activités pratiquées dans la séquence. *(4 points)*

Corrigé p. 225

DOCUMENTS

- **Document A :** « Séquence didactique : l'exposé oral à l'école primaire », J. Dolz et B. Schneuwly, *Pour un enseignement de l'oral. Initiation aux genres formels à l'école*, ESF éditeur, 2009, p. 151-152

Ateliers	Buts	Activités	Matériel	Durée
Mise en situation	- Éveiller la curiosité pour le thème choisi / motiver les élèves - Élaborer des interrogations par rapport à ce thème	1. Présentation d'un document déclencheur 2. Discussion conduisant à la formulation de questions 3. Choix de (sous-) thèmes à travailler	Document vidéo, audio (éventuellement écrit)	1/2 h
Préparation d'exposés	- Préparer un premier exposé - Effectuer une première part du travail sur les contenus	Travail en groupe : préparation de l'exposé (chaque groupe reçoit une documentation appropriée sur le thème choisi)	Documentation (écrite, audio et audiovisuelle) sur le(s) thème(s) sélectionné(s)	3 h
Production initiale Premières présentations d'exposé	- Observer les capacités des élèves et leurs lacunes afin de définir les aspects du genre qui devront faire l'objet de l'enseignement / apprentissage - Faire émerger, à travers l'évaluation collective, les représentations des élèves relatives à l'exposé	1. Présentation d'exposé par un (des) délégué(s) de chaque groupe 2. Évaluation par la classe 3. Synthèse des observations (acquis et difficultés des élèves dans l'élaboration et la présentation) 4. Établissement d'un canevas d'exposé (définissant les conditions cadres de l'exposé à préparer : thème, objectifs, situation de communication, etc.) 5. Définition de la suite du travail	Canevas d'exposé (élaboré durant le module, cf. 4)	90 min
Atelier 1 Utiliser les sources d'information	- Savoir chercher de la documentation - Savoir sélectionner des informations dans des documents de divers types	1. Discussion (guidée) à propos des sources à disposition, des lieux où chercher des informations 2. Établissement d'une grille pour la sélection des informations dans un document 3. Prise de notes sélective à partir d'un document 4. Mise en commun	- Document à analyser - Grille d'analyse (élaborée en cours d'activité, cf. 2)	90 min

Ateliers	Buts	Activités	Matériel	Durée
Atelier 2 Écouter et analyser un exposé	- Savoir écouter un exposé et en retirer des informations sur le thème - Saisir les caractéristiques globales du genre (situation de communication, buts. structure) - Repérer et analyser les mécanismes langagiers de l'exposant	1. Préparation de l'écoute d'un exposé par l'élaboration d'une feuille d'écoute 2. Écoute guidée par la feuille d'écoute 3. Discussion/évaluation 4. Analyse de quelques caractéristiques de l'exposé et de quelques mécanismes langagiers (en groupe)	- Feuille d'écoute (élaborée en cours d'activité, cf. 1) - Document audio ou audiovisuel présentant un exposé d'expert - Questionnnaire basé sur des extraits retranscrits	90 min
Atelier 3 « Expliquer »	- Maitriser des mécanismes verbaux - Savoir utiliser des supports auxiliaires	1. Écoute et analyse d'un document audio 2. Observation du schéma verbal de l'explication et établissement de constats 3. Écoute et analyse du même document sous forme audiovisuelle : observation du recours à des supports 4. Production d'explication avec support	- Document audiovisuel comportant une séquence explicative illustrée - Feuille de constat - Supports diversifiés d'explication en liaison avec un aspect de la thématique	90 min
Atelier 4 Structurer un exposé	- Reconnaitre et utiliser des formules appropriées pour structurer un exposé - Distinguer les principales parties d'un exposé - Produire une ouverture	1. Reconstitution de la structure d'un exposé à partir des marques de structuration utilisées 2. Recherche, par paraphrasage, d'autres formules utilisables pour structurer un exposé 3. Production d'une ouverture d'exposé, analyse et discussion de ces productions 4. Confrontation à des productions d'experts	- Fiches contenant des expressions de structuration - Feuille de travail avec expressions à paraphraser - Enregistrements d'ouvertures faites par des experts - Feuille d'écoute	90 min
Atelier 5 L'exposé : une parole	- Prendre conscience des caractéristiques d'une présentation orale - Analyser et discuter différentes formes de notes utilisées comme support d'exposé - Savoir préparer des notes pour une présentation	1. Visionnement d'un exposé lu 2. Discussion 3. Analyse comparée de différentes formes de notes utilisées par des experts 4. Mise en commun 5. Préparation de notes et autres supports (en groupe) 6. Exercice de présentation devant le groupe	- Document audiovisuel présentant un exposé lu - Documents présentant des notes rédigées par des experts en vue d'un exposé	90 min
Atelier 6 Récapitulation et élaboration d'une liste de contrôle	- Récapituler les principaux aspects de l'exposé qui ont été travaillés - Savoir reconnaitre dans des extraits les mécanismes et principes travaillés - Se préparer à mettre en oeuvre ces mécanismes et principes	1. Récapitulation de ce qui a été fait au cours de la séquence 2. Reprise des principaux mécanismes et principes à travers l'écoute d'extraits sélectionnés de l'exposé d'expert 3. Établissement d'une liste de contrôle	Document audiovisuel contenant des extraits de l'exposé d'expert	90 min

Ateliers	Buts	Activités	Matériel	Durée
Production finale 2ᵉ présentation d'exposés Clôture de l'activité	- Produire un exposé sur le thème traité - Discuter / évaluer les exposés présentés - Évaluer les apprentissages effectués au cours de la séquence	1. Préparation (en groupe) des présentations 2. Présentations d'un/des délégué(s) de chaque groupe 3. Discussion / évaluation des productions 4. Bilan et évaluation des progrès réalisés	Magnétoscope ou enregistreur pour enregistrement des exposés d'élèves	2 h
Prolongements	- Reprendre ultérieurement les aspects travaillés lors de la séquence - Approfondir le thème traité et/ ou l'exploiter sous d'autres formes - Évaluer de nouvelles productions - Etc.	- Préparation individuelle de nouveaux exposés - Présentation des exposés à d'autres publics que la classe		

• **Document B** : deux extraits d'exposés produits par des élèves de CM1, en fin de séquence, J. Dolz et B. Schneuwly, *Pour un enseignement de l'oral. Initiation aux genres formels à l'école*, ESF, 2009, p. 157

Exemple d'exposé sur la taupe (élève de 9 ans)

la taupe mesure 14 centimètres – comme vous le voyez ici (l'élève montre l'image d'une taupe à ses camarades) – la femelle est plus petite que le mâle – son poids est de 70 à 80 grammes – c'est-à-dire comme moins qu'une plaque de chocolat – son pelage est court droit et serré – velouté – velouté veut dire doux – ces poils sont – euh les poils d'un chien sont plantés d'un sens – et quand vous les caresssez dans ce sens – ils aiment bien – mais si – ils aiment bien – mais si vous les caressez dans l'autre sens à rebrousse-poils – ils n'aiment pas – eh bien la taupe elle a les poils tout droits – alors si vous la caressez dans un sens ou dans l'autre – cela ne la gêne pas – ...

Exemple d'exposé sur la buse (élève de 9 ans)

« je vais vous faire la description de la buse – la buse est un oiseau rapace diurne – rapace signifie chasseur – diurne signifie qui attrape des proies le jour – les buses n'ont pas le même plumage – c'est pour cela qu'on l'appelle buse variable – ça change selon les pays et chaque individu est différent – c'est-à-dire chaque buse est différente – la taille du mâle est de 50 centimètres – comme vous le voyez ici (l'élève montre l'image d'une buse) – ...

CORRIGÉ — ANALYSE CRITIQUE

Aide méthodologique

La difficulté de ce sujet, qui porte sur l'apprentissage d'un exposé oral dans un cycle 3, vient de la densité des documents. La lecture de l'ensemble peut s'avérer longue. La brièveté du document B ne peut pas compenser l'ampleur du premier document qui offre une programmation détaillée et complète s'étalant sur plusieurs pages.

Cependant, la lecture est grandement facilitée par la structure tabulaire qui offre des repérages clairs du contenu de chaque colonne. Le titre oriente nettement la lecture et il faut **sélectionner les colonnes permettant de répondre à chaque question** : la **question 1** renvoie aux deux premières colonnes, « Ateliers » et « Buts » ; la **question 2** à la colonne « Activités » et à la colonne « Durée » ; la **question 3** à un seul élément de la colonne « Matériel ». Enfin, la **question 4** demande d'analyser les deux extraits d'exposés oraux transcrits qui sont donnés dans le document B. Le ou la candidat(e) peut ainsi chercher l'information au bon endroit et les réponses à donner sont bien séparées les unes des autres, ce qui évite les risques de chevauchements, assez fréquents dans les sujets.

❶ **Quelles sont les principales compétences travaillées dans la séquence pédagogique (document A) ?**

Énoncé p. 219

Aide méthodologique

La question 1 présente deux difficultés :

– il ne faut pas confondre la notion d'**objectifs** avec celle de **compétences**. Or, la colonne 2, intitulée « Buts », propose parfois des objectifs d'enseignement (par exemple, « Éveiller la curiosité pour le thème ») mais aussi, dans les ateliers numérotés de 1 à 6, des compétences, en termes d'apprentissage (« Savoir chercher de la documentation », par exemple). La question demande de lister les compétences ;

– il faut comprendre l'articulation entre les deux premières colonnes, la deuxième précisant la première : par exemple, pour l'atelier 1, le libellé général de la colonne 1 « Utiliser les sources d'information » se trouve précisé dans la colonne 2 : « Savoir chercher de la documentation ; savoir sélectionner des informations dans des documents divers ». Il faut éviter de se perdre dans les détails de la deuxième colonne car cette option occasionnerait une grande perte de temps.

En fait, les réponses sont données **explicitement** dans le document mais il faut choisir, avec bon sens, la **stratégie** la plus économique.

Cette longue séquence pédagogique vise la construction de nombreuses compétences qui sont très clairement énoncées dans les deux premières colonnes, la première déclinant une compétence générale de l'atelier, détaillée dans la seconde intitulée « Buts ».

Les compétences visées sont complémentaires mais certaines sont travaillées spécifiquement dans certains ateliers :

– savoir utiliser les sources d'information, choisir des ouvrages et sélectionner des informations (atelier 1) ;

– savoir écouter et analyser un exposé, son contenu, ses caractéristiques (ateliers 2 et 5) ;

– comprendre comment fonctionne le discours explicatif, ses mécanismes verbaux (ateliers 2 et 3) ;

– savoir utiliser des supports écrits, notamment la prise de notes (ateliers 3 et 5) ;

– savoir récapituler toutes les informations recueillies et se projeter dans l'exposé à faire (atelier 6) ;

– savoir structurer un exposé, son ouverture et le plan du développement (atelier 4) ;

– savoir produire un exposé et s'auto-évaluer (avant-dernier atelier) ;

– savoir évaluer les exposés des autres (deux derniers ateliers).

❷ **Commentez les activités proposées dans cette séquence pédagogique : organisation, contenu, durée (document A).**

Énoncé p. 219

> **Aide méthodologique**
> La **question 2** oblige à entrer dans le détail de la séquence pour en saisir toute la logique mais la réponse à cette question est préparée par la précédente.

On peut discerner, globalement, trois parties distinctes et très bien articulées.

A. Trois « ateliers » préliminaires

Ils se déroulent sur 5 heures avec :

– une mise en situation. Une courte séance pour lancer la séquence et susciter l'intérêt des élèves, à partir d'un document qui va devenir le support des premiers exposés ;

– une première mise en activité (ateliers « Préparation d'exposés » et « Production initiale »). Les élèves (par petits groupes) préparent puis font une première série d'exposés, avec évaluation de l'ensemble de la classe.

Cette partie, très importante, permet de :

– faire émerger les représentations qu'ont les élèves sur l'exposé ; l'enseignant pourra ainsi en fin de séquence en apprécier l'évolution ;

– repérer les premiers dysfonctionnements ; la séquence qui suivra est censée en résoudre quelques-uns ;

– définir, à partir de ces constats, le projet à mener (apprendre à faire un exposé oral) et donner les premiers éléments de cadrage.

Cette « production initiale » est également une sorte d'évaluation diagnostique qui trouve son symétrique dans la « production finale ».

B. La mise en œuvre de l'enseignement/apprentissage de l'exposé proprement dite

Elle occupe à elle toute seule 8 heures 15 minutes.

Les concepteurs de ce document partent du principe que l'exposé est un « objet enseignable ». Ils mettent d'abord à profit le fait que l'exposé est un genre scolaire mais aussi social : les ateliers peuvent donc s'appuyer sur de multiples exemples d'experts (exposés et conférences) qui servent de référents, tout au long des ateliers 1 à 6. Grâce à des grilles et des supports fournis, les élèves peuvent repérer, observer et analyser certaines caractéristiques de l'exposé.

Les concepteurs ont analysé les différentes composantes de l'exposé pour proposer un ensemble d'activités permettant de les travailler, de manière spécifique.

– L'exposé est un discours contraint qui s'articule sur des documents : il faut donc apprendre aux élèves à les chercher, à déterminer les informations utiles et à les sélectionner (prise de notes « sélective ») pour nourrir leur présentation (atelier 1).

– C'est un discours qui se déroule dans une situation de communication particulière (une personne qui détient le savoir face à un public) avec des enjeux particuliers (atelier 2).

– Il s'agit d'un discours ici essentiellement explicatif dont il faut comprendre les mécanismes ; dans l'atelier 3, les élèves doivent analyser ces derniers (sans doute l'organisation, les connecteurs, les exemples) et s'exercer à produire des explications.

– L'exposé oral s'appuie sur des supports écrits : les notes prises lors des recherches, les supports auxiliaires utilisés pendant l'intervention (images, schémas ; atelier 3) et les éléments aide-mémoire qui soutiennent l'intervention (atelier 5).

– L'exposé est un discours structuré en phases successives : l'ouverture qui permet la prise de contact et légitime la prise de parole ; un développement structuré et une conclusion. Les élèves observent les pratiques de référence et s'exercent aux paraphrases et reformulations (atelier 4).

– L'exposé oral peut prendre plusieurs formes : soit un discours préparé mais improvisé à partir de notes, soit un exposé lu (forme travaillée dans l'atelier 5).

Le dernier atelier de cette phase (atelier 6) se situe dans une perspective méthodologique. Il s'agit de récapituler les différents aspects travaillés pour en donner une bonne lisibilité ainsi qu'une première appropriation par les élèves et permettre aussi de vérifier que les exposés en préparation respectent bien tous les éléments déclinés.

C. La production des exposés en 2 heures, la finalité de cette longue séquence

Les exposés sont préparés en groupes, menés par un délégué pour chaque groupe, discutés et évalués. On peut supposer que sont évalués les différents points travaillés en amont, ce qui apparait implicitement dans le retour sur « les apprentissages effectués au cours de la séquence ». En bref, qu'ont-ils appris, compris ? Ont-ils mis en œuvre efficacement ces apprentissages ?

Pour profiter de ce gros investissement en travail et en heures, les prolongements indiquent que l'exposé continue à être travaillé tout au long de l'année.

❸ Quels sont les intérêts et les limites de cette séquence ?.

Énoncé p. 219

La séquence est intéressante car elle porte sur un genre très pratiqué à l'école mais peu ou pas du tout enseigné. Or savoir faire un exposé est une compétence utile dans toute la scolarité primaire et secondaire. Elle permet, en outre, d'exercer les élèves à tenir un discours monogéré, c'est-à-dire long, cohérent, clos sur lui-même et non interrompu.

La séquence est très structurée et très complète car elle traite de multiples aspects. Certains sont moins importants que d'autres ; ainsi l'atelier sur l'exposé lu ne s'imposait pas forcément car l'exposé est un moyen de mettre les élèves dans une situation de vrai oral, maitrisée par une grande préparation et l'appui sur des supports. D'autres éléments portant, par exemple, sur la performance de communication, dans ses aspects techniques – élocution, rythme, audibilité... – et pragmatiques – prise en compte notamment des réactions du public pour moduler le propos –, auraient pu être traités à la place.

Son évaluation est relativement facile car on peut vérifier l'acquisition des différents points travaillés.

Elle est très longue et c'est sans doute le point faible : une quinzaine d'heures en tout, ce qui suppose une très grande concentration des activités pendant une importante période et une insertion peut-être difficile dans l'emploi du temps d'une classe car elle apparait comme une séquence autonome.

❹ **Analysez les deux extraits d'exposés oraux transcrits (document B) au regard des activités pratiquées dans la séquence.**

> **Aide méthodologique**
>
> La **question 4** consiste en une analyse de corpus, exercice généralement bien connu. Mais on remarque trois éléments :
> – la transcription de ces exposés ne suit pas les règles habituelles, quoique l'on comprenne aisément les usages des signes choisis ; les tirets indiquent des pauses dans le flux sonore ; dans les parenthèses sont données des indications sur les gestes produits par les élèves ; les trois points à la fin de chaque exemple montrent que ce ne sont que des extraits ;
> – ces extraits sont supposés représentatifs de l'ensemble de chaque exposé ; il faut analyser, à partir d'eux, si les compétences visées dans la séquence ont été atteintes ;
> – la similitude entre les deux exposés invite à une analyse conjointe des deux et non pas à deux analyses successives.

Les deux corpus sont constitués d'extraits d'exposés d'élèves de CM1. Ils témoignent de la maitrise de certains aspects, travaillés spécifiquement dans la séquence :

– la structuration du discours avec l'annonce de ce qui va suivre : « Je vais vous faire la description de la buse » (2). On ne peut pas savoir s'il s'agit de « l'ouverture » générale de l'exposé ou seulement d'une annonce d'une sous-partie mais cette phrase témoigne de la volonté de l'élève de baliser le discours clairement et d'orienter l'attention et l'écoute des auditeurs ;

– la précision des contenus : taille et poids de la taupe (1) ; taille de la buse (2) et la précision lexicale, comme en témoigne l'accumulation de quatre adjectifs pour qualifier le pelage de la taupe (« son pelage est court droit et serré – velouté ») ;

– l'appui sur des supports dans les deux exposés : des images, avec des gestes de monstration précisés par les commentaires dans la transcription du corpus ;

– une intense activité métalinguistique qui se manifeste dans les conduites de définition des mots supposés inconnus du public : « velouté veut dire doux » (1), « rapace signifie chasseur – diurne signifie qui attrape ses proies le jour » (2). Elle se traduit aussi par l'emploi de *c'est-à-dire* (dans le 2 : « chaque individu est différent – c'est-à-dire chaque buse est différente »), qui explicite et clarifie le terme *individu*. De même, dans la phrase « les buses n'ont pas le même plumage – c'est pour cela qu'on l'appelle buse variable ». Parfois, un terme est donné sous une forme ordinaire, le mot plus savant n'intervenant qu'à la fin : « si vous les caressez dans l'autre sens à rebrousse-poils » ; ces reformulations et paraphrases montrent le désir d'employer le vocabulaire savant, tout en l'explicitant pour le mettre à la portée des camarades ;

– la volonté de concrétiser simplement certaines données (« son poids est de 70 à 80 grammes – c'est-à-dire comme moins qu'une plaque de chocolat », 1) pour favoriser l'appropriation de l'information ;

– les conduites d'exemplification et de comparaison : pour mieux expliquer les propriétés du pelage de la taupe, l'élève 1 le compare à celui du chien ;

– la dimension communicative qui apparait dans les déictiques (*je/vous*, *ici*...) et des signes d'adresse au public (« comme vous le voyez ici » dans le 1).

Ces exposés n'ont pas été lus mais produits dans une situation d'oral laissant toute sa place à l'improvisation, ce qui est perceptible dans les traits d'oralité : les hésitations (dans l'exposé 2, « euh »), les abandons et reprises de construction (« mais si – ils aiment bien – mais si vous les caressez »), quelques annonces du sujet (« la taupe elle a des poils »), etc. mais la langue est globalement très correcte syntaxiquement et lexicalement.

Les exposés, à travers ces deux petits extraits, témoignent d'une bonne appropriation de ce genre scolaire et d'une certaine maitrise du discours explicatif.

CHAPITRE 9
L'orthographe à l'école élémentaire

CE QU'EN DISENT LES PROGRAMMES

Dans les programmes de 2015, l'orthographe fait partie du domaine « étude de la langue[1] » avec la grammaire et le lexique. Les principes énoncés le sont souvent pour les trois sous-domaines : approche fondée sur l'observation et la manipulation, activités spécifiques permettant d'en comprendre le fonctionnement, mise en relation avec la lecture et l'écriture, notamment.

Les programmes annoncent clairement que l'enseignement de l'orthographe a pour références les rectifications orthographiques publiées au *Journal officiel* de la République française, le 6 décembre 1990. Il conviendra donc de s'y reporter et de s'y conformer[2]. Les programmes les respectent eux-mêmes : *maitre* écrit sans accent, par exemple.

● **Maitriser les relations entre l'oral et l'écrit**

Cet apprentissage commence au cycle 2, en lien avec la lecture ; les élèves établissent peu à peu les correspondances entre phonèmes et graphèmes, discernent la valeur sonore de certaines lettres (*s, c, g*) ou la modification de certains graphèmes suivant l'environnement (*an/am, en/em, on/om, in/im*). Au cycle 3, les élèves consolident ces acquis et doivent connaitre « l'ensemble des phonèmes du français et des graphèmes associés » et maitriser aussi les variations des marques morphologiques à l'oral comme à l'écrit (noms, déterminants, adjectifs, pronoms, verbes).

Les mots les plus fréquents sont privilégiés[3].

● **Principes didactiques**

Après le cycle 2 qui a construit « une **première structuration** des connaissances sur la langue, le cycle 3 marque une entrée **dans une étude de la langue explicite, réflexive**, qui est mise au service des activités de compréhension de textes et d'écriture[4] ».

Pour les deux cycles[5], l'accent est mis sur :
– **les régularités** du système de la langue aussi bien pour l'orthographe lexicale que grammaticale ; elles peuvent apparaitre lors d'activités de classements permettant d'arriver parfois à l'élaboration de règles, dès le cycle 2 ;
– les activités **d'observation** et de « **réflexion** organisée » sur le fonctionnement de la langue. Il faut que les élèves « raisonne[nt] pour résoudre des problèmes orthographiques » dans le cadre de « débats entre élèves sur leurs "trouvailles", de justifications qu'ils donnent à leurs propositions » (cycle 2). De même en cycle 3, toutes les activités de langue sollicitent la comparaison, la manipulation et les justifications, particulièrement pour « clarifier le rôle des graphèmes dans l'orthographe lexicale et l'orthographe grammaticale » et pour « prendre conscience des phénomènes d'homophonie et les comprendre »[6] ;

---

1. Pour une présentation plus précise sur l'étude de la langue, se reporter à la rubrique « Ce que disent les programmes » du chapitre 10 « La grammaire ».

2. http://www.academie-francaise.fr/sites/academie-francaise.fr/files/rectifications_1990.pdf

3. http://eduscol.education.fr/cid50486/liste-de-frequence-lexicale.html

4 *B.O.*, 26 novembre 2015, p. 115.

5. *Ibid.*, à partir de la p. 23 pour le cycle 2 ; à partir de la p. 115, pour le cycle 3.

6. *Ibid.*, cycle 3, p. 116.

DOMAINES DE L'ENSEIGNEMENT DU FRANÇAIS

– la **mémorisation**. Une des compétences pour le cycle 2 est de « mémoriser et se remémorer l'orthographe de mots fréquents et de mots irréguliers dont le sens est connu » car les acquis ont besoin d'être stabilisés dans le temps : il faut des exercices, des entrainements permettant ce « rebrassage », des dictées (courtes pour le cycle 2), des activités ritualisées, selon des modalités récurrentes pour « intégrer les règles et leurs procédures d'application, en faisant exercer les raisonnements adaptés sur des phrases progressivement plus complexes[7] ».

7. *Ibid.*, cycle 2, p. 25.

CE QU'IL FAUT SAVOIR POUR ENSEIGNER

Ce chapitre, centré sur la didactique de l'orthographe, suppose connu le système graphique français sur lequel il ne reviendra pas[8].

Scolairement, l'orthographe est très valorisée car elle est considérée comme un signe fort du niveau d'un élève ; l'énergie déployée par les maitres pour l'enseigner et par les élèves pour l'apprendre est considérable. En tant que partie constitutive de la maitrise de l'écrit, ses enjeux sociaux restent très importants.

8. Voir le tome 1, *Préparation au CRPE*, Hatier, 2016.

1 Une acquisition, lente et difficile

La compétence orthographique n'est qu'en cours d'acquisition à l'école élémentaire ; elle continue à être travaillée dans le second degré et on peut dire qu'elle est rarement acquise complètement, même par l'adulte. Les difficultés sont essentiellement liées à trois points.

1.1 Le degré de conceptualisation[9]

Des modèles développementaux – dont celui d'Uta Frith (1985) – envisagent plusieurs stades successifs :

– la **phase logographique**, pendant laquelle l'élève ne considère que les aspects extérieurs des termes ; il reconnait globalement un mot, d'après la position saillante d'une lettre ou sa silhouette, comme il le fait avec le logo d'une marque, sans aucun recours à la phonologie ni à l'ordre des lettres : *ppaa* peut être lu *papa* ;

– la **phase alphabétique**, marquée par la mise en place des règles concernant les correspondances graphophonologiques ayant fait l'objet d'un apprentissage explicite – généralement au CP. L'élève peut ainsi assembler, combiner des lettres et des syllabes, ce qui lui permet de déchiffrer en lecture et d'écrire des mots inconnus et réguliers comme *salade* ou *nature* ;

– la **phase proprement orthographique** ; le recours à la médiation phonologique n'est plus exclusive : l'élève stocke directement en mémoire des mots, avec leur forme orthographique spécifique (*femme*, *pomme*, *ils ont*, *jamais*...), sans passer par le décodage ; il met en place des automatismes, au fur et à mesure des rencontres avec les mots en lecture et écriture. Toutes les questions relatives à la constitution de ce lexique mental orthographique, à sa taille, à son organisation en mémoire et à son accès ne sont pas encore résolues par les chercheurs[10]. L'évolution est en tout cas

9. Voir la fiche 12 « Conscientisation et conceptualisation », p. 54.

10. Pour plus de renseignements, voir M. Fayol, *L'acquisition de l'écrit*, « Que sais-je ? » 2013, p. 59-68.

progressive jusqu'au CM2, les catégories d'erreurs changeant, qualitativement, entre le CE1 et le CM1, avec une prise en compte progressive de l'orthographe grammaticale.

1.2 La complexité de la langue

L'orthographe française est dite « opaque » au niveau phonographique (au contraire de l'orthographe espagnole ou finnoise, par exemple, plus « transparente »).

Dans le domaine phonographique qui renvoie aux graphèmes transcrivant les phonèmes, il n'y a pas une stricte correspondance entre les uns et les autres. Un son peut s'écrire de plusieurs façons : [s] peut s'écrire *s* (*sac*), *ss* (*assez*), *t* (*opération*), *sc* (*scène*), *x* (*six*)... et la lettre *s* peut renvoyer aux phonèmes [s] (*sac*) ou [z] (*vase*) ou être muette (*bras*).

L'orthographe n'est pas exclusivement phonographique puisque les morphogrammes apportent d'autres informations d'ordre grammatical ou lexical mais ils sont muets (sauf en cas de liaison). Autrement dit, on n'écrit pas seulement ce que l'on entend : dans *Les choristes rassemblés chantaient,* les éléments soulignés ne sont pas prononcés et témoignent de la distorsion entre les marques orales et écrites concernant le pluriel : une seule marque orale ([le]) *versus* quatre marques écrites.

Les mots sont variables et co-varient suivant le système de relations dans lequel ils sont placés : *la chèvre blanche*, *les chèvres blanches*, *les animaux blancs*.

La langue française possède de nombreux homophones grammaticaux (*a/à* ; *et/est* ; *son/sont*...) et lexicaux (*tente/tante* ; *date/datte*...).

1.3 La complexité de son apprentissage[11] et de sa mise en œuvre

L'orthographe ne s'exerce pas seulement dans des activités entièrement dédiées à sa maitrise (dictées, exercices...), mais aussi dans des situations complexes, notamment la production d'écrit qui mobilise toutes sortes d'autres compétences. L'élève, accaparé par d'autres tâches (la recherche d'idées, leur mise en cohérence, etc.) n'est plus à même de gérer l'aspect orthographique qui demande un cout attentionnel trop élevé, la surcharge l'empêchant de récupérer en mémoire des formes pourtant connues. Le transfert des savoirs orthographiques à des situations d'écrit plus complexes dépend, notamment, du niveau d'automaticité rarement atteint par des élèves de primaire.

11. Surtout en termes de mémorisation pour l'orthographe lexicale.

2 Des principes généraux pour structurer l'enseignement

Dans le domaine orthographique, les élèves ne peuvent pas progresser sans l'aide des enseignants : l'orthographe n'est pas acquise de manière intuitive. Sa maitrise exige un enseignement explicite, structuré, programmé et progressif. On peut énoncer quelques **principes** généraux pour assurer son efficacité.

2.1 Insister sur les cohérences et les régularités de la langue

Ce principe, énoncé clairement par les programmes de 2015, permet d'organiser solidement le savoir orthographique. L'orthographe peut être présentée pour ce qu'elle est, c'est-à-dire un ensemble structuré (voir Nina Catach), y compris pour l'orthographe lexicale dont on sait qu'elle exige un gros travail de mémorisation des formes, avec une exposition fréquente au même mot et des procédures de stockage et de réactivation en mémoire. Ce travail peut être essentiellement allégé par une étude des familles de mots[12] qui permet d'inscrire un terme dans une logique orthographique (par exemple, tous les mots de la famille de *terre* prennent deux *r* : *territoire*, *souterrain*, *terroir*, etc.).

12. Voir Tome 1, Fiche 53.

2.2 Établir une progression raisonnée

Cette progression aide à hiérarchiser les apprentissages qui ne doivent pas excéder les capacités des élèves. À partir du CE1, on commence l'étude systématique des correspondances graphies-phonies en débutant par les graphèmes les plus courants jusqu'aux plus rares (il est inutile d'insister sur la graphie *sc* pour transcrire le son [s], par exemple, car peu de mots sont concernés).

Pour un apprentissage progressif et rationnel de l'orthographe lexicale, on peut s'appuyer sur les tables de fréquence et d'acquisition qui permettent de respecter les exigences de chaque niveau de classe. Plusieurs outils sont à la disposition de l'enseignant : les premières listes ont été dressées en 1936 puis réactualisées[13]. Elles servent à constituer des textes de dictées adaptés.

La gestion des accords au cycle des approfondissements suppose aussi une progression vers les chaines de plus en plus complexes : l'accord dans le GN entre déterminant et nom, puis l'accord en genre et en nombre de l'adjectif, l'accord sujet-verbe, l'accord dans des groupes de plus en plus longs ou interrompus par un adverbe, un groupe prépositionnel complément, une relative, etc. La chaine d'accord au cycle 2 se limite aux cas simples : « sujet placé avant le verbe et proche de lui ; sujet composé d'un groupe nominal comportant au plus un adjectif[14] ».

Cette progression s'appuie sur des activités fréquentes et régulières et même ritualisées, comme le conseillent les programmes de 2015 car « elles accroissent le capacités de raisonnement sur des énoncés et l'application de procédures qui s'automatisent progressivement »[15]. Au cycle 2, des séances courtes et fréquentes sont à privilégier, plutôt qu'une longue séance par semaine.

13. Un ouvrage ancien, *L'échelle Dubois-Buyse,* a été réactualisé par N. Catach (*Les listes orthographiques de base*, Nathan, 1984) et par B. Pothier (*E.O.L.E., Échelle d'acquisition en orthographe lexicale*, Retz, 2004). Le site Eduscol donne des listes de mots suivant leur fréquence lexicographique, avec plusieurs classements.

14. *B.O.*, cycle 2, p. 23.

15. *Ibid.*

2.3 Donner la priorité à des notions-clés

Ces notions-clés concernent par exemple l'accord en genre et en nombre ; elles traversent les cycles 2 et 3, et, travaillées régulièrement et de manière spiralaire, elles supposent des activités spécifiques et répétitives pour que les procédures soient automatisées.

2.4 Articuler l'orthographe avec les autres domaines du français

Comme l'indiquent les termes « orthographe lexicale et grammaticale », il y a une nécessaire circulation des savoirs entre **toutes les activités linguistiques**, aussi bien avec la grammaire (savoir identifier les classes de mots, connaitre les marques qui affectent chacune d'entre elles, les différences entre les temps et les modes...) que le vocabulaire (surtout à travers la dérivation morphologique).

Les programmes de 2015 relient aussi explicitement l'étude de la langue à la lecture et spécifiquement aux problèmes liés à la compréhension. De manière récursive, les textes lus peuvent, par des rencontres réitérées avec des mots, consolider l'orthographe des élèves.

Le lien avec l'écriture est aussi évident : savoir orthographier ne consiste pas seulement à faire une dictée avec le minimum de fautes ; c'est également avoir la capacité, dans des situations où l'orthographe n'est plus prioritaire, de retrouver en mémoire les formes conformes à la norme. Les activités d'orthographe trouvent leur justification et leur finalité dans les **activités d'écriture** des élèves : d'abord, parce que les dysfonctionnements constatés lors de situations d'écriture motivent le travail sur des points précis et récurrents ; ensuite, parce que le transfert des compétences orthographiques en situation d'écriture montre le degré d'automatisation des savoirs. Il faut reconnaître aussi que la dictature de l'orthographe hypothèque parfois lourdement les productions écrites en limitant leur créativité et en impactant leur quantité et leur qualité.

3 Démarches, dispositifs et activités

3.1 Tenir compte des représentations des élèves sur la langue

Leurs hypothèses erronées sont souvent centrées sur le sens (« Je mets un *s* à *famille* car il y a plusieurs personnes ») et non sur le code. La seule répétition des règles qui fonde l'enseignement traditionnel laisse vivace la conception originelle qui resurgit à la moindre occasion.

Il faut donc créer des dispositifs permettant aux élèves de **verbaliser** et d'expliciter **oralement** leurs conceptions en groupes et de co-construire leurs savoirs. Toutes les confrontations entre pairs, à partir de problèmes orthographiques, sont éclairantes :

– « la phrase du jour » (Brissaud et Cogis, 2011) ; une phrase est dictée à l'ensemble de la classe ; l'enseignant écrit au tableau, les unes sous les autres, toutes les propositions faites par les élèves qui doivent, dans un troisième temps, argumenter pour éliminer ou retenir telle graphie. Quand tous les élèves sont d'accord, les graphies erronées sont effacées et les savoirs stabilisés par un écrit validé par tous. Ce dispositif se prête bien à une ritualisation, pendant une période plus ou moins longue ;

– certaines formes de dictées comme « les ateliers de négociation graphique » ou « la dictée négociée » ; deux ou trois élèves reviennent sur leur propre dictée initiale et discutent toutes les formes qu'ils ont choisies avant de produire un texte unique qui sera corrigé et évalué par l'enseignant ;

– des activités d'écriture intégrant obligatoirement la composante orthographique ; par exemple, des « textes fendus » (dits aussi « textes balafrés ») verticalement doivent être reconstitués en binômes ; il s'agit d'imaginer ensemble la partie manquante (la moitié ou un tiers, suivant le niveau des élèves), en fonction des indices linguistiques. Il s'agit d'une variante très créative du simple texte à trous qui peut prendre, lui aussi, de multiples formes : on peut cacher ou effacer des mots, des syllabes, des graphèmes, des morphèmes lexicaux, des désinences... Les parties effacées peuvent être inscrites en bordure, faire l'objet d'un choix ou être totalement absentes, en fonction de la différenciation visée ;

– les « entretiens métagraphiques » (J.-P. Jaffré, années 1990) menés avec un élève pendant ou juste après une production, qui lui permettent d'expliciter sa démarche, les chemins empruntés par sa réflexion, de justifier des décisions, d'exprimer ses doutes. La perspective n'est pas du tout celle de l'évaluation mais de la réflexion sur les formes produites, le retour sur soi et l'implication dans ses propres apprentissages.

Les programmes de 2015 indiquent pour le cycle 2 que les dictées doivent être courtes, avec « une variété de formes suivies de l'examen collectif des problèmes d'orthographe rencontrés[16] » et insistent sur l'aspect régulier et ritualisé de ces activités.

16. *B.O.*, cycle 2, p. 25.

3.2 Privilégier les observations et les manipulations

Elles permettent d'une part une approche raisonnée et réflexive de la langue, d'autre part une démarche active et personnelle.

On retrouve cette démarche au niveau :

– d'une séance qui peut démarrer sur des observations (Angoujard, 1994) ; par exemple, à partir du choix entre les graphies *s* ou *ss* pour le son [s] peuvent se succéder les phases suivantes : observation d'un corpus avec des mots orthographiés avec un seul ou deux *s* / classement des formes / formulation d'hypothèses, notamment celle qui concerne l'importance de l'environnement / vérification et production de la règle, avant automatisation par des exercices ;

– des exercices proposés soit en phase de découverte, soit d'automatisation avec commutation de phonèmes (*table/fable/rable*, *mare/gare*…), explorations de familles et décomposition des mots, étude de l'alternance des suffixes adjectivaux *al/el*, changement de temps, de personnes, passage du singulier au pluriel, phrases puzzles…

Les programmes de 2015 insistent sur toutes les opérations d'observation, de manipulation, de classements, de tris, pour les deux cycles.

3.3 Expliciter les procédures productives et les faire travailler aux élèves

Cela peut se faire à travers :

– la morphologie dérivationnelle, qui permet de faire sonner les lettres muettes : *chant, chanter, chanteur* ; *froid, froideur* ; *bavard, bavardage*, même s'il y a des exceptions. Les affixes représentent une aide à la mémorisation : si on sait écrire *poirier, pommier, pêcher, prunier*, des mots comme *fraisier, oranger* ne poseront pas de problème…

– les lois de position ; l'environnement permet de savoir si on met un *s* ou deux *s*, si on écrit *am-* ou *-an*…

– l'analogie ; pour écrire des mots que l'on connaît mal, on les met en relation avec des mots connus : *cadeau* écrit comme *bateau*, par exemple, en fonction de certaines similitudes phonologiques. Selon les programmes de 2015, « le raisonnement par analogie est fortement mobilisé[17] », en CP.

17. *B.O.*, cycle 2, p. 27.

3.4 Éviter les sources de confusion dans le traitement des homonymes

Cela peut amener, surtout dans les petites classes, à dissocier leur étude. Pourquoi traiter en même temps *et / est*, alors qu'ils n'appartiennent pas du tout à la même classe de mots et ont un fonctionnement linguistique fondamentalement différent ? Ce sont simplement des homophones non homographes. Certains didacticiens préconisent de travailler plutôt *et* avec *ou,* autre conjonction de coordination, *est* avec *était* et de laisser une chance aux élèves de comprendre l'équivalence de chacun de ces couples avant de les mettre en concurrence.

Selon les programmes du cycle 3, il faut s'assurer dans un premier temps que « les correspondances entre phonèmes et graphèmes [soient] bien assurées et les mots les plus fréquents mémorisés dans leur contexte » avant de faire travailler les élèves sur l'homophonie lexicale et grammaticale, « en fonction des besoins, sans provoquer des rapprochements artificiels entre des séries d'homophones »[18].

3.5 Automatiser les connaissances et les savoir-faire

Ainsi, une fois le savoir découvert, il faut le stabiliser pour le rendre disponible et mobilisable. Les exercices seuls destinés à entrainer et à vérifier la connaissance d'une règle sont importants mais pas suffisants pour assurer le transfert à des tâches plus complexes. La multiplicité des expositions aux mots et règles, les exercices, les procédures de mémorisation en fonction des stratégies personnelles et les situations d'écriture ancreront les apprentissages, les rendront solides et pérennes. D'après les programmes de 2015, il faut « aménager les conditions d'exercice, de mémorisation, d'entrainement et de réemploi pour consolider les acquisitions[19] ».

3.6 Créer des outils

Dans cette optique, on peut créer des outils (répertoires, tableaux récapitulatifs avec les différentes graphies, règles, listes de mots fédérées par un principe orthographique, fiches avec les affixes...) d'une consultation efficace et ritualisée. Les « fiches analogiques » sont particulièrement intéressantes. La collecte de mots, de groupes de mots ou même de phrases, en fonction d'analogies, est conseillée par les programmes de 2015 pour le cycle 2[20]. Il s'agit de fiches de référence constituées d'exemples trouvés collectivement au cours des activités de langue et qui permettent, par analogie, de pouvoir orthographier des formes du même type. Par exemple, un affichage concernant la construction de l'infinitif généré par quelques prépositions :

> Elle a fini **de manger**.
> Elle a commencé **à manger**.
> Nous allons en profiter **pour aller** dans les bois.
> J'ai envie **de m'en aller**.
> Il est sorti **sans fermer** la porte...

Plaçons aussi dans la rubrique des outils les codages utilisés dans les classes pour matérialiser certains éléments comme les accords (bulles, flèches, ou autres)[21].

18. *B.O.*, cycle 3, p. 118.

19. *B.O.*, cycle 2, p. 27.

20. *B.O.*, cycle 2, p. 25.

21. Voir le sujet qui suit.

4 L'évaluation

Le statut de l'erreur a changé – d'ailleurs le terme *erreur* s'est substitué à celui de *faute*, bien plus dramatique et culpabilisant[22]. On sait que certaines erreurs sont très productives (mettre un t à *loint pour le lier à *lointain*) et montrent que l'élève a tablé sur la cohérence de la langue. Elles renseignent généralement sur l'hypothèse qu'il est en train de faire sur la langue, généralement plus fondée sur le sens que sur le code.

Les élèves peuvent être partie prenante de cette évaluation quand on les entraine à classer eux-mêmes leurs erreurs et à établir une **typologie** : ce classement critérié leur permet de mieux repérer les problèmes, d'en identifier la nature, et de mieux comprendre, en fonction des points traités dans les leçons et des outils produits, comment y remédier. Les élèves jouent ainsi un rôle actif dans leur propre apprentissage et réorganisent leurs savoirs et leur expérience.

Mais évaluer les acquis des élèves est tout à fait normal : au terme d'un nouvel apprentissage ayant connu les phases de réflexion, de manipulation, d'exercices répétés, on doit vérifier à quel point les élèves ont intégré la notion. L'évaluation peut se faire par des exercices ciblés sur la notion spécifiquement travaillée mais aussi par une dictée dans une perspective sommative. Il est toutefois symptomatique de constater que la dictée, exercice-roi de l'orthographe, connait de multiples formes qui lui enlèvent le côté « boite à problèmes » sanctionné par des notes très mauvaises, voire par un zéro. Même dans sa forme « traditionnelle », le texte est étalonné en fonction des niveaux de la classe et « fabriqué » pour qu'il corresponde aux notions travaillées. On peut aussi faire des dictées à trous, à choix multiples, ainsi que d'autres formes qui penchent davantage du côté de la réflexion et de l'apprentissage que de l'évaluation même, notamment les dictées préparées, les dictées copiées (avec ou sans différé) et la dictée négociée qu'on a déjà évoquée.

[22] Voir les fiches « L'erreur », p. 46 et « L'évaluation » p. 41.

RESSOURCES À CONSULTER

- **Bibliographie**
— ANGOUJARD A. (coord.), *Savoir orthographier*, Hachette Éducation/ INRP Paris, 1994.
— BRISSAUD C., COGIS D., *Comment enseigner l'orthographe aujourd'hui*, Hatier, 2011.
— *Cahiers pédagogiques*, n° 440, février 2006.
— POTHIER B., POTHIER P., *Pour un apprentissage raisonné de l'orthographe syntaxique du CP à la 5ᵉ*, Retz, 2008.

AU CONCOURS

À partir des documents reproduits ci-dessous, vous chercherez, dans une analyse critique, à répondre aux questions suivantes :

❶ En quoi consiste le codage proposé par le manuel (document A) ? Quel est son intérêt ? *(2 points)*

❷ Analysez le dialogue transcrit (document B1) du point de vue de la communication : comment les interactions (réseau, tours de parole, enchaînements) et les traits d'oralité fonctionnent-ils ? *(3 points)*

❸ Dans ce même corpus, que révèlent ces échanges sur les difficultés et les stratégies d'apprentissage des trois élèves concernés ? *(5 points)*

❹ Que pensez-vous des deux dernières phases de la séance : correction collective (document B2) et production d'une affiche (document B3) ? *(3 points)*

Corrigé p. 238

Corrigé p. 239

Corrigé p. 240

Corrigé p. 241

DOCUMENTS

Une enseignante a organisé, dans une classe de CE2, une séquence sur l'accord en nombre qui inclut un certain nombre de séances.

- **Document A** : extrait du manuel *LEO* (*Lecture, Écriture, Orthographe*, Nathan, 1994, haut de la p. 121)

Il propose un codage pour marquer l'accord en nombre (des petits carrés noircis ou pas). Ce codage a fait l'objet de plusieurs exercices dans une séance.

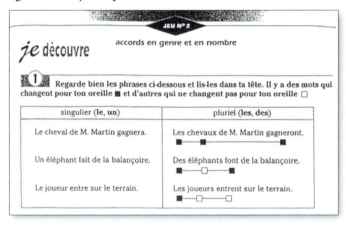

- **Document B1** : extrait de la phase de travail d'un petit groupe de trois élèves

L'enseignante[22] a demandé aux élèves, répartis en petits groupes, de créer quatre phrases au pluriel et d'utiliser le même codage que dans l'extrait de manuel proposé.

Échanges entre Clara, Anna et Alexandre sur la production de la première phrase.

Conventions de transcription : entre crochets, les notations de l'observatrice.

Le + signale une pause.

1. Clara : les chats euh euh jouent
2. Anna : les chats jouent [Anna écrit « Les chats joues »]
3. Clara : « les chats joues », tout simplement c'est bien tu fais le truc du pluriel dessous tu fais les petits carrés coloriés machin chouette
4. Anna : dis pas machin chouette quand même parle bien
5. Alexandre : tu fais la chaine du pluriel avec les petits carrés

[22]. Séquence Maryse Raux, Nîmes.

6. Anna : les chats jouent euh avec de la laine
7. Alexandre : voilà « les chats joues avec de la laine » mais comme il y en a plusieurs de laines il faut un -s aussi [Anna écrit « Les chats joues avec de la laines »]
8. Anna : c'est bon ?
9. Alexandre : voilà tu fais la ligne du pluriel dessous « les chats joues avec la »
10. Clara : les chats jouent avec DE LA laine [DE LA est prononcé plus fort par Clara]
11. Alexandre : « les chats joues avec »
12. Clara : y a un verbe y a un nom y a le truc du pluriel c'est bon [Anna reprend la feuille pour la regarder]
13. Anna : la laine
14. Alexandre : comme il y en a plusieurs c'est une pelote c'est une pelote de laine il y a plusieurs laines dedans
15. Clara : c'est une phrase au pluriel
16. Alexandre : c'est une phrase au pluriel [Anna fait la chaine du pluriel en dessous]
17. Clara : là elle s'arrête la chaine tu mettras aucun petit carré là [elle désigne « avec »] tu feras aucun petit carré tu mettras des petits carrés
18. Alexandre : il faut tout souligner
19. Clara : tu soulignes tout mais là [sous « chats »] tu mets un petit carré pas colorié
20. Anna : y a une autre chaine là
21. Clara : là [désigne « la laines »] tu mets un petit carré pas colorié + oui mais c'est pas le pluriel là ah ben ça c'est pas le pluriel normalement
22. Alexandre : « les chats joues avec de la pelote de laines » [Alex lit la phrase écrite]
23. Clara : avec DE la pelote de laine oui tu parles bien français toi ++ « Les chats joues » c'est bien
24. Anna : alors ça va après on s'embrouille
25. Clara : il faut garder que ça que « les chats joues » pas avec de la laine on le laisse
26. Alexandre : on le barre on garde ça
27. Anna : ouais c'est mieux + elle [la maîtresse] a dit une phrase courte
28. Clara : ouais elle a dit courte + « les chats joues » y a un nom sujet enfin je crois enfin un verbe + tu fais la chaine + là tu fais un carré [sous « les »] tu colories puisque c'est ce qui indique le pluriel non ?
29. Anna : voilà il faut un s [elle désigne le mot « chats »] là il faut un s [sous « joues »]
30. Clara : eh non c'est un verbe c'est -e-n-t
31. Anna : j-o-u-e-n-t
32. Alexandre : on l'a révisé hier
33. Clara : on l'a révisé mardi en conjugaison et on le sait même plus
34. Alexandre : moi je l'ai révisé même hier [Anna écrit : « les chats jouent » et barre « avec de la laines »]

Puis les élèves inventeront les trois autres phrases, bien orthographiées et avec le bon codage :

Les extraterrestres envahissent la terre.
■——————□———■

Les belles filles dansent et les gros garçons aussi.
■———□———□———□   ■———□———□

Les chiots aiment l'eau.
■———□———□

À la fin du temps de travail en petit groupe, les trois élèves reviennent sur la première phrase qui leur parait trop courte et ajoutent « jolies » [* « les jolies chats jouent »] avec pour justification : « On met un e car y a que les filles qui sont jolies ». Après discussion, ils remplacent le féminin « jolies » par le masculin « jolis » et écrivent la phrase : « Les jolis chats jouent », en la codant correctement.

Les jolis chats jouent.

• **Document B2 : extrait de la phase de correction collective**

Conventions de transcription : le + signale une pause. M = maitresse.

1. M : comment a-t-on fait pour faire les phrases ?
2. Clara : on a regardé la marque du pluriel, « les », « ses » et après on a regardé la nature des mots comme si c'étaient des sujets, des verbes, des noms + on a regardé si ce sont des verbes des sujets + si c'était un verbe, ça finissait par -ent, si c'était un nom
3. M : répète
4. Clara : si c'était un verbe au pluriel c'est e-n-t ou n-t le plus souvent
5. M : et puis
6. Clara : et puis si c'est un nom s ou x
7. M : la marque du pluriel si c'est un verbe n-t si c'est un nom s ou x + un autre groupe, Nina et Fanny, comment avez-vous fait ?
8. Nina : nous on a regardé le premier mot de la phrase
9. M : le premier mot de la phrase
10. Nina : c'était « les »
11. Yann : nous aussi, « mes »
12. X : « nous » [...]
13. X : il peut y avoir aussi des mots à l'intérieur de la phrase « les enfants ET les garçons », par exemple
14. M : et là quel est le mot au pluriel qui t'aide ?
15. X : « les » et « les »
16. M : ah deux fois [...]
17. X : « on »
18. M : alors elle nous dit « on » « on mange », c'est la marque du pluriel ? il y a un groupe d'élèves qui ont fait une phrase comme ça mais ils ont changé
19. Clara : non moi je ne pense pas parce qu'il y a la colonne des pluriels quand on conjugue les verbes « nous, vous, ils, elles » c'est le pluriel « je, tu, il, elle, on », c'est le singulier.

• **Document B3 : affiche produite collectivement par la classe en conclusion de la séance**

Il faut :
– tenir compte des marques du pluriel qu'on entend à l'oral (*mes, les, ses, des, nous, vous, ont, ils, elles, sont, font, vont*) ;
– accorder le reste en tenant la chaine d'accord ;
– regarder la nature des mots : verbe (marque du pluriel -nt), noms (marques en -s ou -x), adjectifs qualificatifs (marque en -s).

CORRIGÉ — ANALYSE CRITIQUE

> **Aide méthodologique**
>
> La complexité de ce sujet vient peut-être de l'hétérogénéité des documents fournis :
>
> – un extrait d'un manuel (document A) qu'il ne faut pas analyser *in extenso* mais dont il faut comprendre juste un élément décisif pour l'ensemble de la séquence : le codage employé pour souligner les chaines d'accord avec des éléments marqués ou non à l'oral. La première question renvoie à ce manuel mais de façon très ciblée. Il ne faut donc pas perdre de temps à l'analyser dans le détail ni à sortir du cadre de la question posée ;
>
> – deux transcriptions, la première (document B1) étant consacrée à la production de la seule première phrase, d'un seul tenant et se terminant par un résumé de la fin du travail ; la deuxième (document B2) se présente sous la forme d'extraits, avec des coupures, de la phase de mise en commun. Il ne faut pas interpréter ce dernier comme la totalité de celle-ci ; il suffit cependant pour comprendre les objectifs de l'enseignante, le déroulement et le contenu ;
>
> – une affiche conçue en fin de séquence (document B3).
>
> Le libellé précise bien la cohérence de l'ensemble et attribue des points à l'analyse des différents documents : huit points sont affectés à l'étude du document B1 (questions 2 et 3).
>
> Il faut bien différencier les deux questions portant sur la transcription B1 pour éviter des chevauchements. La première question ne porte que sur la communication et les éléments listés entre parenthèses ; il faut laisser l'étude des contenus mêmes à la suivante.

❶ En quoi consiste le codage proposé par le manuel (document A) ? Quel est son intérêt ?

Énoncé p. 235

Le but des concepteurs de ce manuel est d'établir et de matérialiser par un codage une chaine d'accord, avec des petits carrés pour l'accord en nombre. Quand la marque de l'accord en nombre ou en genre est perceptible à l'oral, le petit carré est rempli, noirci. Quand elle n'est pas perceptible, la chaine d'accord est maintenue mais le petit carré reste blanc.

Les intérêts sont multiples :

– Il s'agit d'abord d'attirer l'attention sur l'importante question de l'accord en nombre entre le groupe nominal (GN) et le groupe verbal (GV) et au sein de ces groupes.

– Cet accord se concrétise, se visualise par une sorte de chaine qui établit une relation forte entre les termes (la co-variation).

– Dans cette chaine, certains éléments sont marqués à l'oral, d'autres non ; il faut insister sur cette « morphologie muette » qui hypothèque gravement l'orthographe : c'est en prenant conscience de cette distorsion des marques orales et écrites que les élèves sortiront de l'hypothèse exclusive « phonie-graphie ».

– Les éléments marqués à l'oral, particulièrement les déterminants, deviennent des mots-signaux, des mots-pivots, des indices très forts à partir desquels doit être placé l'accord des mots non marqués à l'oral.

– Ce genre de codage peut permettre de faire passer les élèves d'une stratégie fondée sur le sens à une autre, plus efficiente, fondée sur le code.

L'enseignante, dans sa leçon, a privilégié l'accord en nombre mais l'accord en genre procède du même raisonnement. Il faut noter qu'elle modifie un peu le codage du *LEO* en déportant fort judicieusement les petits carrés à la fin du mot, là où s'effectuent toutes les modifications, alors que le manuel les met sous le mot, plutôt au milieu. Il est, en effet, très intéressant d'identifier avec précision l'endroit de toutes les variations.

On ne peut que souligner l'intérêt de ce type de codage, particulièrement au cycle 3. Dire aux élèves : « Pensez aux accords » ne suffit parfois pas ; il peut être intéressant de prévoir des moyens qui obligent à mener un raisonnement et à en laisser des traces. Ce codage, en particulier, peut être utilisé tout au long de la séquence et même tout au long de l'année (à l'occasion des dictées, des rédactions, des rituels orthographiques, et parfois hors du domaine du français, lors de l'élaboration d'un résumé en sciences, par exemple) jusqu'à ce que pour certains, il devienne complètement inutile, en fonction de l'automatisation et de l'intégration de la notion d'accord.

En tout cas, les programmes de 2015 insistent sur la notion de « chaine d'accord[23] ».

❷ Analysez le dialogue transcrit (document B1) du point de vue de la communication : comment les interactions (réseau, tours de parole, enchainements) et les traits d'oralité fonctionnent-ils ?

On peut noter un très bon fonctionnement de la communication.

L'objet de transaction (la production de quatre phrases codées) est complètement respecté. Les trente-quatre tours de parole sont centrés sur la production de la première phrase, sans aucune digression. La consigne est très bien comprise et la tâche à accomplir cernée ; le travail est envisagé même avec sérieux, comme en témoigne la remarque en 3-5.

Le réseau de communication est ouvert ; la répartition de la parole est équilibrée (treize interventions pour Clara, onze pour Alexandre, dix pour Anna) sans phénomène de *leadership*. La parole circule librement entre les trois élèves ; le réseau explore toutes les possibilités d'échanges : Clara vers Anna et Alexandre, d'Anna vers ces deux derniers, d'Alexandre vers les deux filles ; même si Anna est le scripteur, aucun des deux autres élèves n'est négligé.

Les petites remarques (4, Anna sur le langage relâché de Clara ; 23, Clara sur la formulation d'Alex par exemple) ne semblent pas mal interprétées et ne débouchent pas sur un conflit. Les « on » (24 ; 25 ; 26 ; 32 ; 33) renvoient à leur petite communauté.

Les **enchainements** témoignent également de la continuité de la communication : les propos des élèves rebondissent systématiquement sur la parole d'un autre. Le consensus est perceptible dans les effets d'approbation et de reprise perceptibles dans la **symétrie** de certains énoncés : 6-7 ; 24-25-26 (*ça*) ; 27-28 (*ouais, elle a dit*) ; 32-33 (*on l'a révisé*). En 3-4-5, on trouve des énoncés **complémentaires** : Alexandre reformulant pour Anna la réponse trop familière de Clara. De même, en 12-15, Anna termine la phrase d'Alexandre.

Cette capacité à tenir compte des propos des autres et à actualiser les savoirs en jeu expliquent la progression du raisonnement et la réussite de l'exercice puisque les quatre phrases seront produites et bien codées, même si la réflexion n'est pas totalement menée à son terme pour l'élaboration de la première phrase (voir question 3 ci-après).

On trouve dans cet échange les **traits d'oralité** attendus :
– au plan phonétique : *y a* (*il y a*, 12 et 28 de Clara ; 20 d'Anna) mais les autres *il y a* sont bien prononcés ;

[23] P. 25 et 27 pour le cycle 2, p. 117 et 119 pour le cycle 3.

Énoncé p. 235

– au plan lexical ; les imprécisions ou les termes hypergénériques *truc, machin chouette* employés par Clara sont perçus par Anna comme des mots trop familiers ; ils sont reformulés par Alexandre ; les *ouais* (27-28) relèvent du registre familier ;

– au plan syntaxique ; l'omission de la négation (4 *dis pas* ; 21 *c'est pas le pluriel* ; 25 *il faut garder que ça* ; 33 *on le sait même plus*) ; l'interrogative intonative (8 ; 28) ; l'annonce du sujet par le pronom (17 *elle s'arrête, la chaine*). À noter, la remarque de Clara (23) sur la construction qui lui semble fautive : « jouer avec de la pelote de laine » ; c'est la deuxième remarque en rapport avec la norme (avec les *machin truc chouette*) et la notion d'acceptabilité.

Finalement, on trouve un registre de langue bien maitrisé et des traits d'oralité tout à fait normaux.

❸ Dans ce même corpus, que révèlent ces échanges sur les difficultés et les stratégies d'apprentissage des trois élèves concernés ?

Énoncé p. 235

Les élèves ont dû faire plusieurs exercices sur le manuel pour s'approprier le codage mais c'est une chose de coder une phrase déjà écrite et une autre d'en inventer plusieurs car les phrases ainsi produites peuvent poser toutes sortes de problèmes imprévisibles. On voit l'intérêt (mais aussi les difficultés) de demander aux élèves de créer des exercices, au lieu de les appliquer seulement.

Pour la première phrase, qui fait l'objet du premier corpus, les élèves procèdent par tâtonnements, ajouts et suppressions. Les interactions autour de la production de cette phrase mettent clairement en évidence deux points.

A. Leurs représentations sur l'orthographe

On voit ici comment **le sens l'emporte largement sur le code** : le terme *laine* est mis au pluriel car l'idée de pelote renvoie, pour Alex, à la notion de quantité de laine. Il reprend deux fois le raisonnement en 7 et 14. Or la langue est un code : *la* induit obligatoirement le singulier. La notion (sémantique) de pluralité ou de quantité ne commande pas forcément un pluriel grammatical.

C'est Clara en 21 qui au moment de coder *la laines se rend compte que l'orthographe du GN est erronée car elle ne peut pas noircir le petit carré sous *la*. Les trois élèves tournent intuitivement autour de cette marque de pluriel à garder ou pas (*laine versus laines*), hésitent sur le partitif (26 : *de la laine*) ; à partir du tour 24, ils identifient la présence du problème mais se déclarent incompétents à le résoudre et suppriment, à l'unanimité, le segment problématique (« après on s'embrouille », consensus clair vers les tours de parole 27-30).

C'est le codage qui semble avoir déclenché le doute, ce qui prouve son grand intérêt, mais les élèves ne sont pas allés jusqu'au bout du raisonnement et ont préféré l'évitement à l'approfondissement de la question ou au conflit ; Alexandre aurait pu défendre sa position jusqu'au bout, en obligeant ses pairs à argumenter.

En revanche, le problème est revu sous un autre angle, à la fin du temps de travail. Après l'élaboration des trois autres phrases, les élèves reviennent à la première, ce qui peut marquer leur engagement dans l'activité et une juste appréciation de leur production : insatisfaction devant sa taille, alors même qu'ils s'étaient appuyés sur la consigne magistrale pour la limiter dans un premier temps. Dans leur tête, sans doute, une « vraie » phrase doit être longue...

Se rejoue alors le même conflit entre le sens et le code, cette fois sur le genre (*joli* ne peut s'appliquer qu'à des filles – impression originale peut-être confortée par la présence d'Anna et Clara). Mais le code finit par l'emporter et l'accord est réalisé ; cette fois, l'hésitation est dépassée positivement et l'enrichissement du GN par un adjectif est réussi.

B. Leurs savoirs hésitants sur les classes de mots

La marque du nombre est différente pour le nom et le verbe (29-31) : le « s » à **jouent* maintenu pendant la majorité de l'échange est remis en cause *in extremis*. Les trois élèves se rendent à l'évidence, par une mise en relation, très productive, avec des savoirs connus.

On voit l'importance ici du travail collectif et de la verbalisation, favorisés par le dispositif choisi par l'enseignante : de petits groupes, homogènes et autonomes, échangeant sur une tâche qui se situe dans la zone proche de développement. Il permet l'explicitation des stratégies, tout ce qui reste caché lors du travail personnel. C'est un bon exemple de mise en place d'un « oral réflexif », d'« oral pour apprendre ». On peut espérer que tous ces ajustements répétés en petits groupes seront transférables : l'élève seul devant une forme peut éventuellement retrouver les traces de ces raisonnements, même si l'intériorisation de cette discussion est loin d'être automatique.

❹ **Que pensez-vous des deux dernières phases de la séance : correction collective (document B2) et production d'une affiche (document B3) ?**

A. La correction collective

Le travail mené par les petits groupes est suivi d'une présentation par chacun d'entre eux à la classe. Cette mise en commun permet d'aller plus loin car, sous la conduite de l'enseignante, on peut **procéder au recensement des problèmes et des procédures** (1. « Comment a-t-on fait pour faire les phrases ? » 7. « Comment avez-vous fait ? »).

On peut remarquer :

– que certains éléments sont communs à tous, le repérage des mots pivots marqués oralement (2 ; 8-16), ainsi que la nature des mots (2-7) ;

– qu'est évoqué un problème apparu **ponctuellement** dans un seul groupe et soumis à la totalité de la classe : le *on* induit-il un singulier ou un pluriel ? Il est résolu par un rappel de l'usage possible des outils de la classe – les tableaux de conjugaison qui font apparaitre les pronoms et l'inclusion du *on* dans la rubrique des pronoms singuliers. Signalons au passage que les élèves de ce groupe ont, d'après l'enseignante, « changé de phrase » car n'arrivant pas à résoudre ce problème, ils ont choisi comme Anna, Clara et Alexandre l'évitement. Le grand groupe sert aussi à résoudre des éléments restés en suspens dans la phase précédente ;

– que les échanges permettent d'affiner les procédures ; celle de Nina en 8 « Nous, on a regardé le premier mot de la phrase » qui peut s'avérer fausse est fort justement modulée en 13 par un autre élève : « Il peut y avoir aussi des mots à l'intérieur de la phrase ».

On peut signaler également que la qualité et la précision des explications se sont améliorées dans cette phase. Clara emploie le métalangage grammatical en 2 : « marque du pluriel, nature des mots, sujet, verbes, noms » et parait plus assurée dans le grand groupe que dans le petit. Elle confond cependant la nature et la fonction en les mettant sur le même plan : « on a regardé la nature des mots comme si c'étaient des sujets, des verbes, des noms ».

On peut aussi **revenir sur les différentes marques de pluriel** affectant les classes grammaticales des noms et des verbes (2-7).

B. La production de l'affiche

L'affiche collective est au cœur de la phase d'institutionnalisation. Son efficacité provient du fait :

– qu'elle s'enchaine de manière logique avec les deux phases précédentes ;

– qu'elle est rédigée avec ou par les élèves ;

– que les exemples qui y sont consignés correspondent aux phrases qu'ils ont construites ;

– qu'elle est complète car elle reprend chronologiquement tous les points évoqués, les marques du pluriel audibles, la notion de chaine d'accord, la différence de marques en fonction des classes grammaticales.

En revanche, on ne trouve pas de traces des blocages et des difficultés apparus lors de la création des phrases dans les différents groupes, notamment la discussion autour du « on » qui apparait dans l'extrait de la mise en commun. L'écrit n'est-il pas trop long, trop dense, pour des élèves de CE1 ?

On peut penser, cependant, que cette affiche peut constituer un outil susceptible de servir aux élèves, dans la mesure où elle conclut une phase active de recherche et de discussion. Mais il serait utile que les élèves aient conscience qu'il s'agit d'un savoir d'étape, correspondant à l'état de leur réflexion suite à cette activité et non pas une règle définitive.

En tout cas, la structuration et la mise en place de l'ensemble de la séquence font apparaitre l'expertise de l'enseignante : ses objectifs sont clairs (travailler la notion de nombre en mettant l'accent sur les marques orales et écrites à l'aide d'un codage) et la mise en œuvre qu'elle propose semble produire des effets positifs : la typologie des exercices depuis l'entrainement au codage à partir du manuel jusqu'à la création des phrases, la constitution de groupes homogènes permettant des échanges productifs, l'alternance entre les petits groupes et la classe ainsi que l'articulation entre l'écrit et l'oral témoignent de son souci de mettre en cohérence et en complémentarité les différentes phases. Elle instaure ainsi un cheminement progressif et structuré qui passe par l'implication et le questionnement des élèves à chaque étape.

CHAPITRE 10 — La grammaire aux cycles 2 et 3

CE QU'EN DISENT LES PROGRAMMES

Les programmes de 2015[1] soulignent l'importance du français : « Au cycle 2, la langue française constitue l'objet d'apprentissage central. » (p. 4).

Cependant, « la place centrale donnée à la langue française ne s'acquiert pas au détriment des autres apprentissages. Bien au contraire, la langue est aussi un outil au service de tous les apprentissages du cycle dans des champs qui ont chacun leur langage[2] ».

Pour réaliser cet objectif central, les programmes distinguent *Langage oral, Lecture et compréhension de l'écrit, Écriture, Étude de la langue*, en mettant en relation ces domaines d'apprentissage. Nous nous centrons ici sur la grammaire qui fait partie de l'étude de la langue, avec l'orthographe et le lexique.

● Les finalités de la grammaire

Les programmes de 2015 insistent sur la finalité la plus évidente de la grammaire : les apprentissages doivent permettre aux élèves de mieux comprendre les textes qu'ils lisent et de mieux écrire. Les « connaissances et compétences associées » en étude de la langue sont explicitement mises en relation (« lien ») avec la lecture, l'écriture, seules ou associées, et avec « l'expression orale et écrite[3] ».

En retour, les connaissances sur la langue « se consolident dans des exercices et des situations de lecture et de productions d'écrits[4] ». De même, les « connaissances et compétences associées » en écriture sont, dans la prise « en compte des normes de l'écrit pour formuler, transcrire et réviser », « en lien avec la lecture et l'étude de la langue[5] ».

Parmi les quatre « compétences travaillées », « comprendre le fonctionnement de la langue » constitue un objectif spécifique[6]. Et l'étude de la langue « doit permettre un aller-retour entre des activités intégrées à la lecture et l'écriture et des activités décrochées plus spécifiques, dont l'objectif est de mettre en évidence les régularités et de commencer à construire le système de la langue[7] ».

● L'organisation des savoirs

Les différents programmes de l'école primaire s'accordent tous sur la nécessité d'un apprentissage explicite de la grammaire, clairement délimité dans les emplois du temps avec des contenus spécifiques. Cependant, la présentation de ces contenus n'est pas identique d'un programme à l'autre.

Les programmes de 2015 insistent, en général, sur les « croisements entre enseignements[8] », sur les liens entre lecture, écriture et étude de la langue et, en particulier, sur les relations entre les domaines de l'étude de la langue. Parmi ceux-ci, « l'acquisition

---

1. *Bulletin officiel* spécial n° 11 du 26 novembre 2015 : cycle 2 p. 3 ; cycle 3 p. 89.

2. Cycle 2, p. 4.

3. Cycle 2, p. 24-26.

4. Cycle 2, p. 23.

5. Cycle 3, p. 114.

6. Cycle 2, p. 12 et cycle 3 p. 99.

7. Cycle 3, p. 115.

8. Cycle 2, p. 27.

DOMAINES DE L'ENSEIGNEMENT DU FRANÇAIS

de l'orthographe (orthographe lexicale et grammaticale) est privilégiée[9] ». Dans les « connaissances et compétences associées » dans l'étude de la langue, ses différents domaines sont mis en relation, particulièrement l'orthographe (cycle 3) :
- « Acquérir la structure, le sens et l'orthographe des mots[10] » associe la morphologie, la sémantique lexicale et l'orthographe ;
- « Maitriser la forme des mots en lien avec la syntaxe[11] » associe la morphologie, la syntaxe et l'orthographe des accords ;
- « Observer le fonctionnement du verbe et l'orthographier[12] » associe la morphologie (conjugaison), la syntaxe et la sémantique verbale ;
- « Identifier les constituants d'une phrase simple en relation avec sa cohérence sémantique[12] » associe la syntaxe et la sémantique de la phrase.

Comme dans les programmes de 2008, la grammaire de texte ne figure pas explicitement dans la partie « grammaire ». En 2015, elle apparait par quelques allusions dans les domaines de la lecture et de l'écriture (mots de liaison, reprises...). La grammaire de phrase est au cœur de l'étude de la langue, constamment reliée à l'apprentissage de l'orthographe (voir sa place importante dans les « attendus en fin de cycle »).

● **Les savoirs visés**

Si les savoirs ne sont pas fondamentalement différents d'un programme à l'autre, c'est au sujet de la qualité et de la quantité des apprentissages qu'ils varient le plus. Les programmes de 2015 insistent non pas sur la quantité des notions grammaticales à acquérir, mais sur les « **régularités** du système de la langue[13] » à mettre en évidence. « Les phénomènes irréguliers ou exceptionnels relèvent, s'ils sont fréquents dans l'usage, d'un effort de mémorisation[14] ».

Cette définition de priorités se traduit par une limitation de la **terminologie grammaticale**[15] : la liste des catégories est limitée – nom, verbe, déterminant (article, possessif, démonstratif), adjectif, pronom, groupe nominal, de même que celle des fonctions, très générale (sujet du verbe, complément du verbe, complément de phrase, complément du nom) ; la morphologie et la sémantique verbales sont plus détaillées. Une des nouveautés des programmes de 2015 est de mettre en relation l'analyse syntaxique de la phrase avec sa « cohérence sémantique » : cela se traduit par le couple « sujet de la phrase-prédicat de la phrase », dont la découverte est préconisée au cycle 2, bien qu'il ne soit pas évident de faire coïncider les deux analyses (le sujet syntaxique de la phrase n'en est pas toujours le sujet sémantique). À côté de cette approche sémantique de la phrase donnée comme un des objectifs du cycle 2[16], à découvrir dès le CP – « identifier de qui ou de quoi l'on parle et ce qui en est dit[17] », on demande principalement au cycle 2 de centrer l'attention des élèves « sur la forme de l'énoncé lui-même », de « relativiser certains aspects sémantiques pour privilégier un regard sur la formation des mots (la morphologie) et sur les relations entre les mots (la syntaxe)[18] ».

● **L'appropriation des savoirs aux cycles 2 et 3**

Les programmes de 2015 mettent l'accent sur la **progressivité des apprentissages** entre les cycles 2 et 3, tant dans les contenus que dans les démarches.

– **Le cycle 2 (CP, CE1, CE2)**

« Au CP, (...) on privilégiera l'approche intuitive(...). [L]'accent est mis sur le mot (sens et forme) et sur l'observation de variations[19] ». « Au CE1 et au CE2, le moment

---

9. Cycle 3, p. 115.

10. Cycle 3, p. 116.

11. Cycle 3, p. 117.

12. Ibid.

12. Cycle 3, p. 118.

13. Cycle 3, p. 115.

14. Cycle 2, p. 23 ; cycle 3, p. 115.

15. Cycle 3, p. 118.

16. « Identifier les principaux constituants d'une phrase simple en relation avec sa cohérence sémantique », cycle 2, p. 12.

17. Cycle 2, p. 24.

18. Cycle 2, p. 23.

19. Cycle 2, p. 26-27.

est venu de structurer, de faire pratiquer des comparaisons qui débouchent sur des analyses[20]. On met l'accent sur « l'étude systématique du verbe, du nom et du repérage du sujet », mais « l'approche intuitive prévaut encore pour d'autres faits de langue qui seront étudiés dans le cycle suivant, notamment la détermination du nom et les compléments[21] » (*Ibid.*).

– **Le cycle 3 (CM1, CM2, 6ᵉ)**

« La maitrise de la langue reste un objectif central du cycle 3[22] ». Celui-ci « marque une entrée dans une étude de la langue explicite, réflexive, qui est mise au service des activités de compréhension de texte et d'écriture. Il s'agit d'assurer des savoirs solides en grammaire autour des notions centrales et de susciter l'intérêt des élèves pour l'étude de la langue[23] ». Dans les différents domaines du cycle 3 (*supra*), les « repères de progressivité » distinguent le travail en CM1 et CM2 du travail en 6ᵉ. Dans l'ensemble, si les analyses sont plus approfondies en CM qu'en CE, c'est en 6ᵉ que se font les approfondissements dans tous les domaines : par exemple, on affine en partie la liste des classes grammaticales, on étend la liste des temps du verbe et on découvre des cas d'accord complexes (sujet collectif singulier).

● **Les démarches d'enseignement/apprentissage**

Il existe, bien sûr, plusieurs démarches et plusieurs types de situations d'enseignement de la grammaire : certaines sont très transmissives comme l'enseignement de règles données (programmes de 2007), d'autres sont réflexives comme l'« observation réfléchie de la langue » (programmes de 2002).

Dans l'ensemble, les programmes de 2015 renouent avec la démarche préconisée par les programmes de 2002, « l'observation réfléchie de la langue », qui consiste à classer et à manipuler les unités linguistiques en vue de l'établissement de régularités ou de règles. Dès le cycle 2, on insiste sur les activités d'observation, de manipulation et de classement : « L'étude de la langue s'appuie essentiellement sur les tâches de tri et de classement, donc de comparaison, des activités de manipulation d'énoncés (substitution, déplacement, ajout, suppression) à partir de corpus soigneusement constitués, afin d'établir des régularités[24] ».

Ces manipulations, comparaisons et classements sont en accord avec l'approche intuitive qui constitue une démarche importante au cycle 2. Elles sont recommandées dans les différents domaines d'étude de la langue du cycle 2 comme du cycle 3[25].

CE QU'IL FAUT SAVOIR POUR ENSEIGNER

1 Les finalités de l'enseignement de la grammaire

Si des débats sur les finalités de l'enseignement de la grammaire resurgissent toujours, un consensus relatif s'établit sur son utilité pour l'amélioration des compétences en lecture-compréhension et surtout en production d'écrit, notamment pour ce qui touche à l'orthographe.

---

20. Cycle 2, p. 27.

21. *Ibid.*

22. Cycle 3, p. 98.

23. Cycle 3, p. 115.

24. Cycle 2, p. 23.

25. Cycle 3, p. 115.

Dans les programmes de 2015, cette finalité très générale est liée à la prescription d'« activités plus spécifiques dédiées à l'étude de la langue[26] ». Mais l'enseignant doit éviter le cloisonnement entre les différents domaines du français et marquer les liens entre lecture, écriture et étude de la langue. Pour ce faire, les programmes de 2015 donnent de nombreux « exemples de situations, d'activités et de ressources pour l'élève » dans les différents domaines d'étude de la langue, au cycle 2 (p. 24-26) et au cycle 3 (p. 116-118).

[26]. Cycle 3, p. 98.

2 Quelle grammaire enseigner ?

La grammaire scolaire actuelle hérite naturellement de la grammaire scolaire traditionnelle, qui s'est mise en place au XIXᵉ siècle, mais elle a bénéficié également, dès les années 1960, des acquis de la linguistique moderne.

2.1 La grammaire scolaire traditionnelle

Elle a été mise en place au XIXᵉ siècle, pour « apprendre à écrire à tous les petits Français » (A. Chervel, 1977). Elle cherche à prescrire un bon usage de la langue et s'inscrit dans une **perspective normative**. Elle s'identifie à l'analyse à travers deux exercices : l'analyse grammaticale (nature et fonction des mots) et l'analyse logique (nature et fonction des propositions).

Cette grammaire scolaire est essentiellement une grammaire de l'écrit qui ne parvient pas à rendre compte de la langue orale. Elle s'appuie beaucoup sur l'intuition en définissant par exemple les fonctions d'après le sens (« le sujet accomplit l'action ») et en utilisant des tests scolaires qui n'ont pas tous disparu (le sujet répond aux questions « Qui est-ce qui ? » ou « Qu'est-ce qui ? »).

2.2 La linguistique moderne

Apparue au début du XXᵉ siècle, elle se définit comme l'étude scientifique de la langue qu'elle cherche à décrire sans visée normative. À partir des programmes de 1972, la grammaire scolaire a intégré des notions, des termes et des démarches de la linguistique :

– **une définition et une description formelle** de la phrase composée de groupes (appelés syntagmes en linguistique) :

L'épicier	ouvre sa boutique	à sept heures
groupe nominal	groupe verbal	groupe prépositionnel

– **l'apport de nouveaux concepts** permettant une description plus rationnelle de la phrase et une meilleure classification des catégories grammaticales, comme la notion de déterminant[27] ;

– **l'introduction d'opérations linguistiques** qui constituent des outils pour mieux observer la langue en la manipulant.

[27]. Voir tome 1, fiche 8, « Les déterminants ».

Ces opérations linguistiques sont des opérations de :
- **substitution** qui permettent, par exemple, d'identifier des unités linguistiques comme équivalentes : *les/des/mes/ces/plusieurs/certains/deux/… chats dorment dans l'herbe.* Tous les mots soulignés sont substituables entre eux, car ils appartiennent à la même classe grammaticale des déterminants ;
- **déplacement** pour vérifier la mobilité des unités linguistiques : *Patrice fait du sport le soir/Le soir, Patrice fait du sport* (le groupe *le soir* est mobile car c'est un complément de phrase) ;
- **effacement et adjonction** qui permettent de révéler le caractère facultatif d'une unité linguistique ou au contraire de montrer la solidarité d'éléments linguistiques : *Le (petit) chat est mort.* (l'adjectif qualificatif *petit* peut être effacé sans que la grammaticalité de la phrase en souffre).

La grammaire scolaire actuelle intègre les notions nouvelles en tenant compte, comme dans n'importe quel autre domaine, des résultats de la recherche savante. Cependant, la coexistence de deux modèles différents (traditionnel et linguistique), donne parfois lieu à des difficultés lorsque les deux descriptions de la langue ne coïncident pas, comme c'est le cas, par exemple, pour les compléments dits « circonstanciels[28] » (perspective sémantique) ou « facultatifs » (perspective formelle).

Les programmes de 2015 intègrent pour une bonne part l'approche linguistique de la langue. Ils distinguent nettement les « compléments du verbe » et les « compléments de phrase ». Ils préconisent la pratique des quatre opérations linguistiques. Et ils ajoutent à l'analyse syntaxique de la phrase son découpage sémantique en sujet et prédicat.

2.3 Grammaire de phrase, grammaire de texte, grammaire du discours

Les notions présentées dans les programmes de 2015 dans le champ « étude de la langue française » appartiennent à la **grammaire de phrase** dont l'objet est de décrire la phrase et ses constituants (catégories et fonctions grammaticales, phrase simple et complexe…).

Cependant, dès que l'on sort du cadre étroit de la phrase prise isolément, d'autres phénomènes linguistiques entrent en jeu pour assurer la cohérence de ce qui devient un texte. Parmi ceux-ci, on peut notamment signaler l'emploi et la concordance des temps, les phénomènes de reprises pronominales et nominales, l'emploi des connecteurs. Leur étude constitue ce qu'on appelle la **grammaire de texte**.

À un autre niveau encore, la compréhension du message (oral ou écrit) passe par celle de ses conditions d'utilisation dans une situation de communication singulière. C'est l'objet de la **grammaire du discours** qui s'intéresse aux conditions d'énonciation dont elle relève les indices dans les énoncés, notamment par l'analyse des déictiques et des modalités[29].

Bien qu'elles n'apparaissent pas dans « l'étude de la langue française » des programmes de 2015, les notions associées à la grammaire de texte et du discours sont utiles pour produire et comprendre des textes. Elles font partie des phénomènes que les élèves apprennent à repérer pour mieux comprendre les textes en lecture et pour en produire

28. Voir tome 1, fiche 20, « Les compléments circonstanciels ».

29. Voir tome 1, fiches 37, « Les déictiques » et 38, « La modalisation ».

eux-mêmes. Elles apparaissent sporadiquement dans les domaines lecture et écriture des programmes : « prise de conscience des éléments qui assurent la cohérence du texte (connecteurs logiques, temporels, reprises anaphoriques, temps verbaux) » (cycle 3, p. 114), le plus souvent associées à la grammaire de phrase et à l'orthographe.

3 Comment enseigner la grammaire ?

3.1 La démarche déductive ou transmissive

Elle consiste à énoncer d'abord une règle, généralement précédée ou suivie d'une ou deux phrase(s) qui l'illustre(nt), à l'assortir éventuellement de remarques précisant les exceptions, les cas particuliers, et à demander ensuite aux élèves de l'appliquer dans d'autres phrases choisies ou composées expressément pour cela, ce qui garantit que la règle fonctionne. Cette règle s'applique souvent mal ou pas du tout à des énoncés réels, écrits et surtout oraux.

Les critiques faites à l'encontre de cette démarche sont anciennes. On lui reproche d'isoler l'activité grammaticale et de la couper de sa finalité qui est d'améliorer la pratique de la langue. Les enseignants ont en effet souvent constaté que le transfert des connaissances ne se faisait pas convenablement ou pas du tout et que des élèves qui réussissaient bien les exercices de grammaire ou qui restituaient bien les règles pouvaient éprouver des difficultés à mobiliser ces savoirs en production orale et écrite ou en lecture. C'est pourquoi des rénovateurs de cet enseignement ont cherché d'autres démarches qui laissent plus de place à l'initiative des élèves et aux pratiques langagières effectives, tout en sollicitant davantage leur réflexion et leur compréhension.

3.2 Les démarches inductives telles que « l'observation réfléchie de la langue »

Elles visent la construction par l'élève d'un savoir grammatical. Elles se fondent sur une conception plus interactive de l'apprentissage en accordant une place importante à l'activité des élèves et aux échanges oraux dans la classe.

Avant d'arriver à l'institutionnalisation des savoirs, les élèves sont placés, individuellement et/ou collectivement, dans des situations de découverte et de recherche s'appuyant sur des situations-problèmes ou des ateliers de résolution de problème, et ils sont régulièrement amenés à expliciter et à comparer l'état de leur réflexion. Dans ces dispositifs, les représentations des élèves et la connaissance intuitive qu'ils ont de la langue sont prises en compte. L'erreur[30] fait donc partie intégrante de la démarche comme illustration d'un « état » du savoir en cours de construction. La dimension orale y est fondamentale, car le croisement des points de vue permet le développement de la réflexion et la mise à distance de logiques inappropriées ou de représentations en partie erronées (par exemple : considérer que le verbe c'est *danse* dans *Je fais danse*, puisque « le verbe c'est l'action »).

30. Voir la fiche 8 « L'erreur », p. 46.

Ces démarches s'appuient sur la comparaison d'éléments linguistiques divers pour en dégager de façon précise les ressemblances et les différences. Pour cela, elles doivent être attentives à la constitution et au choix de corpus d'étude plus consistants (présentant un nombre d'occurrences suffisamment important) et plus ouverts – c'est-à-dire provenant de sources diverses comme les productions des élèves, la littérature de jeunesse, l'oral... –, que quelques exemples canoniques.

Cette observation s'appuie sur quelques techniques d'exploration du langage comme le classement justifié de textes, de phrases, de mots, de graphies, etc. et la manipulation d'unités linguistiques (mots, phrases, textes), c'est-à-dire la mise en œuvre d'opérations comme le déplacement, le remplacement, l'expansion, la réduction, d'où apparaissent les ressemblances et régularités entre les objets étudiés.

Les démarches inductives ne négligent pas pour autant la part de l'entrainement et de l'automatisation indispensables à l'acquisition des notions. C'est pourquoi des temps importants sont également réservés aux exercices.

Les programmes de 2015 font la part belle à l'observation réfléchie de la langue, aux activités de comparaison, de transformation, de tri et de classement sur des corpus variés (*supra*).

Ces deux démarches que tout semble opposer à première vue ne s'excluent pourtant pas totalement et, selon les questions abordées et les objectifs qu'il se fixe, le même enseignant peut s'appuyer tantôt sur une démarche plutôt déductive, tantôt sur une démarche plutôt inductive. D'ailleurs, les pratiques professionnelles des enseignants, comme les leçons proposées par les manuels, prennent le plus souvent des formes hybrides empruntant un peu à l'un et à l'autre de ces deux pôles.

3.3 Cycle 2/cycle 3

« L'approche intuitive » est préconisée au cycle 2, surtout au CP. Au cycle 3, l'étude de la langue devient « explicite, réflexive ».

Comme les élèves découvrent le métalangage grammatical surtout au CE1, il convient de ne pas en abuser et d'utiliser des termes simples et accessibles à leurs capacités cognitives. Si la grammaire explicite peut être l'objet d'un travail systématique au cours moyen, il convient de la limiter en volume au cours élémentaire et de commencer les études de la langue par des manipulations, des classements et des activités de compréhension.

Car les enfants plus jeunes rencontrent des obstacles dus aux difficultés qu'ils ont :
– à mettre à distance leur/la langue, à observer, c'est-à-dire à passer d'un usage spontané et intuitif de la langue à un traitement de celle-ci en tant qu'objet d'étude ;
– à passer d'une appréhension logique à une appréhension linguistique du code ; par exemple, pour les accords au sein du groupe nominal, passer d'une logique de sens où *toute la classes* prendrait la marque du pluriel, car « cela fait beaucoup d'élèves », à une logique du code (*la classe* est un nom collectif singulier), appuyée sur le repérage du déterminant « appelant » un nom au singulier (la question d'un sujet collectif est placée par les programmes de 2015 en classe de 6e).

RESSOURCES À CONSULTER

- **Bibliographie**

– Chervel A., *Histoire de la grammaire scolaire. Et il fallut apprendre à écrire à tous les petits Français*, Payot, 1977.

– Manesse D., « Pour un enseignement de la grammaire minimal et suffisant », in *Le français aujourd'hui* n° 162, *Descriptions de la langue et enseignement*, Armand Colin/AFEF, 1982, p. 103-112.

– *Repères* n° 14, *La grammaire à l'école. Pourquoi en faire ? Pour quoi faire ?* INRP, 1996.

– Vargas Cl. (dir.), *Langue et études de la langue. Approches linguistiques et didactiques*, Aix-en-Provence, Publications de l'université de Provence, 2004.

– Pellat J.-C. (dir.), *Quelle grammaire enseigner ?* Hatier, 2009 (2e éd., 2011).

– *Repères* n° 39, *La construction des savoirs grammaticaux*, INRP, 2009.

– Tisset C., *Enseigner la langue française à l'école*, Hachette Éducation, 2010.

– *Le français aujourd'hui*, n° 192, *Enseigner la grammaire : contenus linguistiques et enjeux didactiques*, 2016.

AU CONCOURS

SUJET 1 (CE1)

À partir des extraits de manuels proposés, vous répondrez, dans une analyse critique, aux questions suivantes :

❶ Commentez les titres des deux manuels. *(1 point)* — Corrigé p. 256
❷ Dégagez les objectifs de chacun des deux manuels. *(2 points)* — Corrigé p. 256
❸ Comparez leurs démarches générales. *(2 points)* — Corrigé p. 257
❹ Analysez le choix des activités proposées. *(4 points)* — Corrigé p. 258
❺ Que proposeriez-vous comme activités pédagogiques pour améliorer chez les élèves la maîtrise de la notion ? *(4 points)* — Corrigé p. 259

DOCUMENTS

- **Document A :** *Outils pour le Français CE1, Grammaire. La phrase*, S. Aminta, A. Helbing, C. Barthomeuf, Magnard, 2009, p. 6-7

Grammaire

La phrase

CHERCHONS

- Le soleil brille sur le lac
- La neige tombe sur la forêt.
- Le jardin arrose la pluie.
- Tombe la forêt la neige sur.
- Le soleil brille sur le lac.
- La pluie arrose le jardin.

▶ Retrouvez la phrase correcte qui correspond à chaque dessin.
▶ Quelles étiquettes avez-vous écartées ? Pourquoi ?

- Une phrase est une suite de mots qui a un sens.
- Elle commence par une majuscule et finit par un point (.), un point d'interrogation (?) ou un point d'exclamation (!).

  <u>Le soleil brille sur le lac.</u>

Reconnaître une phrase

1 ★ Recopie uniquement les phrases.
a. Une petite fille habitait dans une villa.
b. Une fille habitait là.
c. Habitait dans une villa
d. Une petite fille riait.
e. une petite fille habitait dans une villa

2 ★ Retrouve et recopie les deux phrases.
a. Samir voit Laurent.
b. Laurent voit Samir.
c. Quelqu'un fort chante.
d. Le guette chat la souris.

3 ★ Choisis entre les deux phrases celle qui est correctement écrite et recopie-la.
a. Le maître nageur apprend à nager aux enfants. ♦ le maître nageur apprend à nager aux Enfants.
b. un canard barbote dans la mare. ♦ Un canard barbote dans la mare.

4 ★★ Lis le texte puis complète le tableau.

Clara se réveille à sept heures. Elle se lève et déjeune. Après avoir déjeuné, elle fait sa toilette. À huit heures, elle part pour l'école. Elle sonne chez son amie Léa en passant et elles font le chemin ensemble.

nombre de majuscules	nombre de points	nombre de phrases

5 ★★ Corrige le texte pour que toutes les phrases aient un sens.

Lucas est jaloux. Quand c'est l'anniversaire de sa sœur, il boude car il ne reçoit pas de cadeaux. Quand son ami court plus vite que lui, il triche pour le dépasser. Alors, seul si il retrouve jouer avec lui ne veut Personne.

Écrire des phrases

6 ★ Écris une phrase avec les mots de chaque liste.

> N'oublie pas de mettre une majuscule au début de tes phrases et un point à la fin.

a. Julie ♦ camarade ♦ avec ♦ un ♦ joue
b. roule ♦ le ♦ camion ♦ voiture ♦ la ♦ derrière
c. la ♦ le ♦ tortue ♦ lièvre ♦ dépasse
d. le ♦ le ♦ chat ♦ attrape ♦ chien

7 ★ Recopie les phrases en séparant les mots.
a. Lelionestleroidesanimaux.
b. Antoineseréveilledebonnehumeur.
c. Ilfautselevertôtaujourd'hui.
d. Quandnousarrivonsdanslacour,nousjouons auballon.

8 ★★ Complète les phrases sans oublier les points ni les majuscules.
a. Nous allons tous les jours …
b. … dans le parc.
c. … dessines …
d. Ils rient …
e. … fleurissent au printemps.

9 ★★ Recopie le texte en mettant des points et des majuscules.

pour mon anniversaire, j'ai demandé un poisson rouge je l'ai choisi avec mes parents il a l'air de faire des acrobaties dans son aquarium je sais déjà quel nom lui donner il s'appellera Pirouette

À toi d'écrire !

10 Écris une phrase pour décrire chaque dessin.

• **Document B :** *Interlignes. Étude de la langue. Explorer, manipuler, construire. CE1. G1. Comment reconnaitre une phrase ?* C. Castera (dir.), P. Braillet-Pasquereau, M. Duszynski, M. Kurz, éditions SED, 2011, p. 12-14

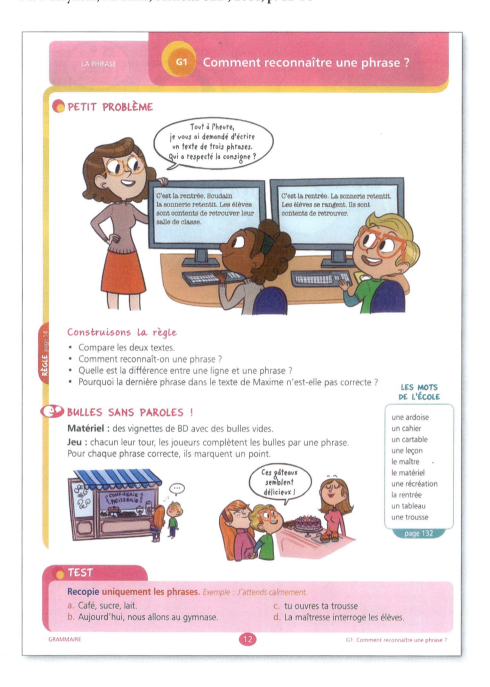

Entraînement

Itinéraire A

1 Compte les phrases.

Aujourd'hui*, mes parents nous emmènent au zoo. Mon frère admire un tigre blanc. Moi, je préfère les singes. Ils jouent ensemble. Nous leur achetons des cacahuètes.
Combien comptes-tu de lignes ?

2 Recopie uniquement les phrases.
a. La directrice ramasse les des livres.
b. Il parle à ses voisins.
c. Nous en récréation sortons.
d. Ils copient la leçon sur leur cahier.

3 Remets les étiquettes dans l'ordre pour donner du sens à ces trois phrases.

les cahiers. distribue La maîtresse surveillent les élèves. Les maîtres chuchotent Des enfants dans la classe.

4 Recopie les deux phrases en séparant les mots.
Exemple : C'estlarentrée. → C'est la rentrée.
a. Lucasécoutelemaître.
b. Nousrangeonsnoscahiersdansnoscartables.

5 Recopie le texte. Ajoute les points.

Il neige depuis ce matin Les élèves attendent la récréation avec impatience* Paul lance des boules de neige Léa glisse sur une flaque d'eau gelée Nina et Lucas construisent un bonhomme de neige

6 💬 Invente une phrase pour chaque dessin.
Tu peux utiliser les mots : *lionne – une – observe – antilopes – rivière – des – la – boivent – dans.*

Itinéraire B

7 Compte les phrases.

Je suis une puce. Mes amis m'appellent la Minuscule. Je suis si petite que je dors dans une boîte d'allumettes. La journée, je me promène sur le dos de Kikou. C'est un gros chien blanc.
Sylvie ALLOUCHE, *La Minuscule*, © Éditions Sed.

8 Recopie les phrases. Barre les mots en trop.
a. Hier, j'ai regardé mangé un film à la télévision.
b. Des voitures avions stationnent devant l'école.
c. Je nous lave les pinceaux dans l'évier le four.

9 Retrouve l'ordre des étiquettes. Recopie chaque phrase formée.

le soir. apprennent Les élèves leurs leçons jouent Les garçons dans la cour. aux billes pour écrire. prend L'enfant son crayon

10 Recopie en séparant les mots et les trois phrases.

LesélèvesécoutentleurmaîtresseJuleslève ledoigtpourrépondreàunequestionHugo laissetombersarègle

11 Recopie le texte en ajoutant les points et les majuscules.

nous allons à la piscine ce matin simon est un bon nageur alexis apprend à plonger florian préfère prendre une bouée

12 💬 Invente des phrases à partir du dessin.

GRAMMAIRE — G1. Comment reconnaître une phrase ?

LE COURS   AU CONCOURS

10 La grammaire aux cycles 2 et 3

AS-TU BIEN COMPRIS ?

1 Complète la phrase à retenir.
La phrase commence par une ... et se termine par un ... .

2 Corrige chaque ligne pour faire une phrase.
a. mon école est loin de chez moi.
b. Il faut matériel.
c. le maître écrit la date au tableau

AUTOUR DES TEXTES

Après ses débuts d'artiste décorateur, Stéphane se fit écrivain et formula une douzaine de « petits mots » à ses parents.

Susie MORGENSTERN, *Oukélé la télé*, illustrations de Pef, © Éditions Gallimard.

• Stéphane oublie parfois la majuscule et le point final des phrases. Aide-le à corriger ses « petits mots ».

Reconnaître une phrase

RÈGLE

• **Une phrase** est une suite de mots qui a un sens.
Les élèves se mettent en rang.

• Une phrase commence par **une majuscule** et se termine par un **point**.
Florian prend son ardoise.

⚠ Tu ne dois pas confondre une ligne et une phrase.

LES MOTS DU JOUR

• (une) **amélioration** : nom ; changement en mieux.

• (l')**impatience** : nom ; difficulté à attendre dans le calme. Le contraire est la patience.

LE MOT INVARIABLE

• **aujourd'hui** : *Aujourd'hui, c'est dimanche, je peux dormir toute la matinée.*

GRAMMAIRE   14   G1. Comment reconnaître une phrase ?

DOMAINES DE L'ENSEIGNEMENT DU FRANÇAIS

CORRIGÉ   ANALYSE CRITIQUE

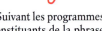

> **Aide méthodologique**
>
> On propose de comparer deux extraits de manuels qui traitent la même notion, la phrase. Suivant les programmes de 2015 (p. 24), les élèves découvrent la phrase au cycle 2 : « Identifier les principaux constituants de la phrase simple en relation avec sa cohérence sémantique (de quoi on parle, ce qu'on en dit) ».
>
> L'approche de la phrase est intuitive au CP (grammaire « implicite ») ; elle devient réflexive au CE1 et au CE2, avec l'emploi du « métalangage grammatical, après un temps significatif de familiarisation avec l'objet étudié » (*Ibid.*). Le détail des « connaissances et compétences associées » autour de la phrase est donné en cinq rubriques : identification du groupe nominal ; identification du verbe ; classes de mots ; phrases affirmatives et négatives ; ponctuation de fin de phrases (*Ibid.*).
>
> Pour comparer ces deux extraits de manuels, il convient avant tout de bien percevoir l'organisation générale du chapitre concerné, qui peut être propre à chaque manuel. On s'intéressera au déroulement proposé :
> – Trouve-t-on une phase de découverte ? Comment est-elle organisée ?
> – Comment la notion est-elle présentée ? Sous forme de leçon ? Examiner les termes employés, les définitions, les exemples. Où se trouve la leçon (question d'institutionnalisation) ?
> – Quelles activités sont proposées à la classe ? Figurent-elles après la leçon ? Une typologie de ces activités est utile, prenant en compte leurs finalités.
>
> Ces différentes analyses seront réparties entre les questions 3 et 4 : dans la **question 3**, qui porte sur les démarches, il convient de travailler essentiellement sur les deux premières phases (recherche et institutionnalisation) ; dans la **question 4**, on se focalisera sur les exercices proprement dits.
>
> N.B. Bien que ces deux manuels (parus en 2009 et en 2011) appliquent les programmes de 2008, on les commente en se référant aux programmes de 2015, car la phrase reste une notion découverte au cycle 2.

❶ Commentez les titres des deux manuels.   Énoncé p. 251

Ces deux manuels de langue couvrent les quatre domaines habituels : grammaire, conjugaison, orthographe, vocabulaire. Le manuel A annonce succinctement sa visée pratique : il s'agit d'outiller l'élève pour les différentes activités de français. Le manuel B annonce sa visée réflexive, en partant d'un titre qui oriente vers l'écrit : « Espace qui est entre deux lignes écrites ou imprimées », voire la musique : « Espace entre deux lignes de la portée musicale ». Il s'agit donc de remplir un espace ouvert suivant un guidage (les lignes), en pratiquant successivement ou alternativement les trois activités évoquées : *explorer, manipuler, construire*. Le manuel B semble considérer l'élève comme acteur de la construction de son savoir, dans une perspective qui est sans doute inspirée par la démarche d'observation réfléchie de la langue française (encouragée par les programmes de 2015).

❷ Dégagez les objectifs de chacun des deux manuels.   Énoncé p. 251

Le manuel B explicite son objectif principal dans le titre du chapitre : *Comment reconnaitre une phrase ?* Il s'agit de donner aux élèves les moyens d'identifier une phrase, la phrase simple dans le « petit problème ». Le manuel A se contente d'indiquer en titre la notion étudiée, *La phrase,* mais son objectif est le même, formulé avant les exercices *(Reconnaitre une phrase)*, avec une visée normative donnée dans la première consigne : « Retrouvez la phrase correcte », qui se manifeste dans l'élimination attendue de la phrase sans point final (*Le soleil brille sur le lac*), qui est… syntaxiquement correcte. Dans les deux cas, il s'agit d'une découverte de la phrase, « suite de mots qui a un sens » (même définition), comme si elle n'avait pas été étudiée au CP (approche intuitive en 2015) ; en fait, les exercices de découverte présupposent que les élèves aient déjà une idée de ce qu'est une phrase.

Plus précisément, c'est la phrase écrite qui est l'objet d'étude, comme en atteste l'usage du critère traditionnel de la ponctuation, la majuscule et le point. Le manuel A ajoute le point d'interrogation et le point d'exclamation, prenant ainsi en compte d'autres types de phrases que la phrase déclarative, qui est le modèle habituel. Le manuel B termine par une remarque, qui peut laisser perplexe : « Tu ne dois pas confondre une ligne et une phrase ». Les auteurs craignent-elles vraiment cette confusion chez les élèves de CE1 ? Des enquêtes ont montré que les élèves du primaire sont avant tout sensibles à la longueur : plus une suite de mots est longue, plus elle a des chances d'être une phrase pour eux.

❸ **Comparez leurs démarches générales.**

Énoncé p. 251

Les démarches des deux manuels sont sensiblement différentes, d'abord par le volume des chapitres : deux pages pour le manuel A, trois pages pour le manuel B, qui propose davantage d'activités, plus variées et organisées autrement.

La phase de découverte repose au fond sur le même principe, distinguer les phrases et les non-phrases. Le manuel A procède par une mise en relation entre des phrases « correctes » et trois dessins, alors que le manuel B propose une réflexion métalinguistique sur les textes écrits par deux élèves, peut-être plus difficile. Le manuel B propose, après la construction de la règle, une activité ludique d'expression avec des vignettes de BD, puis un test rapide de vérification des connaissances.

Une différence importante tient à la place de la leçon, brève dans les deux cas (deux phrases). Dans le manuel A, la leçon se place immédiatement après l'activité de découverte. Dans le manuel B, la leçon n'est pas donnée après la phase de découverte, mais à la fin du chapitre, par un bref résumé final (« règle »), après une vérification intermédiaire de la leçon (« As-tu bien compris ? », p. 14 : règle à compléter et phrases à produire). L'originalité du manuel B est de déporter la règle à la fin pour laisser à la phase de découverte tout son intérêt (les élèves n'ont pas sous les yeux la réponse aux questions posées) et de construire l'étude en plusieurs étapes avec la vérification intermédiaire, ce qui fait apparaitre nettement sa démarche inductive.

Dans le manuel A, la place relativement précoce de la leçon donne aux activités qui suivent un statut d'exercices d'application. Dans ce modèle très répandu, la phase de découverte est trop brève pour qu'on puisse dire que la démarche est vraiment inductive ; en fait, la démarche est globalement déductive, privilégiant le passage de la leçon aux exercices. Le manuel B, en revanche, propose une démarche réflexive active : « construisons la règle » à partir du « petit problème » posé. Après une activité ludique et un petit test de vérification des connaissances, le manuel propose deux itinéraires parallèles, introduisant une différenciation didactique, l'itinéraire A étant plus facile que l'itinéraire B.

❹ Analysez le choix des activités proposées. Énoncé p. 251

• Après la leçon, le manuel A déroule dix exercices, marqués d'un ou deux astérisque(s) en fonction de leur degré de difficulté, et répartis en deux séries. Sous le titre « Reconnaitre une phrase », qui vise à assoir les connaissances, les trois premiers exercices demandent de recopier « uniquement les phrases » – « qui ont un sens », précise l'exercice 2 ; en fait, les non-phrases ont bien un sens, mais leur structure est mal formée, l'ordre des mots étant bouleversé, ce qui est aussi le cas de l'exercice 5 de correction de texte (une seule phrase mal formée).

L'exercice 4 demande un classement formel mettant en relation la phrase et la ponctuation ; comme il n'y a aucune discordance, on peut se poser la question de l'intérêt de cet exercice, sinon de répéter la leçon.

Les exercices 6 à 10 sont placés sous la rubrique « Écrire des phrases », à partir de mots isolés (ex. 6), « en séparant les mots » soudés (ex. 7), en complétant les phrases (ex. 8) ou en les ponctuant (ex. 9) ; le dernier exercice (ex. 10) est un petit exercice d'écriture, à partir de deux dessins, comme au début du chapitre. Le déroulement des activités va donc de la vérification des connaissances à l'expression écrite, restreinte à des phrases isolées (ex. 6 à 8) et s'achevant par la production d'un petit texte.

• Le manuel B, sous le titre *Entrainement*, propose (p. 13) deux itinéraires différenciés comportant chacun six exercices analogues :

– compter les phrases (ex. 1 et 7) ;
– recopier « uniquement » les phrases (ex. 2 et 8) ;
– mettre en ordre des mots ou groupes de mots pour faire des phrases (ex. 3 et 9) ;
– séparer les mots soudés d'une phrase ou d'un texte (ex. 4 et 10) ;
– ponctuer un texte (ex. 5 et 11) ;
– inventer des phrases à partir d'un dessin (ex. 6 et 12).

Sans que cela soit explicité, le déroulement des exercices est analogue à celui du manuel A, de la vérification des connaissances à la production d'un petit texte (sans qu'il soit ici précisé qu'il doit être écrit).

Dans la dernière page, le manuel B propose encore un exercice de correction de la ponctuation de trois « petits mots » ; on peut s'interroger sur l'écriture en lettres capitales du troisième message, qui supprime en principe le problème de la majuscule.

• Les deux manuels ont pensé différemment la différenciation :
– le manuel A marque les exercices d'un ou deux astérisque(s), suivant leur degré de difficulté (procédé assez classique et connu) ;
– le manuel B part d'un petit test qui sert d'évaluation formative et qui permet de choisir un des deux itinéraires, qui ne se différencient pas par la typologie des exercices choisis (consignes quasi identiques), mais par la complexité des tâches demandées qui apparait notamment dans les exercices 8 (tâche supplémentaire : « Barre les mots en trop »), 10 (mots soudés dans un texte, et non dans deux phrases), 11 (ajouter aussi les majuscules) et 12 (le nombre de phrases est ouvert, alors que l'exercice 6 demande seulement deux phrases et propose les mots à utiliser), et aussi par les aides apportées aux élèves plus en difficulté (par exemple, banque de mots pour l'exercice 6 de création de phrases). Cette proposition de deux itinéraires peut permettre au maitre de choisir des parcours différenciés à proposer à ses élèves ou d'ajuster l'usage du manuel au niveau moyen de la classe.

10 La grammaire aux cycles 2 et 3

Énoncé p. 251

❺ Que proposeriez-vous comme activités pédagogiques pour améliorer chez les élèves la maitrise de la notion ?

Ces deux manuels s'appuient sur une définition écrite traditionnelle de la phrase, qui « commence par une majuscule et se termine par un point » (manuel B), complétée par une définition sémantique (« suite de mots qui a un sens »). La linguistique a montré depuis longtemps que ces deux critères sont insuffisants pour appréhender la notion de phrase, car la structure syntaxique joue un rôle déterminant (voir les exercices 1-3 du manuel A : problème de structure syntaxique, pas vraiment de sens). Les programmes de 2015 préconisent une découverte sémantique de la phrase dès le CP, où l'élève est « conduit à identifier de qui ou de quoi l'on parle et ce qui en est dit » (p. 24). Si l'on veut améliorer chez les élèves la maitrise de la notion de phrase, on peut leur proposer des activités en deux étapes successives, sans tout miser sur l'écrit.

A. Travail sur des phrases isolées

• Créer des puzzles de phrases : à partir de séries de mots donnés sans ordre, construire des phrases. On peut proposer des mots variables déjà accordés (manuel B, ex. 3 et 9) ou bien, en passant par l'oral, demander de les accorder (exemple à partir de l'exercice 6 du manuel B : *lion – un – observer – antilope – une*).

• Compléter des phrases : sachant que la phrase canonique comporte un groupe nominal sujet et un groupe verbal (*La pluie / arrose le jardin* : manuel A) – savoir du maitre, et non de l'élève de CE1, on peut donner aux élèves des groupes nominaux sujets ou des groupes verbaux et leur demander de les compléter, en faisant attention aux accords (exercice utile d'orthographe grammaticale, à pratiquer avec prudence, les marques écrites du pluriel et du féminin n'étant pas encore maitrisées à cet âge).

• Faire des substitutions : remplacer le groupe nominal sujet par un pronom personnel (*il, elle*).

• Faire des classements : à partir d'un corpus, distinguer les phrases et les non-phrases.

B. Production de textes

À partir d'un inducteur d'écriture, on demande aux élèves de produire de petits textes sur un thème précis. Les manuels étudiés proposent différents dessins (histoires de pêche, paysage d'Afrique, vie de la classe). On peut aussi proposer un thème qui pourra constituer le titre du texte ou figurer dans sa première phrase, par exemple : « Par la fenêtre, (je vois)… »[31]. Si les élèves de CE1 éprouvent encore des difficultés à produire des phrases et à les assembler dans un texte, l'enseignant pourra partir des productions pour retravailler la notion de phrase ainsi que la production de phrases, à partir des erreurs relevées.

31. Pour des activités d'écriture, voir J.-C. Pellat, G. Teste, *Orthographe et écriture : pratiques des accords*, Strasbourg, CRDP, 2001.

AU CONCOURS

SUJET 2 (CM)

À partir des documents proposés, vous répondrez, dans une analyse critique, aux questions suivantes :

❶ Commentez le déroulement général de la séance envisagée. *(2 points)* — Corrigé p. 262

❷ Définissez et commentez les objectifs de cette séance. *(2 points)* — Corrigé p. 263

❸ Que pensez-vous du choix du texte pour l'activité prévue ? *(3 points)* — Corrigé p. 264

❹ Commentez l'évaluation prévue. *(2 points)* — Corrigé p. 265

❺ Quelles activités proposeriez-vous pour travailler la maitrise de la notion de sujet ? *(4 points)* — Corrigé p. 265

DOCUMENTS

• **Document A : fiche de préparation sur le groupe sujet**

Reconnaitre le sujet du verbe	
Compétence disciplinaire Dans une phrase simple où l'ordre sujet-verbe est respecté ou pas : identifier le sujet (sous forme d'un nom propre, d'un groupe nominal ou d'un pronom personnel, pronom relatif).	**Niveau** CM1/CM2

Objectifs pour l'élève	Lire **Parler** Écrire
Repérer le sujet dans une phrase quelle que soit sa place. Reconnaitre le sujet sous toutes ses formes (nom, groupe nominal, pronom, verbe à l'infinitif).	Participer à l'observation collective d'un texte ou d'un fragment de texte pour mieux comprendre la manière dont la langue française y fonctionne ; justifier son point de vue.

Matériel	**Support** Texte extrait d'*Un tueur à ma porte*, d'I. Drozd (document B)

Déroulement de la séance	
Phase 1 : lecture du texte et explication des mots non compris si nécessaire	5 minutes
Phase 2 : recherche individuelle à partir du texte ci-dessous *Essaie de dire pourquoi les verbes soulignés s'écrivent ainsi.* *Essaie de dire comment tu fais pour écrire correctement un verbe conjugué.*	15 minutes
Phase 3 : mise en commun de la recherche Cette mise en commun débouche sur les principaux points de la leçon, à savoir : — Comment reconnaitre le sujet du verbe ? — Quelle peut être sa nature ? (la nature présente dans le texte mais aussi un verbe à l'infinitif ou une proposition, CM2) — La place du sujet dans la phrase — Mettre les élèves en alerte sur des cas particuliers comme : l'inversion du sujet (cas des phrases interrogatives ou verbes « déictiques ») ; un sujet pour plusieurs verbes ; un verbe ayant pour sujet plusieurs noms	25 minutes
Phase 4 : évaluation rapide du niveau de compréhension Barre les verbes qui, selon toi, sont mal orthographiés (voir document C).	10 minutes

• **Document B :** extrait (utilisé dans la phase 1) d'*Un tueur à ma porte*, d'Irina Drozd, Bayard Jeunesse, coll. « Bayard poche », 2005

Comme Daniel l'avait prévu, ses copains se moquèrent de lui en le voyant arborer de splendides lunettes de soleil par un temps grisâtre, et les garder en classe. Il dut répéter vingt fois, sinon plus, qu'il s'était brûlé les yeux au ski, le dernier jour. Il s'était rendu compte en haut des pistes qu'il avait oublié ses lunettes et il n'avait pas voulu renoncer à une seule minute de ski. La fragilité de ses yeux gris clair et la réverbération de la neige avaient eu raison de son obstination.

Il s'était retrouvé au poste de secours à la fin de la journée. Ses yeux le brûlaient comme des châtaignes plongées dans un feu de cheminée. Le médecin de garde l'avait soulagé avec des compresses humides posées sur ses paupières gonflées et lui avait prescrit un collyre. Il lui avait ensuite passé un savon, le traitant d'inconscient et de petit imbécile. D'après lui, Daniel avait eu de la chance de ne pas s'être rendu définitivement aveugle. Il lui avait fait jurer de ne pas quitter ses lunettes de soleil pendant quelques jours.

— Remarque, ça fait chic, dit Aurélia. Maintenant que ta mère va être célèbre, il te faudra bien ça pour passer incognito.

Daniel eut un petit rire :

— Je les lui donnerai dès que je serai guéri. C'est elle qui devra passer incognito, pas moi. Tu confonds.

En fait, il en avait rougi de plaisir. Jusqu'ici, sa mère n'avait tourné que des spots de pub pour des machines à laver ou d'autres produits tout aussi excitants. Elle avait aussi décroché quelques petits rôles dans des films ou des pièces de théâtre à maigre budget. Et, un jour, au cours d'un casting, un metteur en scène l'avait choisie pour un premier rôle. Ce soir, c'était la première de la pièce, devant le Tout-Paris des critiques et des célébrités.

— C'est des blagues, ce qu'il raconte, ton toubib, dit brusquement Julien. On peut pas devenir aveugle tout d'un coup à cause de la lumière.

• **Document C :** texte d'évaluation finale, extrait d'*Un tueur à ma porte*, d'Irina Drozd, Bayard Jeunesse, coll. « Bayard poche », 2005

La veille encore, Franval (avait-avais-avaient) réussi un exploit. L'écran s'était allumé… Toutes ces colonnes de chiffres lui (avait-avais-avaient) paru bizarres.

Il (avait-avais-avaient) réfléchi. Il se trompait peut-être. Avant d'accuser, il voulait être sûr. Si son hypothèse se révélait exacte, la somme détournée était énorme… Franval (se donnèrent-se donna) encore la fin de la journée et la nuit pour réfléchir.

— C'est parfait ! Si ce soir, tu es aussi géniale que ça, ma chérie, je te (prédit-prédis) un « Molière » ! s'exclama Jacques Martial.

Marielle (rougis-rougit) de plaisir. D'habitude, le metteur en scène était avare de compliments. Puis elle eut encore plus peur et se dit qu'elle ne survivrait pas à la première.

Plus qu'une heure de cours. Daniel (se sentais-se sentaient-se sentait) fatigué. Ses yeux le (piquais-piquait-piquaient) terriblement et il avait hâte d'être chez lui, au calme. Il était aussi impatient de savoir comment (s'étais-s'était-s'étaient) passée la dernière répétition de sa mère et de lui prodiguer d'ultimes encouragements.

— Ça va ? demanda Aurélia d'un ton inquiet. Daniel la rassura :

— Super ! Et puis, Larcher a promis de nous passer un bout de film. On (sera-seront-serons) dans le noir, ça me fera du bien.

CORRIGÉ — ANALYSE CRITIQUE

> **Aide méthodologique**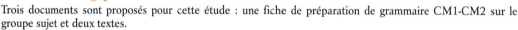
>
> Trois documents sont proposés pour cette étude : une fiche de préparation de grammaire CM1-CM2 sur le groupe sujet et deux textes.
>
> Une fiche de préparation ne correspond pas à une séance réalisée, mais représente un projet de séance tel que l'enseignant l'envisage *a priori*, en connaissant sa classe et en tenant compte du travail réalisé en amont. Même si le travail préparatoire influe fortement sur la pratique, on sait que les écarts entre le préparé et le réalisé sont nombreux (ajustement nécessaire à la classe, aux réactions et besoins des élèves, gestion des imprévus, etc.).
>
> La notion essentielle de sujet mérite d'être travaillée au CE2 et au CM, en partant au CE2 des cas les plus simples et en ajoutant progressivement au cours moyen les cas plus complexes (inversion du sujet, accord avec plusieurs sujets, etc.). Après avoir été présentée un peu plus simplement au CE (« repérage du sujet dans des situations simples », p. 27), l'étude du sujet est prévue par les programmes de 2015 aux CM1-CM2 (p. 119) : les élèves « identifient le sujet (soit un groupe nominal – un pronom – un nom propre) et gèrent l'accord en personne avec le verbe (sujet avant le verbe, plus ou moins éloigné et inversé). » On réserve pour la 6e le cas de l'infinitif sujet. Par ailleurs, « ils identifient l'attribut et gèrent l'accord avec le sujet (à rapprocher de l'accord du participe passé avec être » (*Ibid.*).
>
> Les **questions 1, 2 et 4** demandent de réfléchir à la démarche d'ensemble, aux objectifs et à l'évaluation. La **question 5** est ouverte : elle demande de reprendre et de compléter les activités de la fiche de préparation pour asseoir la maitrise de cette notion. On doit proposer, sinon des tâches différentes, au moins des différenciations dans la réalisation des tâches envisagées, pour le CM1 et le CM2 (voir la piste indiquée dans la phase 3).
>
> Le document B comporte un texte extrait d'*Un tueur à ma porte*, d'Irina Drozd, livre très souvent étudié à l'école élémentaire, utilisé comme support de travail en littérature. Il s'agit d'examiner ici le choix de ce texte et l'exploitation que l'on peut en faire en étude de la langue pour étudier les formes et les places du sujet du verbe, sans omettre de questionner l'intérêt d'un tel travail de langue sur les compétences en lecture (littéraires) (**question 3**).
>
> Le document C comporte un texte extrait du même livre, qui est utilisé pour l'évaluation finale (phase 4 et **question 4**).

❶ Commentez le déroulement général de la séance envisagée.   Énoncé p. 260

Le document A, après avoir indiqué les « objectifs pour l'élève », décompose le travail de la séance en quatre phases successives : lecture du texte (document B), recherche individuelle à partir du texte, mise en commun collective et évaluation finale (document C). Cette succession apparemment complète n'est pas parfaite. Après les phases 1 et 2, la mise en commun (phase 3) est mélangée avec la phase d'institutionnalisation dont on ne nous dit pas comment elle est menée.

La phase 1 est une activité de lecture intéressante et les explications de vocabulaire peuvent être utiles (découverte de mots inconnus : *arborer, incognito,* etc.) ; elle semble créer un lien avec l'étude de la langue (« Participer à l'observation collective d'un texte ou d'un fragment de texte pour mieux comprendre la manière dont la langue française y fonctionne »), sans que, en retour, l'on puisse nettement percevoir l'apport de l'étude de la langue à la lecture du texte (construction du sens du texte, effets recherchés par l'auteur par exemple).

Mais elle n'est pas suivie (phase 2) d'une proposition de vraie démarche de découverte : les deux questions posées, assez vagues, demandent des analyses complexes et se recoupent. L'élève peut se perdre entre les différentes raisons qui expliquent l'orthographe des verbes (orthographe lexicale de chaque verbe, temps des verbes dans un récit…). Les « meilleurs parleurs », qui maitrisent le mieux la grammaire, risquent de répondre pendant que les autres essaieront de comprendre ce qu'il faut faire.

On passe alors trop rapidement à la phase 3, qui risque de ressembler à un cours théorique assez long, qui ne s'appuie sur aucune activité d'exploration suffisante des faits de langue concernés, d'autant plus indispensable que les faits traités sont complexes (différentes formes du sujet et place du sujet dans la phrase) et que la recherche (phase 2) se focalise sur le verbe seulement, tandis que cette phase 3 porte sur le sujet. Après cette phase de mise en commun, on attendrait des exercices d'entrainement, d'abord séparés pour cibler les différents aspects du sujet (formes, place), surtout des manipulations portant sur des phrases et de petits textes, avant quelques exercices récapitulatifs.

En conséquence, le passage à l'évaluation est trop rapide et sommaire, sans que les élèves aient eu le temps de s'approprier la notion. Il est alors impossible que toutes les facettes envisagées de cette notion de sujet soient enseignées et acquises en une seule séance où des étapes clés et du temps d'appropriation manquent : une autre séance (au moins) s'avère indispensable.

❷ **Définissez et commentez les objectifs de cette séance.**

Les « objectifs pour l'élève » sont indiqués clairement :
– repérer le sujet dans une phrase quelle que soit sa place ;
– reconnaitre le sujet sous toutes ses formes (nom, groupe nominal, pronom, verbe à l'infinitif).
Ces objectifs, à peu près conformes à ce que préconisent les programmes de 2015 pour le cycle 3, correspondent plutôt aux objectifs de la 6e. Ils sont trop nombreux et cumulent deux séries de difficultés qu'il vaudrait peut-être mieux séparer, surtout en CM1 : places du sujet, formes du sujet. Ces objectifs divers correspondent davantage à un CM2 (c'est dit en phase 3 pour les deux cas de formes du sujet les plus difficiles, verbe à l'infinitif ou proposition). Cela implique que la phase 3 est beaucoup trop lourde : les élèves doivent mobiliser trop de savoirs pour maitriser trop de notions. En fait, soit ils ont déjà construit un certain nombre de repères et cette séance constitue une révision rapide adéquate, soit il s'agit pour eux de construire de nouveaux savoirs et de nouveaux savoir-faire grammaticaux et orthographiques et, dans ce cas, c'est impossible, car on ne peut enseigner correctement toute cette complexité en une séance.

Reconnaitre le sujet constitue un préalable qui demande un entrainement, avant de passer aux autres questions (ici, la phase 3 ne peut pas s'appuyer sur la phase 2). La variété des formes du sujet est difficile à maitriser, surtout sans exemples, dans le texte, pour l'infinitif et la proposition subordonnée. Les trois cas particuliers évoqués reviennent d'abord sur la place du sujet : deux cas fréquents d'inversion du sujet sont indiqués et le second peut laisser perplexe (verbes « déictiques ») ; évidemment, on n'emploiera pas le terme « déictique » avec les élèves mais, pour le maitre, ce terme est erroné ; mieux vaudrait parler de verbes qui indiquent un discours rapporté (*dit-il*). Les deux autres « cas particuliers », qui sont cruciaux pour l'orthographe (bien que la question se pose aussi à l'oral), viennent en plus des deux séries d'objectifs initiaux ; ils pourraient être traités dans une ou deux séances d'orthographe distinctes, dans le prolongement de l'étude de grammaire sur le sujet.

Enfin, on peut aussi évoquer le deuxième objectif général indiqué : Parler. Il s'agit ici de participer à l'observation collective d'un texte ou d'un fragment de texte pour mieux comprendre la manière dont la langue française y fonctionne et de justifier son point de vue. C'est un objectif intéressant et qui potentiellement pourrait tout à fait compléter les deux autres. Mais il n'est pas possible de traiter l'ensemble en une séance : une séquence en quatre ou cinq séances serait nécessaire.

❸ **Que pensez-vous du choix du texte pour l'activité prévue ?**

Énoncé p. 260

Le texte d'Irina Drozd est très souvent utilisé à l'école primaire, car son histoire intéresse les élèves (certains l'étudient en lecture suivie). On peut s'interroger au préalable sur la pertinence de travailler sur un texte littéraire pour mettre en œuvre un enseignement d'étude de la langue, si le travail mené sur la langue n'est en rien utile à la compréhension ou à la réception littéraire du texte ; car le texte littéraire constitue alors simplement un prétexte au travail de la langue. En outre, si la lecture de ce texte et les commentaires, incluant les explications de vocabulaire, sont placés avant l'étude de la langue, ces activités risquent de parasiter celle-ci, en détournant l'attention des élèves. Il vaudrait mieux que les activités de découverte du texte, plus précisément celles de compréhension, soient dissociées du travail de grammaire, qui devrait commencer véritablement la séance sur le sujet.

Pour l'étude grammaticale, à part quelques termes, ce texte semble accessible aux élèves dès le CM1. Il fournit des exemples variés de sujets du verbe, puisqu'il mêle des passages narratifs et des fragments de discours direct, permettant ainsi d'employer des incises avec inversion du sujet (*dit Aurélia ; dit brusquement Julien*). Les formes soulignées permettent d'observer une bonne variété de verbes, aux formes simples (imparfait, passé simple, présent, futur) et composées (plus-que-parfait), employés à différentes personnes du singulier (1ᵉ, 2ᵉ et 3ᵉ) et du pluriel (3ᵉ). Cependant, la construction des phrases rend souvent difficiles l'identification du sujet exact et la perception de l'accord du verbe souligné : deux groupes nominaux coordonnés au singulier demandant l'accord du verbe au pluriel (*La fragilité de ses yeux gris clair et la réverbération de la neige avaient eu raison*), des pronoms personnels objets faisant écran entre le sujet et le verbe (*Ses yeux le brûlaient. Je les lui donnerai*) ; et il faudra ajouter une règle sur l'omission du sujet avec l'impératif (*Remarque*). Il vaudrait donc mieux souligner d'autres verbes que ceux qui sont placés dans des constructions qui font difficulté : par exemple, *il avait oublié ses lunettes*, exemple de plus-que-parfait où le nombre du sujet, qui commande l'accord du verbe, diffère de celui du COD.

❹ **Commentez l'évaluation prévue.**

Énoncé p. 260

L'évaluation (qualifiée de « rapide » : l'est-elle vraiment ?), de type sommatif, demande de faire des corrections, qui sont en réalité des choix entre deux ou trois formes possibles mises à la suite entre parenthèses (document C). Elle constitue essentiellement une activité d'orthographe, et non une activité de grammaire sur le sujet (souvent, la question ne porte pas sur la totalité de la forme verbale, mais sur le seul auxiliaire d'une forme composée).

Pour rester dans le domaine de la grammaire, il serait plus cohérent :
– soit de proposer aux élèves un petit texte à analyser en leur demandant de repérer les sujets du verbe (en faisant attention au choix du texte, qui ne cumule pas trop de difficultés d'ordre différent) ;
– soit de demander aux élèves d'écrire un petit texte sur un thème donné (analogue à celui du texte de lecture de départ, par exemple) en faisant attention à varier les formes de sujets (mais cela suppose que cette question ait été travaillée auparavant avec les élèves).

❺ Quelles activités proposeriez-vous pour travailler la maitrise de la notion de sujet ?

Après une mise en commun plus légère que celle envisagée (formes du sujet, principaux cas d'inversion du sujet), plusieurs séries d'exercices peuvent être proposées :

– des exercices de repérage (avec un codage spécifique à la classe ou au manuel habituellement utilisé, si nécessaire) du sujet dans des phrases isolées et dans de petits textes. On peut demander aux élèves (en binômes ou en petits groupes pour favoriser la verbalisation et l'échange des procédures), d'un côté, de repérer d'abord simplement les sujets, puis de classer les différentes formes du sujet (groupe nominal, pronom) et, d'un autre côté, leur soumettre un ou deux textes comportant des sujets inversés (interrogations directes avec inversion simple : *Que veux-tu ?* verbe en incise comme *dit-il*) ;

– diverses manipulations telles que compléter la phrase comportant le seul groupe verbal en ajoutant un groupe sujet (… *glissent / descend / …*) et inversement (*Les skieurs… / Le soleil / …*) ; mettre en relation des groupes sujets et des groupes verbaux donnés dans deux listes séparées (*Les musiciens / Le guitariste / … – jouent / s'entraine / …*) ; faire varier le nombre du sujet (singulier /pluriel : *L'enfant dort / Les enfants…*) et modifier le verbe en conséquence ;

– l'écriture de petits textes à partir de quelques images, par exemple de skieurs, dans le prolongement thématique du texte d'I. Drozd. On peut focaliser le texte sur un personnage en demandant de dire ce qu'il fait, dit…

Pour tous ces exercices, on sera attentif à la différenciation des activités, en proposant des exercices gradués, de niveau différent de difficultés, en distinguant en particulier des exercices spécifiques pour le CM1 et d'autres pour le CM2. Par exemple, pour le CM2, on pourra proposer des cas d'inversion du sujet plus compliqués (dans une subordonnée : *Madeleine qu'attend Jacques*) ou des formes de sujet supplémentaires par rapport aux quatre cas du CM1 (verbe à l'infinitif : *Souffler n'est pas jouer*)[32]. La différenciation peut aussi jouer sur la longueur : en CM1, texte plus court, moins de sujets à repérer, travail sur des phrases ; en CM2, texte plus long, plus de sujets à repérer, etc.

32. Pour un travail complet sur l'accord sujet-verbe, qui met aussi en jeu la grammaire, voir C. Brissaud, D. Cogis, *Comment enseigner l'orthographe aujourd'hui ? Les cartes de l'orthographe*, cartes 7 « L'accord sujet-verbe au cycle 2 » et 8 « L'accord sujet-verbe au cycle 3 », Hatier, 2011.

CHAPITRE 11 — La littérature au cycle 3

CE QU'EN DISENT LES PROGRAMMES

Les programmes de 2002 ont donné une place entière à la littérature à l'école. Ceux de 2015 la relient à plusieurs sous-domaines :

– celui de la lecture ; la littérature est alors profondément liée à la notion de compréhension et d'interprétation, avec comme attendu de fin de cycle « lire, comprendre et interpréter un texte littéraire adapté à son âge et réagir à sa lecture » ;

– celui de l'écriture, indissociable de la lecture et qui, *via* les écrits de travail et autres, permet d'accéder à une meilleure compréhension[1] et mémorisation des textes ;

– celui de l'oral car les textes doivent être lus avec fluidité et oralisés, avec l'utilisation d'outils numériques ;

– celui de « la culture littéraire et artistique[2] », pour laquelle sont données de grandes « **entrées** » (thématiques) visant des enjeux relevant à la fois de la littérature et de la formation personnelle ; ces entrées sont complétées par des indications de corpus, pour les activités de lecture, d'écriture et d'oral. En CM1-CM2, « Les héros/héroïnes et personnages », « La morale en question », « Le merveilleux et l'étrange », « Vivre des aventures », « Imaginer dire et célébrer le monde » (essentiellement avec la poésie), « Se découvrir et s'affirmer dans le rapport aux autres ». En 6ᵉ, seront plutôt étudiés le monstre, les récits d'aventure et de création poétique, les textes mettant en scène les ruses, les mensonges et les masques. La liste[3] de référence pour le cycle 3 a été réactualisée en 2013. On peut consulter également le dossier « la poésie à l'école » mis à jour en 2010.

La progressivité des lectures est liée à la difficulté des œuvres proposées, à la part d'implicite de plus en plus grande, à leur éloignement de l'univers de référence des élèves, à la nouveauté des formes littéraires. L'objectif est d'amener progressivement les élèves à une « posture[4] de lecteur attentif au fonctionnement des textes, sensible à leurs effets esthétiques, conscient des valeurs qu'ils portent ».

Ces « entrées » supposent également **la mise en relation** de plusieurs œuvres littéraires mais aussi artistiques (iconographiques et cinématographiques) qui sont rapprochées dès que possible avec les programmes d'histoire et d'histoire des arts ; il faut favoriser le repérage des différentes références culturelles et le renvoi au monde et aux savoirs sur le monde.

La construction et la structuration de la culture littéraire sont dépendantes de **la quantité de lectures** qui augmente au fil du cycle : cinq ouvrages de littérature de jeunesse en CM1, quatre en CM2 et trois en 6ᵉ auxquels s'ajoutent deux œuvres classiques en CM1, trois en CM2 et 6ᵉ. L'enseignant veille à varier les genres (contes, romans, nouvelles, théâtre, poésie, BD...) et les œuvres sont travaillées de préférence dans le texte intégral.

---

1. Se reporter au chapitre 6 et voir tout ce qui concerne le cycle 3 dans le passage sur « L'importance des activités liées à la compréhension ».

2. *B.O.*, 26 novembre 2015, p. 121.

3. http://eduscol.education.fr/cid58816/litterature.html

4. *B.O.*, cycle 3, p. 109.

11 La littérature au cycle 3

CE QU'IL FAUT SAVOIR POUR ENSEIGNER

À l'école primaire, la littérature n'apparait comme champ disciplinaire spécifique qu'avec les programmes de 2002 : elle a donc mis beaucoup de temps à occuper légalement les lieux. Elle a gagné une autre bataille ; on n'oppose plus la littérature de jeunesse à la « grande littérature » car il est acquis qu'elle « ne [diffère] en rien, dans son fonctionnement et ses attentes lectorales de la littérature de vieillesse.[5] »

Il est clair maintenant, avec la place prise par la littérature de jeunesse dans le monde de l'édition et dans les travaux universitaires, que les textes de littérature destinés aux enfants possèdent bien, pour les meilleurs d'entre eux, les caractéristiques habituelles du texte littéraire : polysémie, attention à la langue, façons de représenter le réel, dimension fictionnelle, richesse de l'intertextualité...

1 La lecture littéraire

Longtemps, à l'école primaire, l'enseignement de la littérature a pu être confondu avec celui de la lecture. Même si les enjeux éducatifs sont complémentaires, il y a pourtant des objectifs et des contenus propres à la littérature qu'il importe de bien identifier[6].

Mais la tâche est complexe car la définition même de la littérature, de ce qui est littéraire ou ne l'est pas, s'avère, dans la recherche universitaire comme dans la vie courante, susceptible de variations importantes selon le point de vue adopté. De même, la notion de *lecture littéraire* relève de conceptions différentes qui conditionnent énormément l'enseignement. Ainsi, les auteurs de *Pour une lecture littéraire*[7] en identifient quatre :

— **la lecture littéraire** comme lecture de textes littéraires. Selon cette approche, très répandue, c'est l'objet, c'est-à-dire le texte, qui définit la lecture comme littéraire ou non, puisqu'elle apparente la lecture littéraire simplement à la lecture de textes reconnus comme littéraires ;

— **la lecture comme distanciation**. Selon cette conception, c'est la pratique de lecture lorsqu'elle est savante, distanciée, voire esthétisante, qui rend littéraire même la lecture de textes qui, *a priori*, ne le sont pas ;

— **la lecture participation**. Elle valorise la subjectivité du lecteur qui s'implique pleinement dans le texte lu en acceptant ce qu'on appelle « l'illusion référentielle », c'est-à-dire en acceptant de croire à la réalité du récit ;

— **la lecture comme va-et-vient dialectique entre les deux postures précédentes**[8]. Selon cette conception, le lecteur accepte le plaisir de l'illusion référentielle pour une lecture naïve mais peut s'en démarquer pour adopter une attitude d'analyste. La lecture littéraire repose précisément sur ces changements de postures du lecteur et sur les oppositions fructueuses qu'il peut percevoir de ces décalages : perception de variations du sens, des écarts entre conformité et subversion, du jeu entre réalité et fiction...

Selon la conception que l'on se fait de la lecture littéraire, l'enseignement de la littérature peut donc prendre des directions bien différentes. La quatrième conception est celle qui domine à l'école primaire, entre lecture adhésion et lecture distanciée.

---

5. C. Tauveron, « L'interprétation à l'école : des sources théoriques à une modélisation didactique », *Interpréter et transmettre la littérature aujourd'hui*, M. Butlen et V. Houdart-Merot (dir.), Université de Cergy-Pontoise, CRTF, 2009.

6. Sur cette question, *cf.* article d'Y. Reuter cité dans la bibliographie.

7. J.-L. Dufays, L. Gemenne, D. Ladur, *Pour une lecture littéraire*, De Boeck, 2005, p. 87-97.

8. M. Picard, *La lecture comme jeu*, éditions de Minuit, 1986. On doit à cet auteur la théorie de la lecture comme jeu qui présente le lecteur comme un être triple : il est à la fois le liseur (instance physique, sensorielle), le lu (instance psychoaffective, émotionnelle) et le lectant (instance intellectuelle, rationnelle, interprétative).

2. Des compétences spécifiques

Être un bon lecteur suppose des savoirs encyclopédiques sur le monde (qui, bien que davantage assurés pour le cycle 3 que pour la maternelle, peuvent encore faire défaut à certains élèves) mais d'autres connaissances[9] nécessaires portent sur :

— le système éditorial (auteur, illustrateur, édition, collection) mais aussi sur tous les éléments d'information apportés par le titre, les illustrations, le résumé de la quatrième de couverture, etc.

— les stéréotypes culturels (ensemble de motifs et de structures fonctionnant dans la mémoire culturelle, qui par leur reconnaissance ou leur ignorance peuvent infléchir la réception du texte)[10] ; les programmes de 2015 signalent que la comparaison de leur « mise en situation » peut être intéressante[11] ;

— les mythes et les symboles qui font partie des références communes qui s'accroissent avec la culture ;

— les techniques narratives (effet de point de vue, polyphonie, asynchronie, ellipses, relais de narration, construction du personnage...) ;

— les genres, chacun développant un horizon d'attente ; on n'attend pas la même chose d'un conte, d'un roman policier ou d'une nouvelle de science-fiction. Le genre produit des effets de cadrage, de mise en familiarité avec certains codes, un « pacte de lecture » qui peuvent faciliter la lecture – ou la contrarier, en cas de méconnaissance. Des séquences pédagogiques bâties autour du genre aident à construire ces règles de référence qui se renforceront au cours des lectures ultérieures.

Mais il faut que les élèves acquièrent également des comportements spécifiques face aux textes :

— comprendre[12] et construire les différents rôles « à la jonction du cognitif et du culturel »[13] que la lecture littéraire exige du lecteur parce que le texte est forcément incomplet, ouvert, polysémique, riche de références, quelquefois trompeur... Le récit de fiction est constitutivement lacunaire : c'est « la machine paresseuse » dont parle Umberto Eco[14]. Il n'est jamais clos mais sans cesse reconstruit, ce qui exige la coopération interprétative du lecteur ;

— entrer dans cette activité symbolique qui nécessite un dépassement du sens littéral pour pouvoir interpréter les symboles et trouver un sens en rapport avec l'expérience du sujet. La littérature est porteuse de valeurs.

Les compétences en jeu sont enfin culturelles. Le rapport à la culture, très marqué par les appartenances aux milieux socio-culturels, demande beaucoup de précautions et de savoir-faire de la part des enseignants qui doivent anticiper les obstacles de ce type pour pouvoir les dépasser : éloignement de certains élèves par rapport aux mondes représentés, rejet de certains thèmes, refus de « l'étrangeté », difficultés linguistiques... L'objectif est de construire une culture commune à tous les enfants, ce qui explique la liste de référence des œuvres ainsi que la proposition d'« entrées ».

---

9. Sur ce point, voir particulièrement C. Tauveron, *Lire la littérature à l'école*, Hatier, 2002, p. 40-77.

10. Voir les travaux de R. Amossy et surtout de J.-L. Dufays, *Stéréotype et lecture. Essai sur la réception littéraire*, Peter Lang, 2011.

11. *B.O.*, cycle 3, p. 110.

12. Voir le chapitre 6, « La compréhension en lecture aux cycles 2 et 3 », p. 157.

13. C. Tauveron, *Lire la littérature à l'école*, op. cit.

14. Voir *Lector in fabula. Le rôle du lecteur ou la coopération interprétative dans les textes narratifs*, Le Livre de Poche, coll. « Biblio essais », 1985, p. 27.

3 Les rapports entre compréhension et interprétation

Pour les programmes de 2015, « les activités de lecture mêlent de façon indissociable la compréhension et l'interprétation [15] »

L'approche traditionnelle des théoriciens de la lecture littéraire distinguait et opposait ces deux modalités d'accès au texte, la **compréhension** et l'**interprétation**. La compréhension, assimilée à une lecture « passive » ou « naïve », ne permettant qu'un accès au sens littéral, était assez généralement dévalorisée tandis que l'interprétation, considérée comme une lecture « active », « avertie » ou encore « profonde » était survalorisée. La nécessité d'une compréhension préalable était admise mais, pour accéder au sens « profond » ou « second », elle devait céder la place à l'interprétation.

Cette successivité des deux modes de lecture a été contestée par les didacticiens de la littérature à l'école qui ont retourné cette conception hiérarchisée des rapports entre compréhension et interprétation, pour le cycle 3 tout au moins : « Un de nos apports a été de poser que la compréhension, du moins une compréhension, était la finalité de tout acte de lecture et de démontrer [...] que la compréhension advient certes de manière automatisée tant que le texte ne pose au lecteur aucun problème mais que la littérature (de jeunesse) offre bien souvent et délibérément une résistance à la compréhension [16]. »

Selon Catherine Tauveron qui s'appuie sur les travaux de Dominique Maingueneau, une des propriétés du texte littéraire serait sa « résistance » au sens [17], contrairement aux autres écrits que l'on essaie de rendre immédiatement accessibles (notamment, les textes fonctionnels, recettes, modes d'emploi...). Le texte littéraire résiste de deux façons :

— **la réticence**. Le texte retient des informations : narrateur rendu énigmatique ou ambivalent, ellipses sur certains événements à reconstituer, symboles à déchiffrer, plusieurs points de vue qui réorganisent l'ensemble (comme dans *L'enfant océan* de J.-C. Mourlevat[18], chronologie perturbée (comme dans *L'œil du loup* de D. Pennac[19]), enchâssements de récits, monde fictif dont les frontières sont mal établies, ironie, contradiction du texte et de l'image, etc.

— **la prolifération**. Le texte en dit trop ; il est volontairement polysémique avec des interprétations multiples sur les personnages, une situation, une fin dite « ouverte », comme dans certains albums de Rascal : *Ami-ami*, *Petit lapin rouge*, *Poussin noir*[20], etc.

En fonction de son âge, le lecteur deviendra de plus en plus expert et dépassera ces « résistances ».

Les textes de ce type induisent des modalités de lecture qui peuvent être très intéressantes, quoiqu'il faille éviter quelques écueils : des textes trop résistants qui peuvent bloquer les élèves fragiles, ou des textes trop larges qui sèment à foison des questions et des hypothèses. Mais celles-ci doivent s'ancrer dans le texte que le lecteur doit respecter : on ne peut pas lui faire dire n'importe quoi.

4 Les activités et dispositifs

Étant donné l'importance de la littérature qui engage les histoires personnelles, les expériences des lecteurs et contribue à créer leurs références culturelles, le **choix des textes** est déterminant et ne doit pas seulement être dicté par un objectif

---

15. B.O., p. 109.

16. C. Tauveron, *Interpréter et transmettre la littérature aujourd'hui*, 2011, op. cit.

17. Voir le sujet sur la poésie, p. 311.

18. Pocket jeunesse, 1999.

19. Pocket jeunesse, 2003.

20. *Petit lapin rouge* et *Poussin noir*, L'École des loisirs, 1997 ; *Ami-Ami*, L'École des loisirs, 2002.

technique (travailler l'implicite, la chaine référentielle, le point de vue...) même si ce travail est nécessaire. Des œuvres fortes engageant un travail sur les valeurs et les affects, faisant partie du patrimoine national et international, appartenant à des genres divers, permettant d'explorer l'univers d'un auteur, etc. occasionnent des séquences très enrichissantes.

Il faut alors mettre en place des dispositifs et des activités susceptibles de leur conférer toute leur puissance pour travailler au mieux leur sens et faire affleurer les aspects symboliques et esthétiques. Pour les programmes de 2015[21], les activités doivent permettre aux élèves de « verbaliser, à l'oral ou à l'écrit, leur réception des textes et des œuvres : reformulation ou paraphrase, mise en relation avec son expérience et ses connaissances, mise en relation avec d'autres lectures ou d'autres œuvres, expression d'émotions, de jugements, à l'égard des personnages notamment ».

[21]. Cycle 3, p. 110.

4.1 Le débat

Les programmes de 2015[22] préconisent « le débat délibératif (pour résoudre un désaccord de compréhension auquel le texte permet de répondre sans ambiguïté) ou à un débat interprétatif (lorsque le texte laisse ouverts les possibles) ».

[22]. *Ibid.*

Ce dernier s'appuie sur l'idée que la littérature est une pratique et que celle-ci se manifeste dans l'échange. Il peut porter sur des aspects extrêmement divers mais s'appuie toujours sur une lecture effective des textes.

Il prend en compte la dimension sociale et culturelle de la lecture littéraire qui déborde la rencontre singulière d'un texte et d'un lecteur. Il permet de confronter les appréhensions subjectives, de lever les résistances du texte.

Mais sa mise en œuvre n'est pas toujours facile et demande quelques précautions touchant aux rôles des uns et des autres. L'enseignant, s'il souhaite vraiment que les élèves s'engagent dans cette voie, doit ainsi centrer les échanges sur les propositions des élèves, sur leurs lectures réelles plutôt que sur les bonnes réponses qu'il détient déjà et qu'il souhaiterait entendre. Les élèves, pour leur part, ont à acquérir des comportements de discussion et de débat (écouter les autres, intégrer leur propos à son propre discours, argumenter) mais aussi des exigences de lecteur : les hypothèses interprétatives doivent être justifiées par des retours au texte, des prises d'indices précises, un travail exigeant et respectueux de l'œuvre.

Enfin, le débat se prépare et se nourrit par le recours à l'écriture. C'est grâce à l'écrit que l'on garde des traces des lectures effectuées (des réactions, des impressions, des questionnements) et le débat peut s'initier. C'est grâce à l'écrit que des impressions fugitives et floues trouvent une formulation communicable ensuite à l'oral. L'écrit permet aussi, par exemple en affichant les avis divergents des uns et des autres, de prendre connaissance, dans la sérénité, des différents points de vue et de mesurer le chemin parcouru.

4.2 Les entrées

La grande nouveauté des programmes 2015 consiste à organiser les activités littéraires au cycle 3 à partir d'« entrées » thématiques. L'objectif est de fixer « quelques points de passage obligés » (p. 121) pour construire une culture commune.

Le questionnement est adapté à la maturité des élèves et il crée des ouvertures sur plusieurs œuvres, en intégralité ou en extrait, et de différentes sortes. « Ces lectures s'organisent autour d'entrées qui appellent les mises en relation entre les textes et d'autres documents ou œuvres artistiques[23] ». Ce qui revient à la mise en réseau des textes, prônée par les programmes de 2002 et de 2008 antérieurs même si le terme « réseau » n'est pas repris par ceux de 2015.

La mise en réseau se fonde sur la notion d'**intertextualité** développée à la fin des années 1960 par Julia Kristeva puis reprise par la suite ; un texte littéraire a des référents dans la littérature même, s'inscrit dans une filiation par la récupération et la transformation d'un texte antérieur. « Tout texte est un *intertexte* ; d'autres textes sont présents en lui à des niveaux variables, sous des formes plus ou moins reconnaissables : les textes de la culture antérieure et ceux de la culture environnante ; tout texte est un tissu nouveau de citations révolues » dit Roland Barthes[24]. Que l'on utilise, avec des sens un peu différents les notions d'intertextualité, d'hypertextualité ou de transtextualité, le fondement est le même : toute œuvre en évoque une autre.

C'est une des clés de l'accès à la lecture littéraire, certes un jeu de lettré mais auquel les jeunes élèves peuvent être initiés, *via* des mises en réseaux solides qui permettent de voir les échos entre les auteurs et les textes. Les fables de La Fontaine renvoient à celles d'Ésope mais elles ont été pastichées et reprises maintes fois, par Françoise Sagan (« La fourmi et la cigale »), Yak Rivais (« La cigalipette et la fourmilitaire »), etc. ; les œuvres d'A. Browne ou de Ponti fourmillent de citations, d'allusions, de références à des textes ou tableaux connus. Les résonances peuvent aussi jouer à l'intérieur de l'œuvre d'un même auteur, qui crée un système d'autoréférences par le retour des personnages, par exemple.

Pour que l'élève se fraye un chemin dans la culture littéraire, il faut en effet qu'il puisse construire ces rapprochements entre les œuvres, les personnages, les auteurs, et surtout les thèmes ou les questionnements pour accéder à des expériences de lecture plus savantes. Regrouper des textes en les fédérant par une « entrée » thématique permet d'ordonner un parcours et de proposer un cheminement d'un texte à l'autre.

4.3 Un outil : le carnet de lecture

Le carnet de lecture, conseillé par les programmes, est l'instrument d'une relation libre et plus intime avec les livres. Il est sans doute un des outils les plus propices à l'émergence d'un sujet lecteur car il favorise le travail de l'élève sur ses propres représentations qu'il pourra formuler, questionner, reprendre…

C'est, le plus souvent, un carnet personnel dans lequel l'élève peut noter ce qui lui plait à partir de ses lectures : un titre, la copie d'un passage aimé, une réflexion, la justification d'un choix ou d'un avis, etc. Il mêle un aspect privé, une expérience personnelle de lecture, et un aspect social parce qu'il est mis en œuvre dans la classe, à partir de lectures faites dans la classe.

Bien qu'il soit pensé en relation avec la sphère privée, c'est une sorte de carnet intime et il n'a pas à être évalué. Néanmoins, on peut penser qu'il ne peut voir le jour sans l'intervention de l'enseignant qui devra bien dans un premier temps suggérer ce qu'on peut y écrire et laisser du temps en classe pour que les élèves l'utilisent.

---

23. *B.O.*, p. 109.

24. Article « Texte » de l'*Encyclopædia universalis*, 1974.

4.4 Les autres activités d'écriture

C'est en étant confronté à des tâches d'écriture que l'élève va pouvoir approcher les aspects les plus complexes du fonctionnement des textes comme les systèmes énonciatifs, l'expression du point de vue, les ruptures thématiques, et ainsi mieux comprendre les œuvres. C'est également en se plaçant en position d'énonciateur qu'il va mieux appréhender le rôle attribué au lecteur.

Les programmes de 2015 insistent sur ce point : « L'écriture est aussi un moyen d'entrer dans la lecture littéraire et de mieux percevoir les effets d'une œuvre, qu'il s'agisse d'écrire pour garder des traces de sa réception dans un cahier ou carnet de lecture, d'écrire en réponse à une consigne dans un genre déterminé pour chercher ensuite dans la lecture des réponses à des problèmes d'écriture, d'écrire dans les blancs d'un texte ou en s'inspirant du modèle qu'il fournit[25]. »

Les idées de situations d'écriture à partir de la littérature sont très variées et les écrits suscités divers.

Des **écrits d'invention** à partir d'un texte permettent de prolonger, compléter ou transformer un texte ; écrire un épisode nouveau, un dialogue ou une description dans un récit ; pasticher, imiter ou détourner des textes très connus, etc. Mais il est important de faire prendre conscience aux élèves qu'ils peuvent écrire en tenant compte des lectures antérieures, en puisant dans le répertoire de motifs, de thèmes, de situations et même d'expressions repérés dans les textes d'auteurs.

Des **écrits de travail** (conseillés par les programmes de 2015)[26] permettent de mieux construire la compréhension et l'interprétation des textes. Ils servent à étayer la pensée, à soutenir et éventuellement à fixer la réflexion. Leurs fonctions peuvent être multiples :

– accueillir ou faire s'exprimer les premières (ou ultimes) impressions de lecture ;

– faire repérer une mauvaise posture de lecture ;

– rendre les élèves témoins de leur propre lecture ;

– aider les élèves à problématiser eux-mêmes leur lecture.

Les **écrits réactifs** sont particulièrement utiles ; après une première lecture, magistrale ou non, ils permettent ce premier rapport au texte, avant toute explication ou discussion. Des consignes larges comme « Quelles questions te poses-tu sur ce texte ? » peuvent être très productives car elles ne ciblent pas exclusivement ce qui est compris ou pas compris.

Des écrits peuvent accompagner tout le cheminement de la lecture : lister les personnages, reformuler un passage, remplir une ellipse, recopier une phrase appréciée, dire son ressenti, son ravissement ou ses crispations sur un passage, etc. Ils trouvent éventuellement leur place dans le carnet de lecture. Ils ont aussi une fonction heuristique mais gardent également la mémoire des lectures effectuées.

La didactique de la littérature est donc bien présente sur le terrain et donne lieu à beaucoup d'activités et de dispositifs intéressants mais, au-delà de ces aspects professionnels, l'important reste ce que nous dit la littérature sur le monde et sur nous car « les œuvres sont des lieux de fondation et d'éducation, par leur force propre, en amont de tout dispositif didactique »[27].

---

[25]. Cycle 3, p. 109.

[26]. *Ibid.*, p. 102.

[27]. J.-C. Chabanne et al., « Entre social, affects et langage, l'œuvre comme médiation », *Le Français aujourd'hui*, 2004/2, n° 145.

RESSOURCES À CONSULTER

• **Bibliographie**

— Butlen M., Caminade F. et al., *Les chemins de la littérature au cycle 3*, CRDP, Académie de Créteil, 2003.

— Perrin A., *Quelle place pour la littérature à l'école ?* Retz, 2010.

— Reuter Y., « Éléments de réflexion sur la place et les fonctions de la littérature dans la didactique du français à l'école primaire », in *Pratiques* n° 13, *Lecture et écriture littéraires à l'école*, INRP, 1996.

— Tauveron C. (dir.), *Lire la littérature à l'école*, Hatier, 2002.

AU CONCOURS

Dans le cadre national de la prévention de l'illettrisme, le ministère de l'Éducation nationale a lancé, en juin 2010, une opération intitulée « Un livre pour l'été ». Elle a consisté à distribuer à tous les élèves de CM1 le recueil des *Fables* de La Fontaine illustrées par Marc Chagall, ouvrage édité en 2003 par la Réunion des musées nationaux (RMN).

Marc Chagall (1887-1985) est un peintre biélorusse naturalisé français en 1937. Il est l'un des artistes installés en France les plus connus du XXe siècle, avec Picasso et Matisse. Son œuvre, très onirique, est parfois rattachée au surréalisme. C'est l'éditeur et marchand de tableaux parisiens Ambroise Vollard qui a sollicité Chagall pour un projet d'édition illustrée de cent fables de La Fontaine, en 1926. Le peintre réalise une série de cent gouaches mais l'ouvrage ne verra jamais le jour. Elles ont été exposées en 1990 au musée national Marc-Chagall à Nice. Quelques-unes se trouvent dans l'ouvrage offert aux écoliers. Les fables retenues par Chagall ne sont pas forcément les plus connues.

À partir des trois documents donnés, vous répondrez, dans une analyse critique, aux questions suivantes :

❶ Quelles sont les compétences susceptibles d'être développées dans les phases 1 à 3 ? Sont-elles en accord avec les programmes ? *(4 points)*   Corrigé p. 279

❷ Commentez le choix de l'ouvrage proposé par le ministère. *(2 points)*   Corrigé p. 281

❸ Analysez la manière dont est travaillée la fable de La Fontaine « Le loup et l'agneau » dans les phases 2 et 3. En quoi vous parait-elle intéressante ? *(4 points)*   Corrigé p. 281

❹ Analysez les intérêts des phases 4 et 5 et du projet personnel. *(3 points)*   Corrigé p. 284

DOCUMENTS

- **Document A : couverture du recueil des *Fables* illustrées par Marc Chagall**

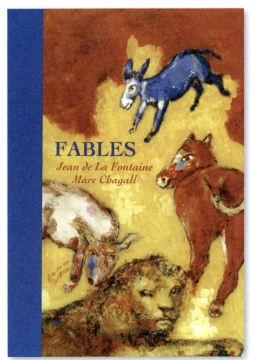

• **Document B :** double page avec la fable de La Fontaine « Le loup et l'agneau » et l'illustration de Marc Chagall, pp. 16-17

• **Document C :** extrait des pistes pédagogiques fournies sur le site Eduscol[28] sur l'exploitation du recueil et des pages 16 et 17

« Découvrir les usages du recueil et identifier le genre fable »

Séance 0 : problématisation et « mise en selle » du lecteur [...]

Problématisation de la lecture à partir de la présentation de la page de titre de l'édition RMN

Le recueil : « Qu'est-ce que c'est qu'un recueil ? » ; « Comment est-ce que ça se lit ? » ; « Qui est l'auteur du recueil ? La Fontaine ? Chagall ? La RMN ?... »

Phase 1 (30 minutes)

Par groupes, les élèves feuillettent l'ouvrage et échangent sur leurs premières impressions puis les notent par écrit.

Attendus :

– La Fontaine est connu, les élèves ont déjà entendu son nom.

– Les élèves peuvent citer le titre d'une fable.

– Les élèves peuvent citer des parties d'une fable.

– Les élèves connaissent une fable dans son intégralité.

– les élèves peuvent reformuler l'histoire d'une fable.

– Les élèves comprennent que Chagall est un peintre ; ils adhèrent à son esthétique en premières réactions (c'est beau).

– Les élèves sont déçus de ne pas trouver les fables qu'ils connaissent.

[28]. La Direction générale de l'enseignement fournit des pistes sur l'exploitation du recueil et de cette double page : http://eduscol.education.fr/cid58816/litterature.html#lien5.

– Les élèves ont une première conception de ce qu'est une fable ; il y a une morale ; ils peuvent en citer une éventuellement : « Rien ne sert de courir il faut partir à point »...

Phase 2 : en ateliers avec le maitre (deux fois 1 heure)

Chaque élève est sollicité pour chercher une fable qu'il connait bien ou au moins un peu. Des groupes de travail sont alors constitués : un élève ressource a la charge de dire ce qu'il sait de la fable en question. Le groupe a alors pour tâche de lire la fable, de repérer explicitement quels sont les personnages, les actions, le problème posé, la morale dégagée mais aussi qui parle, qui raconte.

On peut penser qu'avec ce travail en ateliers avec le maitre, au moins quatre fables et quatre tableaux seront explorés parmi les titres suivants : « Le loup et l'agneau », « La grenouille qui voulait se faire aussi grosse que le bœuf », « Le héron », » Le petit poisson et le pêcheur », « Le renard et les raisins », « Le pot de fer et le pot de terre », « Le lion et le moucheron »...

Atelier mené par le maitre : l'objectif pour les élèves est de pouvoir expliciter la fable à leurs pairs et d'en faire une lecture expressive.

Objectif : comprendre l'histoire racontée, identifier la morale, questionner l'image (que raconte-t-elle ?).

Exemple : « Le loup et l'agneau »

Le maitre demande à « l'élève ressource » de présenter la fable puis éventuellement de préciser comment il la connait...

Première analyse de l'image : inventaire de ce que voient les élèves

Le maitre liste les éléments d'observation des élèves en les catégorisant : éléments plastiques, interprétation, gestes plastiques...

Retour au texte

Puis le maitre lit à haute voix le texte une première fois et demande aux élèves de formuler des questions sur ce qui leur échappe... Les élèves relisent à voix haute, pas à pas, et reformulent les différentes parties de l'histoire.

– Noter les éléments de vocabulaire à capitaliser (dictionnaire thématique des mots de La Fontaine – champ sémantique) : *breuvage, onde, se désaltérer, boisson, troubler, châtier, procès*...

– Relever les différents termes décrivant les personnages : *loup, animal plein de rage, Sire, Votre Majesté, cette bête cruelle*, correspondant aux discours et points de vue des personnages et du narrateur.

– Lire à voix haute en endossant les voix des personnages afin de distinguer ce que disent les personnages, de la voix du narrateur.

Pour le narrateur	Pour l'agneau
Loup, cherchait aventure, animal plein de rage, cette bête cruelle	*Sire, Votre Majesté*

Expliciter l'argumentation du loup et la défense de l'agneau

– L'eau troublée : faire schématiser la position du loup par rapport à l'agneau (sens du courant et eau troublée) ; faire reformuler les arguments de l'un et de l'autre.

– « Si ce n'est toi c'est donc ton frère » : expliciter ce que représente le « on » dans la bouche du loup : « On me l'a dit il faut que je me venge ».

Retour sur l'image : que raconte Chagall dans cette image ?

– **Paradoxes relevés** : le loup n'a pas l'air méchant / l'agneau n'a pas peur… Le loup qui se reflète n'a pas les mêmes couleurs, est-ce un autre loup ?

– **Écarts par rapport aux stéréotypes figuratifs** : où se trouve représentée l'eau ? L'eau n'est pas bleue mais blanche, des galets, des poissons s'y trouvent…

– **Question permettant de problématiser la relation texte image** : « Est-ce que Chagall raconte la fable dans son tableau ? (Il ne raconte pas ; l'image est statique, il n'y a pas d'action.)

– **Interprétation à faire de la position du loup par rapport à l'agneau** : d'une proximité où l'un est relié à l'autre, la tête du loup s'emboitant au-dessus de la tête de l'agneau, le rouge de la langue éclairé par deux virgules blanches marquant potentiellement le danger de dévoration.

– **Le reflet du loup peut se lire comme un signe** représentant la puissance par le nombre (il y a toujours un loup au coin du bois) renvoyant au « on » du texte. Le reflet signe aussi l'omniprésence du loup en terme de territoire (près du quart du tableau représente de fait le loup et de plus il est en premier plan).

Retour sur la morale : « La raison du plus fort est toujours la meilleure. »

– Qui parle ?

– Distinguer auteur / narrateur.

– La Fontaine se fait conteur… et prend la voix d'un narrateur qui s'adresse à un auditoire.

Aujourd'hui le lecteur, mais autrefois, à l'époque de La Fontaine, qui écoutait ses textes ? (Travail décroché sur la lecture documentaire de notices biographiques sur La Fontaine.)

Positionnement du lecteur : « réaction au texte »

Questions aux élèves :

– « Es-tu d'accord avec ce qui est dit par le narrateur ? Pourquoi ? »

– « Est-ce que ce qui est dit existe dans la vie d'aujourd'hui ? »

– « Le plus fort est-il toujours celui qui a raison ? »

– « De quelles manières peut-on être le plus fort ? »

– « Comment l'agneau aurait-il pu éviter le pire ? » ; évoquer le corbeau et le renard.

Les élèves répondent sous forme d'écrits individuels, puis une mise en commun est effectuée de manière à mettre en évidence le système de valeurs sous-jacent.

Phase 3 : mise en commun des ateliers (1 heure)

Chaque groupe raconte l'histoire / énonce la morale / commente l'image en relation avec la fable.

Le maître fait avancer la séance en notant les éléments essentiels permettant d'identifier ce qu'est une fable (histoire, morale) et l'univers de Chagall.

Phase 4 : élaborer un projet de parcours dans le recueil (par groupe) (30 minutes)

Questions aux élèves :

– « Est-ce que Chagall dessine des animaux qui ont l'air méchant ? »

– « Est-ce que La Fontaine ne raconte que des histoires d'animaux qui parlent ? »

Engager les élèves à lire les fables qui parlent d'un loup / d'un chien / en feuilletant le livre côté images ou côté texte… Toutes devront être explorées.

Les parcours sont exposés par leurs auteurs (schématisation) et explorés par les élèves individuellement.

Le capital lexique s'enrichit, la liste des morales se complète, le répertoire plastique aussi.

Mettre à disposition des élèves d'autres types de recueils illustrés.

Phase 5 : choix des textes, choix des images dans le recueil

Entrée rapide dans l'activité (30 minutes) : tâche d'appariement une double page texte image avec la première de couverture d'un recueil.

Chaque élève ou groupe d'élèves a une image prélevée dans un des dix recueils retenus par le maitre. Le maitre affiche la première de couverture de chaque recueil et demande aux élèves de justifier leur choix.

Reprise des fables travaillées en atelier et recherche dans les recueils (30 minutes). Pourquoi n'y sont-elles pas toujours ?

Idée de choix de l'auteur du recueil :

– « Alors qui a choisi les fables dans le recueil initialement travaillé ? »

– « À partir de quels critères de choix a-t-il été effectué ? »

– « Comment La Fontaine a-t-il classé ses propres textes ? »

Projet personnel (temps libre)

Faire son propre recueil de fables (quatre ou cinq fables) et en choisir les mises en images en recherchant dans des ouvrages documentaires sur l'art, dans des banques d'images…

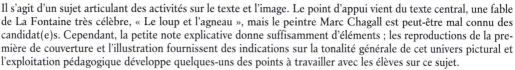

11 La littérature au cycle 3

CORRIGÉ — ANALYSE CRITIQUE

> **Aide méthodologique**
>
> Ce sujet présente quelques difficultés.
>
> Il s'agit d'un sujet articulant des activités sur le texte et l'image. Le point d'appui vient du texte central, une fable de La Fontaine très célèbre, « Le loup et l'agneau », mais le peintre Marc Chagall est peut-être mal connu des candidat(e)s. Cependant, la petite note explicative donne suffisamment d'éléments ; les reproductions de la première de couverture et l'illustration fournissent des indications sur la tonalité générale de cet univers pictural et l'exploitation pédagogique développe quelques-uns des points à travailler avec les élèves sur ce sujet.
>
> Le terme « phase » employé tout au long de la séquence peut être déstabilisant. Il est en concurrence avec celui de « séance » utilisé pour la séance zéro. Il a sans doute été employé à cause des ateliers de la phase 2 qui se déroulent en deux heures, fractionnées pour travailler avec quatre groupes. Étant donné les indications horaires qui le suivent, on peut comprendre qu'il s'agit, en gros, pour les phases 1, 3-5 d'une séance au sens habituel du terme.
>
> La première question renvoie aux programmes de 2015. Les candidat(e)s ne sont pas tenu(e)s de les connaître par cœur mais ils ou elles doivent savoir ce qui est attendu d'un élève de cycle 3 et particulièrement de CM1 et CM2. La formulation peut donc ne pas être exacte, à condition qu'elle corresponde à une compétence travaillée à ce niveau. Les réponses détaillées ci-dessous citent exactement les programmes mais il ne peut être tenu rigueur aux candidat(e)s de ne pas le faire. Étant donné la diversité des compétences, il serait souhaitable de les ordonner dans des rubriques.
>
> Les autres questions ne sont pas vraiment problématiques, chacune ciblant des phases particulières sur lesquelles il faut concentrer son attention.

❶ Quelles sont les compétences susceptibles d'être développées dans les phases 1 à 3 ? Sont-elles en accord avec les programmes ?

Énoncé p. 274

Cette séquence qui vise des élèves de CM1 suppose des compétences nombreuses mais du niveau d'un élève de cycle 3 et en accord avec les programmes de 2015.

A. Des compétences littéraires

Les Fables de la Fontaine entrent dans le cadre des « œuvres classiques » qui doivent être étudiées aux CM1 et CM2. L'étude des fables correspond à une des grandes « entrées » thématiques données par les programmes de 2015 pour ces deux classes, « La morale en question » qui vise en particulier les fables mais aussi d'autres textes susceptibles d'amener les élèves à s'interroger sur « certains fondements de la société comme la justice, le respect des différences, les droits et les devoirs » et de « comprendre les valeurs morales portées par les personnages et le sens de leur action » (p. 122).

Cependant, cette séquence part sur un prérequis : les élèves sont censés avoir des connaissances plus ou moins importantes sur les fables, établies lors du CE2 ou de l'année en cours. Elles sont actuellement au programme du cycle 3 mais il n'est pas impossible que les élèves aient abordé ce genre, de façon plus ou moins approfondie auparavant, d'autant que l'étude d'œuvres de la littérature « patrimoniale » est demandée en cycle 2, notamment les fables. Il convient alors de « travailler sur la mémoire des œuvres lues les années précédentes » (p. 111).

Dans la phase 2, les élèves doivent aussi apprendre à distinguer auteur/narrateur/personnages et chercher des renseignements sur la biographie de La Fontaine. L'opposition auteur/narrateur n'est pas reprise par les programmes de 2015.

DOMAINES DE L'ENSEIGNEMENT DU FRANÇAIS

B. Des compétences de lecture
Même si le travail se fait en atelier et en groupes, les élèves sont confrontés à des textes difficiles et nombreux puisqu'il s'agit d'explorer un recueil complet.

C. Des compétences relevant de la compréhension fine de la fable
Les élèves doivent non seulement comprendre l'histoire et le système des personnages mais aussi saisir l'argumentation déployée par le loup et l'agneau, ainsi que le « système de valeurs sous-jacent » à la fable (fin de phase 2). Ceci, en accord avec les programmes de 2015 qui demandent aux élèves de « contrôler » leur compréhension par des « justifications », en s'appuyant sur le texte ou d'autres savoirs (p. 108).

D. Des compétences de narration et de restitution de récit
Les élèves doivent comprendre un texte au point de pouvoir en rendre compte à des camarades ; ils doivent « pouvoir expliciter la fable à leurs pairs » (phase 2), « reformuler les différentes parties de l'histoire » (phase 2) et « raconter l'histoire, énoncer la morale, commenter l'image » (phase 3) ; ce qui correspond à ce qui est demandé par les programmes de 2015 : savoir organiser et structurer son propos selon le genre du discours, en mobilisant les structures syntaxiques et le vocabulaire appropriés (p. 102).

E. Des compétences orales (liées aussi à la compréhension)
Il faut savoir faire une lecture expressive et fluide des fables puisqu'il s'agit de mettre en voix : « lire à haute voix en endossant les voix des personnages » dans la phase 2 (*cf.* les programmes de 2015 qui demandent d'« oraliser une œuvre de littérature orale et écrite », en mobilisant toutes les techniques de mise en voix des textes littéraires ainsi que les ressources physiques (p. 102) et de renforcer « la fluidité de la lecture » (p. 105)).

F. Des compétences linguistiques
Les élèves doivent comprendre un vocabulaire un peu complexe, en s'appuyant sur le contexte et savoir noter les mots dans un outil pour les « capitaliser : dictionnaire thématique des mots de La Fontaine : *breuvage*, *onde*, *se désaltérer*, etc. », phase 2 (*cf.* les programmes de 2015 : « entrainement à la compréhension des mots inconnus à l'aide du contexte et de l'analyse morphologique » (p. 116). Ils doivent aussi paraphraser le sens des mots rencontrés (p. 118)).

G. Des compétences d'écrit
En début de phase 1, les élèves doivent noter leurs impressions et en fin de phase 2, répondre aux questions sous forme d'écrits individuels (*cf.* les programmes de 2015 qui relient la lecture à l'écriture, notamment aux « écrits de travail » pour « formuler des impressions de lecture, émettre des hypothèses, articuler des idées » (p. 112)).

H. Des compétences relatives à la culture littéraire et artistique
Il s'agit de savoir faire interagir les deux domaines littéraire et artistique (la fable et l'illustration de Chagall), savoir lire et analyser une œuvre d'art, comme le demandent les programmes de 2015 : les œuvres, de tous ordres, doivent faire l'objet de rapprochements (p. 121).

❷ **Commentez le choix de l'ouvrage proposé par le ministère.**

Cet ouvrage, les *Fables* de La Fontaine illustrées par Marc Chagall, est un excellent choix parce qu'il institue un dialogue :

– entre deux domaines, les arts et la littérature, qui ont partie liée car il y a une grande tradition d'illustration, bien représentée par Gustave Doré qui a illustré les *Fables* de La Fontaine, les *Contes* de Perrault et bien d'autres textes. Les albums de littérature de jeunesse témoignent aussi de cette articulation entre les arts, entre le texte et l'image ;

– entre deux siècles éloignés, le XVIIe siècle et le XXe siècle, avec deux visions du monde radicalement différentes.

Dans ce dialogue, qui entre parfaitement dans le cadre de la culture littéraire et artistique, se jouent des effets de sens, la peinture donnant une interprétation, une vision particulière des fables et ce, avec une grande puissance évocatoire. Le vers un peu abstrait : « Le loup l'emporte, et puis le mange » est immédiatement concrétisé par l'image dramatique de l'agneau dans la gueule du loup.

Les deux œuvres sont mises à égalité, sans que l'une soit complètement subordonnée à l'autre : le nombre de gouaches, la qualité technique, leur positionnement même sur la page de droite mettent en valeur l'œuvre de Chagall et les deux noms apparaissent dans une police et une taille équivalentes sur la première de couverture.

Les élèves sont invités à entrer dans l'univers de Chagall, comme dans celui de La Fontaine car, même s'il y a interaction entre les deux, chaque élément, texte et image, garde ses spécificités. Les peintures n'ont pas qu'une valeur illustrative ; ce sont des œuvres qui peuvent être analysées pour elles-mêmes pour leur composition, leur inspiration, les détails plastiques, la symbolique des couleurs, etc. Les peintures permettent également une lecture de l'image tout aussi polysémique que le texte : dans les paradoxes relevés dans la phase 2, il est dit que le loup ne parait pas méchant mais le rouge de la langue entamé par les deux crocs blancs peut en impressionner plus d'un. Très colorées, ces gouaches sont d'un accès facile pour les élèves et on peut penser que l'adhésion esthétique est possible – davantage qu'avec les gravures de Gustave Doré, par exemple.

Enfin, le fait qu'il s'agisse d'un recueil est excellent : mettre à la disposition des élèves un ensemble important de fables, permettant des choix et du vagabondage, est tout à fait remarquable. C'est d'ailleurs un des objectifs généraux assignés à la séquence : « Découvrir les usages du recueil ».

❸ **Analysez la manière dont est travaillée la fable de La Fontaine « Le loup et l'agneau » dans les phases 2 et 3. En quoi vous parait-elle intéressante ?**

A. Une démarche originale sur bien des points

On mesure le côté novateur de la séquence quand on la compare, en creux, avec la séquence « normale » qui aurait été installée classiquement dans la plupart des classes. On suppose que la grande majorité des enseignants aurait décidé d'aborder ce genre-là *via* une fable ou plusieurs fable(s) travaillée(s) avec l'ensemble de la classe avec pour objectif de comprendre l'histoire, d'identifier les enjeux de la morale et de faire découvrir, à partir de ce premier ancrage, d'autres fables pour asseoir définitivement les traits définitoires de ce type de texte.

Dans cette séquence, le mode de regroupement est significatif : la phase 2 se déroule **en petits ateliers dirigés par l'enseignant** pour un groupe d'élèves fédérés autour d'une seule fable. Le dispositif, est-il dit, devrait permettre de travailler « quatre fables et quatre tableaux », *a priori* 30 minutes par atelier. Le dispositif de l'atelier n'est pas très répandu au cycle 3 alors qu'il présente un grand intérêt.

Dans cette séquence, l'objectif est d'amener les élèves à **mener à bien une tâche définie clairement en amont** : « pouvoir expliciter la fable à leurs pairs et en faire une lecture expressive », ce qui renvoie à la **notion de projet** qui oriente les efforts vers l'autre (comprendre pour faire comprendre à ses camarades). En fait, il s'agit de préparer un exposé. Le **contrat** imposé à l'ensemble du groupe est explicite dès le début : « Le groupe a alors pour tâche de lire la fable, de repérer explicitement quels sont les personnages, les actions, le problème posé, la morale dégagée mais aussi qui parle, qui raconte », autant d'éléments à atteindre qui balisent les différents moments de la séance de préparation. Le groupe a une **conscience très nette des enjeux**, du but à atteindre, sans dévoilement progressif des intentions magistrales, comme dans les séances habituelles.

Par ailleurs, ce projet est mené en parallèle par quatre groupes qui échangeront en phase 3, ce qui donne beaucoup de sens à leur engagement. Et ce sont les élèves qui ont choisi dans le recueil la fable et l'illustration qu'ils vont expliciter, ce qui ajoute à la motivation.

Le démarrage est fondé sur une **très grande confiance** accordée aux élèves. On parie sur des pré-requis, on brûle quelques étapes : « il faut qu'ils identifient la morale » alors même que l'enseignant ne s'est pas encore assuré que les élèves mettent quelque chose de clair derrière cette notion. Ce choix imprime beaucoup de dynamisme à l'ensemble de la séquence d'enseignement.

B. Une phase 2 très bien structurée

Elle amène les élèves à trouver les éléments pour mener à bien leur tâche car chaque point est travaillé avec précision.

Après le propos introductif et la première analyse de l'image qui laissent déjà l'initiative aux élèves et les mettent en activité, trois temps nets : retour au texte / retour sur l'image / retour sur la morale. Chaque point de la tâche fixée est travaillé.

- « Le groupe a pour tâche de lire la fable » : **la lecture est très présente**, celle à haute voix du maitre au début ; lectures à haute voix et partielles (« pas à pas ») des élèves au fur et à mesure de la découverte du texte (avec un effet récursif, la compréhension est perceptible dans la qualité de la lecture et celle-ci aide à comprendre), et enfin lecture théâtralisée en endossant les voix des personnages, différenciées de celle du narrateur.

- « Le groupe a pour tâche (...) de repérer explicitement quels sont les personnages, les actions » : l'étape « retour au texte » travaille sur ces éléments avec le relevé des termes caractérisant chaque personnage (*animal plein de rage, bête cruelle*) et surtout sur **l'argumentation** – le terme est très juste : il s'agit bien d'un argumentaire qui oppose les deux animaux et qui nourrit l'enchainement des dialogues. Les arguments sont reformulés pour en vérifier la compréhension ; la position des deux animaux est schématisée pour mettre en évidence la duplicité du loup qui accuse l'agneau de troubler son eau. Un élément fin est aussi isolé : le « on » qui ne renvoie à personne si ce n'est à la mauvaise foi du loup.

- « Le groupe a pour tâche [...] de repérer la morale dégagée ». Il y a ici une petite limite : avant de passer à l'écrit réactif, l'enseignant pourrait s'assurer de la compréhension de la phrase ; or, la formulation est difficile : « La raison du plus fort est toujours la meilleure » ;

c'est pourquoi d'ailleurs il la reformule de lui-même dans la question : « Le plus fort est-il toujours celui a raison ? », les élèves saisissant mieux le sens de l'expression *avoir raison* que le sens un peu particulier donné à ce terme dans la morale : « la raison du plus fort » ; *la raison* renvoie ici à l'argument donné pour convaincre et pour démontrer. Il aurait peut-être fallu expliquer ce point ou mettre la phrase au pluriel pour faire mieux apparaitre le sens : « les raisons données par le plus fort sont toujours les meilleures ». C'est peut-être le seul moment où l'enseignant ne fait pas totalement confiance aux élèves mais ceux-ci pourraient se trouver en difficulté sur ce point au moment du rapport au grand groupe.

- « Le groupe a pour tâche [...] de repérer qui parle, qui raconte ». C'est un aspect intéressant car il permet la distinction entre le narrateur (dont on reprend les paroles lors des lectures) et l'auteur, La Fontaine, pour lequel sont lancées des recherches biographiques.

Il existe une limite : le « contrat » ne mentionne pas l'illustration. Celle-ci est pourtant travaillée par la première analyse de l'image et le relevé des éléments plastiques, ainsi que dans le temps « Retour sur l'image ». En fait, ce point est bien à traiter comme en attestent les objectifs de l'exposé en début de phase 3 : « Le groupe raconte l'histoire, énonce la morale, commente l'image ». Il doit s'agir donc d'un simple oubli dans la proposition didactique mais un peu regrettable.

C. Une phase 2 qui s'appuie aussi sur l'écrit

Cela s'opère par la création, notamment, de deux outils évolutifs :

– « le dictionnaire thématique » relevant les mots difficiles utilisés par La Fontaine (*breuvage*, *onde*, *se désaltérer*, *troubler*, *châtier*, *procès*) – plutôt de l'ordre du champ lexical que du champ sémantique, d'ailleurs. Il y a nécessité à le faire car c'est l'occasion de fixer ces mots plutôt rares et non expliqués par des petites notes, comme dans les manuels habituels ;

– « la liste des morales » commencée dans chaque atelier et qui sera complétée au fur et à mesure des comptes rendus en phase 4.

À ces outils s'ajoute un écrit réactif avec des questions portant sur l'essentiel, la morale où affleure « le système des valeurs » : son sens, son actualité, une appréciation du choix réalisé par l'agneau qui opte pour la logique, le raisonnement alors que la ruse (la force des faibles) peut être plus efficace.

D. Une phase 3 avec un double intérêt

Cet intérêt repose sur :

– le rapport au grand groupe, qui constitue l'aboutissement prévu des ateliers et qui a soutenu les efforts des élèves : il s'agit bien de communiquer et d'exposer aux autres ce qui a été compris ;

– une forme d'institutionnalisation ; les quatre exposés (lectures assorties des explications) permettent de dégager des éléments récurrents qui constituent les traits définitoires de la fable (avec l'anecdote et la morale en interaction), ce qui permet de répondre au premier objectif, « identifier le genre fable ». Il est dit également que le point est fait sur « l'univers de Chagall », même si on ne comprend pas trop de quel ordre sont les commentaires, ni comment ils peuvent être synthétisés.

Il s'agit donc d'une performance orale très préparée, bien menée qui permet une appropriation forte des fables dans des moments d'échanges.

❹ **Analysez les intérêts des phases 4 et 5 et du projet personnel.**

Après avoir fait une sélection de quatre fables pour donner le gout, aiguiser le regard, guider finement l'analyse du texte et de l'image, l'objectif général annoncé au début revient au premier plan : « Découvrir les usages du recueil ».

Il s'agit, dans les phases 4 et 5, de :

– lancer les élèves répartis en groupes dans une exploration de la totalité du recueil par un « projet de parcours », un itinéraire particulier guidé par plusieurs suggestions d'entrées : une lecture orientée par des questions simples, axées sur les personnages (répertorier les fables en suivant la piste d'un animal en particulier), tournées tantôt vers le texte, tantôt vers l'image ;

– demander aux élèves de schématiser et d'exposer encore une fois leur parcours pour le présenter aux autres groupes, avec, on peut le supposer, des confrontations entre les différents itinéraires suivis ;

– continuer, ce faisant, de compléter les outils commencés dans les phases précédentes : le capital lexical, la liste des morales, le répertoire plastique, ce qui donne beaucoup de cohérence à l'ensemble.

La séquence est relancée (fin de la phase 4 et début de la phase 5) par la mise à disposition des élèves d'autres types de recueils illustrés, idée très productive qui va déclencher des activités fondées sur :

– la reconnaissance de la spécificité d'un recueil avec l'appariement d'une double page avec la première de couverture ;

– la comparaison entre le recueil La Fontaine / Chagall étudié et les autres recueils fournis, en termes de choix de fables puisque les sommaires sont différents, ce qui renvoie au choix de Chagall qui a puisé dans les textes de La Fontaine ceux qu'il lui plaisait d'illustrer et à l'organisation choisie par l'écrivain lui-même. Tout recueil est fondé sur le choix et sur une organisation qui traduisent une cohérence et une intention.

Enfin, dans la parfaite continuité avec les activités précédentes, le projet personnel revient à constituer un recueil personnel avec des textes choisis selon ses gouts.

Faire une anthologie permet aux élèves de se confronter à une grande quantité de lectures pour pouvoir opérer des choix, développer une posture critique, active et autonome par rapport à la littérature, s'autoriser à avoir des élans vers certains textes et à les donner à connaitre. C'est une pratique scolaire peu répandue qui permet pourtant une appropriation motivante et réussie des textes littéraires et des œuvres artistiques qui ne sont plus considérés seulement comme des objets à analyser ou à révérer.

Cette activité peut être un pas vers la lecture privée qu'était censée développer l'opération du ministère « Un livre pour l'été ».

CHAPITRE 12 — Le vocabulaire à l'école élémentaire

CE QU'EN DISENT LES PROGRAMMES

Le vocabulaire fait partie du domaine « étude de la langue[1] » avec la grammaire et l'orthographe. Les principes énoncés par les programmes de 2015 le sont souvent pour les trois sous-domaines : approche fondée sur l'observation et la manipulation, activités spécifiques permettant d'en comprendre le fonctionnement, mise en relation avec la lecture et l'écriture, notamment.

Un des attendus de fin de cycle 2 pour l'étude sur la langue est d'« utiliser ses connaissances sur la langue pour mieux s'exprimer à l'oral, pour mieux comprendre des mots et des textes, pour améliorer des textes écrits[2] » ; le vocabulaire est un levier d'amélioration sur tous ces points pour les deux cycles.

— L'expression orale et écrite dépend de la correction et de la précision lexicale : pour le cycle 2, l'attention portée au vocabulaire et à sa mémorisation est de plus en plus exigeante et pour le cycle 3, en accord avec le genre discursif utilisé.

— Un bon niveau lexical facilite la lecture qui, en retour, contribue à l'améliorer : « par les obstacles qu'ils font rencontrer, les textes constituent des points de départ ou des supports pour s'interroger sur des mots connus[3] » ou sur des acceptions peu usuelles[4] ; de même, les élèves plus grands sont confrontés à des textes ou des œuvres « susceptibles de développer leur bagage linguistique et en particulier leur vocabulaire[5] ». Ils doivent s'appuyer plus particulièrement sur la morphologie pour analyser le sens des mots en contexte. Lire suppose de mobiliser le lexique en rapport avec l'univers de référence.

— Tous les domaines emploient un vocabulaire spécifique (mathématique, scientifique, artistique, etc.) qui doit être appris et retenu pour mieux maitriser les connaissances.

• **L'accent est mis, dès le cycle 2, sur :**

— l'acquisition des mots en contexte (à partir de la lecture et de l'écriture) mais aussi hors contexte pour le cycle 3, avec des « activités spécifiques sur le lexique et la morphologie[6] » :

— les relations à établir entre les mots par divers groupements ; la notion de « réseau » entre les mots est évoquée à plusieurs reprises ;

— la réutilisation, le brassage et l'activation des mots déjà connus pour favoriser la mémorisation ;

— l'utilisation du dictionnaire, y compris sous ses formes numériques ; pour le cycle 3, est travaillé particulièrement le fonctionnement des notices[7] ;

— pour le cycle 3, l'utilisation d'outils permettant le classement et l'organisation des savoirs lexicaux « corolles lexicales ou cartes heuristiques, établissements de collections, etc.[8] ».

---

1. Pour une présentation plus précise sur l'étude de la langue, se reporter à la rubrique « Ce que disent les programmes » du chapitre 10 « La grammaire ».

2. *B.O.*, cycle 2, p. 23.

3. *Ibid*, p. 16.

4. *Ibid.*, p. 26.

5. Cycle 3, p. 104.

6. *Ibid.*, p. 118.

7. *Ibid.*, p. 119.

8. *Ibid.*, p. 116.

● **Les notions à acquérir**

Pour les deux cycles : le champ lexical, la synonymie, la polysémie, la catégorisation (relation entre termes génériques et termes spécifiques) ;

– pour le cycle 2 seulement : l'antonymie pour les adjectifs et les verbes et les registres de langue ;

– pour le cycle 3 seulement : l'homophonie, la composition, la découverte des bases latines et grecques.

Pour le cycle 2, les programmes précisent que les notions « ne sont pas enseignées en tant que telles » ; elles servent à « mieux comprendre, mieux parler, mieux écrire[9] ».

9. Cycle 2, p. 26.

CE QU'IL FAUT SAVOIR POUR ENSEIGNER

Le langage, souvent envisagé dans le contexte scolaire comme vecteur et objet des apprentissages, est la condition même de l'exercice de la pensée. Le vocabulaire est une composante essentielle du langage : pour les enseignants, il constitue un des éléments déterminants de la réussite scolaire d'un élève et de sa future intégration sociale et professionnelle. L'enseignement, tout comme l'apprentissage du vocabulaire, est pourtant complexe.

Son acquisition, contrairement à celle de l'orthographe ou de la grammaire qui est strictement limitée au domaine scolaire, s'ancre aussi dans le domaine social et familial, ce qui explique partiellement les très grandes disparités relatives aux dimensions du stock lexical. Il peut y avoir, fin CE1, un écart considérable entre des élèves du même âge : certains ont un vocabulaire restreint à 3 000 mots-radicaux (sans tenir compte des mots dérivés), alors que ceux qui sont les plus avancés en maîtrisent environ 8 000[10]. L'école se doit de réduire ces écarts et de permettre à tous d'accéder à une certaine sécurité linguistique.

L'enseignement du vocabulaire est relativement difficile, en raison de la mouvance des acquis mais aussi d'une programmation malaisée qui s'étend sur plusieurs domaines (de la langue à la lecture-écriture) et des progrès difficiles à cerner et à évaluer.

10. D'après le rapport de mission sur le vocabulaire à l'école élémentaire fait par A. Bentolila, à partir des travaux d'A. Biemiller (2005). Lien pour la consultation : http://media.education.gouv.fr/file/70/4/4704.pdf.

11. On fait la différence entre le *lexique*, ensemble théorique de l'ensemble des mots d'une langue donnée et le *vocabulaire*, constitué par les mots effectivement acquis et utilisés par un locuteur.

12. La syntaxe ne se développe qu'à partir d'une certaine masse critique de mots et, une fois en place, elle accélère l'extension du stock lexical. Les deux sont en interdépendance (voir, entre autres, les travaux de D. Bassano sur le développement des noms et des verbes).

1 Un ensemble complexe

Linguistiquement, le lexique[11] est un **domaine non autonome** car il a partie liée avec :

– la **phonologie** pour la prononciation. Un mot doit, d'abord, être bien prononcé ; on dit *crocodile* et non **crocrodile*, *pestilentiel* et non **pestinentiel*, par exemple ;

– la **morphologie**, qui renvoie principalement à l'aspect formel, notamment à la formation des mots par dérivation : *terre, terrestre, territoire, déterrer, enterrer, souterrain*, etc.

– la **sémantique** pour la signification des mots ; la plupart des activités de vocabulaire portent sur le sens des mots rencontrés ;

– la **syntaxe** pour les propriétés combinatoires. Elle joue un rôle essentiel dans l'acquisition précoce du langage[12] et sur le sens des mots, qui peut changer suivant l'environnement syntaxique : *L'herbe pousse. Il pousse son frère dans la haie. Il l'a poussé à faire des études supérieures.* Les programmes de 2015 soulignent le rapport entre le sens et les constructions verbales[13].

Le lexique est surtout un **système**. En aucun cas, on ne peut le représenter comme un empilement de mots et un pur catalogue. « Il n'est pas nomenclature, mais structure », dit Jacqueline Picoche[14] : les mots sont reliés les uns aux autres par de vastes réseaux. Ce sont ces connexions que l'on explore à l'école primaire, *via* les notions lexicales que l'on peut regrouper en **trois grands domaines**, articulés entre eux :

– le **domaine sémantique**, qui permet de travailler les différentes acceptions d'un mot (polysémie) mais aussi les relations de sens entre les termes (synonymie, antonymie, homonymie) et les rapports de hiérarchie (catégorisation ou hyperonymie) ;

– le **domaine morphologique**, essentiellement autour de la dérivation et de la composition ;

– le **domaine historique**, pour explorer l'étymologie et les emprunts aux autres langues. Mais ce domaine n'est pas prescrit par les programmes de 2015, sauf pour une première découverte des bases latines et grecques, au cycle 3, ce qui permet une meilleure compréhension des mots formés par composition savante (*géographie, bibliographie*...)

2 Une discipline liée aux autres domaines d'enseignement

Scolairement, le vocabulaire est lié aux autres domaines d'enseignement du français sur lesquels il a un fort impact. Il est en rapport avec :

– l'**oral**, dont il est partie intégrante. L'aisance tient à la quantité de mots acquis et mobilisés spontanément lors des échanges (ce qui renvoie au **vocabulaire actif** constitué des mots connus et utilisés effectivement par un locuteur), mais aussi à leur précision et à leur adéquation à la situation de communication, ce qui suppose le choix du bon registre de langue (travaillé particulièrement au cycle 2) ;

– l'**orthographe**. Les enseignants travaillent spécifiquement le domaine de l'orthographe lexicale, surtout à travers la dérivation qui éclaire la présence de certaines lettres muettes en fin de mot (*sabot/sabotier*) ou les séries affixales (*poirier, prunier, fraisier*...). De plus, l'identification des mots en lecture et la compréhension de leur sens est facilitée par la familiarité avec son orthographe[15] ;

– la **lecture**, avec laquelle il entretient des rapports récursifs ; il faut avoir du vocabulaire pour (bien) lire et lire permet d'accroître le vocabulaire. Plus le niveau lexical est important, plus l'élève profite de ses lectures, par un effet « boule de neige » : les meilleurs lecteurs tendent toujours à accroître leur avance. Mais quand le niveau en vocabulaire d'un élève est trop faible, les progrès ne peuvent s'enclencher car le degré de lisibilité d'un texte dépasse souvent ses capacités. Les complexités syntaxiques s'ajoutent aux nombreux obstacles lexicaux : rareté d'un mot, acception un peu particulière, infléchissement donné par une figure de rhétorique, opacité des expressions, etc.[16] ; dans ce cas, la lecture apporte peu de bienfaits. L'incidence de leçons régulières de vocabulaire sur les performances en lecture-écriture au CP et au CE1 est attestée par le rapport *Lire et écrire*[17] ; les programmes de 2015 insistent, d'ailleurs, sur la nécessaire articulation entre la lecture et l'étude du vocabulaire.

---

13. *B.O.*, cycle 3, p. 120.

14. J. Picoche, *Précis de lexicologie française. L'étude et l'enseignement du français*, Nathan, 1992, p. 38.

15 Voir l'article d'A. Ouzoulias, « Pour favoriser l'enrichissement autonome du vocabulaire en lecture : installer les bases de l'orthographe lexicale dès le cycle 2 », dans le dossier *Le vocabulaire et son enseignement* sur le site Eduscol : http://eduscol.education.fr/cid58817/vocabulaire.html.

16. Pour la lisibilité d'un texte, voir J. Mesnager, « Évaluation de la difficulté des textes. La part du lexique », dans le dossier publié sur Eduscol, *op. cit*.

17. *Lire et écrire – Étude de l'influence des pratiques d'enseignement de la lecture et de l'écriture sur la qualité des premiers apprentissages*, p. 248-250. Rapport à télécharger sur le lien http://ife.ens-lyon.fr/ife/recherche/lire-ecrire

Un des attendus de fin du cycle 3 est relatif à la « mise en œuvre de stratégies de compréhension du lexique inconnu (contexte, morphologie, rappel des connaissances sur le domaine ou l'univers de référence concerné)[18] ».

– l'**écriture**, qui suppose une certaine aisance dans le maniement des mots ; les instructions de 1923 liaient déjà les activités de vocabulaire et de production d'écrit, sous forme de champs lexicaux qui constituent des « banques de mots » susceptibles d'être utilisées[19] ; les programmes de 2015 préconisent aussi, pour la production d'écrit « la recherche préalable de mots ou de locutions » et la « constitution de réseaux de mots ou de locutions à partir des textes et documents lus et des situations de classe pour la production d'écrit[20] » ;

– les **autres disciplines** que le français car chacune mobilise un vocabulaire spécifique ; elles utilisent des termes qui leur sont propres mais aussi des mots qui acquièrent une acception particulière, en changeant de domaine comme *sommet*, *arête*, *gorge*, *milieu*, etc. Les termes sont souvent abstraits, conceptuels, avec une connaissance qui se construit au fur et à mesure (comme la notion de *digestion* ou de *démocratie*). Dès le cycle 2, est affirmée la transversalité de la langue : « La langue est aussi un outil au service de tous les apprentissages du cycle dans des champs qui ont chacun leur langage. S'approprier un champ d'apprentissage, c'est pouvoir repérer puis utiliser peu à peu des vocabulaires spécifiques. Ce repérage débute au cycle 2, se poursuit et s'intensifie dans les cycles suivants[21]. »

Les lieux d'intervention sont donc multiples et complexifient la tâche de l'enseignant.

[18]. *B.O.*, cycle 3, p. 108.

[19]. Voir B. Marin, « Lecture, écriture, vocabulaire : les trois volets d'un triptyque », dans le dossier publié sur Eduscol, *op. cit.*

[20]. *B.O.*, cycle 3, p. 116.

[21]. *B.O.*, cycle 2, p. 4.

3 Deux axes à exploiter

Deux voies, à articuler l'une avec l'autre, gagnent à être explorées. Le vocabulaire peut bénéficier :

– d'un **apprentissage incident**, tout au long des activités de lecture, littérature, écriture et au cours des projets et des discussions en classe ; il s'agit alors de rencontres en général non programmées ; les mots sont expliqués **en contexte**, souvent d'ailleurs dans un objectif de compréhension et pas forcément d'acquisition. Ces rencontres présentent un grand intérêt, car elles sont porteuses de sens, mais également quelques inconvénients : si les mots ne sont pas notés dans un outil, réactivés, réutilisés, ils risquent de ne pas faire partie du vocabulaire actif des élèves. La qualité de l'apprentissage et sa durée ne sont pas garanties. Il suffit parfois d'aménager ce type d'apprentissage en prévoyant une phase lexicale ou la création d'un outil pour ancrer et pérenniser les acquis. Par exemple, l'étude d'un album ou d'un roman peut se terminer par un retour réflexif sur les mots appris ou sur le repérage d'un champ lexical particulièrement actif dont on peut garder des traces par l'élaboration d'un document écrit, à conserver dans le cahier de vocabulaire ;

– d'un **apprentissage explicite**, **systématique** et **régulier**, qui génère des activités autour des grandes notions lexicales permettant une nécessaire réflexion sur le fonctionnement et la structuration de la langue, mais aussi des rencontres réfléchies avec des mots dont on va travailler les emplois, la famille, l'organisation et la mise en réseau. Ces activités sont particulièrement importantes à mettre en place et nécessitent une programmation claire, exigée par les textes officiels de 2015. Mais le rapport *Lire et écrire* souligne d'énormes différences dans les pratiques liées à l'enseignement de la langue (lexique, syntaxe, morphologie), dans les durées qui lui sont consacrées (de 7 minutes par semaine à 83)[10].

4 Quelques principes et activités

Travailler sur les mots les plus fréquents pour la raison évidente qu'ils sont très utilisés mais également parce que ce sont, souvent, de vieux mots de la langue française qui se sont chargés de sens au cours des siècles, développant ainsi une forte polysémie. La compréhension des élèves bute ainsi parfois sur un mot simple dont ils ne connaissent pas l'acception activée dans le contexte. Les mots les plus anciens ont également généré de multiples expressions qui constituent des obstacles à la compréhension.

La lecture des **listes de fréquence**[22] est intéressante car on voit que des mots plus abstraits devancent, en fréquence d'emploi, des termes qui peuvent paraitre plus simples : *système* se trouve avant *embrasser*, *passion* avant *important*, *expression* avant *vieux*…

Pour autant, même s'il faut s'assurer de la connaissance de ce vocabulaire fondamental, il ne faut pas s'interdire l'acquisition de mots plus rares, généralement fournis par la littérature et les disciplines.

Travailler les mots en contexte, ce qui présente plusieurs avantages :

– lier le vocabulaire et la syntaxe, car les mots, insérés dans des phrases et suivant l'environnement syntaxique, acquièrent des sens différents. La construction est particulièrement importante pour les verbes, noyaux de la phrase, qui sont d'ailleurs les grands oubliés des leçons de vocabulaire essentiellement centrées sur les noms : *l'enfant joue / ils joueront cette pièce à partir de janvier / il s'est joué de lui en lui faisant miroiter des avantages financiers / il joue sa vie à chaque ascension / il joue avec ses nerfs / il joue sur du velours / le bois de la charpente joue*. Suivant le statut animé ou non du sujet ou du COD et la construction, le sens du verbe varie ;

– varier les environnements lexicaux fait apparaitre la polysémie : *une pièce de monnaie, de puzzle, de théâtre, d'un vêtement, d'un appartement*.

Partir du mot et non pas de la chose ou du thème, dit Jacqueline Picoche. C'est le premier principe qu'elle donne pour une didactique efficace du vocabulaire[23]. Pourquoi refuser une leçon sur le corps humain ? « Parce que cela nous mènera à faire une leçon d'anatomie, à coller de savantes étiquettes sur les différentes parties du corps, et pas à faire une leçon de linguistique. Laissons cela au professeur de sciences de la vie et de la terre », répond-elle. Elle conseille des leçons centrées sur quelques mots seulement, très fréquents permettant d'explorer des aspects d'un même processus (*commencer / continuer / finir*), ou une réciprocité (*donner / recevoir*). Elle part d'énigmes tout à fait stimulantes : « Pourquoi dit-on *le côté de la route* et *le bord du lac* ? »[24].

Faire procéder aux activités d'observation, de manipulation (tris, classements) ; par exemple, constituer des corpus et les organiser (structurer un champ lexical trop ample), explorer les différents sens d'un mot, regrouper des phrases en fonction des sens, différencier des familles, ou trouver les critères ayant permis les classements, observer les mots et expressions utilisés par un auteur, etc. Les programmes de 2015 vont dans ce sens : dès le cycle 2, « l'approche est fondée sur l'observation et la manipulation des énoncés et des formes, leur classement et leur transformation[25] » pour une première structuration qui sera renforcée les années suivantes.

---

10. Rapport *Lire et écrire*, op. cit.

22. Voir sur le site Eduscol les listes de fréquence : http://eduscol.education.fr/pid23250-cid50486/vocabulaire.html.

23. J. Picoche détermine quatre principes fondamentaux pour la didactique du vocabulaire : 1. Partir du mot lui-même plutôt que de la chose qu'il représente. 2. Partir du déjà su. 3. Priorité au verbe. 4. Ne pas séparer le vocabulaire de la grammaire. Voir B. Germain, J. Picoche, *Le vocabulaire. Comment enrichir sa langue*, Nathan, 2013.

24. *Ibid.*, p. 25.

25. *B.O.*, cycle 2, p. 11.

Favoriser la mémorisation. Une simple exposition aux mots ne suffit pas ; il faut que s'enclenche un processus de mémorisation pour que l'acquisition soit pérenne. Il est nécessaire de prévoir la répétition du mot, sa mise en relation avec d'autres mots déjà connus pour avoir une base d'accrochage. Il faut aussi qu'ils soient réinvestis : leur fréquente réactivation, si possible dans des contextes variés, en affermit progressivement les emplois. La création d'outils permet également la mémorisation et facilite la récupération en mémoire des mots appris.

Créer des liens entre les mots Les programmes de 2015 du cycle 3 insistent sur **les réseaux à instaurer**[26], les séries à constituer. Les notions lexicales instaurent justement ces liens sur la base du sens (synonymie, champ lexical…) ou de la forme (dérivation) ou de la logique (« relier les mots découverts à d'autres mots nouveaux pour les intégrer à des "catégories"[27] ») et demandent des collectes organisés et structurées. Un mot peut faire partie de plusieurs groupements à des titres divers, ce qui favorise son activation et la compréhension de sa richesse d'emplois.

5 Les outils

Les outils[28] sont importants. En effet, pour asseoir et structurer les apprentissages, ils permettent de garder des traces des mots appris, en les stockant de manière structurée.

Les formes peuvent être multiples et adaptées aux notions travaillées : des listes pour récapituler les mots ayant le même préfixe ou suffixe et constituer des familles affixales, des arborescences pour rendre compte de l'hyperonymie, « fleurs » ou autres pour structurer un champ lexical en plusieurs rubriques. Ces outils sont évolutifs, permettent la capitalisation des mots appris, au long des semaines et des activités et ils sont utilisés en production d'écrit, après avoir été réunis dans un classeur ou un cahier de vocabulaire. Les programmes pour le cycle 3 recommandent d'organiser les savoirs lexicaux sous des formes repérables : « corolles lexicales ou cartes heuristiques, établissement de collections[29] ». Ces outils de référence pour apprendre et retenir doivent être construits avec les élèves et permettre le décloisonnement entre la lecture, l'écriture et les activités de langue.

Aux cycles 2 et 3, le dictionnaire est imposé par les programmes comme un élément essentiel de l'étude du vocabulaire. Comprendre la définition d'un mot et l'organisation d'un article de dictionnaire fait partie des compétences de cycle 2, « ce qui ressortit aussi bien de la lecture que de l'étude de la langue[30] ». Son usage sous forme numérique est encouragé dès le CE1 et en rapport avec la production d'écrit pour le cycle 3[31]. Les progrès en autonomie des élèves plus grands leur permettent d'accéder à cet outil de façon de plus en plus aisée et ils apprennent, particulièrement en 6e, à repérer dans les notices les informations sur l'étymologie[32].

Maitriser le dictionnaire suppose une connaissance parfaite de l'ordre alphabétique, la compréhension de ses codes (abréviations, signification des différentes polices) et l'organisation des articles (notamment la numérotation en rapport avec la polysémie, la liste des synonymes et des antonymes).

---

26. *Ibid.*, cycle 3, p. 116, 118, 119.

27. *Ibid.*, cycle 2, p. 26.

28. Pour les processus de mémorisation et la constitution d'outils, voir M. Cellier, « Des outils pour structurer l'apprentissage du vocabulaire » dans le dossier sur le vocabulaire en lien sur le site Eduscol, *op. cit.*

29. *B.O.*, cycle 3, p. 116.

30. *B.O.*, cycle 2, p. 26.

31. *B.O.*, cycle 3, p. 98, 113.

32. *Ibid.*, p. 119.

RESSOURCES À CONSULTER

• **Bibliographie**

– Cellier M., *Guide pour enseigner le vocabulaire à l'école primaire*, Retz, 2015.
– Denizot J.-C., *Le vocabulaire au quotidien*, Scérén, CRDP Bourgogne, 2008.
– Dossier Eduscol sur le vocabulaire à l'école élémentaire. Ressources pour la classe : http://eduscol.education.fr/cid58817/vocabulaire.html.
– Germain B., Picoche J., *Le vocabulaire. Comment enrichir sa langue*, Nathan, 2014.
– Site vocanet dirigé par J. Picoche et B. Germain : http://www.vocanet.fr/.

AU CONCOURS

À partir des trois pages d'un manuel de CM2 relatives à une leçon sur la synonymie, vous répondrez, dans une analyse critique, aux questions suivantes :

❶ Analysez la démarche proposée dans ce manuel. *(3 points)* — Corrigé p. 294

❷ Analysez le traitement même de la notion de synonymie. *(4 points)* — Corrigé p. 295

❸ Appréciez la pertinence des exercices proposés aux élèves dans la partie « Entrainement », p. 162. *(4 points)* — Corrigé p. 296

❹ Que pensez-vous du dispositif « Les mots du jour » (fin de la p. 163) ? *(2 points)* — Corrigé p. 297

DOCUMENT

Document : Catherine Castera (dir.), *Interlignes*, CM2, éditions SED, 2010, p. 161-163

AU CONCOURS

12 — Le vocabulaire à l'école élémentaire

RÈGLE — LES SYNONYMES

- Les **synonymes** sont des mots qui ont le **même sens** ou un **sens proche**.
- Ils permettent d'éviter les répétitions ou d'apporter des nuances* de sens.
  La statue est énorme, gigantesque, colossale, grandiose.
- Tous les synonymes d'un mot ont la **même nature grammaticale** que lui.
- Pour remplacer un mot par un synonyme, il faut tenir compte :
  – du **contexte** : *la taille (hauteur) de cet immeuble – la taille (grandeur) de ce vêtement* ;
  – du **niveau de langage** : *se hâter, se dépêcher, se grouiller*.
- Dans un dictionnaire, l'abréviation **syn.** ou une flèche (→) signalent le ou les synonymes du mot défini.

AUTOUR DES TEXTES

Un meunier ne laissa pour nous biens à trois enfants qu'il avait que son moulin, son âne et son chat. L'aîné eut le moulin, le second eut l'âne, et le plus jeune n'eut que le chat. Ce dernier ne pouvait se consoler d'avoir un si pauvre lot : « Mes frères, disait-il, pourront gagner leur vie honnêtement en se mettant ensemble ; pour moi, lorsque j'aurai mangé mon chat, et que je me serai fait un manchon de sa peau, il faudra que je meure de faim. »
Charles Perrault, *Le Maître Chat ou le Chat botté.*

- Exerce-toi à lire ce conte à haute voix pour le raconter ensuite aux élèves de CP. Recherche les mots qui pourraient être difficiles à comprendre pour eux et remplace-les par le synonyme qui convient.

Les mots du jour

- Un **chas** : trou de l'aiguille.
- Une **métropole** : grande ville. Le mot vient du grec, *metropolis* qui signifie « ville mère » ou « ville principale », *polis* signifie « ville » comme dans *nécropole* et *acropole*.
- Une **nuance** : petite différence.

récréation — MARGUERITES

Ajoute des pétales à ces cœurs de fleurs pour former des marguerites des synonymes.
Combien de pétales as-tu trouvés ?

- *observer* → voir, apercevoir, percevoir, distinguer...
- *calme* → tranquille, paisible, prudent, silencieux, raisonnable...
- *sage* → ...

Par exemple :
voir : apercevoir, percevoir, distinguer...
regarder, assister à, constater...

As-tu bien compris ?

VRAI ou FAUX ?
1. Les synonymes permettent d'éviter les répétitions dans un texte.
2. Un verbe peut être le synonyme d'un adjectif qualificatif.
3. Le contexte permet de choisir le synonyme le plus précis.
4. Des mots synonymes peuvent appartenir à des niveaux de langage différents.

Le mot en italique est-il l'intrus dans chaque série ?
5. l'aisance – la misère – la richesse – le luxe → *la misère*
6. divers – varié – différent – ressemblant → *divers*
7. la douceur – le courroux – la colère – la fureur → *la colère*
8. raide – agile – flexible – souple → *agile*

LE COURS

Entraînement

Itinéraire A

1. Il y a un intrus dans chaque série de synonymes. Recopie-le.
a) sympathique – aimable – agréable – courtois – gentil – insupportable
b) une activité – un emploi – un travail – une profession – une utilisation – un métier
c) réduire – diminuer – supprimer – raccourcir – alléger

2. Reconstitue les paires de synonymes, puis classe-les par nature.
la chaleur – malaxer – habile – casser – adroit – actif – dynamique – la canicule – briser – pétrir

3. Dans chaque phrase, remplace le verbe par le synonyme qui convient : *augmenter – assembler – prendre place – progresser.*
a) Mes notes ont monté. b) Nadia monte un meuble qu'elle vient d'acheter. c) La passagère monte en voiture. d) Les prix montent.

4. Remplace le verbe *dire* par le synonyme qui convient : *chuchoter – expliquer – réciter – annoncer – affirmer.*
a) L'enfant s'approcha et lui dit : « C'est mon secret. » b) L'homme dit qu'il est sûr de son témoignage. c) Le maître dit ce qu'il faut faire. d) Le président du club dit les résultats du match. e) L'élève dit sa fable.

5. Remplace les mots en gras par un synonyme appartenant à un autre niveau de langage.
a) Ma **frangine** passe en CE2. b) Quel est son **boulot** ? c) Qui m'a **fauché** mon livre ? d) Les **mômes** ont eu la **trouille**. e) Margot ne **bosse** pas assez.

6. Relis ce texte d'élève en remplaçant certains mots pour éviter les répétitions.
Cet élève est faible en mathématique. Son père dit qu'il se sent souvent faible. Mais il est faible avec lui et lui cède facilement.

Itinéraire B

7. Écris un synonyme pour chacun de ces mots afin d'expliquer la différence de sens.
a) attentionné – attentif
b) compréhensible – compréhensif
c) le désintérêt – le désintéressement
d) imaginaire – imaginatif

8. Reconstitue les paires de synonymes, puis classe-les par nature.
la cruauté – égarer – un roi – cruel – la méchanceté – pauvre – pencher – miséreux – méchant – incliner – un souverain – perdre

9. Remplace le verbe *passer* par le synonyme qui convient : *prêter – rester – enfiler – disparaître.*
a) La couturière passe le fil dans le chas* de l'aiguille. b) Claire me passe ses crayons. c) J'ai passé toute la journée à la piscine. d) Avec cette crème, la douleur passera.

10. Cherche le sens des mots en gras, puis remplace-les par un synonyme plus facile à comprendre pour de jeunes enfants.
La vieille crut qu'on la **méprisait**, et **grommela** quelques menaces entre ses dents. Elle dit en **branlant** la tête que la Princesse se percerait la main et qu'elle en mourrait.
D'après Charles Perrault, La Belle au bois dormant

11. Remplace les mots en gras par un synonyme appartenant au langage courant.
a) Elle **se vêt** toujours très élégamment. b) Les passants **se hâtent** vers les magasins. c) La **demeure** était silencieuse. d) Les **convives dégustent** le repas. e) Ma grand-mère **confectionnait** de **succulents** desserts.

12. Relis le texte en évitant les répétitions.
Les Africains construisent des habitations en torchis. Au pôle Nord, les Inuits construisent leurs habitations avec de la glace. Dans les métropoles*, on construit des habitations en hauteur. Dans certaines zones très pauvres, on construit des habitations à partir de vieux bidons.

DOMAINES DE L'ENSEIGNEMENT DU FRANÇAIS

CORRIGÉ — ANALYSE CRITIQUE

> **Aide méthodologique**
>
> Ce sujet propose l'analyse de la leçon d'un seul manuel. La comparaison entre plusieurs leçons demande une position en surplomb qui ne favorise pas une étude d'une grande précision, sauf sur quelques éléments significatifs, alors que l'analyse d'une seule leçon exige d'entrer dans le détail, de façon très fine et complète : l'ensemble des questions permet de balayer la totalité du document et d'en voir la cohérence interne.
>
> La **question 2** demande une analyse du traitement de la notion, ce qui en suppose une bonne connaissance. Il peut y avoir risque de chevauchement entre les deux premières questions : on doit tenir compte de la règle, en effet, dans l'étude de la démarche (question 1) mais elle est bien le lieu où se traite principalement la notion (question 2). Dans la **question 1**, on s'attachera surtout à sa place, décalée en fin de séquence, qui impacte la logique de recherche ; dans la question 2, on entrera plus finement dans les contenus mêmes. Même si les questions ne le précisent pas, il est toujours intéressant de faire référence aux textes officiels.
>
> La **question 3** suppose de contourner un écueil : celui de la simple description des exercices. On ne peut pas se contenter de reprendre les consignes et de les étudier linéairement. Il faut trouver des angles d'attaque permettant d'organiser une réponse précise et argumentée. Il s'agit bien, d'autre part, d'en analyser la pertinence, la cohérence avec les phrases précédentes ou suivantes étant déjà traitée dans les autres questions.

❶ Analysez la démarche proposée dans ce manuel. *Énoncé p. 292*

La séquence proposée par le manuel *Interlignes* vise un apprentissage **explicite** de la notion de synonymie et entre dans le cadre de « **séances et d'activités spécifiques** » permettant l'extension et la structuration du vocabulaire des élèves, comme le recommandent les programmes de 2015.

Elle s'inscrit, également, dans une démarche de découverte et d'analyse de la notion de synonymie. On peut qualifier la démarche d'apprentissage d'**inductive** pour plusieurs raisons.

La **situation de départ** est intitulée « Petit problème ». Le corpus, créé pour l'occasion, peut paraitre réduit : il est constitué de quatre phrases bâties de façon canonique (Sujet/Verbe/Complément), avec l'utilisation du même temps, en apparence trop faciles d'accès. Mais ce petit ensemble permet de cibler l'observation ; on pourrait reprocher l'absence de texte mais celui-ci introduit souvent de la difficulté (notamment de compréhension) et les manipulations peuvent être plus aisées avec un matériel adapté de ce type.

Ce **corpus** est **suivi de huit questions**, en nombre significatif et d'une certaine diversité : elles sont regroupées en quatre rubriques dont une porte sur la procédure (« Comment as-tu fait ? »), deux sur la nature des mots trouvés : tous les mots ayant un point commun sont des verbes. La question suivante renvoie à une manipulation (« Si tu écris la première phrase… ») : la transformation de la phrase oblige à trouver un synonyme substantif (*inventeur* peut être remplacé par *créateur*, formé à partir du verbe *créer* de la troisième phrase).

La **recherche** peut être **effective** dans la mesure où le titre ne donne pas la solution ; en-dessous ne se trouve pas non plus l'encadré de la leçon qui, généralement, permet très vite aux élèves de comprendre ce qu'on attend d'eux. Mais le mot *synonyme* apparait en bas de page dans le test. Un indice est donné par le « Petit coup de pouce », avec des synonymes en gradation.

La **place de la règle**, indiquée dans le listel rouge à gauche, oblige à tourner la page. Ce report laisse la possibilité aux élèves de la formuler, en fonction des découvertes effectuées, ce qui accroit l'aspect inductif de l'ensemble. Mais deux éléments seulement sur les cinq donnés dans l'encadré ont été réellement découverts dans cette première phase : la relation de sens (même sens ou sens proche) entre les synonymes et le fait qu'ils appartiennent à la même classe grammaticale. La notion de contexte n'est développée que dans l'activité qui suit, intitulée « Contexte » mais, une fois le jeu terminé, aucune réflexion sur la notion elle-même n'est proposée. En fait, même si l'appel dans le listel renvoie à l'encadré de la leçon, qui se trouve tout à la fin de ce petit chapitre, la totalité de ses contenus ne sont travaillés qu'à l'issue de la totalité des exercices.

La place de l'encadré, en fin de chapitre, est donc justifiée à plusieurs égards, la notion se construisant petit à petit tout au long de la séance, tantôt d'ailleurs de manière explicite (comme dans la phase de recherche), tantôt implicite dans les exercices.

❷ **Analysez le traitement même de la notion de synonymie.**

Énoncé p. 292

La séquence sur la synonymie entre dans le cadre de « l'étude des relations de sens entre les mots », préconisée par les programmes de 2015. La synonymie est au programme des cycles 2 et 3 ; elle a donc été abordée lors du cycle précédent.

La notion est traitée essentiellement dans l'encadré de la leçon (à la fin de page 163), mais aussi à d'autres endroits de la séquence, notamment dans les exercices.

La notion de synonymie, présentée souvent comme simple, est finalement assez délicate. Le manuel évite un certain nombre d'écueils en tenant compte, qu'il existe, entre les synonymes :

– soit une **différence de sens** ; la synonymie est, en fait, une « parasynonymie », ce qui explique l'expression « sens proches » utilisée à plusieurs reprises, même si cet élément n'est jamais complètement explicité. La parasynonymie est évidente dans le « Coup de pouce » (*frais / froid / gelé / glacial*) mais les quatre verbes exploités dans le corpus (*inventer, créer, trouver, imaginer*) ont des sens beaucoup plus rapprochés, quand on considère le contexte donné dans les phrases ; dans d'autres contextes, cependant, les sens peuvent différer sensiblement ;

– soit une **différence d'emploi** marquée par la notion de contexte / niveau de langue. Ces deux points sont repris dans la rubrique « As-tu bien compris ? », sorte de bilan intermédiaire qui prépare l'institutionnalisation finale.

En amont de l'encadré de la leçon, le **niveau de langue** n'est travaillé que dans les exercices 5 et 11 ; le **contexte** est censé être travaillé dans l'exercice intitulé « Contexte » (p. 161) car suivant celui de la phrase, le verbe *toucher* est remplacé par un synonyme différent. En fait, c'est une manière de **lier** très justement **la notion de synonymie à celle de polysémie** : les différentes acceptions du verbe *toucher* sont activées par l'environnement dans lequel il est employé (*toucher un salaire, toucher une cible*). On peut douter cependant que l'exercice « Contexte » puisse être réalisé sans une aide importante de l'enseignant. Car pour jouer, il faut que « chaque joueur prépare une étiquette sur laquelle il a écrit un mot pouvant avoir des sens différents ». Ce n'est pas simple de trouver, dans son stock lexical, un mot polysémique... Il serait plus judicieux de fournir déjà une banque de mots polysémiques, avec ajouts éventuels par les élèves ou l'enseignant. L'objectif de l'exercice – trouver des synonymes différents, suivant les emplois – est finalement plus simple que les préalables nécessaires au jeu. On peut se demander, en outre, si les élèves ne risquent pas d'investir plus d'énergie à résoudre l'exercice qu'à comprendre cette dimension de la synonymie.

L'appartenance des synonymes à la **même classe grammaticale** est, en revanche, très clairement développée, dans la phase de recherche, les exercices (2 et 8), la rubrique « As-tu bien compris » et l'encadré de la leçon. Cependant, la phrase « tous les synonymes d'un mot ont la même nature grammaticale » mériterait d'être dépliée pour les élèves un peu réfractaires au métalangage. Il aurait suffi de donner un exemple : les synonymes d'un adjectif sont obligatoirement des adjectifs (*glacé* et *gelé*).

Les deux derniers points mentionnés dans la règle concernent :

– l'**utilisation des synonymes** ; ils servent à éviter des répétitions (*cf.* exercices 6-12) et apporter des nuances : ce dernier aspect n'est pas du tout traité ou d'une manière très allusive dans les exercices ;

– l'**abréviation dans un dictionnaire**, outil important et dont l'usage est imposé par les programmes de 2015 : l'utilisation du dictionnaire est préconisée dans les exercices ; on peut supposer que pendant cette phase, le maitre explique l'organisation de l'article et le repérage des synonymes.

La notion est donc traitée de façon complète et juste, avec quelques aspects secondaires moins explicités.

❸ **Appréciez la pertinence des exercices proposés aux élèves dans la partie « Entrainement », p. 162.**

Énoncé p. 292

Les exercices sont pensés dans une logique de **différenciation**.

Un petit test détermine deux itinéraires différents : un simple et un compliqué, ce qui permet de tenir compte des différences de niveaux dans la classe ou de pouvoir gérer éventuellement un cours multiple. Par ailleurs, l'ensemble constitue une banque de données assez importante de douze exercices dans lesquels l'enseignant qui ne tient pas à respecter strictement les deux itinéraires peut puiser à volonté pour adapter ses exigences aux niveaux ou progrès de ses élèves.

On peut discuter de la pertinence de l'**exercice-test de départ**, à la fin de la page 161 ; il s'articule sur la phase précédente (« contexte ») : il joue sur la polysémie de l'adjectif *grand* dont les synonymes varient en fonction de l'environnement. La distinction des itinéraires porte donc essentiellement sur cet élément-là, ce qui peut paraitre contestable. Cependant, on peut constater que l'aptitude à trouver le bon synonyme témoigne du niveau lexical de l'élève, fortement sollicité dans les exercices qui suivent. Le test pourrait donc être discriminant et sa réussite pourrait justifier la poursuite du niveau 2 mais il est d'une difficulté surprenante, au début de la phase d'exercices. On peut supposer également que le maitre a une connaissance suffisante des élèves pour les répartir sur d'autres bases que ce test.

Sur quoi porte la différenciation ? Pas sur le nombre car il y a six exercices dans chaque itinéraire, pas non plus sur la typologie car les consignes sont, le plus souvent, semblables : « reconstituer les paires » pour les exercices 2 et 8, « remplacer le verbe » pour les exercices 3 et 9, ainsi que 5 et 11 ; « relis le texte » pour les deux derniers, 6 et 12.

La différenciation porte essentiellement sur les choix des termes travaillés, d'un **niveau de langue plus ou moins recherché**, mais pas systématiquement : dans les exercices parallèles 2-8, on relève deux mots compliqués de part et d'autre (*malaxer* et *canicule* pour le niveau 1 ; *miséreux* et *souverain* pour le niveau 2) ; dans les exercices 3-9, les deux verbes à remplacer (*monter* et *passer*) sont de difficultés équivalentes.

Les différences sont plus accusées, en revanche, pour :

– les exercices 5 et 11 car dans le niveau 2, il faut remplacer par des mots plus courants, des termes de registre soutenu qu'il faut connaitre (*se vêtir, se hâter, la demeure, les convives*, etc.) ;

– les exercices 6 et 12. Les textes proposés sont de type différent : texte d'élève pour le niveau 1 et texte documentaire, avec des mots plus complexes (*torchis, métropole*), pour le niveau 2.

La différence de niveau apparait encore davantage dans les exercices différents proposés dans les deux itinéraires :

– simple remplacement de *dire* par des verbes plus précis pour le premier itinéraire (exercice 4) alors que dans le second, on propose un extrait d'un texte de Charles Perrault, d'un registre très soutenu (exercice 10). La consigne est motivante car elle place les élèves de CM2 en position haute : ils sont censés en savoir plus que de « jeunes enfants » ; il faut qu'ils les aident en trouvant des mots plus simples d'accès pour eux que *mépriser, grommeler, branler la tête*. Assez curieusement, cet exercice trouve un écho dans une phase suivante (« Autour des textes », p. 163), avec un autre extrait de Charles Perrault, avec un objectif assez similaire, cette fois destiné à l'ensemble de la classe et présentant de grandes difficultés (quel peut être le synonyme de *lot, manchon* ?). L'exercice le plus difficile deviendrait soudainement à la portée de tous ;

– recherche classique d'intrus pour le premier exercice mais on peut s'étonner de la très grande complexité de celui qui ouvre le niveau 2 (exercice 7) car la recherche de synonymes porte sur des mots très proches, quasiment paronymes parfois ou sur des nuances de sens très fines : *attentif / attentionné* ; *compréhensible / compréhensif* ; *désintérêt / désintéressement* ; *imaginaire / imaginatif*. Certes, le dictionnaire est recommandé mais le choix des mots semble ambitieux, surtout en démarrage de phase. Il faut d'abord comprendre la différence entre *désintérêt* et *désintéressement* avant de chercher des synonymes adéquats. Un objectif d'accroissement lexical et de distinction sémantique entre des termes proches vient parasiter l'objectif de la séquence qui est de comprendre le fonctionnement de la synonymie.

La partie « Entrainement » propose donc des exercices nombreux, avec des niveaux de difficulté très différents, et parfois des points un peu problématiques mais il faut considérer que la leçon est destinée à des CM2. La synonymie y est travaillée parfois en langue, par des paires de mots isolés (exercices 1-2, 7-8) puis en discours, avec des phrases et même des textes (exercices 6, 10 et 12) qui aboutiront à la rubrique « Autour des textes », établissant ainsi une certaine cohérence.

❹ **Que pensez-vous du dispositif « Les mots du jour » (fin de la p. 163) ?**

Énoncé p. 292

Le dispositif « Les mots du jour » reprend le très connu « Le mot du jour », sorte d'éphéméride qui fournit un terme à étudier quotidiennement. Il n'est pas relié directement à la notion travaillée, la synonymie. Dans cette leçon, trois mots sont donnés : *chas, métropole* et *nuance*.

On peut s'interroger sur la **pertinence du choix** : ces termes ne font pas partie des mots les plus fréquents et l'acquisition du mot *chas* est sans doute moins utile que celle de *nuance* (vocabulaire courant) ou de *métropole* (qui renvoie au vocabulaire un peu spécialisé dont les CM2 peuvent avoir besoin en géographie). Le côté arbitraire du choix est réduit par le fait que les trois mots sont employés dans les pages de cette séquence, dans des phrases qui en contextualisent le sens. Le mot *chas* est monosémique, ce qui n'est pas le cas des deux autres mais leurs différentes acceptions sont peu nombreuses et le manuel donne le sens le plus courant.

On peut également discuter l'**efficacité du dispositif** car :

– les mots *chas* et *métropole* sont employés dans l'itinéraire 2 (exercices 9 et 12) auquel n'ont pas accès, en principe, les élèves les plus fragiles. Il peut paraitre surprenant de donner le sens de termes dont on n'a pas réellement besoin (ce qui constitue, du reste, le point faible, du dispositif « Le mot du jour ») ;

– aucun outil récapitulatif n'est proposé pour pouvoir les reprendre et réactiver le sens. Que fait-on de ces mots accumulés lors des leçons ? L'objectif porte davantage sur la compréhension que sur l'acquisition réelle qui suppose des processus (complètement absents) de répétition, de réactivation pour qu'il y ait une mémorisation effective à long terme.

Mais on doit souligner le traitement intéressant accordé au mot *métropole* dont l'étymologie est donnée et mise en relation avec des termes composés à partir de l'étymon grec, *polis* (*nécropole*, *acropole*).

On aurait pu s'attendre à ce que les particularités des autres termes soient aussi explorées ; notamment, l'homonymie de *chas* avec *chat* (celui-ci pouvant être mis en relation avec le reste de la famille : *chat/chatte/chaton*) aurait mérité d'être soulignée.

CHAPITRE 13 — La poésie à l'école

CE QU'EN DISENT LES PROGRAMMES

- **La poésie, sous des formes multiples, traverse les trois cycles.**

En maternelle[1], la poésie, avec son répertoire spécifique (comptines, formulettes, bouts rimés, berceuses, textes jouant essentiellement avec les sonorités), constitue un élément important de l'initiation à une première culture littéraire avec les contes et les différents types de récits proposés par les albums ; d'un aspect ludique, ce répertoire permet aux enfants de jouer avec la langue et de développer une sensibilité à son égard, tout en enrichissant « les possibilités de création et l'imaginaire musical, personnel et collectif des enfants[2] » par des activités d'écoute et de production. Ce répertoire s'enrichit progressivement au cours des années en puisant à la fois dans la tradition orale enfantine mais aussi dans les œuvres contemporaines. L'enseignant « privilégie les comptines et les chants composés de phrases musicales courtes, à structure simple, adaptées aux possibilités vocales des enfants (étendue restreinte, absence de trop grandes difficultés mélodiques et rythmiques)[3] ». L'attendu de fin de cycle est d'avoir « mémorisé un répertoire varié de comptines et de chansons et les interpréter de manière expressive »[4].

- **Pour les cycles 2 et 3[5], la poésie est liée :**

– à la mémorisation : des poèmes doivent être appris régulièrement ; mémoriser « des textes en situation de récitation et d'interprétation[6] » est un attendu de fin de cycle 2 et « dire de mémoire un texte à haute voix[7] » est demandé en fin de cycle 3. Cette mémorisation permet de conforter la compréhension et « constitue un appui pour l'expression personnelle en fournissant aux élèves des formes linguistiques à réutiliser[8] » ;
– à l'écoute et la lecture en autonomie des textes littéraires, dont la poésie (cycle 3) ;
– à l'écriture de textes mais également à leur mise en page ;
– à la littérature par « la construction des caractéristiques et spécificités » de ce genre en particulier et par la constitution d'une culture littéraire. Les recueils de poésie entrent dans le volume d'œuvres à travailler en cycle 2 (cinq à dix par année scolaire du CP au CE2) et en cycle 3, aussi bien dans la rubrique des ouvrages de littérature de jeunesse que dans les « œuvres classiques ». L'objectif est de faire comprendre aux élèves que « la poésie est une autre façon de dire le monde ; [de] dégager quelques-uns des traits récurrents et fondamentaux du langage poétique (exploration des ressources du langage, libertés envers la logique ordinaire, rôle des images, référent incertain, expression d'une sensibilité particulière et d'émotions)[9] ». Elle fait partie des grandes « entrées » prescrites par les programmes de 2015 pour le cycle 3 : « Imaginer, dire et célébrer le monde. » Il s'agit de « découvrir des poèmes, (…), des

---

1. *B.O.* spécial n° 2 du 26 mars 2015.
2. *Ibid.*, p. 12.
3. *Ibid.*
4. *Ibid.*, p. 13.
5. *B.O.* spécial n° 11 du 2 novembre 2015.
6. Cycle 2, p. 14.
7. Cycle 3, p. 101.
8. Cycle 2, p. 13.
9. Cycle 3, p. 110.

paroles de célébration appartenant à différentes cultures, à comprendre l'aptitude du langage à dire le monde, à exprimer la relation de l'être humain à la nature et de s'interroger sur la nature du langage poétique (sans acception stricte du genre[10] » (p. 123). Peuvent être étudiés des recueils complets (en évitant l'usage des photocopies) ou des extraits d'un même auteur ou des poèmes de siècles différents.

Le dossier « La poésie à l'école » révisé en 2013 et publié sur le site d'Eduscol[11] donne des pistes pédagogiques.

10. *Ibid.*

11. http://eduscol.education.fr/cid58816/litterature.html

CE QU'IL FAUT SAVOIR POUR ENSEIGNER

1. La place de la poésie à l'école

La poésie a toujours été présente dans les enseignements de l'école élémentaire mais la façon dont elle est abordée aujourd'hui diffère considérablement de celle qui prévalait naguère. Elle a été longtemps réduite au poème isolé, le fameux morceau « choisi » pour sa conformité aux canons traditionnels (présence de vers, de rimes, de strophes), et en fonction d'un contenu souvent très convenu, par le biais d'une activité quasi unique et très ritualisée : la récitation.

La poésie est aujourd'hui appréhendée de manière plus ouverte. On s'efforce désormais de **faire découvrir les ressources poétiques du langage** à travers un corpus beaucoup plus varié et en faisant une large place aux poètes contemporains. D'autre part, on n'hésite plus à aborder la lecture **d'œuvres complètes**, pourvu qu'elles soient d'une longueur raisonnable, et les **propositions d'activités** se sont considérablement **diversifiées**.

Prétendre présenter la poésie en quelques phrases ou en quelques paragraphes est chose impossible, tout simplement parce que, comme l'écrit Serge Martin, « il n'y a pas *la* poésie » mais « il y a poésie et poésie » : « celle d'hier et celle d'aujourd'hui, la poésie française et la poésie étrangère, la bonne et la mauvaise, etc. »[12] Il n'est cependant pas inutile, pour éviter les malentendus, de préciser quelques points permettant aux enseignants et aux élèves de s'appuyer sur une conception de la poésie suffisamment large pour être partagée. Aussi le document officiel *Lire la poésie*[13] propose-t-il, dans sa première partie, une sorte de cadre de définition qui fait de la poésie le moyen privilégié d'un « rapport au monde, aux autres, à soi, à la langue ».

1.1 La poésie comme rapport au monde, aux autres, à soi, à la langue

Loin des visions trop étroites ou trop exclusives de la poésie, cette approche bat en brèche l'idée que la poésie permettrait d'échapper au réel et ne serait qu'une aimable distraction. Elle place au contraire, **la poésie au cœur du réel**. Selon Jean-Pierre Siméon[14], « [L]e poète est toujours celui qui met les pieds dans le plat de l'existence, qui renvoie le lecteur au plein cœur de sa réalité propre, subjective et

12. S. Martin, « Il y a poésie et poésie », in *Le Français aujourd'hui*, n° 114, juin 1996.

13. *Lire la poésie*, ressources pour faire la classe, ministère de l'Éducation nationale, site Eduscol.

14. J.-P. Siméon est poète et didacticien, ce qui l'a conduit à faire de nombreuses interventions sur l'enseignement de la poésie à l'école.

historique, son amour, sa mort, son voyage, sa langue. » De nombreux ouvrages des listes de référence témoignent de cette inscription dans le réel et de cette curiosité du (au) monde, par exemple, pour les métiers, la nature et les saisons, ou pour les éléments du quotidien.

Comme « instrument » de la connaissance de soi, la poésie nous fait toucher à l'expression de nos interrogations et de nos affects fondamentaux : la vie, la naissance, l'amour, la peur, la mort… Elle restitue les pensées intimes, les sensations ou les impressions les plus fugitives.

Mais la première caractéristique du texte poétique est peut-être l'attention qu'il accorde à la langue et au travail sur le langage[15]. La poésie, c'est la « capacité de faire parler la langue comme personne pour tout le monde »[16]. La langue n'est plus simplement considérée comme un simple moyen de communication, mais comme un outil permettant la **création d'objets langagiers** devenant objets d'art et de plaisir. Le poète « moderne » utilise un matériau non spécifique : la langue de tous les jours qu'il vivifie en permanence pour trouver le chemin de sa création personnelle et exprimer la singularité de sa voix.

Plus encore que leurs devanciers qui inscrivaient leur production dans des modèles préexistants (genres, règles de la métrique traditionnelle…), les poètes contemporains génèrent leurs propres « règles » en rendant signifiants tous les constituants de la langue : sonorités, rythmes, syntaxe, lexique, métaphores, inscription sur la page… et en travaillant l'interrelation de ces différents systèmes pour trouver des formes inédites et expérimenter les pouvoirs de la langue.

1.2 Comptines, poèmes, chansons…

Il n'est pas toujours facile de tracer la frontière entre les comptines et certains poèmes au fonctionnement très proche dont l'objet est avant tout de jouer avec les mots, pour le plaisir de la jubilation verbale.

Cependant, les **comptines**, très présentes à l'école maternelle ainsi qu'au cycle 2, montrent des caractéristiques spécifiques comme :

– l'appartenance à la culture populaire. Les comptines, destinées à compter pour attribuer les rôles de certains jeux enfantins, ont été transmises de génération en génération par une tradition orale, ce qui explique les innombrables variantes et l'absence de nom d'auteur ;

– un rythme très explicite, qui permet de compter les syllabes sans ambiguïté ni contestation ;

– une structure répétitive souvent fondée sur des séries (nombres, mois, jours de la semaine, noms de villes, de couleurs…) ;

– la présence de rimes, parfois approximatives ;

– l'importance prioritaire de la forme, objet de jeux verbaux souvent gratuits ;

– en revanche, un contenu, souvent fantaisiste mais qui ne prétend transmettre aucun message.

Nombreux sont les poètes qui ont écrit des comptines, de Victor Hugo à Robert Desnos, qui a inventé les *Chantefables* mais le **poème**, même très simple, vise à créer un univers poétique (sensibilité, imagination, rêve…), au-delà du simple plaisir des mots.

---

[15]. On peut se rappeler la fonction poétique du langage lorsque « l'accent est mis sur le message pour son propre compte » évoquée par R. Jakobson, *Essais de linguistique générale*, éditions de Minuit, 1963.

[16]. A. Borer, cité dans le document *Lire la poésie*, p. 1.

Par définition, les **chansons** sont la mise en mélodie d'un texte qui présente souvent des caractéristiques formelles proches de la poésie : régularités rythmiques, rimes, organisation en couplets et refrains...

Comptines, chansons, poèmes constituent donc un matériau d'une extrême variété : du naïf au très élaboré, du populaire au savant... *A priori*, il est impossible d'écarter un genre ou d'établir une hiérarchie...

1.3 Les constantes du texte poétique

La poésie est un art du langage, qui rencontre les autres arts, et qui sollicite beaucoup les sens. Le texte poétique présente ainsi des constantes qui touchent à l'organisation spatiale (sens de la vue), à l'organisation rythmique et prosodique (sens de l'ouïe) ainsi qu'aux choix énonciatifs, à l'utilisation du lexique et aux jeux rhétoriques.

A. L'organisation spatiale

Le poème est aussi fait pour l'œil. C'est une image qui donne à voir l'architecture du texte dans l'espace de la page et qui installe un certain rapport à la lecture. La silhouette du poème peut être massive ou aérienne, régulière ou fantaisiste. Certains poèmes présentent des strophes, qui peuvent être plus ou moins longues, régulières ou non, d'autres exposent des refrains, d'autres encore affichent des vers libres de longueur très variable, d'autres encore prennent l'aspect de versets plus ou moins massifs ; enfin il ne faut pas oublier les calligrammes dont le principe est justement de faire image. Parmi les formes notables, signalons aussi les haïkus, courts poèmes d'origine japonaise comportant dix-sept syllabes en trois vers soumis à l'alternance 5-7-5 dans la langue d'origine :

« La fraîcheur –
J'en fais ma demeure
Et m'assoupis[17] »

B. L'organisation rythmique et prosodique

La poésie repose en partie sur « l'alternance régulière d'effets sensibles[18] ». Ceux-ci s'appuient sur :

— **l'organisation rythmique** ainsi que sur des phénomènes phoniques, comme le retour régulier de certains sons (allitérations, assonances) :

« L'hippopotame est un monsieur placide
qui trempe dans le fleuve Limpopo
ses bajoues ses pattes comme des poteaux
faisant des bulles qui troublent l'eau limpide[19] »

— **les constructions syntaxiques**, qui peuvent aller jusqu'à une dislocation de la syntaxe de la prose :

« jours bénis font vibrer rires avec hiver
ici maintenant gris en suspens rires
partagés pour rien pour qui s'y prend
pour rien rire qui surprend maintenant[20] »

17. Bashô, *Cent onze haïkus*, éditions Verdier, 1998.

18. J. Mazaleyrat, *Éléments de métrique française*, Armand Colin, 1974.

19. J. Roubaud, *Les animaux de tout le monde*, Seghers, coll. « Volubile », 1990.

20. M. Thuillier, *Des rêves au fond des fleurs*, éditions Le Farfadet bleu, coll. « L'idée bleue », 2006.

C. Les choix énonciatifs

Alors que ceux-ci sont codés dans le discours courant et qu'ils obéissent à des règles relativement contraignantes selon les types de textes, ils résultent de la liberté la plus absolue du poète qui peut brouiller à loisir les repères habituels et s'autoriser tous les jeux énonciatifs : énonciation avec ou sans « je » analogue à la fiction romanesque, profusion de « je » fictifs, adresse au lecteur (« Hypocrite lecteur, mon semblable, mon frère[21] »), absence des marques d'énonciation comme dans ce poème de Francis Ponge[22] dans lequel l'auteur n'emploie que des participes passés :

> « Froncés froissés frisés fripés
> Frangés festonnés fouettés
> Chiffonnés bouclés gondolés
> Tuyautés gaufrés calamistrés
> Tailladés déchirés pliés déchiquetés
> Ruchés tordus ondés dentelés »

D. Des jeux rhétoriques

La poésie veut faire donner aux mots leur pleine puissance, elle joue avec eux et n'hésite pas à provoquer des rencontres inattendues de signifiants ou de signifiés. Elle s'appuie pour cela sur toutes les possibilités formelles et sémantiques du lexique : dénotation (le sens « objectif » des mots), connotation (leur sens « subjectif »), homonymie, polysémie, etc.

> « *Parfois*
> La mort est condamnée
> Pour faux et usage de faux[23]. »

Pour faire ainsi entrer les mots dans ce jeu de relations multiples et complexes, d'affrontement, d'alliance qui en démultiplient le sens et les effets, elle met à son service toutes les ressources, toutes les « figures » de la rhétorique. Il ne s'agit pas ici de se livrer à un vain recensement de celles-ci, mais la reconnaissance des principales permet de mieux mesurer « l'écart poétique » :

– la **répétition**, aux multiples effets ;

> « C'est mon po – c'est mon po – mon poème
> Que je veux – que je veux – éditer
> Ah je l'ai – ah je l'ai – ah je l'aime
> Mon popo – mon popo – mon pommier[24] »

– la **métaphore**, puissante génératrice d'images et la **métonymie**, qui « désigne un objet par le nom d'un autre objet autonome par rapport au premier, mais qui a avec lui un lien nécessaire, soit existentiel, soit de voisinage[25] ». Par exemple, Paul Eluard dans le poème *Courage*, écrit au temps de l'Occupation, emploie le mot Paris pour désigner les habitants de la ville :

> « Paris a froid Paris a faim. »

La lecture d'un poème est tout autre chose qu'une lecture simplement linéaire et informative. La richesse du poème autorise, réclame des lectures plurielles, ouvertes, aventureuses qui s'affranchissent éventuellement de la compréhension logique et rationnelle et acceptent s'il le faut l'incertitude. Ce qui importe, affirme Jean-Pierre

---

21. C. Baudelaire, *Les Fleurs du mal*, édition de 1857.

22. F. Ponge, « Les Œillets », in *La Rage de l'expression*, Gallimard, 2002.

23. J.-C. Touzeil, *Parfois*, éditions Le Farfadet bleu, coll. « L'idée bleue », 2004.

24. R. Queneau, in *Raymond Queneau un poète*, « Encore l'art po », Gallimard Jeunesse, 1982.

25. M. Aquien, *op.cit*.

Siméon, n'est pas vraiment de retrouver un sens voulu par le poète : « Foin donc du "qu'est-ce que le poète a voulu dire ?". Le poète veut dire ce que je veux dire[26]. », « Lire le poème c'est circuler, y demeurer aussi bien durant un temps dont nul n'est comptable, "rêver autour" comme disait Aragon[27]. »

2 La didactique de la poésie

2.1 Les principes

Dans un article présentant une démarche de lecture d'une œuvre poétique complète, Jean-Pierre Siméon[28] expose sept principes préalables qui peuvent contribuer à guider les choix et l'action de l'enseignant.

— **Cette démarche ne s'appuie pas sur une définition *a priori* et définitive de la poésie.**

Pour Jean-Pierre Siméon[29], la poésie est fréquemment victime de malentendus qui en altèrent la réception et la transmission. Il relève ainsi trois représentations acquises qui lui paraissent particulièrement réductrices et qui, si l'on s'y tient, aboutissent au rejet d'une part considérable de la production poétique : « la poésie c'est la rime », « la poésie c'est doux, ça fait du bien, c'est agréable », « La poésie c'est le *joli*, c'est le rêve, c'est l'évasion ».

— **Elle doit conduire les enfants à problématiser la notion même de poésie et son statut.**

La poésie dans ses innombrables formes échappe à toute définition simpliste. Pourtant se poser la question de ce qu'elle est fait partie de la démarche de lecture. « Tout poème est une surprise[30]. »

— **Elle ne peut faire l'économie d'un regard attentif sur les caractéristiques formelles, ce qui ne signifie pas une description théorique et brutale.**

La poésie s'accommode fort mal d'une glose explicative : « La poésie dit ce qu'elle dit en le disant. Pas autrement[31] », rappelle Jacques Roubaud. Pour autant, la lecture ne saurait se confondre avec une vague projection de l'affectivité du lecteur et la réception du poème se fait à partir des parcours autorisés par le texte. Il est donc utile de mettre au jour les fonctionnements qui constituent les traits caractéristiques de l'écrit poétique. Loin de verrouiller la signification des textes par un ancrage définitif, ces découvertes permettent d'ouvrir la porte sur de multiples possibles.

— **Elle considère que ces caractéristiques formelles s'inscrivent dans une vision du monde propre à l'auteur autant qu'elles l'inscrivent.**

Les aspects formels ne sont pas isolables des aspects sémantiques et d'une inspiration. Les formes poétiques (sonnet, ballade, pantoum, haïku, vers libres, etc.) appartiennent à des traditions que le poète peut toujours assumer ou refuser, subvertir ou enrichir. Ce sont ces choix formels qui donnent à l'œuvre son identité et son originalité.

— **Elle ne fait de la poésie ni un objet de vénération ni un modèle du bien sentir et du bien penser, mais l'occasion d'une compréhension dialectique et dynamique du réel.**

L'approche de la poésie à l'école se réduit quelquefois à la transmission d'un corpus très limité de textes reconnus comme faisant partie de notre patrimoine poétique.

---

[26]. J.-P. Siméon, « La poésie c'est pas ce qu'on croit », in *La littérature dès l'alphabet*, Gallimard Jeunesse, 2002.

[27]. *Ibid.*

[28]. J.-P. Siméon, « Lecture de la poésie à l'école primaire », *Lecture et écriture littéraires à l'école Repères* n° 13, 1996, p. 131-145.

[29]. J.-P. Siméon, « La poésie, c'est pas ce qu'on croit », in *La littérature dès l'alphabet*, Gallimard Jeunesse, 2002.

[30]. J.-P. Siméon, « Lecture de la poésie à l'école primaire », *Lecture et écriture littéraires à l'école, Repères* n° 13, 1996, pp. 131-145.

[31]. J. Roubaud, « Poésie, cette fourmi de dix-huit mètres », in *La littérature dès l'alphabet*, Gallimard Jeunesse, 2002.

Cette « promotion du "trésor poétique" », selon les termes de Jean-Pierre Siméon, en accordant une sorte de valeur absolue à ces textes, enferme le lecteur dans une vénération qui l'exclut d'une réception authentique.

– **Elle voit le sens d'un poème à la fois comme un manque à gagner et une chance.**

La poésie n'est pas un genre informatif et y rechercher à tout prix un sens relève du malentendu. D'ailleurs nombre de poèmes interrogent le sens ou le mettent en échec. La polysémie du poème ne se concilie pas aisément avec l'effort réducteur de l'explication de texte qui cherche à isoler le ou les sens, qui essaye toujours de ramener le poème à quelque chose de connu.

– **Elle considère que l'anthologie comme un miroir brisé ne renvoie d'une œuvre poétique que des fragments d'image.**

Les anthologies[32] qui proposent des regroupements de textes autour d'un auteur ou autour d'un réseau thématique ou symbolique (le pouvoir des mots, la nature, les animaux, les autres, etc.[33]) ou simplement en suivant une distribution chronologique permettent d'approcher la diversité de la poésie et de faire « des lectures vagabondes[34] » mais seule la lecture de livres entiers permet d'entrer dans la cohérence d'une œuvre poétique.

2.2 Le choix des textes

Les trois sélections[35] d'ouvrages de littérature de jeunesse du ministère proposent aux enseignants une liste importante d'ouvrages poétiques à explorer. Ces références ont encore été élargies avec la parution du document ressource pour les enseignants, *La poésie à l'école*, révisé en 2013, qui ajoute quelques titres et qui précise les critères retenus pour cette sélection. La diversité semble avoir été la préoccupation majeure de ses auteurs. S'y côtoient ainsi des œuvres écrites et publiées pour la jeunesse (*Innocentines* d'Obaldia, *Chantefleurs et Chantefables* de Desnos, *Le Petit Cul tout blanc du lièvre* de T. Cazals…) et des œuvres pour adultes d'accès plus difficile (René Char, Apollinaire, V. Hugo…).

À l'intérieur d'un corpus très ouvert, différents parcours sont proposés selon la diversité des formes poétiques (poésie en vers classiques, vers libres, prose poétique, calligrammes, sonnets, haïkus…), la diversité des langues, des cultures et des époques (toutes les régions du monde, toutes les époques), la diversité des formes d'ouvrages (poésies complètes, poème unique, textes choisis, anthologies…).

Il y a un grand intérêt à la lecture d'une œuvre complète : si les anthologies ont leurs vertus, elles ont aussi leurs limites et seule la lecture d'une œuvre complète permet d'appréhender la cohérence d'une œuvre poétique. L'entrée de la littérature dans les programmes, qui a permis l'étude d'œuvres complètes, a bénéficié aussi à la poésie qui n'était jusqu'alors généralement appréhendée que par des poèmes épars. « La lecture d'un ouvrage complet de poésie, c'est-à-dire d'un ensemble de poèmes que l'auteur a choisi de rassembler dans un certain ordre, restitue cette "consistance" d'une personne mieux que ne peut le faire le poème-page où l'écart de langue n'a pas l'espace de jouer à plein, d'entrer en résonance avec d'autres manifestations[36]. »

---

[32]. Le mot « anthologie » est d'origine grecque (*legein* : cueillir et *anthos* : fleur).

[33]. Classement proposé par G. Jean dans *Nouveau trésor de la poésie pour les enfants*, Le Cherche-Midi, « Espaces », 2003.

[34]. M. Kurz, « Aborder la poésie au cycle 2 », in M. Butlen (dir.), *Les voies de la littérature au cycle 2*, Scérén, CRDP de Créteil, « Argos », 2008.

[35]. http://eduscol.education.fr/cid58816/litterature.html

[36]. *La poésie à l'école*, document pour faire la classe, ministère de l'Éducation nationale, p. 1.

2.3 Les expériences

Les expériences à vivre en poésie peuvent s'inscrire dans trois grandes familles[37] :

– écouter-dire ;

– lire/relire-écrire ;

– regarder-produire.

Les interrelations entre ces trois domaines sont constantes. La lecture individuelle de textes peut déboucher sur une communication orale, qu'elle soit de l'ordre de la récitation ou de la lecture à haute voix ; elle peut également se poursuivre par une activité de copie sélective de fragments de textes ou de textes entiers qui s'organiseront ensuite selon les principes d'une anthologie. Les activités d'écriture peuvent trouver leur source directe dans la lecture des textes (copies, imitations, continuations, emprunts...). Certains problèmes d'écriture peuvent trouver leur solution dans la lecture ou la relecture de textes de poètes reconnus...

A. Écouter-dire

La poésie « a à voir avec l'oralité, la voix parlée ou chantée et avec la musique. Cette expérience, qui a une dimension physique, commence tôt ; c'est même elle qui constitue un terreau nécessaire dès l'école maternelle[38]. »

La lecture et l'écoute d'un poème sont choses difficiles. Elles exigent du sérieux et de la concentration. Ces moments se préparent et peuvent passer par une certaine ritualisation pour installer un climat d'écoute favorable et permettre à chacun d'être attentif. De la maternelle au CM2, le maître aura l'occasion de lire un très grand nombre de poèmes et d'organiser par exemple des cycles poétiques : « On peut imaginer que sur une période de l'année, le maître lise quotidiennement un ensemble de quatre, cinq ou six poèmes qu'il a sélectionnés autour d'une résonance commune[39]. »

La **lecture à haute voix** des élèves prend un relief particulier dans le cas de la poésie dont la diction diffère de la diction courante. Le rôle du maître est d'accompagner les élèves dans ce travail d'expérimentation active de la voix et de les aider à en mesurer les effets : pauses, rythme, intonations, intensité, etc.

Il est important de ne pas toujours laisser les élèves seuls face à la tâche de diction. Un même texte peut être lu à plusieurs avec une répartition des voix et le choix d'un mode de **polyphonie** (un duo, un soliste et un chœur, un récitant en continu et des émergences de mots...). C'est dans ce type d'organisation que pourront être travaillées au mieux les variations concernant la hauteur (du grave à l'aigu), l'intensité (du faible au fort), la durée (du lent au rapide).

Une autre façon de motiver les élèves pour dire des poèmes est de finaliser l'activité par la production d'un spectacle à un moment de l'année, à l'occasion de fêtes rituelles ou de temps forts comme « Le printemps des poètes » ou « La semaine des arts ». Le fait de participer à l'élaboration d'un « montage poétique », avec choix de textes sur un auteur, un thème stimule beaucoup d'élèves, prêts à se lancer dans l'aventure.

Le fait de « **savoir le texte par cœur** » (à condition que le texte ne soit pas trop long) libère celui qui dit de la lecture et des contraintes qu'elle impose et lui permet d'être plus disponible au groupe, échangeant sa parole avec le silence de ceux qui écoutent.

---

[37]. Ces trois rubriques sont empruntées au document *La poésie à l'école..*

[38]. *Ibid.*, p. 11.

[39]. *Ibid.*, p. 10.

La réception attentive des textes doit souvent faire l'objet d'un apprentissage qui peut être aidé par des consignes d'écoute, par exemple : s'efforcer de retenir des mots, des expressions ou des bribes de textes qui ont touché, surpris, amusé, qui présentent des similitudes ou des différences marquées...

Et la récitation ? Dans ses modalités les plus traditionnelles – apprendre seul un texte par cœur pour le réciter au maitre qui évalue – la récitation soulève un certain nombre de problèmes : rabâchage des mêmes textes, angoisse de la performance et des jugements de valeur... D'autre part, le caractère souvent exclusif de l'exercice tend à faire oublier que la poésie peut aussi se lire, s'écouter et s'écrire.

Ce qui est contestable n'est pas le fait de mettre en mémoire des poèmes et de les réciter, mais les moyens d'y arriver en laissant l'élève se débrouiller seul avec la mémorisation. En réalité, celle-ci peut se faire en classe. Les textes seront d'autant plus faciles à mémoriser qu'ils auront fait l'objet d'une exploration collective, qu'ils auront été lus et relus plusieurs fois avec de multiples propositions quant à leur interprétation. Avant de laisser un temps aux élèves pour préparer leur intervention personnelle, on aura tout intérêt à observer avec eux, les fonctionnements (rythmiques, syntaxiques, lexicaux...) du texte. Crayon en main, les élèves peuvent marquer à l'aide de traits l'endroit possible des pauses. Ils peuvent essayer de mesurer les effets d'attente créés en fonction des diverses propositions et de se livrer ensuite à différents essais. L'interprétation doit être l'objet d'un travail ouvert reposant sur un questionnement de ce type : comment a-t-on envie de dire le poème ? Comment peut-on le dire ? Y a-t-il plusieurs façons de le dire ?

On peut aussi utiliser les techniques qui consistent à effacer progressivement des parties de textes, ou encore travailler oralement et collectivement comme on le fait à l'école maternelle. La mise en mémoire des textes peut s'opérer progressivement : la nécessité de nombreux essais peut s'accompagner de l'exigence d'avoir à se passer graduellement du support en papier pour pouvoir se consacrer pleinement à l'interprétation du texte.

B. Lire/relire-écrire

Comme pour les autres textes littéraires, l'objectif premier des activités de lecture est que les élèves lisent beaucoup et souvent afin de se créer progressivement leurs propres références. Les différentes propositions pédagogiques cherchent ainsi à favoriser les parcours individuels. Sans prétendre à l'exhaustivité, les éléments d'un dispositif destiné à favoriser une telle démarche comprennent :

– l'aménagement d'un « **espace réservé** » dans la classe où pourraient être mis à la disposition des élèves une sélection d'ouvrages afin qu'ils puissent feuilleter, lire et relire une pluralité de textes avant d'arrêter leurs choix ;

– l'inscription dans l'emploi du temps de **moments réguliers** de poésie pendant lesquels tour à tour l'enseignant et les élèves peuvent présenter et lire à haute voix des textes reliés par le fil d'une thématique, par la découverte d'un auteur, de son univers et de sa voix singulière. Des discussions peuvent alors s'engager sur les différentes façons de lire proposées et les effets de sens qu'elles induisent. La parole peut aussi s'engager de façon libre ou plus organisée sur les textes eux-mêmes et leur réception par les uns et les autres ;

– des **aides au choix des textes**, sous la forme de consignes, par exemple : choisir des textes qui présentent des ressemblances ou de fortes oppositions (sur le plan formel ou sémantique), des textes qui émeuvent, qui font rire ou sourire, qui étonnent, qui rappellent d'autres textes déjà rencontrés, etc. Ce qui est vrai pour un texte isolé l'est plus encore lorsqu'il s'agit du choix et de la présentation d'un recueil entier. Si certains élèves sont capables de rendre compte de leurs cheminements et des raisons qui ont motivé leur choix, beaucoup auront besoin d'être aidés par l'enseignant qui précisera sur quoi s'appuyer : l'objet lui-même, le titre et ce qu'il peut évoquer, les thématiques récurrentes, la disposition spatiale des textes, l'interaction du texte et l'iconographie…

– la **variété des modes de lecture** : lecture silencieuse/lecture à haute voix/lecture chuchotée ; lecture pour soi/lecture pour les autres ainsi que les finalités de ces activités : lire pour choisir des textes, lire pour son enrichissement personnel ou pour faire découvrir à d'autres un texte inconnu, lire pour le plaisir de la « mise en bouche », lire pour « rêver autour » selon le mot d'Aragon…

La « compréhension » du texte poétique : même si, comme le rappelle Jean-Pierre Siméon, le poème n'a pas à « livrer un message objectif à la manière d'un texte informatif »[40] et qu'une réception de la poésie peut bien avoir lieu sans nécessairement « comprendre », on peut cependant initier les élèves à la spécificité du langage poétique.

Il importe qu'ils comprennent et acceptent que les normes habituelles de la langue puissent être transgressées et qu'ils éprouvent progressivement le plaisir procuré par cette subversion. Avec le texte poétique, il est possible de parler autrement de soi, des autres, de sa relation au monde et il est bon que les élèves prennent conscience que la poésie « fait écart ». Quelques principes ou quelques pistes d'action peuvent guider les choix de l'enseignant comme :

– **privilégier la multiplicité des interprétations.** Le maitre ne se présente pas comme le détenteur de la vérité du texte, mais comme celui qui a à cœur de favoriser la pluralité des interprétations possibles, en encourageant les lectures autres que linéaires, celles qui procèdent « par bonds, retours, cercles et transversales, arrêts et accélérations[41] ». Il est aussi là pour faire accepter quelquefois « l'ambigüité et l'impasse » et admettre que les textes gardent leur part de mystère ;

– **présenter un ensemble de textes reliés par un trait commun** ; par exemple, plusieurs haïkus, fables ou comptines pour découvrir les lois d'un genre, plusieurs poèmes mettant en scène des animaux pour voir comment des auteurs différents déclinent le thème du bestiaire, plusieurs poèmes d'un même auteur pour essayer de cerner la singularité d'une écriture, etc.

– **engager les élèves à comparer les textes.** « Des activités de comparaison de textes ou d'extraits, de tris, de chasse à l'intrus peuvent aider les élèves à identifier des constantes dans les usages du verbe poétique. On pourra ainsi amener les élèves à repérer des formes traditionnelles de prosodie (isosyllabisme, rôle de la rime ou de l'assonance), de procédés rhétoriques (métaphores filées, usages de formes négatives ou interrogatives, anaphores…) ou de disposition dans la page[42]. »

40. J.-P. Siméon, « Lecture de la poésie à l'école primaire », *Lecture et écriture littéraires à l'école. Repères* n° 13, 1996, p. 131-145.

41. *Ibid.*

42. *La poésie à l'école, op. cit.*, p. 13.

C. Écrire

L'écriture poétique est à envisager dans une interaction constante avec la lecture. Elle s'initie à partir de textes lus, s'en nourrit et apporte à son tour une curiosité renouvelée pour les textes de la littérature.

Les jeux poétiques forment la modalité essentielle de l'approche de l'écriture poétique comme « pratique fantaisiste et insouciante de la langue ». Leur but, selon le document *Lire à l'école*, est de montrer aux élèves « [qu']un usage de la langue découplé des usages utilitaires habituels » est possible.

Leur variété est grande. On pense d'abord aux écritures à contraintes comme les jeux préconisés par l'OuLiPo (Ouvroir de Littérature Potentielle) pour libérer l'écriture, par exemple écrire un texte sans utiliser une lettre (le lipogramme) ou bien réécrire une phrase en doublant exactement le nombre de mots ou encore écrire un texte en remplaçant tous les noms par la définition qu'en donne le dictionnaire, etc.

Mais on peut y ajouter toutes les écritures d'imitation (« écrire à la manière de… »), les pastiches, les continuations ainsi que les collages ou les cadavres exquis qui autorisent d'autres rapports au langage en provoquant des rencontres inattendues.

Le jeu poétique ne cherche pas vraiment à créer des poèmes et son résultat n'a d'ailleurs pas d'importance. Ce qui compte, c'est le geste, l'action.

Les ateliers d'*écriture* poétique correspondent sans doute mieux à une démarche d'écriture de poèmes : « On peut partir d'un matériel linguistique (liste de mots, premier vers…) ou non linguistique (image non figurative, fragment sonore…)[43] ». Dans tous les cas, le recours aux lectures poétiques permet de nourrir l'effort d'écriture et, à cette occasion, de se lancer dans l'exploration de recueils poétiques complets. Ils peuvent faire suite à des jeux d'écriture poétique et s'inscrivent, par nécessité, dans la durée, dans une dimension de projet.

Enfin, la mise en place d'un **carnet de lecteur** peut être l'occasion d'une écriture personnelle dans laquelle la copie peut prendre toute sa place : copie d'extraits, de morceaux véritablement choisis, copie de vers, de mots, de métaphores… copies constituant progressivement une réserve, allant, pourquoi pas, jusqu'à l'anthologie personnelle.

D. Regarder-produire

On oublie quelquefois la forme visuelle des poèmes. Pourtant, la silhouette du poème qui peut être massive ou aérienne, régulière ou fantaisiste, participe aux effets de sens : « le poème, c'est aussi une forme sur une page et la valeur graphique et esthétique de son agencement est à prendre en compte parce qu'elle fait sens, ouvrant sur une forme particulière de lecture[44]. »

Les éditions destinées à la jeunesse proposent aussi beaucoup d'éditions illustrées et d'albums où se rencontrent un illustrateur et un poète. Les illustrations peuvent être observées, analysées ou encore réutilisées dans des productions personnelles.

Parmi les dispositifs et les activités susceptibles de nourrir cette expérience, on peut signaler :

– l'affichage de poèmes. Celui-ci, d'abord initié par le maitre, peut ensuite être pris en charge par les élèves eux-mêmes. Cet affichage est créateur d'un contexte fort à l'occasion d'un projet en poésie ;

43. *Ibid.*, p. 13.

44. *Ibid.*, p. 12.

– l'illustration plastique, sonore. Les élèves peuvent illustrer un poème pour prolonger sa réception : « le choix des moyens, le choix de ce qu'on décide d'illustrer incitent à explorer en profondeur ce qu'on a lu dans le poème[45]. »

– la copie et la constitution de florilèges. La copie peut être l'occasion d'une meilleure appropriation du texte et peut aussi servir des projets d'affichage et de constitution de florilèges ou d'anthologies.

[45]. *Ibid.*, p. 12.

RESSOURCES À CONSULTER

• **Bibliographie**

– BALPE J.-P., *Promenade en poésie*, Magnard, 1986.

– CAMENISCH A., WEBER E., *Usage poétique de la langue, cycle 3*, Bordas, 2001.

– MARTIN S., « Il y a poésie et poésie », revue *Le français aujourd'hui* n° 114, juin 1996.

– Ministère de l'Éducation nationale, *La poésie à l'école*, document ressource pour enseigner, mis en ligne sur le site eduscol.fr.

– SIMÉON J.-P., « Lecture de la poésie à l'école primaire », in C. Tauveron et Y. Reuter (dir.), *Lecture et écriture littéraires à l'école*, *Repères* n° 13, 1996.

– SIMÉON J.-P., « La poésie, c'est pas ce qu'on croit » in *La littérature dès l'alphabet*, Gallimard Jeunesse, 2002.

13 La poésie à l'école

AU CONCOURS

En vous appuyant sur l'extrait de manuel reproduit ci-dessous, vous chercherez, dans une analyse critique, à répondre aux questions suivantes :

❶ Indiquez ce qui peut avoir motivé le choix des trois poèmes. *(3 points)* — Corrigé p. 314

❷ En vous appuyant sur l'ensemble des documents, analysez les activités proposées dans le document A. *(7 points)* — Corrigé p. 315

❸ Comment aideriez-vous les élèves à travailler la diction du poème « Tu dis » et à en préparer la mémorisation ? *(3 points)* — Corrigé p. 317

DOCUMENTS

- **Document A** : C. Demongin (dir.), *Mille-feuilles, Français CM2*, Nathan, 2013, p. 116-117

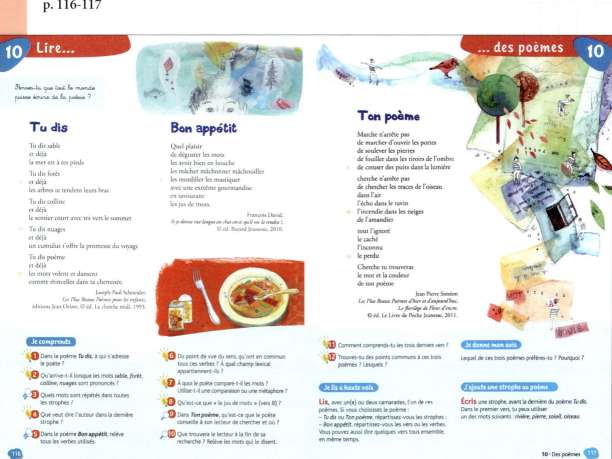

DOMAINES DE L'ENSEIGNEMENT DU FRANÇAIS

- **Document B** : C. Demongin (dir.), *Mille-feuilles, Français CM2*, Nathan, 2013, page de garde « Pour mieux te repérer dans ton manuel »

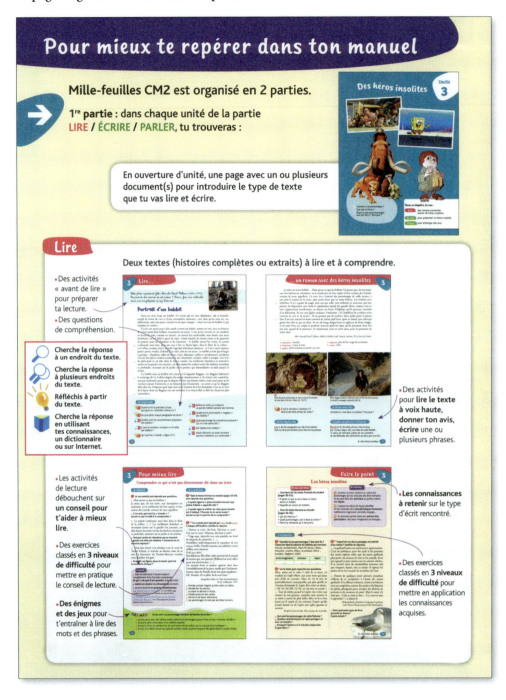

• **Document C :** *La poésie à l'école*, document ressource pour les enseignants, ministère de l'Éducation nationale, Direction générale de l'enseignement scolaire, p. 11-12

Partie IV : Expériences

Les chemins pour aborder la poésie sont multiples et il importe que la scolarité primaire permette aux élèves d'en emprunter une grande variété, avec la récurrence qui seule permet que quelque chose se construise.

Les élèves peuvent ainsi prendre conscience que la poésie « fait écart » :

- écart entre usage utilitaire du langage et usage autre, étrange ;

- écart à l'intérieur d'elle-même entre la rigueur de la forme et l'élan, et le sens ; dans l'émotionnel ou dans le formalisme ;

- écart entre l'écrit – la dimension fixe, fixée, retravaillée, « externiée » et l'oral, l'éphémère, le précaire, le vivant de l'oral, l'instant.

Trois grande familles d'expériences sont à vivre :

- écouter dire : la poésie se donne à entendre (au double sens du verbe, ouïr et comprendre). Elle a à voir avec l'oralité, la voix parlée ou chantée avec la musique. Cette expérience, qui a une dimension physique, commence tôt ; c'est même elle qui constitue un terreau nécessaire dès l'école maternelle ;

- lire/relire-écrire : la poésie se reçoit, sans nécessairement se comprendre. Le travail de réception ne vise pas à élaborer une compréhension unanime mais vise à ce que chacun mette le poème en résonance avec sa culture propre. On privilégie donc l'émergence et l'exploration de divergences d'interprétation. Devant la production des élèves, le maitre se gardera de toute évaluation qui s'appuierait sur une norme, mais il incitera à dégager ce qui fait système dans le poème écrit par l'élève et il invitera à explorer les possibles de la langue en dehors des clichés ;

- regarder-produire : le poème, c'est aussi une forme sur une page et la valeur graphique et esthétique de son agencement est à prendre en compte parce qu'elle fait sens, ouvrant sur une forme particulière de lecture. De même, et surtout dans les ouvrage destinés à la jeunesse, la place des illustrations mérite largement d'être observée, analysée (redondance, parallélisme, dialogue...) et utilisée dans les productions personnelles ;

- et peut-être un quatrième registre d'expériences gagnerait à être identifié en tant que tel : conserver/valoriser.

Ces expériences peuvent – doivent – être vécues dans la classe avec le maitre et ce sera là le mode majeur, le plus continu même si, de manière ponctuelle, d'autres expériences rassemblent les élèves avec leur maitre autour d'un intervenant (poète, illustrateur, comédien, diseur, etc.). C'est alors un temps fort de nature exceptionnelle du fait même de la confrontation avec un « expert d'ailleurs », dont la qualité fait qu'il a autorité pour faire faire autrement, pour faire essayer d'autres voies, pour communiquer à partir de sa sujectivité et de son expérience particulière.

CORRIGÉ — ANALYSE CRITIQUE

> **Aide méthodologique**
>
> Selon le cycle abordé, un sujet ayant pour support des textes poétiques peut prendre des formes très différentes fonction des compétences visées. En maternelle, les domaines de référence seront plutôt l'entrée dans la cultu littéraire et/ou la prise de conscience progressive des réalités sonores de la langue ; aux cycles 2 et 3, la poésie pe entrer dans le champ de la littérature et/ou celui de l'apprentissage de l'oral en croisant ceux de la lecture et l'écriture.
>
> Le sujet proposé ici nécessite des savoirs didactiques sur ce que l'enseignement de la poésie peut avoir de spé fique et, comme tout sujet sur la poésie, il présuppose une certaine connaissance du fonctionnement des text poétiques.
>
> Ainsi pour répondre à la **question 1**, il faut se livrer à une analyse des poèmes proposés, rapide mais suffisamme informée.
>
> La **question 2** est centrale ainsi que l'atteste le barème (7 points). C'est une question difficile parce qu'e oblige à prendre un parti assez critique auquel invite le document C. De plus, le support à analyser est long complexe. Les difficultés de rédaction ne peuvent se résoudre qu'en divisant la réponse en différentes partie Ainsi, le corrigé dissocie de l'analyse proprement dite des questions les remarques générales sur les phénomèn induits par le questionnaire de compréhension. D'autres choix peuvent être faits : regroupement des question organisation autour de « points » à analyser ou de « problèmes » posés... À cet égard, le document C peut apport une certaine aide.
>
> La **question 3** est plus abordable à condition que le ou la candidat(e) dispose de quelques connaissances s l'enseignement de la poésie.

❶ Indiquez ce qui peut avoir motivé le choix des trois poèmes.

Énoncé p. 311

Les trois poèmes semblent avoir été choisis en raison de leur thème commun : l'écriture poétique, mais chacun d'eux présente aussi des qualités particulières qui peuvent avoir été prises en compte.

Le poème « **Tu dis** » semble le plus facile à aborder en raison de la brièveté de ses strophes, de la simplicité de sa structure répétitive et de l'adresse au lecteur. Cependant, sa construction qui prend la forme d'une amplification progressive, la personnification des éléments naturels et la métaphore de l'amour qui se poursuit de strophe en strophe éloignent ce poème de tout simplisme et lui permettent d'apporter sa contribution à l'évocation de l'écriture de la poésie.

« **Bon appétit** » se présente comme une longue phrase filant la métaphore de la gourmandise des mots. Il joue sur la répétition de verbes à l'infinitif, sur le retour de sonorités : [m] ; [maʃ] ; [e], et sur la présence exclusive du champ lexical de la gourmandise. Comme le poème précédent, il apporte un éclairage particulier à la question de l'écriture poétique.

Le troisième poème, « **Ton poème** », s'adresse aussi au lecteur – mais rien n'interdit de penser que le poète peut aussi s'adresser à lui-même – en quatre strophes dont l'irrégularité restitue la tension de la quête, presque haletante, du poète : la longueur de la recherche (les trois premières strophes), qui culmine en intensité dans la brève troisième strophe et la résolution, sous forme de promesse, (dernière strophe). Le poème est construit sur des répétitions à l'allure de refrain : *Marche n'arrête pas de* ; *Cherche n'arrête pas de* ; *Cherche* ; il propose des images paradoxales : *creuser des puits dans la lumière* ; *chercher les traces de l'oiseau/dans l'air* ; *chercher... l'incendie dans les neiges/de l'amandier* servies par une disposition des vers qui syncope parfois la phrase de manière surprenante, par exemple : *l'incendie dans les neiges/de l'amandier*. Ce troisième texte apporte encore un autre regard différent et complémentaire sur l'écriture poétique.

Ces trois poèmes forment un ensemble complémentaire sur le thème de la création poétique, présentée sur le mode de la rêverie et de l'amour, du plaisir gustatif ou de la quête volontaire. Ils montrent l'importance des mots qui y acquièrent une présence nécessaire, quasi humaine.

❷ **En vous appuyant sur l'ensemble des documents, analysez les activités proposées dans le document A.**

Comme le montre le document B, cette double page consacrée à la lecture de la poésie est conçue selon un modèle uniforme qui propose, quels que soient les types de textes étudiés, toujours les mêmes activités dans le même ordre : compréhension, lecture à haute voix, échange oral, écriture. Les auteurs n'accordent donc pas de traitement spécifique à la poésie et *a priori* ne placent pas les élèves dans une situation leur permettant de prendre conscience du fait que la poésie « fait écart » (document C).

Les activités apparaissent dans quatre rubriques d'importance et de volume inégaux intitulées : « Je comprends », « Je lis à haute voix », « Je donne mon avis », « J'ajoute une strophe au poème ».

A. « Je comprends »

La place de cette rubrique ainsi que son volume (douze questions) montrent la prééminence accordée à la compréhension par les auteurs du manuel. Elle pose la compréhension comme un préalable à l'entrée dans le texte au détriment d'une approche sensible comme l'écoute par exemple, qui est pourtant une voie privilégiée pour mettre des élèves au contact du texte.

• **Phénomènes induits par le questionnaire**

Comme l'indiquent les icônes présentées dans le document B (une ampoule allumée, une loupe, une paire de loupes et un dictionnaire), qui signalent à l'élève la stratégie de lecture à adopter, ce questionnaire semble avoir été conçu avec un objectif de développement des compétences de compréhension et induit un comportement de lecteur peu adapté à la lecture de poésie :

– la recherche prioritaire d'informations en excluant la dimension imaginaire ou poétique que peuvent susciter les images employées comme *les arbres te tendent les bras*, *fouiller dans les tiroirs de l'ombre*, etc. et sans tenir compte de la portée symbolique des textes : l'amour et la vie dans « Tu dis », le mouvement vertical et paradoxal de « Ton poème » ;

– la lecture linéaire du texte, comme pour un texte narratif ou informatif, au détriment de lectures plus libres prenant en compte la forme des textes : l'amplification progressive et le mouvement ascendant des strophes marqués par le vocabulaire *pieds, bras, sommet, voyage* dans « Tu dis » ; la concentration progressive et le resserrement dans « Ton poème » ;

– la mise en place d'un comportement de lecteur uniforme quel que soit le texte. Cette proposition pédagogique induit en effet que tous les textes et tous les poèmes se lisent de la même façon car le questionnaire est très semblable (même nombre et mêmes formes de questions pour chaque poème).

• **Analyse des questions**

Presque toutes les questions sont des questions fermées n'appelant que des réponses uniques ou des relevés de mots : questions 1, 3, 5, 6, 10.

Plusieurs d'entre elles concernent certains moyens utilisés par les poètes : répétition (3), champ lexical (6), métaphore (7).

Chaque mini-questionnaire (trois ou quatre questions par poème) s'achève par une question plus globale sur le sens du poème : *Que veut dire l'auteur dans la dernière strophe ?* (4) *Qu'est-ce que « le jus de mots » ?* (8) *Comment comprends-tu les trois derniers vers ?* (11), qui invite à une reformulation laissant une certaine part d'interprétation.

Ces questions, qui s'inscrivent dans une tradition du questionnaire scolaire, peuvent cependant être utilisées d'une autre manière par l'enseignant. Par exemple, la question 1 : *Dans le poème Tu dis, à qui s'adresse le poète ?* simple vérification de la compréhension littérale du texte si on se contente de la réponse évidente « au lecteur », devient plus intéressante si elle est abordée comme une problématique et si elle suscite une discussion plus impliquée qui rende mieux justice à l'ouverture du poème : quel lecteur ? Moi ? Tous les autres lecteurs ? Ou seulement ceux qui ont envie d'écrire de la poésie ? Le poète s'inclut-il lui-même dans ce « tu » ?

De même, la question 9 peut devenir plus intéressante si elle échappe au simple relevé pour interroger celui-ci et réfléchir au phénomène de l'inspiration.

Avec ce qu'induit cette approche uniquement sémantique, la réponse à la question 12 risque de se réduire au constat du thème et d'oublier le rapprochement des aspects formels : vers libres, économie de la ponctuation, usage des majuscules ou non, effets rythmiques et prosodiques, emplois d'images et de métaphores...

B. « Je lis à haute voix »

La proposition de lecture à haute voix pourrait être mise en relation avec « Bon appétit » et son objectif serait alors de faire éprouver aux élèves le plaisir de la diction poétique. Cette proposition est accompagnée de suggestions de mise en œuvre pour essayer de renouveler cette activité en la rendant plus ludique : lire à deux ou à trois en se répartissant des zones de texte.

On peut cependant regretter l'aspect limitatif de ces suggestions qui empêchent les élèves de laisser agir leur propre sensibilité et qui réduisent les possibilités d'expérimentation et d'interprétation : lire en se répartissant des mots, des vers, ou en dissociant les quatre premières strophes pour « Tu dis », ou les deux ou trois premières pour « Ton poème », de la dernière, lire en canon, etc.

C. « Je donne mon avis »

Le titre de cette rubrique peut sembler un peu en décalage avec ce qu'il conviendrait de faire. Il induit une sorte de jugement préférentiel dont on perçoit mal la finalité même si les élèves doivent en indiquer les raisons. Il serait souhaitable que les élèves aient pu échanger sur les effets produits par tel ou tel poème avant d'émettre un choix.

D. « J'ajoute une strophe au poème »

L'objectif de cette activité semble être celui d'engager les élèves dans l'écriture poétique. Le choix du poème, en raison de sa construction répétitive, convient assez bien pour cette proposition d'écriture d'une strophe supplémentaire. Les aides à l'écriture sont cependant minimes et on peut penser qu'une observation collective plus poussée permettrait de distinguer les éléments récurrents des éléments nouveaux. Afin d'aider à la production, un travail collectif de recherche pourrait permettre de fournir aux élèves un matériau exploitable.

❸ **Comment aideriez-vous les élèves à travailler la diction du poème « Tu dis » et à en préparer la mémorisation ?**

Avant d'aborder le travail sur la diction, le poème devra avoir été observé et analysé. L'idéal serait de partir des remarques des élèves, sans avoir recours à un questionnaire de compréhension, pour observer les régularités de construction, les images, les différences entre la dernière strophe et les quatre premières... Le maitre tire parti de ces remarques en gérant les retours au texte.

Dans la séance consacrée à l'**approche de la diction**, on se concentrerait sur les aspects plutôt expressifs et artistiques en laissant au second plan les aspects techniques, essentiellement locutoires, qui sont travaillés de façon systématique avec tous les types de textes et d'écrits. L'objectif serait donc de faire éprouver aux élèves la fonction poétique du langage dans une démarche se voulant exploratoire car elle est basée sur l'émotion esthétique des élèves.

On privilégierait un travail de petits groupes (deux ou trois élèves) avec la consigne, pour chaque élève, de choisir la strophe qu'il préfère et d'essayer de la dire à son gout. Le maitre pourrait guider le travail en incitant les élèves à une expérimentation active de la voix et de ses effets (pauses, rythme, intensité, etc.). Après ce temps d'expérimentation, les élèves seraient invités à comparer les solutions proposées. Cette phase de mutualisation pourrait permettre de faire émerger différentes façons de dire le poème : lecture individuelle, lecture à deux ou à trois, de comparer les choix de répartition du texte entre les lecteurs et de réfléchir collectivement à d'autres manières, encore, de lire le texte.

Le maitre pourrait faire observer les types d'interprétation : mise en valeur de l'aspect mystérieux, magique, étonnant, enthousiaste, etc. Après cette première mise en commun, un second travail en petits groupes permettrait une autre expérimentation et déboucherait sur de nouvelles lectures. L'utilisation d'outils d'enregistrement de la voix constituerait une aide précieuse pour réentendre et retravailler les interprétations.

Après ce travail d'essais de diction, la **mémorisation** sera déjà en partie assurée. Il ne restera que quelques mises au point complémentaires à effectuer et la nécessité d'essais et de répétitions supplémentaires peut s'accompagner de l'exigence d'avoir à se passer progressivement du support papier pour pouvoir se consacrer pleinement à l'interprétation du texte.

Le poème peut ensuite être conservé dans une anthologie personnelle constituée par chaque élève ou dans une anthologie de la classe. Les enregistrements peuvent servir de supports à une anthologie sonore et se prêter ultérieurement à un travail d'accompagnement ou d'illustration en éducation musicale.

POUR COMPLÉTER VOTRE FORMATION — COLLECTION

ENSEIGNER À L'ÉCOLE PRIMAIRE

Toutes les notions indispensables pour enseigner la grammaire, l'orthographe et le vocabulaire.

- Comment aborder plus efficacement l'enseignement de l'orthographe ?
- Comment éviter que les mêmes erreurs persistent de l'école au lycée ?

Les auteurs

Sous la direction de **Jean-Christophe Pellat**, professeur de Linguistique française, une équipe d'enseignants de l'université de Strasbourg

Les auteurs

Catherine Brissaud, professeure à l'université Joseph Fourier (laboratoire Lidilem) et **Danièle Cogis**, maitre de conférences à l'université Paris-Sorbonne (laboratoire MoDyCo)

Avec la contribution de : **Michel Fayol**, psychologue spécialiste des apprentissages, professeur à l'université de Clermont-Ferrand, **Jean-Pierre Jaffré**, linguiste spécialiste des systèmes d'écriture, et **Jean-Christophe Pellat**, linguiste et historien de l'orthographe, professeur à l'université de Strasbourg.

- Quelles difficultés les élèves rencontrent-ils dans leur apprentissage de notre système de numération décimale et dans le passage du système verbal au système chiffré, tout au long de l'école primaire ?
- Quels outils et quelles démarches didactiques sont le plus susceptibles de conduire les élèves vers une bonne maitrise de ces systèmes de désignation des nombres ? Quel matériel utiliser ?

L'auteur

Roland Charnay, formateur à l'IUFM de l'académie de Lyon

Achevé d'imprimer en Italie par L.E.G.O. S.p.A., Lavis (TN)
Dépôt légal : 04596 - 5/01 - Mai 2018